国家社科基金重大项目

“健全农村民主管理制度对策研究”（08&ZD028）

最终成果

健全农村民主管理制度

逻辑·机制·战略

唐鸣 陈荣卓 梁东兴 著

生活·讀書·新知 三联书店 生活書店出版有限公司

图书在版编目（CIP）数据

健全农村民主管理制度：逻辑·机制·战略 /
唐鸣，陈荣卓，梁东兴著．—北京：生活书店出版有限公司，2015.9
ISBN 978-7-80768-105-2

Ⅰ．①健… Ⅱ．①唐… ②陈… ③梁… Ⅲ．①农村—
民主管理—研究—中国 Ⅳ．① D638

中国版本图书馆 CIP 数据核字 (2015) 第 127531 号

责任编辑　苏　毅
装帧设计　罗　洪
责任印制　常宁强
出版发行　生活書店出版有限公司
　　　　　（北京市东城区美术馆东街 22 号）
邮　　编　100010
经　　销　新华书店
印　　刷　北京顶佳世纪印刷有限公司
版　　次　2015 年 9 月北京第 1 版
　　　　　2015 年 9 月北京第 1 次印刷
开　　本　635 毫米 ×965 毫米 1/16　印张 27.5
字　　数　374 千字
定　　价　65.00 元
（印装查询：010-64002717；　邮购查询：010-84010542）

目 录

上篇　农村民主管理的逻辑基础

中篇　农村民主管理的机制建构

下篇　农村民主管理的发展战略

上　篇

农村民主管理的逻辑基础

中华民族有着五千余年悠久的发展历史，自从西周城乡分野以来，城市成为统治者的聚居地和对乡村统治的堡垒，留在乡村的居住者则处于受剥削被压榨的残酷命运。因此直至 1949 年新中国建立之前的漫长时期，不仅建立真正的农村民主一直是农民可望而不可即的事情，就连基本的民生问题也难以解决，以至于中国的农民常常成为反叛城市的“暴民”。1949 年新中国的建立无疑是五千年未有之变局！在中国共产党的带领下，90 余年来，中华民族完成了三件惊天动地的大事。时至今日，中华民族不仅经济快速发展成为世界第二大经济体，13 亿中国人民民生问题基本解决，跨入全面建成小康社会的新时期，也日益建立起高度的社会主义民主。从历史的角度来说，民主的发展必然是广大人民自发追求和推动的结果，但是中国共产党无疑在这五千年未有之变局中发挥了指路带路铺路的中流砥柱作用。中共十八大不仅再次将建设高度的社会主义民主作为“两个一百年”奋斗目标的重要内容，还对社会主义民主的建设提出了进一步的方向和要求。事实上，经历了“大跃进”尤其是“文化大革命”时期民主混乱的挫折后，改革开放以来，几乎党的每一次代表大会都将社会主义民主建设作为重要内容提出过详细要求。这些要求归结起来，核心就是要完善和发展中国特色社会主义民主制度，推进国家治理体系和治理能力现代化。这不仅是人民的共同要求，也无疑抓住了民主建设的关键。中共十八届三中全会更是吹响了全面深化改革的号角，明确提出，“到二〇二〇年，在重要领域和关键环节改革上取得决定性成果，完成本决定提出的改革任务，形成系统完备、科学规范、运行有效的制度体系，使各方面制度更加成熟更加定型”。决定还要求要“更加注重健全民主制度、丰富民主形式，从各层次各领域扩大公民有序政治参与，充分发挥我国社会主义政治制度优越性”。然而，在中国这样一个有几亿农村人口的大国发展农村民主绝非易事，由此民主制度化的建构内容和方向始终难以取得共识，以至于如何健全农村民主管理制度至今众说纷纭、莫衷一是，农村民主管理实践也因此不尽如人意。这要求我们必须将“摸着石头过河”与搞好顶层设计有效统一。为此，本篇试图站在国家与社会的宏大视野上，对农村民主管理制度建设的基本内容、推进动力、主体特征、社会基础、历史探索、经验启示等进行较为详尽的探索，以期通过全面的审视反思和系统的梳理总结揭示农村民主管理制度建设发生与发展的内在机理，厘清健全农村民主管理制度的实践基础与发展进路，从而为其他相关具体问题的研究提供坚实的原初支点。

第一章　农村民主管理的制度体系与推进动力

现代国家建构和乡村社会发育的双重需求日益凸显出发展农村基层民主的重大价值。然而，对于如何健全农村民主管理制度至今仍然众说纷纭、莫衷一是，以至于农村民主实践不尽如人意。正如“怎样建设社会主义”必须首先搞清楚“什么是社会主义”一样，要想找到健全农村民主管理制度的有效途径，必须首先搞清楚农村民主管理制度建设的基本内容、努力愿景以及农村民主管理为什么会发生，又缘何不断发展，从而厘清健全农村民主管理制度的逻辑基础。

一、农村民主管理的制度体系

厘清农村民主管理制度体系的基本内容，是健全农村民主管理制度需要首先讨论的问题。然而长久以来，学界不仅对农村民主管理制度体系的基本内容缺乏明确界定，就连农村民主管理制度含义本身的理解亦无统一的认识，这使得有关农村民主管理制度建设的争论始终众说纷纭。2008 年 10 月，中共十七届三中全会通过的《中共中央关于推进农村改革发展若干重大问题的决定》，明确指出健全农村民主管理制度，发展农村基层民主，应“以扩大有序参与、推进信息公开、加强议事协商、强化权力监督为重点”，这无疑为我们建构统一的对话平台提供了权威依据。基于以上看法，从乡村民主治理的视角，我们将农村民主管理制度的基本内容划分为有序参与制度、信息公开制度、议事协商制度和权力监督制度等，并逐一进行讨论。

（一）有序参与制度

广义而言，有序参与制度是指通过有序政治参与达至良好政治秩序的相关制度。其中政治参与和政治秩序是理解这一概念的关键。

首先，有序参与的核心是参与，即政治参与。所谓政治参与，"是普通公民通过各种合法方式参加政治生活，并影响政治体系的构成、运行方式、运行规则和政策过程的行为"[①]。作为一种影响国家政治的行为，政治参与的最早形式可以追溯至公元前5世纪伯利克里时代的雅典城邦，经过伯利克里的改革，雅典城邦公民拥有可以通过公民大会、五百人会议和陪审法庭等直接参与城邦决策的权力，国力因民众的积极政治参与日渐强盛，也因此被列宁称之为"当时最先进、最文明，最开化的国家"。但是雅典民主政治本质上只是奴隶主民主政治。现代意义上的政治参与则是源自近代民主理论中有关人民权利思想。这一思想从"二战"后西方学者对选举学和选举行为的系统研究开始，到20世纪60年代获得深化和拓展。因此，政治参与作为现代西方政治学率先提出的一个重要术语，其产生是从选举研究发展而来的。作为对公共行政的一种不可或缺的政治补充，人们希望通过政治参与影响政府的行政和决策，从而减少国家政治体系运作对"公意"的可能的偏离。尽管，西方政治学家提出的政治参与意在为资产阶级统治服务，掩盖了资本统治和金钱政治的实质。公民通过政治参与影响政府决策的作用也是有限的，但是政治参与却从此牢固地成为民主政治基本特征的一个重要标签。1949年后的中国建立起了与西方资本主义截然不同的民主制度，实现了真正的、最广泛的人民民主。因此，社会主义政治制度本身正是因为能够更广泛、更真实地容纳公民政治参与才得以战胜资本主

① 王浦劬：《政治学基础》，北京大学出版社2005年版，第152页。

义的。这既是社会主义民主制度的优势，也是它的本质特征。因此，中共十八大要求“加快推进社会主义民主政治制度化、规范化、程序化，从各层次各领域扩大公民有序政治参与，实现国家各项工作法治化”①。

其次，有序参与的关键是有序，即政治秩序。所谓政治秩序，“指的是国家政治体制中各个政治主体所形成的比较稳定的关系，即在国家政治生活中，法律制度和政治秩序得到普遍的认同与遵守，整个国家政治生活保持在既定制度设计的运行状态之中”②。良好的政治秩序对国家政权来说，是非常重要的，它是社会正常运行、人民安居乐业的保证，没有政治秩序，国家权力的合法性与有效性将均不存在。一般而言，良好政治秩序的获得来源于国家充分的制度供给与公民规范的政治参与，是两者密切互动的结果。但是，由于国家的制度供给总是相对稳定的，这使得政治秩序的好坏往往紧密受制于公民的政治行为状况，因此现代国家为建构良好的政治秩序不得不首先致力于实现公民有序的政治参与。公民有序政治参与是公民、国家、社会三者良性互动的形式，一般来说应当是理性、自主和适度的。由于我国公民的政治参与是党领导下的建立在公有制和人民民主基础上的法制化的政治参与，这决定了它既与世界文明主潮相一致，又远远超越西方社会的政治参与，是具有鲜明中国特色的与我国社会历史条件相容的渐进式、高起点的政治参与。

在我国农村，有序参与制度是指所有旨在促使农民依法通过自主、理性的方式并按照一定的程序、秩序去参加社会政治生活，直接或间接地影响政府决策，以实现社会主义良好政治秩序的相关制度。

积极引导农民有序政治参与是非常重要的，美国著名政治学者塞缪尔·P. 亨廷顿曾指出：“在处于现代化之中的社会里，扩大政治

---

① 胡锦涛：《坚定不移沿着中国特色社会主义道路前进，为全面建成小康社会而奋斗——在中国共产党第十八次全国代表大会上的报告》，http://www.zhb.gov.cn/zhxx/hjyw/201211/t20121120_242254.htm。

② 魏星河：《我国公民有序政治参与的涵义、特点及价值》，《政治学研究》，2007 年第 2 期。

参与的一个关键就是将乡村群众引入国家政治。……因此，这些国家政治稳定的关键就看能否在现存政治体系中动员乡村群众参与政治，而不是反对现存体系。”[①]我国是一个农民占人口绝大多数的国家，农民政治参与的程度、水平、方式等将直接影响我国政治民主化的进程。可以说农民有序政治参与是农村基层民主政治发展的重要内容和标志，是当前构建社会主义和谐社会、建设社会主义新农村、维护农村稳定发展的重大任务，同时也是推进我国政治文明不断完善的重大历史课题。中国共产党高度重视农民的有序政治参与，自始至终为引导农民有序政治参与而奋斗。早在新民主主义革命时期，我们党就深入农村发动农民，在政治形势极其险恶、物质资料极度匮乏的条件下，创办了数量众多的用于宣传选举的报刊，创造了易于参与的如“豆选法”、“烧洞法”等选举办法，极大地调动了农民政治参与的积极性，使大部分文盲半文盲的农民创造了震惊世界的民主奇迹，最终建立了牢不可破的民主政权。新中国成立后，党和政府继续积极引导农民有序政治参与，亿万农民热情高涨，广泛参与到民主建政、国家管理和社会建设中来，一时间新生的社会主义中国充满了蓬勃的民主生机。这期间农民政治参与的热情和程度进一步提升，农民政治参与在思想上、制度上、实践中均有一定发展。50年代后期至70年代末的人民公社时期，由于“大跃进”、“文化大革命”导致的混乱局面，中国农民政治参与也经历了近20年的畸形发展时期，呈现出非理性、无序化甚至暴力化的“无法无天”格局。因此，这一时期的农民政治参与基本停滞不前。改革开放后，村民自治取代了人民公社，农民不仅重新回到有序政治参与的轨道上来，而且积极性大大提高。1987年11月《中华人民共和国村民委员会组织法（试行）》的通过实施，更是使村民自治这种农民创造的崭新政治参与形式进入了发展的快车道。时至今日，经历

---

① ［美］塞缪尔·P. 亨廷顿：《变化社会中的政治秩序》，上海人民出版社2008年版，第57页。

了20余年的民主实践后，不仅农民的民主意识大大增强、民主参政能力显著提升、民主素质大大提高，基层群众自治制度还被提升为我国一项基本政治制度，确保我国农民有序政治参与始终走在制度化、规范化、有序化的发展道路上。

现代政治学认为，政治参与的常态向度一般有以下几种：第一，政治投票。即通过投票表达自己的政治倾向，以决定国家公职人员的去留、影响国家的政策制定等。第二，政治选举。即通过选举树立当选者的合法性权威，以对政治竞争进行仲裁的政治行为。这是普通公民最为重要的、最为有效的手段。第三，政治结社。即通过结成或参与持久性集团组织以影响政府决策的行为。第四，政治表达，即通过法定的手段和机会表示自己的政治观点和政治态度从而影响政府决策的行为。第五，政治接触。即为解决个别政治问题，谋求一定利益而接触有关政府官员的行为。我国作为社会主义国家，致力于实现真正的人民民主，因此除上述各种方式渠道外，我国公民还具有更为广泛的政治参与渠道。从制度设计上看，包括人民代表大会制度、中国共产党领导的多党合作制和政治协商制度、民族区域自治制度、基层群众自治制度等；从参与方式上看，包括民主选举、民主决策、民主管理、民主监督等；从组织载体上看，包括工青妇商在内的各种人民团体都为公民政治参与提供了条件。当下，我国农民政治参与的主要方式除以上基本方式外，还包括以下几种渠道：第一，村民自治活动。村民自治作为我国农民最为重要的政治参与的形式，创造于农民、服务于农民。是农民自主管理自己、教育自己、服务自己，发挥民主选举、民主决策、民主管理、民主监督作用，创造农村美好生活的政治制度。经过20余年的实施，尽管村民自治的各项制度仍有待进一步完善，各地村民自治的具体实践中也或多或少地出现了一些乱象，但不可否认的是，村民自治的实施受到农民的普遍欢迎，也推动了我国农村民主的极大发展。第二，选举人大代表。随着我国民主的发展，实行农村和城市按相同比例选举人大代表，这一政治参与渠道必然越来越受到农民关注。第三，行政复议和诉讼。即农民依据《行政诉讼法》等，通过提起行政复议和行政诉讼依法保护自身利益的参与行为。通过行政复议和诉讼参与政治，既是维护农民政治权力的有效手段，也是依法治国的重要体现。随着现代农民法制意识的日益增强，这一形式必将越来越多地为农民所运用。第四，信访和媒体投诉等。随着农民民主意识的日益增强和大众传媒的快速发展，这两种方式将越来越多，影响也将越来越广泛。需要我们不断加以完善，促使其规范有序。

（二）信息公开制度

信息公开制度是指有关保障个人或组织有权知悉并取得行政机关的档案资料和其他信息权利的法律和制度。信息公开制度的兴起源于欧洲传媒业的兴起与参与社会政治生活，传媒业以其强大的信息沟通和政治表达功能要求对政府的政治过程和政治人物施加影响，因此越来越强烈地提出了信息公开的呼声。对这一呼声的最早回应可以追溯至18世纪瑞典的《新闻（自由）法》。依据这一法令要求，官方文件应向人民公开，这被认为是“公开原则”的最早表述[①]。然而在相当长的一段时期，信息公开的原则并未成为世界范围的现象。真正引起人们对信息公开原则的重视和研究，并使其成为人类社会政治生活中的重要内容得益于20世纪50年代后人们对“二战”这一浩劫的反思。法西斯主义的一度猖獗和对人类造成的巨大灾难，使人们认识到人民有权利也有必要及时了解政府的工作情况，防止当权者滥用权力、践踏民意、悲剧重演。西方国家由此开始了对信息公开和知情权的思考。1945年，长期担任美联社主编的美国新闻界名人肯特·库珀率先在一次演讲中提出了“知情权”一词。此后的10年间，倡导“知情权”的“信息自由”运动在美国风起云涌，

---

① 参见魏永征等著：《西方传媒的法制、管理和自律》，中国人民大学出版社2003年版，第45页。

一大批新闻界人士成为“公众知情权”的捍卫者。这一运动最终引起社会各界强烈反响并迫使美国于1966年通过了《信息自由法案》。此后世界上有几十个国家先后制定了保障信息公开制度的法律。因此，信息公开原则是和知情权相伴而生的，保障公民享有知情权正是信息公开制度产生和发展的逻辑基础。

“知情权”，也称“人民的知情权”或“公众知情权”，是指公众有权知悉、获取事关公共利益和具有公共重要性信息的自由与权利，包括从官方或非官方知悉、获取相关信息。“知情权”的提出并在学理、法律上的广泛认可，凸显了人类社会对民主政治的理解加深和民主要求的不断提高。在现代社会，知情权已成为公民言论自由和参政议政的前提，以及进行社会政治经济生活的必要条件和基础，并且随着现代传媒的发展，这一权利将越来越重要。为此，1948年12月联合国大会通过的《世界人权宣言》第19条规定：“人人有权享有主张和发表意见的自由；此项权利包括持有主张而不受干涉的自由；和通过任何媒介和不论国界寻求、接受和传递消息和思想的自由。”[①]这以后，联合国于1966年12月通过的《公民权利和政治权利国际公约》第19条再次确认了这一权利。当前，已有越来越多的国家出台法律，建立起了政府信息公开制度。“知情权”和信息公开逐渐成为世界潮流和民主国家的象征。

在我国漫长的封建专制社会，统治者不与民众分享信息。而是推行“民可使由之，不可使知之”的愚民统治，并从这种信息不对称中谋取统治的最大利益。即使进入20世纪，统治者也大多采取堵塞视听的独裁统治。新中国的建立为中国人民知情权的享有奠定了制度基础。早在1954年《宪法》第二条中就旗帜鲜明地规定“中华人民共和国的一切权力属于人民”，第十七条规定“一切国家机关必须依靠人民群众，经常保持同群众的密切联系，倾听群众的意见，

① 《世界人权宣言》，http://news.xinhuanet.com/ziliao/2003-01/20/content_698168.htm。

接受群众的监督”。[①] 1982 年《宪法》第四十一条还规定“中华人民共和国公民对于任何国家机关和国家机关公务人员，有提出批评和建议的权利；对于任何国家机关和国家机关工作人员的违法失职行为，有向国家机关提出申诉、控告或检举的权利”。[②] 这些规定表明，我国政府有义务公开信息以接受人民群众的监督和建议，人民群众有知晓信息的权利以提出意见和建议。改革开放后，我国公民的知情权和信息公开制度的建设进入历史的快车道。1988 年中共十三大政治报告明确要求“提高领导机关活动的开放程度，重大情况让人民知道，重大问题经人民讨论”，这就标志着人民的知情权以执政党的名义正式确认。至十五大则明确提出“城乡基层政权机关和基层群众性自治组织，都要健全民主选举制度，实行政务和财务公开”。[③] 进入新世纪以来，国家加快了信息公开法制化的步伐，2007 年 4 月，国务院最终签署公布了《中华人民共和国政府信息公开条例》。这一条例的公布和实施，标志着我国正式以法律的形式确立了信息公开制度，从而也为政府决策与民众监督之间建立起了沟通的桥梁。

不断完善信息公开制度，从而依法保障农民的知情权既是农村民主建设的重要内容，也是农村民主发展的重要基础，具有重要的理论和现实意义。首先，实施这一制度有利于农民直接参与农村事务的管理，真正体现人民当家做主。对此列宁认为“只有当群众知道一切，能判断一切，并自觉地从事一切的时候，国家才有力量”。[④] 在农村实施信息公开制度，就是要不断满足农民日益增长的对公共信息和服务的需求，同时也借助公开透明的契机，推进权力运行、治理方式的更新转型，用信息公开赢得的信任和人民的监督力量创生善治的能量，

---

① 《中华人民共和国宪法（1954 年）》，http://www.npc.gov.cn/wxzl/wxzl/2000-12/26/content_4264.htm。

② 《中华人民共和国宪法（1982 年）》，http://www.npc.gov.cn/wxzl/wxzl/2000-12/06/content_4421.htm。

③ 参见唐银亮：《论我国〈政府信息公开条例〉适用问题的司法救济》，http://www.chinalawedu.com/news/16900/178/2008/12/wy828322316182180024334-0.htm

④ 列宁：《列宁全集》，第 2 版，第 30 卷，第 442 页。

推动农村的建设发展。其次，实施这一制度有利于加强监督、惩治腐败，确保农民的根本利益。孟德斯鸠指出，“一切有权力的人都容易滥用权力，这是万古不易的一条经验，有权力的人们使用权力一直到遇有界限的地方才停止”。[①] 长期以来，我们很重视对行政权的监督控制，也有宪法、法律的保障，但实际上效果却不尽如人意。实行信息公开，把行政管理活动置于广泛监控之下，从而推动廉政建设，维护农民的合法权益。再次，实施这一制度有利于满足农民的政治参与需求，确保农村社会稳定。这几年农村发生的群体性事件表明，对事情越是捂盖子，则越会制造猜测和缺乏信任的气氛。更重要的是，它会削弱人们对政府机构的正直性的信心。相反，如果及时公开公共信息，就利于促进意见的相互交流和社会的开明，可以大大缓解农民对行政机关的不信任，以形成良好的农村社会风气和社会秩序。

当前，我国农村信息公开制度从内容上看主要包括党务公开、政务公开、村务公开。第一，推进农村党务公开，发展党内民主是保障农村党员民主权利的前提，可以说没有党务公开就不可能有党内民主。中国共产党是代表中国广大人民群众利益的无产阶级政党，党务不仅要向党员群众公开，还要尽可能地向非党群众公开，这样才能使广大人民群众了解党的思想路线，理解党的方针政策，接受党的领导，执行党的决定。中共十六届四中全会《决定》提出，“逐步推进党务公开，增强党组织工作的透明度，使党员更好地了解和参与党内事务”。[②] 中共十七大报告提出要“尊重党员主体地位，保障党员民主权利，推进党务公开，营造党内民主讨论环境”。[③] 同时推进党务公开，还将会以党内民主带动人民民主，以增进党内和谐促进整个社会

---

① ［法］孟德斯鸠：《论法的精神（上册）》，张雁深译，商务印书馆 1961 年版，第 154 页。

② 《中共中央关于加强党的执政能力建设的决定》，http://news.xinhuanet.com/newscenter/2004-09/26/content_2024232.htm。

③ 胡锦涛：《高举中国特色社会主义伟大旗帜　为夺取全面建设小康社会新胜利而奋斗——在中国共产党第十七次全国代表大会上的报告》，http://news.xinhuanet.com/newscenter/2007-10/24/content_6938568.htm。

和谐，必将对发展社会主义民主政治产生重大的影响。第二，推进农村政务公开是保障农民的知情权、参与权、表达权、监督权的前提，没有政务公开，农民就无法实现上述四项权利。中共十七大报告提出“必须让权力在阳光下运行”，“要完善各类公开办事制度，提高政府工作透明度和公信力”。[①]中共十八大报告则再次强调“推进权力运行公开化、规范化，完善党务公开、政务公开、司法公开和各领域办事公开制度……让人民监督权力，让权力在阳光下运行”。[②]这就是要求各级政府必须在行使行政管理权的过程中主动全面公开各项行政事务。同时中共十七大报告还把建设服务型政府提到发展社会主义民主政治的高度来进行论述，这是在总结政务公开工作的基础上，完善了政务公开的内容，对如何进一步推进政务公开提出了新的更高的要求，也是对发展社会主义民主政治增加了新的内涵。第三，推进农村村务公开是实现村民自治的前提和保证，是建设社会主义新农村和发展农村民主的重要内容。我国是一个农业大国，农民占我国人口的多数，农民不仅是国家政权稳固的深厚群众基础，也是社会主义建设和改革能够取得成功的关键。因此，推进农村村务公开、依法保障农村的知情权、维护农民的根本利益、调动农民的积极性既是社会主义本质的必然要求，是有效密切党群干群关系实现农村稳定的基础，也是全面建成小康社会，实现中国梦的重要保障。所以，必须按照中共十七大要求，把村务公开作为“人民当家做主最有效、最广泛的途径”，“作为发展社会主义民主政治的基础性工程重点推进”。[③]

---

① 胡锦涛：《高举中国特色社会主义伟大旗帜　为夺取全面建设小康社会新胜利而奋斗——在中国共产党第十七次全国代表大会上的报告》，http://news.xinhuanet.com/newscenter/2007-10/24/content_6938568.htm。

② 胡锦涛：《坚定不移沿着中国特色社会主义道路前进　为全面建成小康社会而奋斗——在中国共产党第十八次全国代表大会上的报告》，http://www.xj.xinhuanet.com/2012-11/19/c_113722546.htm。

③ 胡锦涛：《高举中国特色社会主义伟大旗帜　为夺取全面建设小康社会新胜利而奋斗——在中国共产党第十七次全国代表大会上的报告》，http://news.xinhuanet.com/newscenter/2007-10/24/content_6938568.htm。

（三）议事协商制度

我国乡村的议事协商制度，是指保障乡村社区成员，就乡村社区公共事务、事关社区公共利益和村民切身利益，或者社区内所发生的重大问题，进行公开意见表达、意见交换和讨论协商，以达成共识或形成决策的民主制度。

作为一种丰富的制度体系，议事协商制度的基本价值目标在于保障和实现协商民主，因而要理解这一制度必须首先理解什么是协商民主。一般而言，协商民主作为一种民主形式，“是公共协商过程中自由、平等的公民通过对话、讨论、审视各种相关理由而赋予立法和决策合法性的一种治理形式”。[①] 协商民主的观念最早可以追溯到古代雅典民主的起源，雅典为许多关键的职能而使用了由民众选举的公民协商微观组织。在古希腊的城邦政治中，五百人大会、陪审团制度等都是协商民主的具体形式。作为学术意义的协商民主一词则最早由约瑟夫·毕塞特在 1980 年使用，在《协商民主：共和政府的多数原则》中他主张公民参与而反对精英主义的宪政解释。协商民主理论引起学者的广泛关注始于 20 世纪末。1996 年詹姆斯·博曼出版了《公共协商：多元主义、复杂性与民主》；两年后乔·埃尔斯特出版了《协商民主》，在这些著作中，他们比较系统地就协商民主的条件、协商民主的作用等做了阐述。此后一些重要的自由理论家和批判理论家如罗尔斯与哈贝马斯等也纷纷加入了协商民主者的阵营。至此协商民主理论渐成一股重要的民主思潮，成为西方政治思想最重要的成果之一，在当代世界产生了极其广泛的影响。

作为民主理论新发展的协商民主，自提出之日起就是为了回应西方社会的诸多问题，具有深刻的社会政治背景。由于种族文化团体之间认知资源的不平等和长期潜藏的深刻而持久的多元道德冲突，在 20 世纪后期的西方社会多数人已无法有效地参与公共决策。同时

① 陈家刚：《协商民主引论》，《马克思主义与现实》，2004 年第 3 期。

西方每隔几年一次的选举，公民权利只能在投票活动中体现，公民基本上被排除在决策过程之外，这种断点式的民主方式，已经导致了公民们对于选举投票或政治参与的冷漠。协商民主重新强调对民意质的提升和公民对于公共利益的责任，旨在建构一种作为政治决策过程的民主，鼓舞人们作为公民平等的政治参与，即通过不断地公共协商拓宽彼此的心胸，加强各方的相互了解，最终将私利提升为公利，进而弥补选举民主多数票决的可能缺陷。因此，协商民主理论是针对代议制民主在当代发展过程中日益出现的不足，由政治学家深入反思民主本质、修正选举民主忽视平等倾向的结果。它在控制行政权力膨胀、促进决策的合法化、培养公民的公共精神，以及促进多元文化的融合等方面均表现出极大的社会价值，在现实的社会政治生活中具有超越已有政治模式的意义。

虽然协商民主作为一种理论形态在我国的出现晚于西方，但民主协商是中国共产党的一贯主张，作为一种政治实践贯穿于革命、建设和改革各个时期，已经有了半个多世纪的历史。无论是革命时期的民主建政、国共和谈的协商会议、新中国诞生的具体筹划、社会主义改造的策略制定，还是社会主义建设时期的各项大政方针，可以说都是民主协商的结果，是民主协商的具体运用和生动实践。我国协商民主的发展有着重要意义，它有利于拓展民主渠道民主政治参与，从而建构社会主义人民民主的广泛政治基础；有利于深入了解民情集中民智，从而达成共识促进科学决策；有利于完善机制加强监督，切实保证把人民赋予的权力真正用来为人民谋利益。事实证明，民主协商搞得好的时期，国家的大政方针就坚定正确，社会主义全面建设快速进步。而民主协商遭到破坏的时期，国家的大政方针就容易偏离实情，从而导致社会主义建设的曲折和失误。正因如此，中共十八大指出："社会主义协商民主是我国人民民主的重要形式。要完善协商民主制度和工作机制，推进协商民主广泛、多层、制度化发展。通过国家政权机关、政协组织、党派团体等渠道，就经济社会发展重大问题和涉及群众切身利益的实际问题广泛协商，广纳群言、广集民智，增进共识、增强合力。坚持和完善中国共产党领导的多党合作和政治协商制度，充分发挥人民政协作为协商民主重要渠道作用，围绕团结和民主两大主题，推进政治协商、民主监督、参政议政制度建设，更好协调关系、汇聚力量、建言献策、服务大局。加强同民主党派的政治协商。把政治协商纳入决策程序，坚持协商于决策之前和决策之中，增强民主协商实效性。深入进行专题协商、对口协商、界别协商、提案办理协商。积极开展基层民主协商”。[①]

当前，经过长期实践发展我国社会主义协商民主已形成了多种实现形式，包括：政治协商、社会协商、基层协商等。政治协商是由中国共产党主导的主要发生在国家政治生活层面的协商，包括中国共产党同各民主党派的协商、中国共产党在人民政协同各民主党派和各界代表人士的协商两种基本形式，这两种协商方式相辅相成，互为补充。社会协商是由政府及其职能部门组织的主要发生在政府治理范畴的协商，其内容往往是就具体的公共决策听取社会各方面的建议，包括公开听证、协商对话、决策咨询、媒体讨论等形式。中共十六大报告强调：“各级决策机关都要完善重大决策的规则和程序，建立社情民意反映制度，建立与群众利益密切相关的重大事项社会公示制度和社会听证制度，完善专家咨询制度，实行决策的论证制和责任制，防止决策的随意性。”[②]基层协商主要发生在社会自治领域，是人民群众直接行使民主权利依法管理自己事情的广泛实践，包括乡村自治和城市社区自治。作为社会主义民主政治建设的基础性工作，进入新世纪以来，基层协商出现了许多制度创新。如

---

① 胡锦涛：《坚定不移沿着中国特色社会主义道路前进 为全面建成小康社会而奋斗——在中国共产党第十八次全国代表大会上的报告》，http://www.xj.xinhuanet.com/2012-11/19/c_113722546_5.htm。

② 江泽民：《全面建设小康社会，开创中国特色社会主义事业新局面——在中国共产党第十六次全国代表大会上的报告》，http://news.xinhuanet.com/newscenter/2005-01/16/content_2467718.htm。

浙江台州温岭市创造的“民主恳谈会”、衢州市总结的“民主决策五步法”等协商模式，使基层干部群众能够很自然地坐在一起充分交流，从而极大地调动了群众的民主热情，成为促进基层自治的重要方式。

乡村协商民主第一次正式写进党的文献之中是2008年10月12日中国共产党十七届三中全会所通过的《关于推进农村改革发展若干重大问题的决定》。《决定》指出，“以扩大有序参与、推进信息公开、健全议事协商、强化权力监督为重点，加强基层政权建设，扩大村民自治范围，保障农民享有更多更切实的民主权利”。[①]尽管在我国社会主义民主政治的实践中，乡村协商民主的提法在党的文献中是新的，但在乡村的治理实践中已经有了不少做法，积累了不少经验，出现了丰富的协商民主形式。例如政治协商、民意听证、社区议事、基层恳谈、网络论坛等等。这些形式多样的政治实践还突出地表现出以下特征：一是协商主体的广泛包容性。消除干部与群众之间的隔阂，推动国家与社会的良性互动，可以说是协商民主的主要目的。因此具有广泛包容性。在我国，几乎所有的利益相关者均可参加协商民主，无论年龄、性别、职业，均可自由参加进来并有机会发表自己的见解。二是协商功能的实用导向性。乡村协商民主的重要功能在于有效应对和处理乡村社会中多元利益主体间的冲突与矛盾，从产生之日起就具有鲜明的实用导向。一方面通过协商式治理模式，公共部门希望与村民间建立良好的合作关系，以有效缓解公共权力运作中可能遇到的各种阻力，另一方面通过相互之间的充分互动，村民希望与公共部门取得共识，以解决自己普遍关心的具体事项。三是协商过程的村民主体性。在西方协商民主的发展中，公民主要通过参加政党和社会团体参与对公共事务的讨论与协商。而我国农村各种社会组织发展相对滞后，乡村协商治理模式因

---

① 《中共中央关于推进农村改革发展若干重大问题的决定》，《人民日报》2008年10月20日。

而主要表现为个体村民直接参与基层社会事务的协商与决策。因此在我国农村实行议事协商，推进乡村协商民主，对于促进我国民主政治的发展和实现良好的村民自治均有着重要的理论和现实价值。一方面通过乡村议事协商进一步扩大了农民有序的政治参与，促进了村民的利益表达和利益实现，并在民主实践中，逐渐培养了农民的民主精神和民主意识。另一方面有助于疏通村民与政府的沟通渠道，减少主观随意性和不必要的猜测误会，减少政府政策下达到村级单位的阻力，由此增强了乡村公共权力的合法性基础。

（四）权力监督制度

权力监督制度是指以“主权在民”和“权力共享”的政治思想为基本法理依据，对公共权力以及权力的代理行使者采用各种必要的手段进行制约和监督，使其符合权力委托人意图和目的制度。一般而言，权力监督中的权力是指政治权力。“政治权力实际上是在特定的力量对比关系中，政治权力主体为了实现和维护自身的利益而拥有的对政治权力客体的制约能力”。[①] 因此，政治权力本质上是特定的力量制约关系，形式上是特定的公共权力。它既是社会生活的重要组成部分，又是社会政治关系的核心内容，是实现其主体成员利益的工具、凭借和后盾。正因为此，政治权力往往具有自利性、扩张性、腐蚀性等特征，如果缺乏相应的监督和制约就可能出现公共权力的异化，沦为掌权者谋取私利的工具。正如孟德斯鸠所言，“要防止滥用权力，就必须以权力约束权力”，[②] 也如英国历史学家约翰·阿克顿禁不住的感叹：“权力有腐败的趋势，绝对的权力绝对地腐败。”因此，持续健全完善权力监督制约体制，促进公共权力有序合理使用，从而实现良政、增进公共利益，几乎是所有国家治理的一个重要内容，其实施的有效程度也往往成为衡量一个国家是否

---

① 王浦劬：《政治学基础》，北京大学出版社 2005 年版，第 57 页。

② ［法］孟德斯鸠：《论法的精神（上册）》，张雁深译，商务印书馆 1961 年版，第 154 页。

政治文明、能否持续发展、执政者是否具有合法性的重要标志。但是，如何对权力进行有效的监督，可谓人类政治制度史上永恒的主题和难题。迄今为止的人类政治制度史表明，关于权力监督的理论构想与制度设计，构成了政治思想史和制度史的最主要部分，几乎凝结了人类全部的政治智慧。尤其经过第二次世界大战的反思，人们普遍认识到作为一国公民唯一“合法代理人”的政府，既可以办好事服务民众，也可能干坏事祸害人间。因此西方政治学者普遍力主对政府进行监控，以政府为聚焦点的监督理论由此得到长足的发展。如马克斯·韦伯提出的科层制理论以及由此导发的对官僚病的救治论，公共选择学派提出的垄断者政府论，罗伯特·达尔提出的政治多元主义和双边控制论，塞缪尔·亨廷顿提出的政治腐败论，安妮·克鲁格提出的政府寻租论，迈克·舒德森提出的监督式民主等，都对政府的种种弊端进行了严厉的斥责，提出了政治民主制度观照下的各具特色的监督理论。当然，当代西方政治学中的监督理论不管怎样指斥政府，都不是要否定资本主义制度，而从根本上恰恰都是为了巩固资产阶级的统治。阿尔蒙德和鲍威尔的所言有力地证明了这一点：“现代政治领导的艺术，不仅在于深谋远虑地寻求适当的目标和政策，而且在于努力学会如何同庞大而复杂的官僚机构打交道——以何种方式，在什么时候对它施加压力和强制力，对它进行改组，去除其多余和陈旧部分，对它进行奉承和嘉奖，教育它以及受它的教育”。[①]

我国权力监督制度的发展经历了曲折的历程。延安时代起，中国共产党人就坚决主张民主监督。1945 年著名民主人士黄炎培问毛泽东：历史上许多政权“其兴也勃焉，其亡也忽焉”，形成了一种周期率，共产党执政后有没有跳出这个周期率支配的新路？毛泽东答道：“我们已经找到新路，我们能跳出这周期率。这条新路，就是民

① ［美］加布里埃尔·A. 阿尔蒙德，小 G. 宾厄姆·鲍威尔等著：《比较政治学：体系、过程和政策》，上海译文出版社 1987 年版，第 328 页。

主。只有让人民来监督政府，政府才不敢松懈。”[①]因此，毛泽东对建设社会主义的人民民主高度重视，将它看成是“进京赶考”能否取得成功的大事。这使得在新中国建立初期的1949年到1956年，随着民主建政的圆满完成，权力监督也取得长足进展。根据1954年宪法的规定，我国设置了各级人民代表大会及常委会以审议监督政府、法院、检察院工作，在权力监督中发挥了重要作用。同时国家还设立了人民监察委员会，专职监督政府及其工作人员正确履责和遵法守纪；设立了最高人民检察署和各级检察机关作为专门的法律监督机关，维护监督法律的实施；1956年中共“八大”上还产生了中央监察委员会，专门负责进行党内监督；在毛泽东倡导的“长期共存、互相监督”方针的鼓励下，各民主党派和政治协商会议也继续发挥着民主监督作用。“文化大革命”期间，领袖的个人威权代替了集体决策，轰轰烈烈的“大民主”最终使民主法制受到践踏，这期间对权力的监督和制约受到了严重的削弱乃至瘫痪，最终酿成了长达十年之久的全国性大动乱的悲剧。经过对“文化大革命”悲剧的深刻反思，邓小平同志等老一辈无产阶级革命家深刻地认识到建立民主监督机制，防止权力过分集中弊端的重要性。他指出，“制度好可以使坏人无法任意横行，制度不好可以使好人无法充分做好事，甚至走向反面”。[②]因此改革开放后我国积极推进政治体制改革，大力加强社会主义民主和法制建设，权力监督机制得到全面恢复和加强。2012年，中共十八大报告更是在第五部分第六条中用了极大的篇幅详细阐述“健全权力运行制约和监督体系”，指出：“坚持用制度管权管事管人，保障人民知情权、参与权、表达权、监督权，是权力正确运行的重要保证。要确保决策权、执行权、监督权既相互制约又相互协调，确保国家机关按照法定权限和程序行使权力。坚持科学决策、民主决策、依法决策，健全决策机制和程序，发挥思想库

① 参见黄炎培：《延安归来》第二篇“延安五日记”。

② 邓小平：《党和国家领导制度的改革》，《邓小平文选》第2卷，第322页。

作用，建立健全决策问责和纠错制度。凡是涉及群众切身利益的决策都要充分听取群众意见，凡是损害群众利益的做法都要坚决防止和纠正。推进权力运行公开化、规范化，完善党务公开、政务公开、司法公开和各领域办事公开制度，健全质询、问责、经济责任审计、引咎辞职、罢免等制度，加强党内监督、民主监督、法律监督、舆论监督，让人民监督权力，让权力在阳光下运行。”[①]这其中，“让人民监督权力，让权力在阳光下运行”振聋发聩，“凡是涉及群众切身利益的决策都要充分听取群众意见，凡是损害群众利益的做法都要坚决防止和纠正”，新的“两个凡是”的思想更是令人耳目一新!

农村权力监督制度是指在我国农村围绕推进村民自治，切实保障农民权益和促进农村民主发展，设立的村务监督、政务监督、党务监督等制度。改革开放以来，尤其随着农村村民自治的探索实践和不断发展，健全完善农村权力监督制度日益引起学者重视。一方面，随着村民自治的发展，农民的政治素质和民主意识日益加强，然而公共权力监督缺失、缺位、乏力的现象在农村仍屡见不鲜，政务信息淤塞封闭、虚假空泛，少数政府官员近乎肆无忌惮地滥权和寻租，不仅直接损害了公共利益、国家利益、公民权益，还引发了公权部门与群众关系紧张等问题，甚至酿成了群体性冲突事件的发生。这些问题的出现严重损害了党和国家的形象，降低了政府部门的公信力，侵蚀了执政的合法性基础。另一方面，作为公共权力的村民自治权力同样有腐蚀性，有必要对其实行民主监督。村民自治施行以后，我国农村呈现来自国家的乡镇行政权力和来自村民的民主自治权力二元并存的局面。村级组织一方面受村民委托行使公共村务的管理权，另一方面虽然不是一级行政组织却担负着把国家方针政策在基层贯彻实施的任务。这两种权力本质上仍属于公共权力，

---

① 胡锦涛:《坚定不移沿着中国特色社会主义道路前进 为全面建成小康社会而奋斗——在中国共产党第十八次全国代表大会上的报告》，http://www.xj.xinhuanet.com/2012-11/19/c_113722546.htm。

需要加强监督以防止其异化为少数人谋利的工具。不仅如此，我国农村村民自治相比西方社区自治享有更广泛复杂的自治权，“村治”、“行政”、“经营”、“党务”往往交织在一起，如果监督缺失，历史上长期遗留下的封建思想遗毒会沉渣泛滥，村民自治有可能异化为少数村干部甚至某个村霸自治，一旦形成这样的局面，对村庄公共利益和村民的利益将具有更大的危害性。这也是为什么在我国农村，很多农民关注谁当村支书甚至超过关注乡镇党委书记。因此搞好权力监督更加重要。我国农村权力监督从权力行使主体来说，这种制约和监督一般包括国家专门机关监督、党内监督、民主党派的监督和社会监督等。这之中，社会监督即来自村民及村民社会组织的监督尤其重要。这主要是因为我国村级自治中的权力来自纵向的监督相对较少。一般的，权力监督有两种形态：其一是把权力分解成几个部分，各自由不同的权力主体来行使，彼此分立、相互制衡的横向分权和制衡；其二是由上一级权力主体来对下一级权力主体实施权力使用的监视、督察的纵向分权和制衡。而对于实施村民自治后的我国农村来说，村级组织并非一级行政机构，其权力绝大部分是依法设立或本村自设的自治权，乡镇政府对村委会给予指导，不得干预依法属于村民自治范围内的事项。在这种情况下，强化来自村民及村民社会组织横向的民主监督则十分必要和重要。也正基于此，2010 年 10 月修订通过的《村民委员会组织法》特别提出村应当建立村务监督机构，并赋予其十项主要职责，这就从根本上大大完善了我国农村权力监督制度。

二、农村民主管理的推进动力

回顾近代以来中国的发展历史，一个不可否认的事实是：没有共产党就没有中国真正的人民民主。在过去近百年的时间中，在中国共产党的领导下，中国民主发展不仅走出了一条迥异于西方的道路，而且取得了两项举世瞩目的巨大成就：一是中国共产党领导中国人民成功走出一条“农村包围城市的道路”，历经艰难推翻三座大山的压迫，于 1949 年建立起了人民当家做主的崭新国家，从此人民民主在中国有了生根发芽的牢固制度基础；二是人民公社制度解体后，农村村民自治自发于草根并在中国共产党的支持下不断发展，时至今日已走过近 30 多个年头，不仅没有夭折或成为“怪胎”，反而成为基层民主发展着力推进的重要制度，并带动了整个社会主义民主的发展。那么中国的民主发展为何能两次从受教育水平最低的、经济发展最落后的农村开始并取得巨大成功？其背后的逻辑和巨大推动力何在？我们将在接下来的内容中对此着重加以讨论，而对这一问题的讨论将有助于找到进一步增强农村民主管理制度建设的活力源泉。

（一）农村民主发展的原初动力

上述发生于 20 世纪中国民主发展的这两件大事看似没有联系，却蕴含着两个相同的事实：一是民主发展的这两件大事都是在中国共产党的领导下进行的，离开了中国共产党的领导就不可能有今天的局面；二是民主发展的这两件大事都是从农村开始的，离开了农村就成了无水之源。对此，在评述 20 世纪中国民主发展时，徐勇教授有过精彩的论述，他指出：“中国是在农业社会的传统因子基本保留的状态下进入现代工业社会的。这正是中国的民主革命和改革开放这两次革命都发源于农村的秘密所在。20 世纪的百年史反复证明了这样一个道理：谁抓住了农民，就抓住了中国，谁丢了农民，就会丢掉中国。”[①]因此党和农民的关系问题，无疑是 20 世纪中国民主发展的重要线索。那么中国共产党为什么能抓住农民呢？在徐勇教授看来，“基本经验是两条：一是经济上给农民以实惠；二是政治上给农民以民主权利”。[②]徐勇教授的这段话深刻表明，中国共产党由

① 徐勇：《田野与政治——徐勇学术杂论集》，中国社会科学出版社 2009 年版，第 3 页。
② 同上，第 17 页。

于满足了农民对于土地和民主的需求，也即实现了农民最根本的经济利益和政治利益，因而得到农民支持进而抓住了中国。因此，党对农民利益的实现问题，无疑是我们理解农村民主发展逻辑的重要线索。由此，需要我们引入马克思主义的利益观视角。

对利益问题的研究在马克思思想的发展过程中占有至关重要的地位。早在1841年，年仅23岁的马克思便在其发表在《莱茵报》上的第一篇文章《关于出版自由和公布等级会议记录的辩论》中，提出了一个惊世骇俗的断言："人们奋斗所争取的一切，都同他们的利益有关。"[①]两年之后，马克思在《黑格尔法哲学批判》中进一步看到利益问题绝非单纯的自然人的生物性满足，而是与当时的社会条件和所有制状况等有着天然的联系。此后，为了要对"物质利益"问题发表意见，马克思开始由法律改为着重研究政治经济学，并于《1844年经济学哲学手稿》中提出异化劳动的概念。他指出："在国民经济学中，到处可以看到，各种利益的敌对性的对立，斗争、战争被认为是社会组织的基础"[②]。1844年8月，马克思与恩格斯在巴黎会晤，在会晤后合写的第一个成果《神圣家族》中，他们指出物质生产是"历史的发源地"，生产方式是认识历史时期的主要标志，而"思想一旦离开利益，就一定会使自己出丑"[③]。1845～1846年，两人再次合写出《德意志意识形态》，在这篇巨著中，他们从社会分工、国家的产生和实质等方面进一步深刻揭示了利益的本质，认为利益是人们相互依存的关系，而首要的是经济关系。这篇巨著也因此得以第一次系统地阐述了唯物史观。这一伟大发现从此揭开了人类历史发展之谜，为科学共产主义奠立了牢固的哲学基础。由此可见，正是由于接触了现实生活中的物质利益问题，以及对利益问题持续深入的研究，促成了马克思与恩格斯的会晤，使他们创立了唯物史观。

---

①《马克思恩格斯全集》第1卷，人民出版社1979年版，第82页。
②《马克思恩格斯全集》第42卷，人民出版社1979年版，第76页。
③《马克思恩格斯全集》第2卷，人民出版社1979年版，第103页。

这之后，经过恩格斯、列宁等人的发展，马克思对利益问题的思考和方法逐渐成为丰富的马克思主义利益观。其主要观点包括：（1）利益首先是一个社会关系范畴，体现人与人之间对需求对象的分配关系；（2）利益的社会本质和社会基础是生产关系，经济利益是生产关系的具体表现；（3）人们的各种活动都是围绕着对利益的追求展开的，利益决定、支配政治权力、政治活动，也推动着人本身的发展和社会的发展；（4）不同的社会历史形态，人们的利益诉求是不同的，马克思主义的利益立场是维护和实现大众的利益。马克思恩格斯公开宣称："过去的一切运动都是少数人的或者为少数人谋利益的运动。无产阶级的运动是绝大多数人的、为绝大多数人谋利益的独立的运动。"[①]而所有共产党人在这场运动中"没有任何同整个无产阶级的利益不同的利益"。[②]总之在马克思主义那里，利益是人们社会存在的特定条件和状况，是历史唯物主义的基础性范畴和人的本质内容，利益在社会关系中相互比较而显现，利益矛盾构成一个社会的基本矛盾，利益追求是推动人自身发展和社会发展的基础、前提和动力。因此，任何一个社会都必须首先满足人们的物质利益要求，以此来促进和推动社会发展，任何社会变革归根结底都必须重新调整人们的利益关系，以此来调和人们之间的利益矛盾和利益冲突。

不仅如此，马克思主义利益观的丰富内容还为我们正确认识党与农民的关系提供了崭新的视角。历史唯物主义认为，阶级斗争是推动社会前进的动力，阶级斗争集中体现为各阶级和集团对政治权力的争夺，阶级斗争需要采取组织化的形式，这种组织就是政党。因此，一般来说政党是由特定阶级、阶层和群体中政治主张相同的人所结合的，以争取群众、控制政府为手段，以获得和维护特定利益，并实现共同理想为目的的有目标、有纪律的政

---

① 《马克思恩格斯选集》第1卷，人民出版社1995年版，第283页。

② 同上。

治团体。在马克思主义看来，政党是政治发展的产物，是进行斗争的组织，而政党一经产生就必然与其所代表的那部分群众发生重要关系，即党群关系，这种关系的实质是利益代表关系。利益代表是政党的首要功能，也是政党存在的合法性基础，不代表任何利益的政党是难以维系的。但是，政党对群众利益的代表并不是天然的，而是由人民群众的选择性决定的。人民群众选择哪个政党，也不是一成不变的，而是依据是否能够代表自己的利益、代表的程度和好坏不断动态选择的。因此，一个政党要想获得长久存在和执政的合法性，必须持续不断地密切与人民群众的关系，真正代表人民群众的利益。

正是基于以上原因，中国共产党自产生那一刻起就坚持一切为了人民、一切依靠人民，把全心全意为人民服务作为宗旨，始终代表中国最广大人民的根本利益。中共一大通过的第一个决议就是宣告中国共产党自始至终“维护无产阶级的利益”；中共二大确定了七项为工人和贫农利益奋斗的目标；中共三大明确要求必须一刻不能疏忽地“拥护工人农民的自身利益”。但是，人民群众对政党执政合法性的考量是一个持续的长期的过程，绝不仅仅局限于该政党宣称代表什么，还要看其在实践中能否真正促使人民利益实现，一个不能促使利益实现的政党即使宣称代表人民利益也必然因事实上失去利益代表功能而与人民群众渐行渐远。因此，对于一个农民占大多数的国家，中国共产党正是在转向农村、扎根农民之中后才真正大获成功。1927 年，在模仿俄国十月革命道路攻取大城市失利后，毛泽东不仅高瞻远瞩将部队带上了井冈山，还通过著名的“三湾改编”将支部建在连上，从此中共政党的力量得以延伸到广大且处于底层的农村社会，开始了最广泛有效的政治动员——“打土豪分田地”和“民主建政”。正是这种“政党下乡”式的轰轰烈烈的政治动员使农民获得民生和民主，中共获得力量和政权。而国民党的失败“在相当程度上是国民党始终只是一个悬浮在上层的政党组织，而没有将自己的组织及其影响力延伸到占全国人口 85% 以上的农村人口中去，进行广泛的政治动员”。[1]这充分说明，“一个政党如果想首先成为群众性的组织，进而成为政府的稳固基础，那它就必须把自己的组织扩展到农村地区”。[2]而“在处于现代化之中的国家，政党和政党体制的一个关键作用，就是为此种农村的政治动员提供制度化构架”。[3]总之，中国共产党在新民主主义革命中成功的根本原因，即在于通过政治动员满足了占人口绝大多数的农民的经济和政治需求，最终建立起以生产资料公有制为基础的人民民主专政的崭新社会主义国家。

根据马克思主义的利益观，政党的首要功能是利益代表，政党与其所代表的群众之间的关系实质是利益代表关系。但由于不同的社会历史形态，人们的利益诉求是不同的，即使同一社会历史形态，也是不断丰富发展的。因此随着时代的发展，一个政党要抓住人民，不仅需要关注人民的民生，也要关注人民的民权，不断满足人们更高层次的需求。正如梁启超所言：“凡人所以为人者有二大要件，一曰生命，二曰权利。二者缺一，时乃非人。”[4]在现代国家，公民个人有无权利，或者说，公民的权利是否得到尊重、保障和实现，是区别民主与专制、法治与人治、进步与落后、现代社会与传统社会的根本标志，也决定了一个政党是否能得到人们的广泛认同。社会主义制度在我国确立之后，经过一段时期的发展，人民的民生需求不断得以满足，尤其经过改革开放 30 多年的快速发展，中国已经成为世界第二大经济体，时下中国人民的生活水平已经和原来不可同日而语。但是这并不表明我们没有走过弯路，曾经经历过的曲折和失误至今仍痛在人们的心头。尤其，中国仍是一个农民占大多数人

---

① 徐勇：《社会动员、自主参与与政治整合——中国基层民主政治发展 60 年研究》，《社会科学战线》，2009 年第 6 期。

② ［美］塞缪尔 · P. 亨廷顿：《变化社会中的政治秩序》，上海人民出版社 2008 年版，第 361 页。

③ 同上。

④ 梁启超：《梁启超选集》，上海人民出版社 1984 年版，第 158 页。

口的国家，而无论是改革开放前出于农村支援城市、农业支持工业战略对农村资源的汲取，还是改革开放后先富带动后富的发展战略考量，农民都事实上处于被遗忘的角落。因此在相当长的一段时期，农民在希望的田野上看不到希望，却面临着城乡差距越来越大的事实。而且这种差距不仅有民生方面的，也有民权方面的。在民生方面，农民支撑起了令世界瞩目的中国发展成就，收入却不及城市的三分之一；在民权方面，中国的民主是从农村起步，而城里人却享受着更多的权利。它时刻告诫我们：如何正确认识社会主义初级阶段的利益需求和利益关系，充分调动各个利益主体的积极性，充分发挥利益的动力作用，加速社会主义改革和现代化建设，从而更好地实现人民的利益，是需要时刻关注的十分重要而迫切的现实理论问题。正是基于此，中共十七大强调科学发展观的核心是“以人为本”，实质就是以人民群众利益为本，统揽党和国家的各项工作。与此相适应，中国共产党先后提出了构建社会主义和谐社会、建设社会主义新农村、全面建成小康社会的伟大战略决策。

（二）农村民主发展的逻辑脉络①

基于对马克思主义利益观视角下党与农民关系的论述，我们不难得出结论：中国共产党代表着最广大人民的根本利益，也自然代表着占人口大多数的农民的利益，因此党对农民的利益代表与实现构成了中国农村民主发展的内在逻辑。而当我们以此反观 20 世纪中国农村的民主发展时，其脉络清晰可见。

1. 利益代表：党的三次乡村动员

在传统中国，皇权止于县政，农民外在于政治。虽然自晚清开始，国家政权开始了由县到乡村的“政权下乡”过程，但其后果却

① 此标题下的主要内容已发表，参见唐鸣、梁东兴：《利益的代理与考量：农村民主的发展逻辑》，《当代世界与社会主义》，2010 年第 3 期。

是“新瓶装旧酒”，农民依然处于政治的边缘地带。中国共产党成立后，通过持续不断的乡村动员，不仅成功地把农民带入国家政治生活，建立了新中国，而且开始了自上而下的农村基层民主的建构过程。在20世纪，这种大规模的乡村动员主要有三次，分别以土地问题、人民公社、村民自治为核心话语。民主革命时期，在国民党忙于以城市为中心、自上而下建立政权体系之时，中国共产党迅速将重心移向农村，开始了在农村的第一次民主动员，通过动员农民，在农村建立革命根据地，争取在全国获得政权。这次动员通过“政党下乡”的方式，以土地革命为核心，彻底改造传统的精英统治结构，构筑新政权的基础。民主革命时期的土地革命以及新中国建立后的土地改革，最终使“农民取得土地，党取得农民”，结束了旧中国一盘散沙的局面，彻底推翻了乡村旧秩序，实现了基层重组，政权组织第一次真正地下沉到乡村。土地改革使农民获得了土地权，但出于对分散经营的传统农业进行改造、防止新的社会分化和为工业化提供积累的需要，土地改革完成后不久就开始了对农业的社会主义改造，即第二次大规模的乡村动员。其重要内容就是将农民组织起来，实行集体化。政权组织与经济组织合为一体，并因此最终发展为“政社合一”的人民公社体制。人民公社是一个无所不包的组织体系，其重要功能是使农民社会前所未有地国家化，建立了一个上下垂直、纵向高度集权的治理体制。20世纪70年代后期，农村自发出现了以包产到户、包干到户为主的经营方式。由于这一经营方式使农民由公社这种国家性的基层经济政治共同体迅速回归到家庭组织中，计划经济的乡村治理体制已走到了尽头，农民自发地以各种方式极力突破公社体制的限制，村民自治开始萌生。作为农民的伟大创造，村民自治具有社会自发和自我组织的特点。但是，村民自治从社会自发到上升为国家制度，并在全国范围内普遍推行，则是在党的领导下通过国家行政动员的结果，是社会民主依赖国家力量提升和推进的过程，是国家赋权于民、民主下乡、乡村民主动员的过程。这可从历次党的代表大会窥见一斑。中共十二大突出强调社会主义民主要广泛地扩展到政治、经济、文化和社会生活的方方面面；十三大提出要促进基层民主生活的制度化；十四大明确指出要以基层群众性自治组织为载体发展基层民主政治；十五大强调基层选举制度和民主程序的法治化建设；十六大对基层民主政治建设的内容、目标和方式作出了科学的界定；十七大则明确要求把发展基层民主“作为发展社会主义民主政治的基础性工程重点推进”。

中国共产党之所以要持续在农村进行民主动员，其根本原因就在于：中国共产党代表着最广大人民的根本利益，并以此构筑自己执政的合法性。在漫长的中国传统社会，城市是统治者居住的堡垒，农民作为被统治者居住于乡村。统治阶级并不需要通过乡村动员把农民带入政治生活，并以此维护自己的统治。而农民只要纳粮纳税，便算尽了义务，与国家缺乏有机联系。中国共产党在革命的过程中，逐渐认识到只有动员农民，把农民带入政治生活，才能取得革命的胜利。由此开始在农村建立革命根据地，发展党的基层组织，成立各种形式的民主政权。正是依赖农民的支持与帮助，中国共产党最终走出了一条农村包围城市的道路。革命胜利后的新中国，实行人民当家做主，政府宣布代表最广大人民的根本利益，这自然包括了居住于农村地区的广大农民。然而，按照马克思主义的理论，利益是基于一定生产基础上获得了社会内容和特性的需要。作为一种受到主体与客体、自然与社会、生产力与生产关系等多方面因素影响和制约的社会现象，利益具有多种矛盾规定性和复杂的特性，其内在的利益自我实现要求与社会实现途径之间的矛盾，构成了利益内含的第一个，也是最为基本的矛盾，它决定和影响着利益内含的其他矛盾的产生和发展，使社会利益关系的形成和发展成为必要和可能，并由此构建了人类社会全部政治关系和政治生活的基础。因此，农民作为一个整体并不能直接表达和实现自己的根本利益，他们的利益需求事实上是由党领导下的国家代理完成的。由于事实上的城乡分化和二元社会结构的存在，也由于特定历史阶段国家发展战略的优先考虑，国家对农民的利益代表并不总是能够与农民的自我利益表达相吻合。但是，长久忽视农民的自我利益表达毕竟是危险的，国家只有通过新的乡村动员来不断缝合业已出现的裂痕。

2. 利益考量：农民对动员的回应

如果说因利益代表而产生的党在农村的民主动员是中国农村民主发展的外在推力的话，由于利益考量而出现的农民对动员的回应则是中国农村民主发展的内源动力。马克思主义认为，人们奋斗所争取的一切，都同他们的利益有关。利益作为人们社会存在的特定条件和状况，是在社会关系中相互比较而显现的，是人的本质内容，也是人们参与社会活动的动机和动力源泉。因此，中国共产党成立后，与广大农民之间形成了一种利益代表关系，也就同时接受着来自农民自我的利益考量。这种利益考量在现实实践中以对动员的回应形式显著地表现出来。

民主革命时期的土地革命以及新中国成立后的土地改革，推翻了实际控制乡村的地主势力，从而将千百年来实际控制乡村的统治权第一次集中到正式的国家政权组织体系中来。不仅如此，土地革命和土地改革摧毁了农村传统的等级结构，昔日骑在农民头上作威作福的"上等人"如今沦落到社会的底层，他们不仅在经济上被打垮，而且在道德上被否定，甚至在肉体上被消灭。这是农民千百年来想都不敢想的事情。这些世世代代辛勤劳作而又致富无门的贫苦农民无论在经济地位上，还是在心理感受上都得到了极大的满足。因此，中国共产党围绕土地问题而开展的第一次乡村动员，无疑成功地代理了农民的利益需求，与农民对利益的考量不谋而合。正是这种利益考量的强烈满足感，增强了农民对政权组织的认同，农民开始前仆后继地投入到支援新民主主义革命的队伍之中，并在以后建设社会主义新中国的过程中表现出空前的政治热情。这种热情甚至一直延续到人民公社化运动时期。随着现代化进程的展开，家庭在传统社会里所履行的教育和社会保障功能必然会由一个切实可行、组织高效的民族国家来承担，一旦国家宣称有一个能够一步达到共产主义的天堂组织——人民公社时，就会得到村民的衷心拥护和诚心加入。在《社员都是向阳花》中，村民们高兴地唱道：“公社是棵常青藤，社员都是藤上的瓜；瓜儿连着藤，藤儿牵着瓜，藤儿越肥瓜越甜，藤儿越壮瓜越大……”然而，这种领袖的理想和农民的幻想在特定历史时空的汇合，最终演绎了中国历史上极为特殊的一幕悲喜剧。虽然人民公社体制从某种程度上来说维护了农村的社会稳定，有利于国家权力控制乡村社会、提取乡村资源，并事实上为国家的工业化发展积累了大量的经济资源。但是这种乡村动员毕竟是建立在农民一时的幻想和热情之上，并以事实上牺牲和损害农民的利益为代价，这就决定了这次动员不可能满足农民的利益考量，也终归经受不住历史发展的检验。随着经济贫困化以及由此而积累的社会矛盾越来越多，广大农民的政治热情不断丧失，他们开始怀疑人民公社体制，要求变革人民公社体制的呼声越来越高。最终，一些贫困地区的农民迫于生存压力，自发冲破了公社体制的“一大二公”土地经营模式，新的家庭联产承包责任制逐渐推行，原有的过分依赖外在政治力量的人民公社体制随之逐渐瘫痪，农村一时陷入新旧体制转轨时期的失序和混乱状态。在这种情况下，出于填补农村组织真空、维护自身利益的需要，村民自治在农民自发的创造中开始萌生。因此，村民自治的产生实际上是农民对自身利益进行自我考量的结果，一旦这种自我利益考量得到来自国家的利益代表——合法认同和制度支援，便焕发了无穷的活力，中国农村民主从此进入了实质性的快速稳定发展时期。

回顾中国共产党成立以来农村民主的发展历程，我们不难看出，虽然党基于利益代表合法性考虑而进行的乡村动员是推动农村民主发展的重大力量，但这种力量毕竟是外在的，真正强有力的是来自农民自我的利益考量。按照马克思主义的观点，人们为了生产和生活而结成各种社会关系，人们的需要通过这些社会关系而转化为人们的利益，因此经济关系和物质生产是实现人们利益要求的基本途径。而当特定社会群体中成员的利益实现和利益矛盾需要由特定的社会群体范围中形成的强制性权威力量加以解决时，人们就会结成特定的政治关系。据此，在现实生活中，农民对自身需要的利益考量往往具有三个方面的特点：一是自觉性，即农民的这种利益考量是自觉进行的，无论外力怎样作用，这种利益考量都时时处处存在并发生作用，尽管有时候农民可能被另一种热情所掩盖，比如因为先前的利益考量满足而暂时失察；二是间接性，由于农民的需要最直接地来自物质生产，因此农民往往通过对直接的物质生产的利益获得，逐渐感知政治关系的真实存在，并由此开始自我的利益考量并对利益代表的合法性产生质疑；三是强大性，物质生产所带来的利益固然显见，政治关系对物质生产所创造的利益却有真正的分配权，因此，当农民的利益长期不能通过物质生产得到满足时，会转而寻求改变政治关系，而这种利益考量一旦不能通过政治民主的形式获得合法的利益代表，就会产生激烈的冲突和对抗。总之，这种来自农民的利益考量虽然有时候表现强烈、有时候暂时被掩盖或缓和，却时时处处真切存在，它监督着党的利益代表的合法性，并成为推动农村民主发展的真正内源性力量。

3. 利益实现：村民自治蓬勃发展

从利益分析的视角看，实现利益代表与利益考量之间的有效沟通从而实现农民利益是推动农村民主的有效途径。利益代表与利益考量之间的沟通之所以是必要的，是因为利益代表与利益考量之间可能会存在裂痕。从理论上看，这一裂痕根源于利益形式的主观性和利益内容的客观性之间的矛盾。这一矛盾激发和促使人们去从事积极的谋利活动，以实现利益的主观方面与客观方面的统一，而人类的政治活动，不过是这种谋利活动的一种。然而，在共产主义社会之前，这种谋利活动并不能经常一致。这就决定了社会主义阶段各种利益矛盾依然存在。从横向看，社会主义虽然消灭了剥削阶级，但人民内部仍然存在不同的生产资料占有关系，这就造成了不同占有者之间会存在利益矛盾；从纵向看，农民的利益并不总与社会的共同利益一致，而事实上存在的城乡分化和二元经济结构，进一步放大了这种特殊利益与共同利益的矛盾。但是，在社会主义公有制建立之后，这种利益矛盾是可以有效协调的。根据马克思主义的理论，在以私有制为基础的阶级社会，社会利益本质上是占有着全部生产资料的统治阶级的利益，可是，在其存在形式上，它却被极力表现为社会全体成员的共同利益，因此社会利益的内容和形式完全背离。在社会主义经济社会关系基础上，社会利益成为绝大多数社会成员的共同利益，其内容和形式得到了极大统一。因此，社会主义公有制的建立，从横向看，人民内部虽然仍然存在不同的生产资料占有关系，但是不同占有者之间的利益矛盾本质上不存在掠夺和占有关系，也就不具有对抗性；从纵向看，公有制的建立为解决特殊利益与共同利益的矛盾提供了经济基础，从而使得人们可以以主动的、自觉的方式协调两者的关系，实现人民的各种利益需求。

实现利益代表与利益考量之间的沟通，必须充分研究实现沟通的特点。我们认为，有两个方面需要特别注意：其一，沟通的主导在代表方，因为代表方既占有更多的信息，又有效掌控更多的政治资源，而农民对利益的考量是通过对直接的物质生产感知的，对利益代表的判知具有间接性和滞后性。从这一点来说，自上而下的国家建构性力量承担着更多的主导性责任。其二，沟通的关键是要有畅通的倾听和表达机制，并予以制度规范和法律保障，让农民能够真实畅通地进行自我的利益表达。正是基于这一逻辑，2008 年 10 月，中共十七届三中全会通过的《中共中央关于推进农村改革发展若干重大问题的决定》，明确把“健全农村民主管理制度”作为今后农村必须大力加强的六项制度建设之一，指出“发展农村基层民主，以扩大有序参与、推进信息公开、健全议事协商、强化权力监督为重点”，并把“农村基层组织建设进一步加强，村民自治制度更加完善，农民民主权利得到切实保障”等内容纳入 2020 年农村改革发展的基本目标和任务之中。当前，我们党和国家正在深入推动的农村村民自治，正是利益代表与利益考量沟通从而实现农民利益的有效方式。一方面，从村民自治的产生看，其本身就是农民进行利益考量的产物，是农民自己的伟大创造，因此村民自治使农民真实、畅通地进行自我利益表达成为可能。另一方面，村民自治也符合利益代表的需要。在亨廷顿看来，现代国家表现为统一的主权和国民对统一国家的高度认同。发展中国家是一个“多元社会”，存在各种原生的社会势力。如何把这些原生的社会势力糅合为单一的民族政治共同体，就成为一个棘手的问题。此外，现代化已造就出或者在政治上唤醒了某些社会和经济集团，这些集团过去或者根本就不存在，或者被排除在传统社会的政治范围之外，现在它们也开始参与政治活动了，如果它们不被现存政治体制所同化，就会成为对抗或推翻现有政治体制的祸根。因此，一个处于现代化的社会，其政治共同体的建立，应当在横向上能将社会群体加以融合，在纵向上能把社会和经济集团加以同化。中国共产党通过赋予农民这一原生社会势力以主体性，在“政党下乡”的过程中组织和动员农民，从而将农民吸纳到党和国家的政治体系中，建立起国家与农民的纵向联系。但过分集中的权力体制又有可能将农民从具体的乡村治理体系中排挤出去，无法建构真实的和个体的农民主体性。如何在乡村治理体制中确立农民的主体性，建构一个“横向”的整合机制，这正是21世纪中国共产党建构现代国家必须面对的问题。因此，基层群众性自治是历史的必然选择。

（三）农村民主发展的现实动因

进入新世纪以来，中国共产党不仅废止了城乡不公平的差别待遇，取消了几千年来存在的农业税，还开始了工业反哺农业、城市支持乡村的建设社会主义新农村的伟大历程！但是，“维护最广大人民的根本利益，是一个永无止境的实践过程”，尤其人民的利益具有“综合性和动态性”，因此，“在改革开放和现代化建设的新时期，党如何更好地维护最广大人民的根本利益，仍然面临着层出不穷的新情况新问题”。[①]尤其伴随着改革开放和市场经济的发展，带来了深刻的利益格局和利益关系的变化，城乡差距的拉大、农民需求的快速增长、不断分化等都面临前所未有的压力，这就决定了党要更好地实现利益代表功能，促使农民的利益实现，就必须持续不断地推动农村民主管理制度的健全发展。

1. 城乡差距拉大使逐渐成为弱势群体的农民需要有更多的有序利益表达渠道

在风雨如晦的20世纪上半叶，中国共产党正是通过在农村建立革命根据地，获得了来自广大农民的支持才最终取得革命胜利的。然而在20世纪后半叶的中国，农民却向来是容易受到政策歧视的弱势群体。新中国成立之初，出于巩固新生政权、尽快实现工业化的现实需要，效仿苏联确立了优先发展重工业的方针，这使得政策的设计从一开始就显示出不利于农民的差别性待遇。城市因为工业集中的天然优势而顺理成章地处于保护性的优先发展地位，农村则成为向城市提供必要的资源以支持工业化的后盾。20世纪50年代后期，出于加速工业化的需要而开始的轰轰烈烈的人民公社化运动，更是彻底剥夺了农民外出就业的自由，1958年颁布的《户口登记条例》首次以立法的形式严格限制农民迁居城市，将农民牢牢束缚于土地，农民赖以生产生活的公社事实上成为城市向农村汲取资源的有效载体。自此，中国历史上长期形成的城乡二元分化的社会结构在新中国建立后不仅没能改变，反而制度化地加强了，一种长期的城乡分离的二元社会保障体系由此形成。这使得农民几乎在生产生活的所有方面均受到来自社会的歧视性待遇，所以在整个20世纪后半期的中国，“吃商品粮的”远比“种粮的”有地位，“跳农门”被认为是非常光宗耀祖的事情，成为农民子女们梦寐以求的追求。20世纪后期中国开始了计划经济向市场经济的转变，但这一改革本身却不仅不能导致农民地位的改变，城

① 秋石：《怎样维护最广大人民的利益》，《求是》，2002年第8期。

乡二元分离的格局反而进一步加强了。其原因在于市场经济讲求效益和利润，因而资源总是源源不断地流入环境相对有利的城市。如果说计划经济时期农村主要是农产品等物质资源流入城市的话，那么实行市场经济后则不仅是物质资源，就连优秀的农村人才也源源不断地“孔雀东南飞”，他们背井离乡，成为城市的建设者，20世纪后期开始的一批批的民工潮就是最好的说明。

始于20世纪50年代的这种城乡二元的制度设计至少造成了三个方面的严重后果：一是城乡贫富差别越来越大。当前，中国城乡贫富差别越来越大已是一个不争的事实。据国家统计局对全国31个省（自治区、直辖市）7.4万户农村居民家庭和6.6万户城镇居民家庭的抽样调查，2011年城镇居民人均可支配收入与农村居民人均纯收入之比尽管比2010年略有下降，但仍达到3.13∶1，已成为世界上城乡收入差距最大的国家之一，而这已是连续十余年城镇居民人均可支配收入与农村居民人均纯收入之比达到3∶1以上。[①] 二是农民受歧视的地位难以改变。党的十六大以来，以胡锦涛为总书记的中共领导集体提出了科学发展观，不仅废除了延续2000余年的农业税，还持续加大了对农村教育和医疗的投入，积极推行工业反哺农业、城市反哺农村的城乡之间、工农之间统筹发展战略。然而，历经半个多世纪形成的思想观念根深蒂固，一系列剥夺和歧视农民的措施短时期仍然难以根本废止，占中国人口大多数的农民现实生活中仍然难以改变“二等公民”的待遇。例如，农民土地权利得不到保障，农村公共建设和农民社会保障缺乏，农民进城居住被严格禁止，以及仍然存在的同命不同价、同地不同权等。以至于很多农民感叹：“城市垃圾有人扫，农村垃圾靠风刮”，“城市污水有净化，农村污水靠蒸发”，“城市兵员有安置，农村兵员回自家”，“城市娃儿上大学，农村娃儿厂是家”，令人心酸不已。三是农民的政治权利难

---

① 《统计局公布：2011年全国城乡居民收入增长情况》，http://www.gov.cn/gzdt/ 2012-01/20/content_2050056.htm。

以保障。由于身份地位、经济收入、社会保障上长期存在的巨大反差，作为最庞大群体的农民逐渐成为社会上最弱势的群体，他们在参政议政、民主管理等政治权力上往往受到来自社会各个方面的空间挤压，很难抗衡现代国家各种不法权力的侵害，农民民主参政能力也因之越来越弱，政治地位和政治权益日益降低，越级上访和反复申诉不断增加。以至于“农村真穷，农民真苦，农业真危险”的“三农”问题依然严峻。

亨廷顿曾告诫我们：“在农村强大的政党通常能控制着中央政府，并能建立起以高度的政治稳定为特征的政权。如果没有一个政党能获得农村的稳定支持，某种程度的动荡就在所难免。”[①]因此，“政治现代化的源泉在城市，而政治稳定的源泉却在农村。政党的任务就是使二者结合”。[②]面对城乡差距日益拉大，农民越来越成为庞大的弱势群体的现实，要真正解决好“三农”问题，减少越级上访、群体性事件，实现农村稳定、社会发展，最根本的就是要发展农村民主，在立法、政策以及观念上都充分尊重农民的基本权利和自由。正如杜润生在《我们欠农民太多》中所言：“解决问题第一步：给农民以国民待遇，给农民以最基本权利。”[③]为此，首先要彻底破除那种一讲到民主，似乎只能是高贵者的午餐，一般凡夫俗子没有资格来品尝，中国的老百姓素质低，中国民主制度建设的条件不成熟的观念。无论历史或是现实，都不可否认一个基本事实：民主从来就是相对弱势群体的需求，而不仅仅是上层社会餐桌上的摆设。民主的呼声总是来自弱势群体，当这个群体的利益受到损害，自己对自己的事情无权做主，而是受他人或其他群体的强制时，便自然有了民主的要求。所以，民主的含义无非是两点，一是希望与他人享有同

---

① ［美］塞缪尔·P. 亨廷顿：《变化社会中的政治秩序》，上海人民出版社 2008 年版，第 364 页。

② 同上，第 361 页。

③ 杜润生：《我们欠农民太多》，参见《我向总理说实话（新版）》，陕西人民出版社 2009 年版序言。

等的权利，另一点就是自己的权益不被剥夺。其次，要真正实现农民利益，首先要健全农村民主管理制度，保障农民平等的利益表达权利和机会。利益表达的力度和有效性是一个阶层对国家政策影响力的主要体现，因此农民要保障自己的利益不受肆意侵害，实现好和维护好自己的利益，关键在于保障好农民利益表达的权利。当前，由于种种原因，农民在体制内的利益表达机制还不够健全、渠道还不够畅通、组织载体也缺失或缺位，进一步增强了农民普遍存在的被剥夺感、尊严缺失感，由此衍生了大量非制度化的甚至是非法的利益表达行为。各种“上访闹事”、“寻衅滋事”、“自杀自焚”、“报复社会”等行为防不胜防，成为弱者的武器，甚至被纷纷效仿。因此，中国共产党必须不断健全农村民主管理制度，推进农村民主发展，以保障农民享有更多有序的利益表达渠道。

2. 利益结构分化和利益需求快速增长使农村需要有民主的自我利益整合机制

一般而言，利益整合就是通过对利益主体（包括个体和群体）之间利益关系的协调，缓和利益矛盾和冲突，尽可能形成社会利益共同体的过程。利益整合的过程既包括形成同向性的利益诉求，也包括维系这个诉求实现的制度体系构建。前者重在确定利益之内容，后者重在保障利益之实现。一方面通过利益整合，有利于避免利益矛盾和冲突，防止强势地位主体对其他利益主体的侵害，形成共同的建设性意见。另一方面只有对利益的诉求进行系统化理论化，社会才能有明确的行为目标，利益才能由一种诉求转化为一个现实。

改革开放以来，我国社会利益结构处在快速变化之中，利益结构的分化对党如何实现利益代表提出了严峻考验。与计划经济条件下利益主体相对单一、利益差别相对较小相比，改革开放后市场经济的发展则使利益迅速分化，不仅造就了众多有着不同利益需求的主体，各主体之间的利益差别也日益增大、利益关系更加复杂、利益竞争更加激烈。中国社会科学院《当代中国社会阶层研究》课题组在 2002 年曾按社会地位的高低等级将中国社会阶层结构划分为十个部分：国家与社会管理者阶层、经理人员阶层、私营企业主阶层、专业技术人员阶层、办事人员阶层、个体工商户阶层、商业服务业阶层、产业工人阶层、农业劳动者阶层和城乡无业失业半失业者阶层。[①]应该说，在市场经济条件下，农村社会内部的利益分化是不可避免的，在一定的“度”内分化是有利于市场经济发展的，但是，如果利益分化过了“度”，社会各阶层的利益诉求在政治层面上得不到适时的回应，各阶层之间的利益矛盾就会尖锐化，以至于造成剧烈的社会动荡，危及党的执政地位。比如，随着利益分化，社会贫富分化进一步加剧，我国基尼系数已达 0.45 的国际警戒线，穷人的“仇富”心理与日俱增，社会矛盾以各种犯罪形式或突发事件表现出来；社会就业问题日趋突出，大量的下岗工人和农村剩余劳动力、大中专毕业生使就业压力不断加大；因环境污染、违法征地拆迁等严重损害社会公众利益而引起的群体事件频频发生，民众不满情绪日益突出；艾滋病、毒品、环境污染等问题严重威胁到社会公共安全等。这些问题归根结底都是利益分配问题，要解决这些问题，必然要通过政治层面的利益整合，制定出能照顾各方利益的政策和立法，使社会各阶层的利益诉求得到及时的回应，同时，制约公权力的腐败及其对私权的侵凌，最终把各种矛盾控制在秩序范围内，实现社会的和谐发展。

改革开放以来，伴随着社会利益结构的不断分化，人们的利益需求也不断增长。一方面，人民群众的利益需求本身是多方面的，也是不断丰富发展的。人们的利益需求只有更好的满足过程，而无完全满足的止线。这就需要我们始终关注健全农村民主管理制度，以更好地实现占人口多数的农民的利益表达和利益聚合，从而为党代表好农民的利益奠定基础，持续获得农民的广泛认同。另一方面，现代化的发展亦使农民的利益需求快速增长。现代化不仅意味着发展，也同时在

---

① 参见中共安徽省委党校课题组：《论执政党要加强利益整合功能》，《党建研究》，2004 年第 4 期。

全体国民之间传递着一种平等发展的理念，要求赋予每个人以平等的国民身份。因此，随着我国现代化的发展，农民的利益主体意识和利益平等意识正日益提升，他们迫切要求和城市市民一样享有更多的经济权利、政治权利和社会权利等。正是基于此，国家先后提出科学发展观和建设社会主义新农村的伟大战略。要求我们在“以人为本”的理念框架下，强化以农民为主体的意识，充分尊重农民的主体地位，消除体制性障碍，调动农民的积极性。通过健全农村民主管理制度，尽快建构起“以农民为主体，让农民得实惠”的乡村民主治理机制。

总之，改革开放以来利益结构的分化和利益需求的快速增长都需要中国共产党对农民利益进行整合。然而，在政党制度层面的利益整合有其不可避免的缺点：一是由于政党严格的层级制和政党民主的狭窄性，加之中国共产党是一个具有严格组织纪律的高度组织化的政党，特别是在当前党政职能不分情况下，党组织行政化特征十分突出，要在党内实现充分的民主是非常困难的，在党内民主制度严重供给不足的情况下，一切都得靠各级党组织的负责人的思想开明与高素质才能实现。这样，社会各阶层的利益诉求就难以得到充分、迅速的反映，由于信息系统的不畅，从而影响到整合的效果。二是政党作为阶级的先锋队而非民选的组织，政党整合结果的合法性容易受到质疑，难以得到社会各阶层的普遍认同，社会利益受损阶层的质疑更甚。政党制度层面的整合，只有在实践证明具有较好的效果后才会得到既得利益阶层的事后追认。我国当前出现的社会大众把所有改革中产生的问题都推到执政党身上的现象，正是过分强调党的一元化领导，以政党利益整合为主的机制使然。因此，通过健全农村民主管理制度以民主的渠道实现利益整合则十分重要。只有社会各界重视民主制度化建设，尽快在农村构建畅通有序的利益表达制度、规范有效的利益整合机制，才能使农村社会的利益关系得到规范和协调，政府与农民之间的联系得以沟通和理顺，最终避免具有破坏性的利益表达方式和行为的产生，使党能够更好地代表最广大人民的根本利益。

第二章　农村民主管理的主体特征与社会基础

中国农村民主是在特定的历史条件下发生和发展起来的，其外在地表现为现代国家建构对乡土社会的整合或培育过程。其内在逻辑在于"农村民主的发展是党的利益代理动员和农民的利益考量回应之间结构性紧张的产物"。[①]然而，伴随着现代国家对乡土社会的整合或培育，乡村社会本身也在不断发生着变化，变化着的乡村社会既是现代国家建构的结果又可能影响国家的进一步建构和农村民主管理的发展。因而厘清中国乡村社会的变迁与特质并建构其现代性，从而理顺乡村社会培育和民主参与扩大的内在机理，是健全农村民主管理制度的关键。为此本章详细考察了中国农户的历史变迁与行为特征，以及由于农户变迁而引起的中国乡村社会特质的巨大变化。

一、中国农户的嬗变与行为特征[②]

考察中国乡村社会的变迁，必须首先对农户的变迁进行考察。这是因为乡村社会作为与城市社会相对的一个社会子系统，其内核是乡村地区各种社会关系的总和，是乡村人口不断结构化而形成的

---

① 参见唐鸣、梁东兴：《利益的代理与考量：农村民主的发展逻辑》，《当代世界与社会主义》，2010年第3期。

② 本标题下主要内容已发表，参见唐鸣、梁东兴：《中国农户的历史变迁与行为特征》，《华中师范大学学报（人文社会科学版）》，2013年第2期。

群体存在状态。而千百年来，农户一直是中国农村最基本的生产、生活、交往，以及政治责任单位。从这一点来说，乡村社会的实质不过是农户行为的集合，农户之间不断结构化而形成的群体存在状态便构成了生动多样的乡村社会。进一步地，在我们看来，所谓农户行为就是农户在社会实践中为实现自身主观意图所表现出来的一切活动，这些活动的主要方面是农户为达至自身认同逻辑而外化于一定场域的行为表现。因此，影响农户行为特征的因素主要有三个方面：农户的自身特点；农户的认同逻辑；农户的活动场域。这三个方面决定了我们在以农户为基本单位研究乡村社会时的三个基本视角。①在接下来的内容中我们正是依据此种逻辑考察了构成中国乡村社会变迁基础的中国农户的历史变迁与行为特征，并试图将这一变迁过程与结果比较完整地呈现出来。

（一）挣扎于土地的原子化小农

长期以来，中国是一个以小农经济结构为主导的传统农业社会，农户在小块土地上辛勤劳作以养家糊口，往往过着生于斯、死于斯的自给自足的封闭式生产生活。这种延续数千年不变的生产生活方式使中国传统乡村社会深深打上了小农的烙印。对于小农这样一种经济形态，马克思在考察法国农民时曾做了详尽的描述，“小农人数众多，他们的生活条件相同，但是彼此间并没有发生多种多样的关系。他们的生产方式不是使他们互相交往，而是使他们互相隔

---

① 学界在研究乡村社会时由于研究的基本单位与视角不同，往往得出不同的结论，容易形成各说各话的局面。笔者认为，农民的原初认同逻辑决定了农民的一般行动单位，农民的一般行动单位决定了乡村研究的基本单位和基本视角。本书中，农民的认同逻辑是指支配农民行动的价值需求，这一价值需求主要取决于农户本体性价值、社会性价值、生存性价值三个方面价值需求的现实考量与互动消长。本体性价值是个体对人生意义的深沉思考与追问满足，解决的是人何以为人的安身立命问题。社会性价值是个体从社会中获取的评价与尊严满足，解决的是人与人的关系问题。生存性价值是个体改造自然获得的生产与生活满足，解决的是人与自然的关系问题。总体上说，笔者赞同徐勇教授等倡导的以农户为基本研究单位，并试图在本章中以农户的自身特点、认同逻辑、活动场域为基本视角来“重识农户”。

离。这种隔离状态由于法国的交通不便和农民的贫困而更为加强了。他们进行生产的地盘，即小块土地，不容许在耕作时进行分工，应用科学，因而也没有多种多样的发展，没有各种不同的才能，没有丰富的社会关系。每一个农户差不多都是自给自足的，都是直接生产自己的大部分消费品，因而他们取得生活资料多半是靠与自然交换，而不是靠与社会交往。一小块土地，一个农民和一个家庭，旁边是另一小块土地，另一个农民和一个家庭。一批这样的单位就形成一个村子；一批这样的村子就形成一个省”。[①]从马克思的这段话，我们可以生动看出小农的如下特征：拥有小块土地，但由于缺乏分工和应用科学而生产效率不高；生产同质，生活条件相同，自给自足；思想狭隘，相互隔离，政治保守。马克思同时指出小农经济存在于极为漫长的历史时期，对社会发展影响深远。他认为“自耕农的这种自由小块土地所有制形式，作为占统治地位的正常形式，一方面，在古典古代的极盛时期，形成社会的经济基础，另一方面，在现代各国，我们又发现它是封建土地所有制解体所产生的各种形式之一”。[②]恩格斯通过自己的考察进一步印证了马克思的结论，他认为法国和德国小农生产方式的“家庭是自给自足的，几乎生产它所需要的一切，而村庄则更是如此。这差不多是十足的自然经济，货币几乎根本不需要”。[③]不仅如此，恩格斯还明确指出：“我们这里所说的小农，是指小块土地的所有者或租佃者——尤其是所有者，这块土地既不大于他以自己全家的力量通常所能耕种的限度，也不小于足以养活他的家口的限度。”[④]这就明确阐释了小农概念的特定内涵。马克思恩格斯的这些论述不仅明晰了小农的特定概念，还深刻揭示了小农经济的基本特征，具有较强的普适性，为我们认识中

① 《马克思恩格斯选集》第 1 卷，人民出版社 1991 年版，第 677 页。
② 马克思:《资本论》第 3 卷，人民出版社 1998 年版，第 909 页。
③ 恩格斯:《法德农民问题》,《马克思恩格斯选集》第 4 卷，人民出版社 1995 年版，第 486 页。
④ 同上。

国传统农村和农民提供了理论支撑。

中国是一个农业文明悠久的国家，农户构成社会组织的基本单元，这种一家一户的小农经济形态典型而久远。早在春秋时期，古人已经认识到井田制下“民不肯尽力于公田”的弊端，各国为刺激生产积极性、扩大剥削量，先后进行税制改革，如管仲采取“相地而衰征”的措施、鲁国实行“初税亩”等，这些改革在客观上承认了土地的私有权，加速了井田制的瓦解。战国时期以“废井田，开阡陌”为主要内容之一的商鞅变法，更是以法令的形式废除了井田制。这样一来，到战国时期，井田制彻底崩溃了，代之而起的是多种形式的土地私有制。土地私有制的形成，使我国逐渐产生了以耕种土地为业的自耕农。这些自耕农在小块土地上辛勤劳作，将土地视为命根，长年累月附着于土地以获得生活的依凭，小农经济由此不断产生、形成和发展。汉唐至明清时期，自耕农人数大大增加，小农经济得到较快发展，同时由于密集的劳动投入和长期的精耕细作，中国传统小农生产土地产出率和劳动效率均有很大提高，为中央专制主义集权统治奠定了重要的经济基础。然而，由于土地分配的不公和人地矛盾的日益加剧，自清代中叶以后，小自耕农的劳动效率不断下降，中国的小农经济日益内卷化，传统的小自耕农经济开始走向破产和没落。而“这个半无产化了的小农经济的形成，正是中国解放前农村数世纪以来大规模动荡的结构性基础”，[①] 也是“促成十九、二十世纪大规模农民运动的乡村危机的根源”。[②] 因此，1949年以前的中国乡村社会是典型的“一袋马铃薯”，在中国共产党通过“政党下乡”把农民动员起来以前，这种原子化的小农形成的是一盘散沙的局面。这一时期的农户总体来说具有以下特点。

1. 从自身特点看属于原子化小农。所谓“原子化小农”是指农户之间互不联系、高度分散化。几千年来中国农民一家一户就是

---

① 黄宗智:《华北小农经济与社会变迁》，中华书局 1986 年版，第 317 页。

② 同上，第 301 页。

一个生产单位，狭小的生产规模使农业和手工业紧密地结合在一起，将农民束缚于“男耕女织”的家庭经济结构之中。一方面，落后的生产方式、不发达的社会分工使小农的社会交往狭隘，与外部世界相互隔绝，村落成为他们的整个“世界”；另一方面趋于封闭的自然经济、同质的生产方式使得即使在村落内部，也甚至出现“鸡犬之声相闻，民至老死，不相往来”的互不联系的生活状态。因此，在长久的自然经济的束缚下、生产方式的控制下、重农逻辑的约束下，这些自我封闭的状态不仅成为乡土生活的常态，甚至潜移默化成为农民的精神束缚，形成了中国传统农民封闭保守、自立独立的独特心理。这种独特的心理进而又强化农民不愿交往、拒绝交往，以至于“传统小农绝大多数农民完全依靠自家的资源生产、生活，除了亲戚邻里之外几乎没有任何交往，甘愿在家庭这一最小的社会空间单位里度过一生 80% ～ 90% 的时间”。[①]也正因为此，中国传统农民有着强烈的小农意识，即为满足个人温饱，在一小块地上自耕自作，无约束、无协作、无交换而长期形成的一种思想观念和行为习惯。这种意识使小农往往自私自利、小富即安、缺乏自律、宗派亲族严重。

2. 从认同逻辑看生存性价值居首。传统农户过着自给自足的生活，他们紧紧依附于土地，从土地获得自己几乎全部的生活所需。他们用泥土打造土坯房屋供全家居住，在自家的土地上辛勤劳作以获得必要的粮食和菜蔬，穿着自家女人纺织出的棉布衣服。因此，小农不仅从土地获得必要的生活资料，甚至还自己生产一些基本的手工业品，以至于“在经济上每个农家，除了盐铁之外，必要时很可关门自给”。[②]小农这种自给自足的生活方式一方面使得其生产的目的是为了满足自己家庭生活所需，缺乏交换的动力，因而“交换是有限的，市场是狭小的，生产方式是稳定的，地方和外界是隔绝

① 沉石、米有录：《中国农村家庭变迁》，农村读物出版社 1989 年版，第 16 页。
② 费孝通：《乡土中国》，上海人民出版社 2006 年版，第 52 页。

的，地方内部是团结的”。[1]另一方面，由于土地面积狭小零碎，生产工具简单落后，加之可供投入的资金十分有限，因此吃饱穿暖的生存需要成为小农的主要生活目标。他们即使经年累月地辛勤劳作，一般也很难有较多的劳动剩余，小农的购买力因之极其有限。因而对于大多数小农来说，“除了少量次要的必需品外，他们极少购买城市产品。即使到20世纪，城市产品的渗入仍然很有限，只是棉纱或棉布，以及火柴和火油”。[2]因此，几千年来自给自足的生产方式和简单落后的生产工具决定了满足生存需求是传统农户的首要目标和主要行为逻辑。家庭内部的分工、劳动力的配置以及与外界较少的交往都围绕这一逻辑展开。“新三年，旧三年，缝缝补补又三年”，“各人自扫门前雪，莫管他人瓦上霜”等生活和风俗习惯也由此形成。

3. 从活动地域看局限于村庄集镇。在费孝通看来，直接靠农业来谋生的人是粘着在土地上动弹不得的，“靠种地的人才明白泥土的可贵。城里人可以用土气来藐视乡下人，但是乡下，‘土’是他们的命根”。[3]“种地的人却搬不动地，长在土里的庄稼行动不得，侍候庄稼的老农也因之像是半身插入了土里，土气是因为不流动而发生的”。[4]在这个因流动少而“土气”的封闭地域中，农民的“社会关系是逐渐从一个一个人推出去的……社会范围是一根根私人联系所构成的网络”，即一种“差序格局”的亲属圈，这种亲属圈“以‘己’为中心，像石子投入水中，和别人所联系成的社会关系，不像团体中的分子一般大家立在一个平面上的，而且像水的波纹一般，一圈圈推出去，愈推愈远，也愈推愈薄”。[5]在传统乡村社会，不仅农户的社会交往局限于狭小的亲属圈，其生产消费交换活动也局限于村庄集镇的狭小范围。这是因为，在传统农业社会劳动生产率较低，为

---

① 《马克思恩格斯全集》第19卷，人民出版社1961年版，第233-234页。

② 黄宗智：《长江三角洲小农家庭与乡村发展》，中华书局2000年版，第108页。

③ 费孝通：《乡土中国》，上海人民出版社2006年版，第7页。

④ 同上。

⑤ 同上，第26页。

了获得足够的生活必需品以维持家庭的生存，要求农民必须将大部分时间用于从事农业生产。同时由于农民的外部就业机会比较少，只好在单位土地上投入更多劳动，以期通过“过密化”生产最大化生活必需品，生存性的生产活动由此局限于村庄以内。尽管，当农户仅依靠农业无法解决生存问题，而必须借助于劳务市场和家庭手工业时，也往往不过是农忙劳作、农闲务工或者交换手工产品，这种简单的小规模产品交换很难突破村庄集镇的地域范围。

（二）组织进公社的集体化小农

中国农业曾长期领先于世界其他文明古国，并让我们炎黄子孙引以为自豪。然而正如毛泽东所言，“在农民群众方面，中国几千年来都是个体经济，一家一户就是一个生产单位，这种分散的个体生产，就是封建统治的经济基础，而使农民自己陷于永远的穷苦”。[①]纵观中国历史，历代统治者具有至高无上的权利。他们视农民为“鱼肉”，为所欲为，任意专横地向农民榨取税收，没收财产，使农民始终处于悲惨的境地。尤其到了近代，广大农民深受帝国主义、封建主义、官僚资本主义的多重压榨，加之农业生产增长与人口增长不同步，导致人均资源占有量大幅度下降，又屡遭战乱，农业生产力遭到极大破坏，农业生产全面衰落，广大农民处于悲惨生活的境地。1949 年后，新中国的成立打碎了旧的国家机器，但是占农村 85% ～ 90% 以上的小农经济仍然是非常落后的，尤其经过长期的战乱，已到了难以维系的地步。为了促进农业生产，尽快恢复国民经济，建国初期（1949 年～1952 年）着力对小农制进行了改造。一方面通过轰轰烈烈的土地革命“使占乡村人口总数 60% ～ 70% 的 3 亿多无地或少地的农民获得了大约 7 亿亩土地，免除了他们过去每年向地主缴纳的 700 亿斤粮食的超重地租”。[②]另一方面着力建设真正

---

① 毛泽东：《毛泽东选集》第 3 卷，人民出版社 1991 年版，第 934 页。

② 董辅礽：《中华人民共和国经济史》，经济科学出版社 1999 年版，第 82 页。

实现“让农民当家做主”的上层建筑，由此农民经济上“耕者有其田”，政治上“当家做主人”，生产积极性和创造性被空前激发出来，农村生产力获得了极大的恢复和发展，农民生活水平也得到了改善和提高。但是土地改革不仅没有废除小农制，还使小农制因此获得了新的典型形式。首先，土地改革并没有改变个体农民传统的经营方式，绝大多数农民仍然在零碎的小块土地上以一家一户为单位进行独立自主的农业生产经营。“特别是经过这次土改，我国开始形成了以自然村落为单元、‘不分男女老幼、一律平分土地’的农地分配政策惯例和平分机制，使明清时期以后出现‘地权分散化’和‘耕地细碎化’的发展趋势更加凸显。”[①]其次，土地改革也没能改变个体农民传统的生产条件，土地改革后农民仍然运用传统的生产资料进行着和以前没有任何区别的生产劳动，传统农业的生产水平并没有得到提高。因此，土地改革后只是土地的所有权发生了改变，从生产经营的形式上来说，农村仍然是清一色的小农家庭经营，与几千年沿袭下来的经营形式并没有根本差别。旧中国汪洋大海般的小农经济格局和小农社会“一盘散沙”、“相互隔绝”的状态依然没有改变。

土地改革后，中国农村汪洋大海、一盘散沙的小农经济显然与工业化战略是相矛盾的。1952 年底中国共产党在全国范围内基本完成了土地改革，并在已完成土地改革的地区及时地引导农民开展生产互助合作。这期间强调对生产中的困难开展灵活多样的互助合作来加以克服，尚未对小农经济改造做出全面布置，而是要求在农村工作中注意小农经济的特点。但是，起因于 1953 年的粮食等农产品供应紧张，使中央领导集体强化了小农经济与工业化矛盾的认识，从而加速了对小农经济的改造。1953 年 12 月 16 日的《关于发展农业生产合作社的决议》，最终在全国范围内拉开了对小农经济大规模改造的序幕。由此，新中国成立后不久，农业社会主义改造就轰轰烈烈地开始了，在短短 3 年时间里，亿万分散的个体农民被组织起

---

① 张新光：《小农理论范畴的动态历史考察》，《贵州社会科学》，2008 年第 1 期。

来，走上了社会主义集体所有制道路。1958 年 8 月，从更好解决"三农"问题的愿望和适应赶超战略出发，中共中央政治局扩大会议进一步通过了《中共中央关于在农村建立人民公社问题的决议》，此后两三个月内，全国农村普遍实现了人民公社化，建立起一种全新的社会形态。这种体制的突出特点表现为："政社合一"的组织体制、"一大二公"的组织规模、封闭集中的经营管理制度等。因此，人民公社从功能上说几乎是无所不包的，已经远远超出了单纯的生产管理组织。此后，人民公社虽然进行了多次调适，但其作为中国农村基本经济体制的地位及其主要的功能并没有实质性的转变。这种模式一直持续到家庭联产承包责任制的实施，长达 20 余年，成为改革开放前中国农民生产生活的基本组织模式。这一时期，农户总体上来说具有以下特点：

1. 从自身特点看成为集体化小农。从 1953 年农业合作化之后，尤其人民公社时期疾风骤雨式的改造，使传统小农的面貌发生了极大的改变。首先，人民公社确立的"集体土地所有制"彻底颠覆了传统小农赖以存在的物质前提，建构起了农业生产经营的全新基础。按照马克思、恩格斯的认识，小农之所以存在，在于家庭对小块土地的拥有。人民公社这一体制的设计显然正是为了改变这种小土地所有者"一盘散沙"的局面，因此它不仅事实上使农民完全失去了小块土地，也几乎失去了与土地关联的一切权利，直接解构了传统小农存在的物质前提。其次，人民公社统一的"集中劳动"形式还彻底改变了传统小农"外在于国家"的局面，建构起了农业生产经营的全新方式。在传统中国社会，"王权止于县政"，小农社会由乡绅自治，农户除了纳粮与国家权力之间没有直接的交往关系。但到人民公社时期，实现了"生产的集中化和大型化"，在军事化的政治组织推行的计划经济下，农民的经济活动受到严格控制，小农个体成为公社的社员。不仅如此，人民公社政经合一的管理体制和军事化的管理方式，事实上还严密控制了农民的人身自由，建立起了小农与国家权力之间的层级关联，使农民紧紧依附于公社、听命于组织动弹不得。这样，传统小农开始直接进入国家行政调控体系，从形式上也似乎消失了。然而人民公社二十余年的建设实践表明，这种集体化只不过是个体小农的捆绑式集合，其建立起来的生产模式也只是在形式上改变了小农的传统经营方式，小农经济的实质并未真正改变。在农业生产技术进步有限和工业化战略的强势逻辑下，人民公社不仅没能摆脱传统农业的耕作技术和方法，其经济生存状态也仍然是自给和半自给的，各公社之间缺乏横向的直接联系。因此所谓的农业集体经济不过是农民个体经济的袋装化。这种经营方式的弊端在人民公社后期大量显现，人民公社后期很多公社“人齐才下地”，“出勤不出力，干活儿一窝蜂”，“集体偷懒”和“免费搭车”现象越来越多，生产效率逐渐下降，这也是人民公社体制最终无法维系的根本原因。

2. 从认同逻辑看本体性价值转变。民以食为天，传统农民对小块土地的依赖而形成的小私有心理使中国共产党推动的集体化一开始并不为农民所主动接受。为此，中国共产党在土地改革后通过不断的政治运动强化集体化意识，改造农民的小私有心理。在持续的政治运动中，“忆苦思甜”是重要活动，通过回忆过去的痛苦生活，感受到今天的生活幸福。农民“向后看”的思维惯性和强烈的感恩意识使得“吃水不忘挖井人，翻身不忘共产党”，由此这种高度集中化的人民公社体制得以迅速建立。不仅如此，在“工业学大庆、农业学大寨，全国学习人民解放军，加强思想政治工作”的持续政治动员和宣传教育下，农民对自己的未来有了不同于以往的新期待，他们开始将个人的劳动与国家的兴衰、民族的命运、人民的解放和子孙后代的幸福联系起来，认为自己的劳动是有意义的，参加生产劳动是当家做主人的光荣表现，人民公社由此为农民提供了生产生活的新的意义系统。当然，促使农民的本体性价值逐渐移位的原因并非单纯的共产党政治宣传的组织高效，人民公社这一体制本身也一定程度上使农民可以从生产和生活中获得意义感。一方面，人民公社促进了小农的平等化。长期以来，中国传统社会是由家庭本位往上构成的等级社会，强调人伦秩序和道德规则，人与人之间辈分差异尊卑分明。新中国的建立和土地革命的轰轰烈烈开展，彻底铲除了剥削阶级、埋葬了人剥削人的旧社会，解除了加在农民身上的经济政治枷锁，建立起了农民千百年来渴望的基于人人平等的全新社会。农业合作化和人民公社运动的开展从形式上来说则进一步强化了这种平等化的趋势，至高级社时期，农民成为公民化的公社社员和国家主人，成为集合意义上的一个分子，大家不仅相互之间经济上平等，在国家面前也扮演着毫无差别的同质角色。因此，这种平等感极大促进了农民对人民公社时期价值宣传的认可。另一方面，人民公社本身为小农获得新的人生意义提供了载体。在人民公社内部，人人都是社员——公社的一员，大家集体劳动，共同消费，相对平等，从而为长久处于弱势地位的小农挺起胸膛做人提供了可能，小农开始自己认可自己，在能够满足生活需求的情况下，他们是钟情于这种生产意义系统的。因此人民公社的产生的确为一定的理想主义和新的目标意义的确立提供了可能。不仅如此，人民公社集体化的生产生活方式、频繁的会议和文娱活动，还有利于农民组织起来，在人与人的交往中相互接纳和认可，从而获得超越经济目标的新的价值意义和认同逻辑。

3. 从活动地域看牢固束缚于公社。国家为了解决与分散小农交易的难题，从农民有限剩余中提取资源来建设暂时不能反哺农业的现代工业化体系，而设计充当提取资源的中间人的人民公社制度，对乡村治理结构产生了根本和深远的影响。这一体制的建立，最终达至了“满头乱发无法抓，编成辫子就好抓”的乡村格局，国家政权史无前例地渗透到农村每一个角落，农民成为牢牢依附于公社这棵“常青藤”的“藤上的瓜”。首先，人民公社“政社合一”的严格的层级管理制度使农民不可能脱离公社。根据中共八届三中全会通过的《农村人民公社工作条例》，人民公社不仅负责党政各方面工作，而且负责组织农林牧副渔业生产和工商业发展，负责统管全社的生产安排、劳力调配、物资调拨和产品分配，拥有了对社内几乎全部资源的控制力，人民公社实际上成为最基层的治理单位。在这一治理单位下，广大直接从事生产的农民与生产资料相分离，广大直接组织生产的基层管理者经营管理权与自主权相脱节，农民被束缚于土地和狭小的村落地域，缺乏自由发展的空间。不仅生产效率无法提高，还造成千篇一律的农民僵化的体制性人格特征。不仅如此，为实现对农民经济行为的控制，也为了培养农民的公有理念和提高国家防御能力，公社还推行了军事化的组织管理。农民的个人行动就纳入人民公社的统一管理范围之内，并最终纳入国家整体行动的目标。当时的男女劳动力，全部按军事编制，组成班、排、连、营、团，由公社统一领导、统一调配、统一指挥。在建立人民公社的初期，甚至实行口粮、柴草均由公共食堂统管，农民社员连自己家庭开伙的自由都没有了。这样，农民的行为就几乎全部被公社控制，整个农村的社会结构非常单一，乡村社会形成了"组织军事化、行动战斗化、生活集体化"的局面。其次，僵化的工农分工和职业身份世袭制，导致了城乡分割，限制了农村劳动力的流动，进一步将农民长期禁锢于农村。自 1958 年 1 月新中国第一部户籍制度《中华人民共和国户口登记条例》颁布开始，直到改革开放初期，城乡实行了严格的二元户籍管理制度和二元就业制度，"加上农村人民公社和农产品统派购制度，强化了政府对农村劳动力等生产要素的配置管理，城乡之间的生产要素特别是劳动力的自由流动被禁止，人为地割裂了城乡之间统一的要素市场，农村内部、农业内部，甚至农民家庭经营内部的生产要素配置，也受到国家行政手段和政策的严格控制。这些制度的综合作用，导致改革开放前城乡成为两个相对封闭的经济社会系统"。①

（三）流卷入市场的社会化小农

人民公社作为中国农村一场强制性的制度变革，以规模空前的

① 郑有贵：《目标与路径：中国共产党"三农"理论与实践 60 年》，人民出版社 2009 年版，第 84–85 页。

方式疾风骤雨般地改变了中国农民传统的生产生活方式。毋庸置疑，这一体制为新中国在一穷二白和外资缺乏的情况下迅速推进国家的工业化做出了巨大贡献。正是有了这个体制，才为国家汲取农村资源集中用于支持工业建设提供了基础，粗略估计，1952 年至 1978 年，农民的贡献高达 6000 亿元。同时，在人民公社体制下，由于自上而下层层严密控制，农村社会比较稳定，这客观上也为我国进行工业建设提供了良好的社会环境。仅从农村自身发展来说，这一体制也并非一无是处。一方面，正是人民公社体制的强烈冲击，彻底打破了千百年来封建社会遗留下来的极不公平的农村治理结构，从此告别了农村一盘散沙的局面。另一方面，人民公社时期国家权力对乡村资源的整合和动员能力大大增强，因而也为农民提供了不少的公共服务。这一期间，我国农村教育、卫生等公共服务的改善是非常大的，尤其集中人力兴建了众多的农村水利设施建设。但是，人民公社这一体制是在国家力量强势介入乡村社会的基础上建立起来的，在很大程度上违背了农民的愿望，也难以适应生产力发展的规律。研究表明，这一时期不仅我国农民人均纯收入和消费水平没有实质性的改善和提高。更为严重的是，1978 年全国农村尚有 2.5 亿人没有解决温饱问题，生活在极度的贫困状态，比例高达农业人口总数的 30% 以上。不仅如此，从全局的角度来说，这一体制还直接造成了工农业发展严重失衡，就业结构转换滞后于产业结构转换，“三农”问题日益突出，不仅危及国民经济的发展，还危及社会的稳定，成为重大的政治问题。正如 1978 年 12 月 10 日，陈云在中央工作会议东北组发言时所指出的：“建国快三十年了，现在还有讨饭的，怎么行呢？要放松一头，不能让农民喘不过气来。如果老是不解决这个问题，恐怕农民就会造反，支部书记会带队进城要饭。”[①] 可见，农村已经到了非改革不可的境地。

中共十一届三中全会开始，中国农村进入新的历史发展阶段，

① 陈云：《陈云文选（1956—1985）》，人民出版社 1986 年版，第 212 页。

实行了一系列有利于促进农村生产发展和农民生活水平提高的政策措施。其政策导向突出地表现为市场化取向下以赋权与放活为内核的路径探索。包括实施家庭承包经营制度，促进农民家庭经济和乡镇企业，取消农产品统派购制度和调整农村产业结构，建立适应社会主义市场经济发展要求的农村新体制等。进入新世纪以来，随着中国进入工业化中期的经济社会发展阶段，要求我们进一步将长期实行的农业养育工业的政策逐步转变为工业反哺农业的政策，促进城乡经济社会统筹发展。由此，中共以进一步深化社会主义市场经济体制改革为牵引，积极推进城乡二元体制向一元体制转变，探索建立促进城乡一体化发展的体制机制。如致力于实现覆盖城乡的公共财政制度、社会保障制度，基本实现城乡统一的税赋体制、义务教育制度、医疗服务制度等。因此总体来说，废除人民公社体制而实行家庭承包经营制度，是继农村土地改革后农民的第二次大解放。土地改革使农民在经济上对地主的依附关系被废除，农民从此成为平等的、更具独立人格的人，为当代中国民主制度的建立奠定了基础，成为经济社会发展的强大动力。在废除政社合一的人民公社体制和实行家庭承包经营制度后，农民进一步获得经济上的自由，成为流卷入市场的社会化的新农民：在生产经营方面，农民有了生产经营自主权，成为独立的商品生产者；在就业方面，农民与土地捆绑在一起的制度被解除，有了自主择业权，可以实现就业的非农化转换；在政治权益上，政社分设和村民自治替代政社合一的人民公社体制后，基层民主逐步发展，农民的民主权益得到尊重和保障。

经过这一时期的发展，当前的农户总体上来说具有以下特点：

1. 从自身特点看小农逐渐社会化。人民公社体制的废除和社会主义市场经济体制的建立使农民与外部社会越来越紧密地联系在一起，这种联系使从集体化中解放出来的小农历史上第一次大规模地进入市场。在市场化强势逻辑的塑造下，传统小农开始脱离以往经济形态，生产方式、生活方式、交往方式等日益走向社会化，发生了翻天覆地的变化。在生产方式上，市场无处不在，影响着生产资料的获得和劳动产品的交换，社会化的生产活动因此替代自给自足成为主要方面。在生活方式上，货币无处不在，影响着从吃穿住用行到教育、医疗几乎全部生活资料的获得，货币收入的增加因此成为家庭的主导追求。

在交往方式上，“熟人社会”不再一如往常静止不变，来自市场的机会和风险从各个方面对既有的圈子产生着持续不断的冲击，来自自主的学习和判断相比祖辈传递的生活经验似乎更加重要。可以说当前的小农已深深地卷入市场和社会之中。然而，社会之“大”并没有改变小农之“小”。一方面，从存在基础来说，当今的农户仍然是恩格斯所言说的“小块土地的所有者”。由于社会总人口的增加、耕地面积的减少等各种原因，在现阶段农村人口的人均占有耕地面积不断缩小。加之计划生育的不断推行以及农村生育观念的持续变革，当下农村的大家庭日益减少，农户的家庭人口数量相比以往也普遍更小。另一方面，从行为特质来说，当今农户也仍然具有马克思所言说的“生产效率不高、生产同质、政治保守、思想狭隘”的小农特征。由于耕作的土地数量小，无法进行规模化经营，加之劳动人口少，无法进行分工和协作，因此当今农户难以走出低效农业的陷阱，生产效率不高的局面并未改变。生产效益不高又导致小农在应对优胜劣汰的大市场时往往充满恐惧，保守、狭隘的小农意识甚至由此得以强化。尤其，如果小农长期得不到良好的教育、培养，没有形成市场必需的决策、风险、信息、合作意识等，必然加剧相当一部分小农在残酷的竞争中被淘汰而对市场产生怀疑、恐惧甚至排斥。然而，无论小农愿意不愿意、主动还是被动，市场化的进程已不可阻挡地使他们流卷进来，走向社会化。因而正如徐勇教授所言：“当今的小农户已越来越深地进入或者卷入一个开放的、流动的、分工的社会化体系中，与传统的封闭的小农经济形态渐行渐远。如果我们仍然将当下的农户称之为小农的话，那么他们已成为迅速社会化进程中的小农。”①

2. 从认同逻辑看社会性价值凸显。实际上，当小农不可避免地流卷入市场之后，市场对小农而言就不再仅仅是日常的经济活动领域，而是成为一种根本性的生产生活方式或逻辑，渗透到小农行为的方方面面。这其中变化最快的和最根本的方面，在于市场化在带来现代性、促使小农走向大社会的同时，急速地解构了传统小农的本体性价值，一种消费膨胀、面子主义、相互攀比的社会性价值追求在矛盾中凸显出来。在传统中国社会，由于生产生活方式封闭和生产力低下，本体性价值主导着农民的认同逻辑。这其中传宗接代、延续香火和光宗耀祖等是其核心内容，构成农民安身立命的基础。因此传统中国社会农民是生活在祖荫之下的，人生的根本目的在于向下繁衍后代、向上光宗耀祖，有限的生命通过无限的子孙繁衍和家族兴旺来获得永恒意义。“不孝有三，无后为大”便是这一逻辑的真实写照。新中国建立以后，灵魂不死、来生转世的说辞虽然被现代性的尤其是唯物主义的意识形态所消灭，但是“人多力量大”的人口政策助长了农民传宗接代的观念。因此在改革开放前，农民的本体性价值始终稳固地占据着农民认同逻辑的重要方面。市场化则对农民的认同逻辑产生了颠覆性的影响。在市场化下，农民个人的生活已不可避免地受到社会化的影响。市场充斥的货币逻辑一时泛滥，货币的多少成为农民衡量生活好坏的重要参照。灵魂不死、来生转世的观念既已被主流意识形态证明是错误和愚蠢的，生儿育女、传宗接代的热情被子女的不孝等“证伪”成为功利主义考虑的一部分。农民有限的生命因此不再能被无限的子子孙孙的延续向下传递而获得永恒的意义。中国农民传统的安身立命的基础因此动摇，本体性价值随之失落。而“一旦缺失本体性价值，农民就更加敏感于他人的评价，就十分在乎面子的得失，就会将社会性价值的追求放

---

① 徐勇：《“再识农户”与社会化小农的建构》，《华中师范大学学报（人文社会科学版）》，2006 年第 3 期。

到更加重要的位置”。[1]因此，随着本体性价值追求的失落和社会性价值追求的凸显，现在的小农早已不再奉行“袋中有粮、心中不慌”的农民哲学，他们在市场原则的刺激下，纷纷从“一亩三分地”中洗脚上岸，入城淘金，“摇身一变”成为奋战于“世界工厂”的“城市工人”，希望借在群体内的竞争获得优势和承认，来填补日渐失落的代表着人生根本意义的本体性价值追求。

3. 从活动地域看进入市场难“入城”。在传统中国，农户可以关起门来过日子，直至人民公社时期，农户仍被牢固束缚于乡亲邻里的公社圈子。随着人民公社的解体和二元户籍制度的废除，劳动力有了自由选择地域的权利，而小农全方位、深度社会化带来的巨大货币支付压力，最终迫使他们纷纷流入市场，无论愿意不愿意、恐惧不恐惧，都得在风险倍增的市场中游弋。这是因为，在生产要素的配置全方位市场化，由家庭走向外部社会后，传统乡村社会小农依赖家庭手工业和打零工的收入再也无法满足社会化后迅速膨胀的家庭消费。在土地增收无望、投资缺乏资本的情况下，农民只能依靠最富裕的资源——劳动力，解决货币支付问题。就业社会化由此成为解决货币危机和压力的“新拐杖”：农民开始大量地进入市场，尤其翻山越岭来到机会较多的繁荣城市寻找就业机会和增收途径。农民由一个“家庭人”彻底转变成了“市场人”。这一现象突出地表现为随着沿海工业在20世纪80年代末的快速发展，大量中西部农村剩余劳动力开始了离土又离乡的城市打工生活。尤其那些人多地少、经济贫困的农村地区，进城务工经商可以获得远高于农业的收入水平，且同样的务工经商收入在全国劳动力市场形成后具有更高的边际效用，农民因此有着更强烈的外出务工经商的积极性。自此，改革开放以来中国出现的最引人注目的现象就是一波又一波农民离土离乡，进城务工，他们甚至拉友结伴，乐此不疲。其宏大的场面就连2006年免除农业税也未能有根本的改变。据统计，目前中国进城务工的农民工数量在1.6亿左右。大

① 贺雪峰：《当代中国乡村的价值之变》，《文化纵横》，2010年第3期。

量农民背井离乡来到城市，对农村和城市的影响都是巨大的。一方面农村因为大量劳动力进城而出现劳动力不足的情况，一些乡村年轻人大量外出，“空巢老人”和“留守儿童”问题突出，村庄“空心化”严重，日益凋敝。另一方面大量农民涌入城市成为新生工人阶级的一部分。然而，由于工业化超前发展，城镇化严重滞后，稳定可靠的非农就业机会和城乡一体化的社会保障机制尚未跟上，使得长期积压下来的“农业人口负担”虽大量涌入城市，却并不能真正在城市安家和成家立业，一时也无法获得与城市人同等的待遇。各方面研究表明，从当前农民工的总体状况来看，他们虽然来到了城市却并不能真正“进入城市”，他们中的大多数无法在城市获得稳定的就业和较高的收入，因而也无法举家在城市体面而有尊严地生活下来。城市一方面吸引着农民，让他们趋之若鹜、挥汗如雨；城市又常常排斥着农民，让他们遭遇鄙夷和不公、白眼与孤独。而这，也许正是当下中国新农村建设和城镇化迅速发展的共同烦恼。

二、中国乡村社会的变迁与特点

由于乡村社会的实质不过是农户行为的集合，农户之间不断结构化而形成的群体存在状态便构成了生动多样的乡村社会。因此伴随着现代国家对乡土社会的整合，农户的自身特点与行为特征发生了巨大变化，这一变化又必然进一步引起乡村社会的根本变化。这一变化大致表现为：农户自身特点的变化使乡村由封闭变得开放；农户认同逻辑的变化使乡村由重情变得重利；农户活动地域的变化使乡村由礼俗社会走向理性社会。具体来说，在原子化小农时期，乡村社会封闭、重情、熟悉；在集体化小农时期，乡村社会受控、理想、政治；在社会化小农时期，乡村社会开放、重利、理性。

（一）封闭的重视人情的礼俗社会

自费孝通之后，“熟人社会”成为人们描述中国乡村社会的经典话语。然而，如果不加区分地用“熟人社会”来描述中国当下的乡村社会，则既容易误解费孝通先生理解中国乡村社会的原意，也不能准确表达当下乡村社会的性质，进而无助于从动态中解释乡村的内在变化。在费孝通看来，“熟悉是从时间里、多方面、经常的接触中所发生的亲密的感觉”，[①]这种“亲密的感觉”最终使乡村社会“从熟悉得到信任”，从信任造就信用并形成行动的规矩，由此乡村社会成为一种自然地甚至本能地遵从礼俗规矩的社会，以至于“我们大家是熟人，打个招呼就是了，还用得着多说么？”[②]因此，熟悉只是乡土社会的外在特征，熟悉来源于“直接靠农业来谋生的人是粘着在土地上的”，[③]“乡土社会在地方性的限制下成了生于斯、死于斯的社会。常态的生活是终老是乡”。[④]而不熟悉无法产生亲密，也就无法达至信用和规矩，礼俗由此不能被人认可、遵从，社会也就缺失了形成秩序的机制。因而，根据费孝通的解释，中国传统乡村社会本质上是一种自然遵从规矩的礼俗社会，礼俗是维系乡村社会秩序的不受怀疑的法则，熟悉只是造就这一特质的必要而非充分条件。显然，费孝通描述的“熟人社会”不仅是人们之间相互了解的熟识，更在于维系乡村秩序的熟人逻辑，即一种地方性共识。单纯的相互了解的“熟悉”既不能解释乡村内部人们之间关系差别化的原因，更非人们之间行动的基本遵从。比如在当下的中国农村，虽然大家相互之间仍然了解对方的才干与人品、清楚对方的家底及关系，但作为自然生出的信用和规矩的熟人逻辑已不大可靠，礼治秩序和长老政治早就解体，因此这种彼此熟悉的社会显然与费孝通所描述的“熟人社会”相去甚远。那么在这种传统礼俗社会中，人们之间是如何发生联系以求得更好生活的呢？对此，费孝通认为，“中国乡土社会的基层结构是一种我所谓‘差序格局’，是一个‘一根根

---

① 费孝通:《乡土中国》，上海人民出版社 2006 年版，第 9 页。

② 同上，第 10 页。

③ 同上，第 7 页。

④ 同上，第 9 页。

私人联系所构成的网络'"。[1]造成这一不同于西洋"团体格局"的原因，很可能在于中国是一个长期安居的乡土社会，"在一个安居的乡土社会，每个人可以在土地上自食其力地生活时，只在偶然的和临时的非常状态中才感觉到伙伴的需要。在他们，和别人发生关系是后起和次要的，而且他们在不同的场合下需要着不同程度的结合，并不显著地需要一个经常的和广被的团体。因之他们的社会采取了'差序格局'"。[2]因此，乡村社会的基层结构实质是一种利己的自己人圈子，这种圈子或是亲戚，或是近邻，或是朋友。圈子之所以广泛存在，是因为对于一个相对封闭的乡村，个体利益的获得主要依赖生活的村庄，各个个体因之可以通过扩大自己人圈子以期从村庄内部获得更多的个人收益。其实，自己人圈子作为一种获利的方式，并不只是存在于农村村民之间，如果人们大多需要从一个共同的地域或单位获得个人利益，自己人圈子也有可能在城市产生。只是由于城市的流动性和开放性，人们获利的方式往往超越地域的限制，圈子存在的必要性由此大大减弱。因此，圈子产生的基础是封闭性，这也是乡村社会与城市社会的本质不同。由于封闭，礼俗和规矩产生，由于封闭，圈子和信用形成。

总之，中国传统乡村社会是一个封闭的重视人情的礼俗社会。在这一社会里，大家由于共处一地少于流动、彼此熟悉而形成各种规矩和礼俗，使乡村成为有秩序的社会，这种秩序有助于使封闭的乡村获得整体的更多收益。而在乡村之内，大家注重通过人情交往扩展自己人圈子以期从村庄内部获得更多的个人收益。传统乡村社会之所以形成这一格局，根本原因在于传统农户是挣扎于土地的原子化小农。

首先，原子化小农的自身特点决定了他们易于形成共同的规矩和礼俗。社会的本质是人与人之间的关系。乡村社会之所以能够

---

① 费孝通:《乡土中国》，上海人民出版社 2006 年版，第 30 页。

② 同上。

成为社会，在于它有一种维持人与人之间一定秩序的内在力量和规范，使乡村可以达至“治”而非混乱不堪。在费孝通看来，乡村社会的这一“治”并非“人治”，而是礼治秩序的社会。他指出“人治”如果是指“有权利的人任凭一己之好恶来规定社会上人和人的关系”，[①]则这种“人治”根本无法达至“治”，因为“如果共同生活的人们，相互的行为、权利和义务，没有一定规范可守，依着统治者好恶来决定，而好恶也无法预测的话，社会便会混乱，人们会不知道怎样行动，那是不可能的，因之也说不上‘治’了”。[②]因此，费孝通认为乡村社会实质是一种“礼治”的社会，“礼是社会公认合式的行为规范”，“维持礼这种规范的是传统”，而“传统是社会所累积的经验”。[③]由于传统“乡土社会是安土重迁的，生于斯、长于斯、死于斯的社会”，因此在“代代如是的环境里，个人不但可以信任自己的经验，而且同样可以信任若祖若父的经验”，[④]传统由此形成，礼得以自然维持。费先生的深刻分析表明，传统乡村秩序实际内生于小农的生产生活——产生这一秩序的不是别人，正是原子化小农自己：原子化小农分散化、同质性、封闭性的生产生活方式是形成乡村社会秩序的根源。一方面，分散化的劳动使小农缺乏创造新的生产生活经验的时间和优势，通过接受来自先辈的经验和遵循业已存在的传统成为有效应付生活的重要前提。另一方面，同质性的劳动——几乎相同的生产方式和生产条件使他们日复一日面临着同样的境遇，需要解决几乎相同的问题，经验和传统由此很容易上升为共同的规矩和礼俗。再次，封闭性的生产生活方式使来自先辈的经验和传统很少受到挑战，能够有效发挥作用，封闭性导致的狭隘保守的思想又使他们易于维护既定的共同秩序不愿意改变，并且这种封闭性大大增强了人们从生于斯开始即接受来自先辈的经验和传统

---

① 费孝通：《乡土中国》，上海人民出版社 2006 年版，第 47 页。

② 同上。

③ 同上，第 48 页。

④ 同上。

熏陶的可能性。在这种情况下，村庄的秩序内生地产生出来并自然而不受怀疑地代代相传，人们在生于斯、长于斯的过程中不断重复着先辈的经验，接受着村庄传统秩序的规训。

其次，原子化小农的认同逻辑决定了他们的交往更多地依赖人情循环。原子化小农依赖简陋的生产工具、匮乏的生产资料，却过着几乎自给自足的生活。因此，“食”是天大的事，小农的全部活动必须围绕着满足家庭生存需求展开，生存性价值由此不可改变地居于小农认同逻辑的首位。在这一认同逻辑驱使下，小农终日如一地在狭小的土地上进行着艰辛的劳作。生产的脆弱、劳作的艰辛又反过来造就了小农易于感恩、重视人情的特殊人格品质：生产的脆弱使小农无法向别人提供更多的帮助却又时时渴望得到更多外来的帮助，劳动的艰辛进一步使小农深知别人的帮助意义巨大、来之不易，因此小农往往更容易珍惜外来的哪怕是很小的帮助，他们易于把这种帮助上升为家庭得以生存的高度，进而成为大家共同遵守的逻辑。因而，原子化小农社会不可避免地成为一种人情社会，在这一社会里，人情大于天。人们通过营造人情以期得到别人更多的帮助，同时人情是天大的事，欠情如欠命，是需要偿还的。这样，人们通过人情往来在有限的条件下最大可能地取得合作的收益，人们又通过人情往来享受社会的温暖和价值。而只要人情循环能增加彼此的收益，这一交往过程就不会停止，乡村社会就无法改变人情社会的局面，人情循环活动最终成为乡村规矩和礼俗的一个部分，维持着乡村的秩序，而无法或不参加人情循环的人日渐孤立并被排斥在乡村社会之外。

再次，原子化小农的活动地域决定了传统乡村社会的封闭性和稳定性。原子化小农的活动地域局限于村庄集镇，很少超出这一范围。因而传统乡村社会具有很强的封闭性，这一封闭性成为乡村社会区别于城市社会的内在原因。首先是生产的封闭性。原子化小农依赖小块土地，向土地求生存，较低的劳动效率使其既无余力从事多样性的生产经营，也无财力改善生产条件，劳动力成为唯一可变的生产投入，因而小农的这种生产方式不是使其与土地分离，而是越来越紧密地使其附着于土地，日复一日地辛勤劳作，重复着简单再生产以维持生存的需要。不仅如此，社会分工也往往在家庭内完成，男耕女织成为基本的生产方式，不仅生产形式单一，生产关系也十分简单。其次是生活的封闭性。原子化小农的生活几乎是封闭的，这种封闭性根源于其生产的同质性、分散性和脆弱性。生产的同质性使其生活建立在自给自足基础之上，劳动产品的交换最大限度地减少了，缺乏对外交往的积极性。生产的分散性进一步减少了农户之间交往的时间和场域，他们终日面对的不是辛勤劳作，就是分担抚养儿女的家务，闲暇的农户间的交往十分有限。生产的脆弱性则从根本上限制了小农扩大生活交往的条件，并促使其易于产生保守的心理而排斥外在世界。这是因为，交换往往对劳动效率较高的生产者有利，劳动效率高的、不直接从事生活资料生产的人往往参与交换的积极性高、需求旺盛。而小农由于劳动效率较低，他们参与集市交换往往是不划算的，因此小农从本质来说是不愿意拿辛勤劳作获得的生活资料参与交换的，他们总是最大限度地自我满足家庭需求，只是在迫不得已时才参与少量的交易行为。传统乡村社会的这种封闭性不仅表现在生产、生活各个方面，还具有双向封闭的特点。一方面，这种封闭是内敛性的，自发产生于乡村社会成员之中，大家既缺乏走出乡村的条件，也不愿意走出乡村社会。另一方面这种封闭又是排外性的，外来事物由于可能打破既有的平衡、消弭村庄的特殊传统和参与分割村庄内的利益而总是受到歧视和排斥。因此乡土逻辑往往偏袒熟人和本地人，漠视陌生人的利益。

（二）全能控制的动员型政治社会

原子化小农的生产生活特点使传统乡村社会成为封闭的重视人情的礼俗社会，这一内生的封闭性不仅是传统乡村社会成为礼俗社会的根源，同时也使乡村社会长期外在或封闭于国家，形成“皇权止于县政”的局面。新中国成立后迅速实行的土地改革虽然真正实现了“让农民当家做主”，却没有改变传统小农社会“一盘散沙”的状况。在工业化战略的强势主导下，土地改革之后不久就开始了对小农经济的彻底改造。这一改造的实质是强化国家对乡村的控制以便于从农村抽取资源，其基本方式是通过持续不断的政治动员，将小农最终组织进公社，由此开始了改革开放前延续20余年的人民公社时期。正如徐勇教授指出的：“人民公社无疑是空前的，也可能是绝后的乡土社会形态”。[①]这一体制彻底摧毁了传统小农赖以存在的物质前提，将小农组织进一种全新的集体式的生产生活，因而从根本上“改变了传统乡土社会，使乡土社会发生了亘古未有的巨大变化和冲击”。[②]总体上来看，人民公社时期的乡村社会已经由传统原子化小农时期的封闭的重视人情的礼俗社会转变为全能控制的动员型政治社会。这一社会形态不同于以往的突出特点表现在三个方面：一是乡村社会政治化、行政化。中国传统乡村社会几乎是外在于政治的，小农终日面对的是增加劳力的投入，以期从小块土地上求得家庭生存的基本需求，他们既不关心政治，也似乎无关心的必要，所谓“天高皇帝远”，只要交纳了“皇粮国税”，便算向国家尽了义务，剩下的事情，自有“肉食者谋之”。因此，传统乡村社会不仅小农关心政治显得迂腐可笑，在“民可使由之，不可使知之”的统治逻辑下，小农关心政治甚至往往是费力不讨好的事情。人民公社时期则将农民的政治热情空前地调动起来。国家不仅通过党军工干婚等与阶级成分相联系使农民切实感到政治的存在，通过鸣放辩论大字报等让农民直接参与政治，还通过持续不断的政治高压，以阶级斗争和“当家做主”的政治运动来促进和维持被激励起来的政治热情。在这种情况下，农民与政治之间建立起了一种畸形的空前的亲密联系，行政关系取代血缘、地缘成为主导，乡村社会被彻底

---

① 徐勇：《礼治、理治、力治》，《乡村治理与中国政治》，中国社会科学出版社2003年版，第204页。

② 同上。

政治化了。二是国家实现了对小农的全能控制。人民公社时期乡村社会政治化、行政化的根本目的是改变传统小农一盘散沙的局面，以实现国家对小农的经济抽取，从而为工业化积累必要的资源。但是小农经济本身的脆弱性使这种抽取是异常艰难的，因此乡村社会政治化、行政化的最终结果是国家实现了对小农几乎全能的控制。对此，于建嵘先生深刻地指出："在人民公社时期，为了使农村服从为工业发展提供积累这一社会目标体系，国家采取了一系列刚性措施：在经济上，国家以统购统销的计划经济为制度性基础，通过土地等生产资料集体化甚至生活资料的集体控制等手段，迫使农民对'集体'经济依附；在政治上，国家行政权力通过农民所依附的集体组织和各种党群团体深入到了农村最基层，并用强制性户籍制度对农民进行人身管制；在思想上，大力宣传以阶级斗争和权力神化为主要内容的奴化文化，并以政治运动的方式对反叛势力进行镇压，使整个社会处于高压之中。"[①]三是集权主导的政治动员成为乡村社会的"精神粘连"。传统小农由于生产的脆弱性，在其认同逻辑中生存性价值不可避免地居于首位。因此要让他们从小块土地的劳作中洗脚上岸，在集体生产生活的大熔炉里培养成工农商学兵式的全能型人才，这绝非易事。由此，用革命胜利累积的威权资源持续不断地描绘政治理想并论证其合法性的教育动员活动便不可或缺，所以人民公社时期印象最深刻的就是到处都是振奋人心的口号和标语——美好理想的诱惑和政治动员的精神享受替代了传统乡村文化并部分消解了物质困乏的贫苦，成为人们的"精神粘连"和生活依凭。

总之，长达20余年的人民公社时期乡村社会实质上转变为一种全能控制的动员型政治社会。导致这一社会形态转变的根本前提和路径则是国家对传统小农的彻底改造，使其由原子化小农转变为集体化小农。

---

① 于建嵘：《人民公社动员体制的利益机制和实现手段》，《中国农业大学学报（社会科学版）》，2007年第3期。

首先，原子化小农向集体化小农转变为乡村社会政治化奠定了基础。人民公社时期政治化的中国乡村社会是一个纵向行政管控、横向同质凝滞的与以往完全不同的社会。首先，从纵向看资源、权力高度集中于国家，所有的社会组织均由政府管理和控制，并依隶属关系和行政级别从政府那里获得按计划分配的资源，因此社会的政治中心、意识形态中心、经济中心重合为一。其次，从横向看各社会组织都是按相同的模式建构，按统一的方式运行，组织类型和组织方式简单划一，在内部结构、行为方式、制度框架上没有什么显著不同。同时组织之间缺乏横向联系，要素和资源很难横向流动，除从国家统一调拨、统一分配获取所需资源外，每一组织均无任何获取资源的渠道，也由此形成了各自功能齐全、自足分割的僵硬、凝滞格局。因此，人民公社时期乡村社会政治化的过程实质就是一种纵向行政管控、横向同质凝滞的社会结构体的建构过程，而这一过程是伴随着政社合一的人民公社体制的建立逐步形成的。一方面，人民公社政社合一的体制使国家的组织边界第一次真正下沉到了村社组织一级，公社权力以前所未有的规模和深度直接渗入乡村社会的各个角落，彻底切割了原有的乡村文化权力网络，使每个农民都直接感受到了国家权力的在场。另一方面，人民公社政社合一的体制还造就了一大批服从公社权威、执行公社意志的干部，他们"经过革命斗争考验"，从普通群众中分化出来，成为以服从为主旨的乡村社会的掌权者，尽管公社的发展经历了诸多曲折，却大多稳坐于干部的位置上，成为维系这种政社合一的集权体制强有力的组织力量。那么，这种政社合一的人民公社体制为什么能够得以建立呢？毫无疑问，这其中固然有革命成功累积的威权资源的推动因素，但这种外力之所以能真正彻底发挥作用，还在于人民公社化运动彻底改变了原子化小农存在的经济基础，使他们成为丧失小块土地、需要参加集体生产劳动挣工分以生存的集体化小农。集体化小农面对的是经济上的集体化、生产上的集中化、管理上的行政化、生活上的政治化，他们失去了外在于国家的基础和可能，被迫积极涌入国家当家做主人，表现出极高的政治热情，成为政治化乡村社会的结构主体和运行动力。因此，没有小农集体化建构的经济基础，政社合一的人民公社体制和乡村社会政治化是不可能实现的。

其次，集体化小农认同逻辑的转变激励着政治动员持续不断地进行。通过乡村动员，成功地将农民带入政治生活是共产党领导新民主主义革命取得胜利的关键，因此人民公社时期中国共产党对农民的动员既有历史传统和厚重经验，又容易借重革命胜利累积的威权资源和农民延续的政治热情。正是在这种情况下，建立人民公社的决策得到了广大农民的积极拥护，仅 1958 年“北戴河会议”以后不到两个月的时间内，“全国共建立农村人民公社 26576 个，入社农户 12692 万户，占农户总数的 99.1%。建立公共食堂 265 万多个，托儿所和幼儿园 475 万多个，老人幸福院 10 万多个。组建民兵师 1052 个，民兵团 24525 个，基干民兵 4905.7 万人，普遍实现了组织军事化、行动战斗化、生活集体化”。但是，单靠革命胜利累积的威权资源和农民延续的政治热情是很难解释人民公社为何延续 20 年而热情不减的。在 1949 年到 1976 年的 27 年间，仅全国性的社会运动就有 70 余次，其中包括历经 10 年的“无产阶级文化大革命”，而地方性的社会运动则不计其数。因此，笔者以为这其中的一个重要原因是持续不断的政治动员的确形成了农民对政治体系权威的认同心理，从而改变了传统小农的认同逻辑。而造成这一改变的根本原因不是动员形式的有效性，更可能在于人民公社时期的政治动员很好地表达了革命之后共产党继续坚守为人民谋利益的基本宗旨，契合了实现共产主义的根本理想信念，满足了广大农民饱受贫穷、战乱之后渴望尽快过上幸福生活的强烈愿望，因而人民公社时期的政治动员大多数时候还是非常有效的。正如吴毅先生所指出的：“大规模的社会动员不仅从组织上将农民吸附进国家体系，而且调动了农民参与乡村公共生活的热情，使他们对当家做主有了较为深刻的体验。这一体验改变了农民对国家的传统取向，农民对党和国家一体化的政治体系以及它所体现的价值、信仰和社会目标的认同都达到了较高程度，倾注了炽烈的情感。”[①]正是这种有效的动员改变了传统小农的认同逻辑，使他们认为交出捂在胸口尚未捂热的“土地证”并将生产资料全部“充公”不仅是对党的信任，也是真正对己大有裨益的，因此只要自己克服了小私有者短视的“私”的毛病，暂时性的牺牲必将最终建造起共同走向共产主义“天堂”的革命“金桥”。无疑，传统小农认同逻辑的这种转变，反过来说明了政治动员的正确性，证明了政治动员的有效性，维护了政治动员的持续性。这使即使是事实上对他们存在剥削的人民公社体制也得到了他们的热情拥护，人们处处歌颂着人民公社好。

再次，集体化小农活动地域的限制使乡村社会归控于国家成为可能。人民公社时期建立起的这种动员型政治社会之所以能够长期存在，还在于公社实现了国家对乡村社会的几乎“全能控制”。这种“全能控制”的基础是国家以严格的层级管理、农产品的统购统销和户籍制将农民牢固束缚于公社这一狭小的行政化活动地域为基础的。一方面，小农活动地域的这种限制使其彻底隔断了与市场的可能联系，消除了个体化与发展资本主义的可能性，从而为集体化提供充分的保证。农民除了参与集体化劳动挣工分外别无谋生出路，成为紧紧依附于公社这棵“常青藤”的“藤上的瓜”，国家由此可以“顺藤摸瓜”，与农民建立起比以往任何时候都严格的控制关系。另一方面，人民公社时期农民活动地域的封闭性与原子化小农活动地域的封闭性又有本质的不同。原子化小农时期活动地域的封闭是内源性的，活动地域的扩大不仅没有必要还有可能使小农受损。人民公社时期集体化小农活动地域的封闭则是外力捆绑的结果，小农有外在于国家的欲望却没有外在于国家的可能。不仅如此，原子化小农虽然活动地域封闭，但在封闭的地域内却可以自由地劳作，从事各种生产性经济活动，满足自我家庭的需求，因此这种封闭从某种程度

---

① 吴毅：《人民公社时期农村政治稳定形态及其效应——对影响中国现代化进程一项因素的分析》，《天津社会科学》，1997年第5期。

来说是完全外在于国家的，因此传统乡村社会虽然大多数时候呈现“强国家、弱社会”的格局，但乡村社会从未真正归控于国家。人民公社时期则完全不同，公社既是生产性组织单元，又是一级行政组织，其各种活动都是依据国家需要，根据行政指令组织进行的，因此集体化小农只不过是国家强大行政权威下的一枚棋子，农民既不可能脱离公社，又无利己性自主生产经济活动的自由。他们被牢牢束缚于公社，从事着并不直接与己经济利益相关的行政化劳动。在这种情况下，他们的各种活动事实上都彻底政治化了，乡村社会历史上前所未见地归控于国家行政权力之下。

（三）开放的情退利进的理性社会

人民公社时期全能控制的政治化社会是依靠集权主导的持续的政治动员得以维持的，这种动员的能量既以持续十年的“文化大革命”为标志达到高潮，又最终以“文化大革命”给人民带来深重灾难而魅力逐渐暗淡。随着威权领袖撒手为大家描绘的远未实现的美好图景逝世，以及“文化大革命”被证明是错误的并得以终止，人们开始从极度的精神癫狂中冷静下来，小农被迫重新审视自己的处境并最终想起曾经的“一亩三分地”。1978 年，安徽凤阳小岗村 18 户农民终于冒死按下手印分田到户，家庭联产承包责任制取代人民公社集体化的生产方式由此拉开序幕并一发不可收拾。然而，重新回到小块土地的农民却再也不可能回到传统的原子化小农时期，中国改革开放后启动的市场化改革最终使小农面对的不再是封闭的传统礼俗社会，而是一个开放的、各种资源要素迅速流动的大市场，小农被迫卷入市场逐渐社会化，并在走向社会化的跌跌撞撞中使当下的社会发生着急剧的变化。总体上看，当前的乡村社会已完全不同于传统的封闭的重视人情的礼俗社会，这种转变突出地表现为三个方面：一是开放化。改革开放前，无论是原子化小农时期，还是集体化小农时期，乡村社会都是封闭的。村与村之间、公社与公社之间横向联系很少，乡村与城市之间更是严格的二元分化与对立。

改革开放后，不仅小农从公社的军事化管理中解脱出来能够自己掌握命运，限制小农流动的二元分化的户籍制度也逐渐被废除，小农彻底成为“自由人”。随之在市场的指挥棒下，难以抗拒的魅力将小农吸引进城市和非农产业。由此开始了大规模乡村流动的新时期，乡村社会往日的封闭与宁静已被打破，一个开放性的乡村社会业已形成：一方面大量的农民来回穿梭于城市，大量的农村资源运往城市利用；另一方面大量的机器设备开进了乡村，大量的城市产品涌入乡村生活。乡村社会由封闭变得开放带来的影响是巨大的。在原子化小农时期，正是由于封闭，礼俗和规矩产生，圈子和信用形成，乡村传统得以代代相传，成为乡村秩序的维系。集体化小农时期，封闭性将小农牢牢束缚于公社，受到国家的全能控制，理想图景的描绘因之动员力巨大，乡村政治化由此得以形成。因此，乡村社会开放化直接改变了以往乡村关系结构的基础，对于原有乡村人际关系结构的改变几乎是颠覆性的。二是理性化。乡村社会在走向开放化的过程中，小农的处事方式逐渐变得理性化。这种理性化不是说传统小农不够理性，从某种程度上说每个人的选择都是理性的结果，只是这个“理”的实质内容或评判标准发生了根本改变。原子化小农时期，乡村社会“理”的内容实质是“礼”，在这种封闭的熟人社会中，无“礼”便无“理”，因此我们在前边的论述中将原子化小农时期的乡村社会概括为礼俗社会。集体化小农时期，乡村社会“理”的内容实质是“理想”，人们依靠理想产生动力，乡村依靠理想实现人际粘连。当下的乡村社会“理”的内容实质是“利”，“利”的转变和考量改变了小农的传统行为方式，也最终化约了村庄的固有传统，引起乡村社会关系的转变。三是重利化。如前所述，开放化和理性化带来的直接结果，就是当下的乡村社会对经济利益的追求不再假以外壳迂回曲折，甚至连过去温情脉脉的“披纱”也加以抛弃，直接“赤膊上阵”。当然经济利益本身不可能成为乡村社会秩序的维系，对“利”的追逐不仅不能自发地构成乡村秩序，还经常产生纷争直接地破坏了乡村的原有人际生态平衡，由此各种“力治”：凭能力而治——谁有能力赚大钱听谁的；凭权力而治——谁握有主宰利益的权力听谁的；凭暴力而治——谁狠、横、恶能镇人谁“有道理”，便事实上大量表现出来。[①]乡村因之出现了攀比斗富、道德滑坡、权力寻租、混混发迹等一些前所未有的乱象。

总之，改革开放后30余年的乡村社会正处于急剧的变化之中，从当下的情形看，总体上已转变为开放的情退利进的理性社会。导致这一转变的根本原因正是市场化带来的传统小农的社会化。

1. 小农社会化是乡村社会转变为理性社会的结构性基础。在原子化小农时期，社会环境的相对封闭、社会生活的一成不变，久而久之内化成了小农稳定的生活预期，成为大家共同遵守的社会规则。在这种情形下，虽然原子化小农生存性价值占据认同逻辑的首位，但他们对经济利益这一基础性的追求并不能赤裸裸地表现出来，在极为有限的生产条件下，任何触犯社会信条和社会道德的摄利行为都有可能陷入封闭的孤立而得不偿失。因此“构成他们生存价值和生活意义的追求是多元的，除经济利益这一基础的追求以外，封闭而预期恒定的生活，使得迷信、传统道德、个人关系以及宗族团结等等，都具有基础性的价值，不可化约为经济利益，人们因为多面的生活而生存，这既为当时贫困的生活注入了脉脉温情，也为权力的运作提供了限度”。[②]

集体化小农时期的人民公社体制与传统社会体制具有“异曲同工”之妙，人民公社不是要彻底改变小农社会的村庄传统，而在于集体重塑小农与国家的社会关系。在某种程度上说，人民公社体制造成的乡村社会相对封闭的状态与以前相较有过之而无不及，它也因此不是消解而是保留和强化了村庄的文化记忆。人民公社时期户籍制度对人的自由迁徙的限制、阶级斗争对“异类

① 参见徐勇：《礼治、理治、力治》，《乡村治理与中国政治》，中国社会科学出版社2003年版，第206—207页。

② 贺雪峰：《论村级权力的利益网络》，《社会科学辑刊》，2001年第4期。

分子”的挂牌游街、物质短缺和政治批斗造成的欲望禁锢以及平均主义带来的心理平衡等，都束缚着人们过多的经济欲求，使他们重面子甚于重经济收益，人们因此有着对未来稳定而可靠的预期。而村民较少的选择机会进一步强化了这种结果，使得他们不得不面对一些泛道德的束缚，因为“对道德和社区意愿的随意背离，可能产生的远不是自己有能力偿付的代价”。[①]因此在人民公社体制下乡村的人际关系并非完全理性化的。1978 年实行改革开放后，传统小农走向现代化，由此彻底改变了乡村关系的结构基础，这一解构过程在现实中大体表现为先建立再消解的前后相继的两个阶段。第一个阶段是维系村落秩序的社区传统记忆和文化在人民公社解体后的重拾和兴起。即随着人民公社的逐步解体和家庭联产承包责任制的实施，小农脱离集体式的生产生活方式、乡村社会走出国家的全能控制，政治动员和行政管控作为维系乡村社会秩序的依凭不再有效，村庄社区记忆和村落传统文化因此得以重新走上前台，诸如宗族礼俗、传统信仰等在一些农村地区得以迅速复兴。第二个阶段是市场化改革后市场经济的理性化对重拾的村庄传统秩序的消解。一方面随着市场经济体制的选择和市场关系逐步深入村庄，市场逻辑和城市文化大规模进入村庄，日益侵蚀和消解着村落传统文化和记忆。另一方面，随着市场经济证明小农经济的低效和土地收益不足以维系市场化的需求，农业的体制性活力逐步耗尽，不能从土地中得到更多收益的农民开始大量远离家乡务工经商。这一结果不仅导致了农民将市场规则和城市逻辑带回乡村，也最终消解了农民对土地本身的感情和对村庄传统的依恋。正如贺雪峰所指出的，“其后果，便是村庄本身的价值逐步丧失，村落文化逐步失落，村民的社区记忆逐渐模糊，村民的行为日渐与市场经济的理性化结合起来，而成为理性

① 参见贺雪峰：《建构理解乡土中国的概念体系》，http://www.snzg.net/article/2006/1031/article_527.html。

行动的个人。也就是说，随着市场经济和现代传媒对村庄的渗入和村庄边界本身的开放，造成了村庄记忆的逐步丧失和村民行为的日渐理性化”。[①]

2. 社会化小农认同逻辑的转变使乡村社会关系“情退利进”。客观地说，小农走向大社会获得了比以往丰富得多的生活资料和更多的生活经验。但随着生存性问题的解决，作为安身立命基础的本体性价值却日渐失落，一种消费膨胀、面子主义、相互攀比的社会性价值追求在小农的认同逻辑中日渐占据主体地位。这使得当下乡村社会人情的意义逐渐失落，利益的考量赤裸而迅速化，呈现出一种“情退利进”的局面。首先，人情仍是乡村的基本“叙事规则”，发挥着不可或缺的作用。在农村基层社会，人情具有极为重要的功能。其一是实现互助、互惠，满足生存的需要。农民遇有婚丧嫁娶等大事，亲朋邻里前来送钱送物，既是经济上的相互帮助，也体现了“有福同享、有难同当”的精神安慰。其二是强化自己人认同，增进整体利益。人情往来越密集，自己人认同越强；人情往来越多，自己人圈子越大，通过扩大和强化自己人的认同圈子，可以获得更多的便利和增进整体收益。其三是实现自己人治理，有效勾连国家与社会。无论是原子化小农时期，还是“队为基础”的人民公社时期，人情都是村落内十分有效的治理方式。在一个类似村队的较小的熟人社会里，通过经营人情，扩大自己人圈子，从而累积人格魅力和影响力的“以情治理”，不仅管理效率较高，还可以节约国家与小农打交道的成本。这种治理方式尤其在村庄传统较弱，宗族、亲族边界并不僵硬的中部地区农村十分有效。正是因为人情具有极为重要甚至不可替代的功能，所以即使在当下日益开放的情境下，人情仍是村落社会的基本“叙事规则”。不参与人情循环的人，“不想认人”

---

① 贺雪峰:《建构理解乡土中国的概念体系》，http://www.snzg.net/article/2006/1031/article_527.html。

或“不认人”的人会被认为异类，陷入越来越孤立的状态，越来越难以立足。不仅如此，在“科层”管理体制逐渐退出村落、村民自治日益深入人心的情况下，通过人情的自己人治理不仅起到了填补空白的作用，还容易取得治理的合法性认同，从而有效缓解国家与社会的内在紧张。其次，利益成为小农的核心关切，过分逐利已引起乡村内卷。尽管人情在当下中国的乡村社会仍发挥着重要作用，一个不可否认的事实是：人情异化、空壳化、工具化的现象越来越普遍，这已成为中国农村和农民难以承受之重。其一是流动加大、经济分化破坏了人情正常循环的条件。从根本上说，人情存在的原因是“互惠”，存在的条件是“循环”，因此正常的人情必须建立在群体稳定、互利互惠、能够持续的基础之上。市场化的改革则直接消解着人情存在的基础：市场经济加速了村民的流动，使村落群体不再稳定，不断跳进跳出人情循环的现象时有发生；货币化的人际关系改变了原有的村庄预期，严重短期化的行为逐渐滋生，破坏了互利互惠的基本条件；经济分化使一些人无力参与人情循环，一些人勉强支撑也难以获得自己人的认可，人情循环因此出现断裂。其二是面子主义、相互攀比使人情名实分离，沦为竞争的工具。近些年在很多农村出现了丧事喜办、大办办长的现象，不仅吹吹打打好几天，甚至出现了演小品跳脱衣舞的怪诞事情；一些沿海地区农村酒越办越好、礼越送越大，这种恶性循环的风气甚至通过前来打工的人员带到了偏僻农村，造成有人因送不起礼受到羞辱试图自杀的事情。这些现象的出现究其原因在于人情循环已异化成为相互攀比、打压竞争对手的工具。其三是消费膨胀、享乐主义催生了一些人情地痞，使人情成为谋利的工具。在正常的人情关系中存在“给予”与“亏欠”结构，“给予”是预期可以收回的，“亏欠”也是需要找机会偿还的，以此达到人情的平衡和持续。但是人情毕竟是“白送”的，收到的人情并不需要即时偿还。因此当消费和享乐主义极度膨胀的情况下，一些五花八门的人情名目在很短时间内极度膨胀，在某农村调查中，村里有位狠人连在自家楼下开了个麻将馆也要办酒收礼，令人唏唏不已。

3．小农“进入市场难入城”是乡村社会关系出现扭曲的根源。当下的乡村社会出现了诸多关系扭曲的现象：在人与地的关系上，小农仍离不开土地，但会种田的和愿意种田的年轻人越来越少；在人与村的关系上，村庄养育了村民，村民却日益不愿回到村庄；在人与人的关系上，村民之间仍是熟人，但熟人逻辑正在日渐消解；在村庄传统与价值观念上，人们在怀念村庄传统的同时产生着与传统日益不同的价值观念。在笔者看来，导致以上关系扭曲的根本原因，在于小农“进入市场难入城”，即农民在被迫卷流于市场的同时，却难以获得与城市市民同等的权利待遇，已经市场化的乡村也难以获得与城市一样的资源输入。小农既难以彻底离开乡村融入城市生活，又不愿回到乡村建设属于自己的社会主义新农村。这是因为市场经济总是促使资源流向效益高的地区和行业，长期受到资源抽取而缺乏实质性建设的农村显然不是有利的场所，在土地的边际收益越来越处于劣势的情况下，受市场经济消费膨胀影响的农民涌入城市淘金而不愿回到村庄是必然的。问题在于缺乏同等待遇的农民在城市竞争中必然处于不利地位，由此他们深切感受到了“弱肉强食”、“唯利是图”的市场逻辑和竞争的残酷无情。农民工、临时工在现实中不是受到尊重而是经常遭遇白眼，近来频频曝光的“立交桥下种水泥钉”、“出了问题就是临时工担责”等更是在农民心中种下了阴影，他们在城市找不到归属感，回到村庄又看不到未来，而“宁可坐在宝马里哭，也不坐在自行车上笑”的扭曲幸福观的泛滥更是让他们彻底失去希望。在这种情况下，一部分进城的农民找不到发展的机遇却选择不离城、不返乡、不种地，在城市苦苦挣扎；一部分进城挣得了相对可观的收入但不是用来建设乡村而是累积着离乡入城的资本；少部分进城挣得收入的农民在村庄投资盖了楼房但却仅仅是光宗耀祖的面子工程，常年不回家已成很多村庄的常态。当下农村很多地方空心化严重，空巢老人、留守儿童越来越多，情感孤独、教育缺失越来越严重，一些地方甚至白天也空空荡荡，失去了往日的生气。总之，当前真正的问题在于，市场经济和当前的主流社会为农民提供了与其实际需要相当不同的消费主义的价值观，但是不平等的待遇却难以让农民通过个人奋斗来实现中产阶级生活的梦想。这使农民不仅找不到生活的本体意义，还同时失去了可以预期的生活希望。因此只有尽快真正实现社会财富和权益的公正分配，保障城乡居民之间共享最基本的超越了任何职业、身份和文化认同性的权益和需求，才能构筑起农村现代性建设的基础。也只有这样，社会主义新农村建设才有希望。

第三章　农村民主管理的历史探索与经验启示

中国历史上虽然很早就出现了“民主”一词，但新中国建立以前，真正的人民民主却一直可望而不可即。中国共产党的建立开启了探求民主的新时期，因为中国共产党自成立之日起，就致力于带领人民为实现真正的人民民主而斗争。而中国农村民主建设也随着中共的革命转向农村而得以开启。新中国建立以来，我们党继续带领人民在推进农村民主管理建设方面进行了艰苦卓绝的探索。尤其是改革开放以来，以村民自治为核心的农村民主获得了极大发展，亿万农民日益走上经济富裕、政治民主、社会和谐的中国特色社会主义的康庄大道。因此，纵观中国农村民主发展的历史进程，可以说一部中共发展的历史，就是一部党带领人民追求民主、实践民主、发展民主的历史。

一、农村民主管理的历史进程

从历史的视角来说，中国农村民主管理探索于新民主主义革命时期、开创于社会主义建设时期，在改革开放后获得了前所未有的迅速发展。

（一）民国以前乡村的民主概况

中国是一个有着悠久农业文明的东方大国，在数千年的历史进程中，农民“日出而作，日入而息”，以自己的勤劳勇敢创造了灿烂的中华文明和巨大的社会财富，推动着中国社会的不断发展。然而在漫长的中国传统社会中，“民主”很早有其词而长期无发展。早在先秦经典《尚书》中就多次提到“民主”：“天惟时求民主，乃大降显休命于成汤，刑殄有夏”、“乃惟成汤，克以尔多方，简代夏作民主”、“天惟五年须暇之子孙。诞作民主，罔可念听”（《多方》）。战国初年成书的《春秋左氏传》中也曾两次提到“民主”：“齐君之语偷，臧文仲有言曰：‘民主偷必死’”（《文公十七年》）、“赵孟将死矣。其语偷，不似民主”（《襄公三十一年》）。但这些古典文献中“民主”一词的含义都是“民之主”，而不具有现代民主意义。出于维护统治的需要，中国古代社会也很早就提出了“民为贵，社稷次之，君为轻”的思想，但统治者所强调的“民”同样并非“民主”、“民权”，而是作为为君主生产财富、构成被统治基础的“臣民”。在漫长的封建专制历史中，统治者长期依靠乡里制度和保甲制度等实现“为民做主”的残酷统治，农民是被统治被奴役被剥削的对象。因此在封建社会中不仅“民做主”的农村民主建设不可能产生，就连具有现代意义的“民主”概念也是与“皇权”统治格格不入的。

近代以来，中国封建王朝的迅速衰败和列强肆意入侵的炮火逐渐惊醒了一部分先进的中国人。在翻译、学习西学的过程中具有现代意义的民主自由概念逐渐舶来。但是，无论是自上而下的戊戌变法、自下而上的义和团运动，还是孙中山“三民主义”领导下的辛亥革命都没有真正在农村基层唤起民众的民主意识。面对列强的入侵、政治的动荡，晚清至民国时期的乡村社会已愈来愈陷入深深的衰败之中。在这种情况下，如何拯救农村，进而拯救一直以农业立国的中国成为20世纪二三十年代普遍关心的话题，民国时期的乡村建设运动由此大规模兴起。民国的乡村建设运动兴起于上世纪20年代末30年代初，“到1934年，我国各地从事各种乡村建设活动的公私团体有691个”[1]，仅

① 转引自项继权：《中国农村建设：百年探索及路径转换》，《甘肃行政学院学报》，2009年第2期。

"1932—1934年，全国各地举办的乡村建设、农村改造、民众教育、自治实验等共计有63处"。[①]不仅产生了著名的"定县模式"、"邹平模式"、"无锡模式"、"徐公桥模式"等，一批实业家也纷纷开展乡村建设实验。然而，民国时期的乡村建设不过是"在维护现存社会制度和秩序的前提下，采用和平的方法，通过兴办教育、改良农业、流通金融、提倡合作、公共卫生和移风易俗等措施，以复兴日趋衰落的农村经济，实现所谓'民族再造'或'民族自救'"运动[②]，农民不可能实现真正的民主自治，因而"乡村运动最终乡村不动"。

面对20世纪30年代日益贫困和动荡不已的农村，除来自民间的乡村建设运动外，国民党政府也于1933年5月成立了附属于国民政府行政院的农村复兴委员会，试图通过开展"乡村复兴计划"找到复兴农村、巩固政权的良方，以挽救其日益陷入的经济政治困局。其中较为典型、影响较广的是江西的乡村复兴计划。这一计划在1939年6月经蒋经国主导江西行政，在江西大力推行新政后达到高潮，江西也一度出现了些许新风，被称之为模范区。然而事实证明，没有生产资料公有制的经济基础、没有人民当家做主的民主政权，既不可能真正改变农民的处境，也难以持久激发农民的生产热情。蒋经国试图在不动摇现政权的基础上凭借一己之力和一时热情复兴农村，改变国民政府日益腐败和陷入困境的政治危局，其最终结果不过是当时腐败的政坛吹出了些许的清风，这一计划不能从根本上挽救业已衰败的乡村，也因之无法通过乡村的复兴来阻止共产主义革命在乡村的迅速发展。

（二）革命时期中共的民主尝试

上世纪20年代末，经历城市革命失败的中国共产党人逐渐意识

---

① 转引自项继权：《中国农村建设：百年探索及路径转换》，《甘肃行政学院学报》，2009年第2期。

② 郑大华：《关于民国乡村建设运动的几个问题》，《史学月刊》，2006年第2期。

到农民问题是中国革命的中心问题，由此开始了发动农民进行土地革命，在农村建立革命根据地的崭新时期。然而，中国共产党人作为马克思主义理论武装的政党，其目标不仅是要实现农村的民主发展，挽救日益衰败的乡村社会，更是要彻底打碎旧的国家机器，实现民族独立、人民解放，最终建立起一个亿万人民当家做主的社会主义崭新社会。为了彻底打碎旧的反动统治的根基，使中国农民获得真正的解放，共产党人在革命根据地和解放区的局部执政环境下，一方面在经济上颁布法令，引导农民开展土地革命、发展农民合作。另一方面在政治上紧紧依靠广大工农群众，开展了民主建政的丰富实践，从而最大限度地调动农民群众参与革命斗争的积极性，为夺取新民主主义革命胜利奠定了广泛的群众基础和无穷的力量。因此尽管新民主主义革命时期我们党对农村民主的探索只是初步的，实施的范围也极为有限，但这一探索从一开始起就具有鲜明的政治目标和起点的彻底性、深入性，与以往农村民主建设有着本质的区别。中国共产党人在这一时期围绕建设一个有利于革命动员的政治新秩序，对农村民主实践进行了持久而艰辛的探索。

1. 深入动员确立农民民主意识。早在 1937 年 5 月，毛泽东在党的全国代表大会的结束报告中提出，“历史给予我们的革命任务，中心的本质的东西是争取民主”。[①]在其看来，中国的缺点一言以蔽之，“就是缺乏民主”，只有民主抗战才能取得胜利，也只有民主才能使中国在战后继续团结。因此中国共产党人始终把在根据地和解放区推行民主看成是“能否得天下的大事”。但是在一个有着几千年浓厚封建专制传统的农村社会，尤其在尚处于国民党白色包围中的情况下，要使民主的概念深入民心并获得农民的支持并非易事。为此中国共产党坚持基层群众是“真正民主的基础”，将深入基层发动和组织民众放在政治工作的首位，通过歌咏、小报、戏剧等农民喜

---

① 毛泽东：《为争取千百万群众进入抗日民族统一战线而斗争》，《毛泽东选集》合订本，第 252 页。

闻乐见的形式深入农户开展民主教育和宣传，汲取力量源泉。如：“为了宣传选举，各个边区都印发了大量的小报和宣传品，仅晋察冀边区的报刊就有100余种，有些报刊专门就是为了选举而存在的，像阜平的《大家选》、曲阳的《民选》、定县的《民主洪流》等等，另外还有成千个村剧团、宣传队和歌咏队走村上街进行宣传”。[①]不仅如此，共产党还发动民众组建了各种政治性、经济性、军事性和文化性的民众团体。如抗战时期政治性质的“农救会”、“工救会”、“青救会”、“妇救会”，经济性质的“互助组”、“变工队”，军事性质的“青年抗日先锋队”、“人民武装自卫队”、“基干自卫队”，以及文化性质的“村剧社”、“秧歌队”、“识字小组”等。这些民众团体既为党完成特定工作提供了重要依托，又成为动员民众参与社会管理和民主建设的丰富组织载体。正因为如此，农民的民主意识和民主热情被史无前例地调动起来，“极大地唤起了人民群众的政治热情，提高了普通老百姓的政治觉悟，许多足不出户的小脚老太太骑着毛驴翻山越岭参加选举。各根据地参选公民的比例都保持了极高的纪录。陕甘宁边区1941年普选时，参选率平均是80%”。[②]根据地的乡村民众也由此积极参与抗日民主政权建设，开展了规模空前的民主普选，各级领导机构得以建立，形成了基层民主政治发展的良好氛围。

2. 完善制度保障农民民主权利。日益确立的农民民主意识还必须以完善的规章制度加以引导，使之成为切实的民主实践活动。在革命政权建设初期，由于战争环境的异常残酷，民主建政之初的效果并不如意。毛泽东曾经指出：“县、区、乡各级民众政权是普遍地组织了，但是名不副实。许多地方无所谓工农兵代表会。乡、区两级乃至县一级，政府的执行委员会，都是用一种群众会选举的。一哄而集的群众会，不能讨论问题，不能使群众得到政治训练，又最

---

① 刘琳：《党在延安时期的民主选举制度》，《特区实践与理论》，2009年第3期。

② 同上。

便于知识分子或投机分子的操纵。一些地方有了代表会，亦仅认为是对执行委员会的临时选举机关；选举完毕，大权揽于委员会，代表会再不提起”。[①]在湘鄂赣根据地，“边境各县的苏维埃，虽然成立了好多，很少是由群众产生出来的，一切政权均由党包办，甚至包而不办”。[②]为此，在毛泽东的亲自领导下，中共以代表会议制度和基层普选制度的推行为切入点，依据宪法和其他法律充分保障苏区群众的各项民主权利，并从制度和程序上进行了有利于工农群众享有民主的设计。这之中1931年颁布的《中华苏维埃共和国宪法大纲》、1941年颁布的《陕甘宁边区施政纲领》、1946年颁布的《陕甘宁边区宪法原则》等都是具有代表性的宪法性文件。如《中华苏维埃共和国宪法大纲》明确提出，“凡十六岁以上公民，均享有参政、武装自卫、受教育、婚姻自主及经济等权利”；《陕甘宁边区施政纲领》明确强调，“保障一切抗日人民的人权、政权、财权及言论、出版、集会、结社、信仰、居住、迁徙之自由权”。不仅如此，还通过制定详细的《中华苏维埃共和国选举细则》、《陕甘宁边区选举条例的解释及其实施》等明确具体实施细则和程序，并据此成立了民选的人民政权，有效保障和维护人民的民主权利。总之，这些法规制度为保障农民民主权利、巩固工农联盟基础，从而带领农民取得革命的最终胜利奠定了决定性的基础。

3. 创新形式激发农民民主参与。首先，在民主选举方面，结合农村实际情况采取便于施行的方法完善选举程序，确保选举成功。如在选举单位方面，根据实际情况苏区临时中央政府要求“乡村居民，百把个人的村子或屋子，就可以单独开会”，这样通过缩小选举单位，使得选民可以“一呼就到”；在选民登记方面，规定选举委员会在正式选举前的两周对登记的选民做好审查，审查合格的选民以红榜的形式给予公布，并发给选举通知书，不合格的则以白榜形式

---

① 毛泽东：《井冈山的斗争》（1928年11月25日），《毛泽东选集》第一卷，第70—71页。
② 同上。

公布；在候选人名单公布方面，规定选举前三天左右，选举委员会必须将候选人的名单张贴于选民所在地域，选民在选举之前就能比较方便地了解候选人的情况，做好应否选举某人的准备。为使当时大量存在的文盲选民也能有效参与民主投票，还带领人民群众创造性地尝试了多种方法进行投票，如“豆选法”、“红绿票选法”、“香烧洞法”、“投纸团法”、“画圈法”等。这些措施适应了当时民主建设的实际情况，极大地激发了人民群众的参政热情，使“最偏僻的乡村、大字不识的农民、中国最没有条件实行民主的地方，却在党的领导下结出了丰硕的民主之果”。[①]据统计，从 1930 年至 1934 年 1 月，仅闽西苏区先后成功进行了三次大规模的民主选举代表，许多地方的选民到了 80% 以上。从而使国民党以农民文化程度低为借口而拒不实行民主政治的偏见和谎言不攻自破。其次，在民主监督方面，制定了许多便于群众监督的具体措施，如要求政府监督部门专门设立控告局和控告箱受理群众监督事宜，建立突击队、轻骑队、工农通信员和群众法庭等自下而上的群众性监督机制等，从而真正把苏维埃政权及其工作人员置于广大工农群众的监督之下，提高了群众监督事项的办理成效。

（三）新中国建立后的民主探索

1949 年中华人民共和国的建立结束了近代以来内忧外患的局面，中国共产党领导人民建立起了全新的社会主义制度，并及时将中心工作从武装斗争转变到和平建设，由此开辟了中国农村建设发展的崭新时期。这期间，中国共产党对农村民主政治建设继续进行了艰辛的探索，不仅建立和巩固了新生的人民政权，还对如何建设和完善社会主义进行了重要探索，积累了宝贵的经验。总的看，大致可分为四个前后相继的历史时期。

1. 接管建政与农村基层政权的初步建立。早在 1949 年春季，随

---

① 刘琳：《党在延安时期的民主选举制度》，《特区实践与理论》，2009 年第 3 期。

着人民解放军胜利渡过长江向江南挺进，解放战争形势的迅猛发展要求中国共产党及时转变乡村工作重点，新解放区的政权接管与和平过渡提上议事日程。在这一背景下，《中国人民政治协商会议共同纲领》明确要求："凡人民解放军初解放的地方，应一律实施军事管制，由中央人民政府或前线军政机关委任人员组织军事管制委员会和地方人民政府，领导人民建立革命秩序"。[①]这就明确了由军管会统一领导军政权力机关，及时开展对旧政权的接管和改造工作。根据这一规定，各新解放区在军管会的统一领导下，及时成立了临时政权机构，着手接管各县乡政权的钱粮财务和档案文件，开展整编地方武装工作，维持社会秩序。这期间，临时政权机构通过充分发动群众，不仅成功接收了旧政权，还着手提拔和训练农民积极分子和革命知识分子，补充乡村干部，逐步废除保甲制，建立了新生的乡村政权。

2. 土地改革与农村民主建政的圆满完成。建设新生的民主政权，还必须彻底挖去农村封建统治的根基。这一过程是通过轰轰烈烈的土地改革完成的。早在"1949年10月以前，全国大约有1.19亿农业人口的地区实行了土地改革，这主要是抗战以来中共所管辖的地区。1949年冬天，在中共新解放的一些地区，主要是华北一些城市的近郊和若干地区，加上河南的一半地区，总共有0.26亿农业人口的地区完成了土地改革"。[②]土地改革是一场深刻的社会变革，作为中共在民主革命时期执行的重要方针，它不仅唤醒了农民的民主意识和政治参与意识、纯洁和健全了新生农村政权，还彻底消灭了地主阶级，为民主制度的建设和共产党组织的基层化奠定了坚实基础，成为获得农民支持，最终战胜国民党的强大法宝。土地改革完成后，农村基层政权组织得到了极大整顿，逐步具备了选举基层人民政府的条件，以普选为中心的民主建政工作逐渐提上议事日程。1953年1月，《关于召开全国人民代表大会及地方各级人民代

---

① 《中国人民政治协商会议共同纲领》，《人民日报》1949年9月30日。

② 李良玉：《建国初期的土地改革运动》，《江苏大学学报（社会科学版）》，2004年第1期。

表大会的决议》经中央人民政府委员会审议通过，同年4月进一步颁布《中央选举委员会关于基层选举工作的指示》，由此乡镇基层单位选举在农村轰轰烈烈地展开了。“根据中央选举委员会的统计，到1954年6月，除少数暂不进行基层选举的地区外，全国进行基层选举的单位共为214798个，进行基层选举地区的人口共为571434511人，参加投票的选民占登记选民总数的85.88%，共选出5669144名基层人民代表大会的代表。”[①]这样，至1954年上半年，农村基层选举在全国范围内圆满完成，为县以上各级人民代表大会乃至全国人民代表大会的召开奠定了基础、积累了经验。1954年9月，第一届全国人民代表大会在北京庄严开幕，入会代表1226人共议大事，制定和颁布了中国历史上第一部人民的宪法《中华人民共和国宪法》，通过了《中华人民共和国全国人民代表大会组织法》、《中华人民共和国地方各级人民代表大会和地方各级人民委员会组织法》等，进一步以宪法和法律的形式正式确立了农村基层民主政权，为新中国的现代化建设打下了坚实政治基础。

3. 集体生产与农村基层政权的政治整合。政治建设总是服务于社会中心工作的。随着土地改革及乡村民主建政任务的完成，发展经济的迫切性不可回避地凸显出来。然而经过土地改革后形成的农民个体经济显然不能满足人民群众和工业化事业对农作物产品日益增长的需要。且在党中央看来，小农经济、个体私有制不仅限制着农业生产力发展，与社会主义制度也是相矛盾的。因此必须大力推行合作化、集体化，通过农业生产资料的社会主义改造，逐步将个体农民私有的土地改造为集体所有制。随着1953年底过渡时期“一化三改”的总路线的最终形成，同年12月16日，中共中央公布了《关于发展农业生产合作社的决议》，此后，农业合作社从试办进入发展时期。因此在农村民主建政任务完成后的1954年至1957

---

① 《邓小平同志向中央人民政府委员会报告：全国基层选举胜利完成》，《人民日报》1954年6月20日，第1版。

年，中国农村基层政权建设是与农业合作化运动紧密联系在一起的。从1954年至1955年上半年农业合作初级社在全国普遍建立和发展，到1955年下半年至1956年底农业合作化运动迅猛发展，基本上实现了完全的社会主义改造，完成了由农民个体所有制到社会主义集体所有制的转变，最终建立起了村社合一的农村基层政权的新基础，农村社会结构和社会关系发生了深刻的变化。应当说，农业合作化运动客观上使农村“党员和党组织蓬勃发展，党员成为农村各级和各种组织的领导者”，“到1956年9月中共八大召开时，中国共产党在农村社会生活中已经居于领导地位”。[①]然而，合作社的迅猛发展和社会主义改造的基本完成，激发了毛泽东对中国经济发展战略的新构想，对右倾保守思想的严重估计进一步坚定了他对于农业要实行“大跃进”的决心。这最终导致了“大跃进”和人民公社化运动的迅速展开。从此“大干快上”的经济指标湮灭了民主化的诉求，直至“文化大革命”的十年动乱期间，连续不断的政治运动极大冲击了农村基层政权、影响了民主实践成效，农村民主发展基本进入停滞阶段。

4. 联产承包与农村基层民主的迅速发展。延续二十余年的人民公社体制虽然为国家从农村提取资源提供了方便，从而推动了工业化和城市的发展，但这一体制不可避免地使农村发展缓慢，日益成为国家进一步发展的制约因素，也最终遭到了人民的抛弃。20世纪70年代末80年代初，在农民自下而上的“生产力革命”的推动下，家庭联产承包责任制在农村得以推行，人民公社体制逐渐废除，农民重新获得了土地经营使用权及生产经营的自主权，形成了以家庭承包经营为基础、统分结合的双层经营体制。家庭联产承包责任制不仅激发了农民参与农业生产的积极性，使日益衰败的农业生产得以恢复与发展，这种经营体制的创新也使广大农民摆脱了束缚，为我国基层组织制度的创新和农村基层民主的发展创造了有利条件。同时“经过‘文化大革命’的重大挫折之后，我们党对发展社会主

① 江燕：《新中国农村基层政权初创时期的历史考察》，《当代中国史研究》，2009年第4期。

义民主有了更为深刻和紧迫的认识，对如何建设民主政治尤其是农村基层民主政治有了更清晰和完整的认识”。[①]因此自中共十二大起，几乎每次党的代表大会都对农村民主发展提出了要求和指导意见，由此农村民主发展进入了历史上无与伦比的有利环境和快车道：一方面随着家庭联产承包带来的农村经济的迅速发展以及市场经济改革注入的体制机制活力，客观上为农村民主政治发展奠定了基础、形成了倒逼压力；另一方面现代国家民主建构的努力与广大农民的民主需求的结合产生了巨大推动力、创造了有利的发展环境。正是由于以上原因，改革开放三十余年来，不仅农村村民自治萌生并迅速发展，农村基层民主政治实践不断深化，农村基层民主政治建设水平也稳步推进，出现了生动活泼的政治局面，为社会主义民主政治的全面推进奠定了坚实基础。

二、农村民主管理的总体成效

中国共产党自成立之日起，就致力于带领人民为实现真正的人民民主而斗争。新中国建立以来，我们党继续带领人民在推进农村民主管理建设方面进行了艰苦卓绝的探索。尤其是改革开放以来，我们坚持党的领导、人民当家做主、依法治国有机统一作为基本指导思想，以扩大有序参与、推进信息公开、健全议事协商、强化权力监督为基本线索，着力完善乡村治理的运行机制，促进了农村民主管理质量的全面提升。我国农村民主管理建设迅速发展，取得了辉煌的建设成就。

（一）确立了村民自治的基本制度

村民自治制度是指“广大农民群众在党的领导下，通过参与民

---

① 徐勇、刘义强：《我国基层民主政治建设的历史进程与基本特点探讨》，《政治学研究》，2006年第4期。

主选举、民主决策、民主管理、民主监督等直接行使民主权利，依法办理自己的事情，创造自己的幸福生活，实现自我管理、自我教育、自我服务的一项基本社会政治制度”。[①]我国村民自治制度是在人民公社制度废除及家庭联产承包责任制实施后逐步建立起来的。上世纪70年代末80年代初，随着运行二十余年的人民公社制度宣告解体，一时间在我国农村基层社会出现管理涣散、治安恶化、公益事业无人办的混乱局面。在这种情况下，1980年初，广西宜山县果作村自发产生了村民自治组织，与此同时，四川、河南、山东等省的一些农村也陆续出现了类似的村民组织。这些村民组织建立之初的功能是填补因人民公社解体出现的农村基层社会组织空白，从而维护集体水利设施及社会治安等，后来逐步扩大为对农村基层政治、经济、文化、社会生活中诸多事务的自我管理、自我教育和自我服务。农民自发产生的这些做法迅速引起了党和国家的重视和肯定。1982年，“村民委员会”这一组织形式写进了修改后的宪法条文，明确规定村民委员会是群众性自治组织。之后，全国各地农村普遍建立了村民委员会。1987年11月，在总结各地实践经验的基础上，《村民委员会组织法（试行）》经第六届全国人大常委会第二十三次会议审议通过，村民自治从此有了具体的法律保障。该法试行期间，全国大部分地区都普遍试行了村民自治，并取得了令人瞩目的成就。1998年11月4日，第九届全国人大常委会第五次会议修订了1988年6月开始试行的《村民委员会组织法》，充实了加强党的领导、选人、议事、监督方面等新的内容，进一步明确了村民委员会的性质、职能等相关问题。修订通过并正式实施的《村民委员会组织法》，为村民自治的发展壮大提供了重要法律依据。2007年10月，中共十七

---

① 关于村民自治制度的含义，在宪法和法律中并无明确的表述。国家相关部门组编的《村民委员会组织法学习读本》解释为：村民自治的含义是自我管理、自我教育、自我服务；村民自治的方式是民主选举、民主决策、民主管理、民主监督；村民自治的原则是要坚持党的领导和依法办事。本文所用表述系据此而来。参见詹成付等编：《村民委员会组织法学习读本》，中国社会出版社2010年版，第200—201页。

大进一步提升了基层群众自治制度的地位，首次将其纳入中国特色社会主义民主政治制度的范畴，成为中国特色社会主义民主政治建设的四项制度之一。强调“必须作为发展社会主义民主政治的基础性工程重点推进”。2010 年 10 月 28 日，第十一届全国人大常委会第十七次会议总结村民自治的实践经验，根据中共十七大和十七届三中全会精神，在长期酝酿讨论的基础上，通过了《中华人民共和国村民委员会组织法（修订草案）》，村民自治制度进一步完善。

村民自治是我国社会主义民主政治的一项重要制度，这项制度的确立和实行是中国共产党领导亿万农民建设中国特色社会主义民主政治的伟大创造，具有极其重大的意义。第一，实行村民自治有利于激发农民政治参与的热情，真正保证人民当家做主。村民自治改变了数千年来农村地区的政治权力结构和权力运作方向，实行村民自治制度后，村干部不再由上级任命，而是要经过村民的民主选举产生，选举产生的村干部也必须首先对下向村民负责，而不再是对上向乡镇等行政机构负责，因此村级治理不能再依靠自上而下的强制性的政府命令，而必须依靠政治生活最基层的村民的认可和同意，这必将极大激发农村政治参与的热情，是一个亘古未见的根本性变革，具有划时代的重大意义。第二，实行村民自治有利于密切干群关系，促进农村社会稳定。实行村民自治后，村民通过“四个民主”直接行使民主权利，村干部由村民直接选举产生，干群之间容易建立起更加亲密信任的关系，也有利于群众监督村干部，提高村庄治理绩效。因此，“实践证明，凡是村民自治搞得好的地方，农村社会风气好转，社会矛盾化解得好，人与人之间的关系向着平等、互助、友好、合作的良性互动方向转化，社会自身化解矛盾、调适冲突的机能大大增强，社会比较稳定”。[①]第三，实行村民自治

① 汤晋苏、刘义强：《我国村民自治的历程、内涵及意义——访民政部基层政权与社区建设司副司长汤晋苏》，http://www.chinareform.org.cn/Economy/Agriculture/Speech/201007/t20100712_35333.htm。

提高了农民素质，促进了农村基层政治的制度化和法制化。村民自治要求村民自我管理、自我教育、自我服务，自己管理社区的公共事务和公益事业，并且明确规定了农民参与村民自治的权利制度和程度，从而把农民制度化地推到了民主实践的前台，又在真实的实践过程中逐渐赋予了民主以更加丰富的内容。据统计，实行村民自治以来，各地参选率普遍达到90%以上，当前绝大多数农村建立了村民会议或者村民代表会议制度，成立了保障民主监督的村务公开监督小组和村民理财小组，同时通过长期广泛的民主实践，农民群众的民主习惯和民主素质得以提高，逐渐形成了讲究民主、依法办事的好风气。第四，实行村民自治拓展了选人用人渠道，提高了农村社会的管理水平。从实际情况看，通过竞争民主选举的村委会干部普遍党员比例高、能人比例高、文化程度高、平均年龄低。他们绝大多数责任感强，工作干劲大，群众威信高，促进了农村社会管理水平的不断提高。第五，实行村民自治形成了对村干部的更广泛的制约和监督，有助于推进社会主义新农村建设。村民自治将千千万万的农民群众变成了无所不在的监督者，既节约了监督成本，又有利于发扬民主精神、集中群众智慧多办有利于社会主义新农村建设的实事、好事。第六，实行村民自治提供了实践的丰富启示，推动了国家整体的民主建设历程。实行村民自治后，广大农民在直接亲身操练民主的过程中，极大地激发了创造力，集中智慧创造了诸多有益的民主方式，积累了丰富的实践经验，提供了发展路径和操作技术的众多有益启示。如创造出“海选”、竞选等民主选举方式；创新出村民代表会议、村务大会公决制度等民主决策平台与形式；探索出“莱西经验”、《村民自治章程》等民主管理方式；诞生了村务公开、村民质询、财务监督小组等民主监督制度等，这使中国国家民主发展的动力更加充实，内容更加丰富。不仅如此，村民自治的推行还引起了国际社会的广泛关注，改变了许多人以前对中国民主政治建设的不正确看法及偏见，树立了我国良好的国际形象。

（二）完善了乡村治理的运行机制

在农村民主建设的长期实践中，我们不仅确立了村民自治的基本制度，还在健全和完善乡村民主运行机制的探索上取得了巨大成就，形成了以制度建设和机制创新推动农村民主发展不断深化，更加重视农村民主质量提升的鲜明取向。

首先，不断完善了与农民政治参与积极性不断提高相适应的乡镇治理机制。乡镇作为一级政权组织，是长期存在的，对农村民主发展有着重要影响。自改革开放以来，乡镇在职能、管辖范围、机构设置、人员数量等方面经历了非常大的变化，并在改革中逐渐趋于完善。第一，职能转变取得明显成效。乡镇一级在很长一段时间内存在职能定位不准、政社不分的情况，十六大把政府职能归结为经济调节、市场监管、社会管理和公共服务四个方面，为乡镇政府的改革指明了方向。农村税费改革后，乡镇机构改革和职能转变进一步深化，其核心是转变政府职能，建设服务型政府。“截至 2009 年 4 月 15 日，已完成和正在进行机构改革的乡镇达到 19406 个，占全国乡镇总数的比重已经达到 56.6%。”①总体看来，改革使得乡镇服务机制明显完善，依法行政能力明显加强，社会管理水平明显提高，党群干群关系明显改善。第二，管理跨度日益合理。改革开放后，乡镇数量持续减少，尤其进入新世纪以来，鉴于乡镇运转困难并引起农民负担的加重，中央出台了系列文件，大规模的撤并乡镇活动开始。1962 年全国乡镇 74771 个，1985 年全国乡镇 72153 个，到 2008 年，乡镇数量减少到 34310 个。②第三，机构设置得到精简。乡镇改革之前，在计划经济体制惯性的影响下，乡镇机构设置繁多，基本上成为了一级完全政府，养人压力越来越大，财政维持捉襟见肘。自 20 世纪 90 年代中后期开始，乡镇机构设置开始大量合并、

① 陈锡文等：《中国农村制度变迁 60 年》，人民出版社 2009 年版，第 346 页。

② 同上，第 346—347 页。

削减，变养人为养事，机构日益合理。第四，人员增长得到抑制。1992 年我国开始了对乡镇机关进行改革和精简的努力，随着新世纪税费改革的全面推开，以压缩财政供养人员、节减经费开支为核心的精简乡镇人员活动力度更加加强，各地纷纷进行了很有成效的探索。到 2005 年，县财政供养系数下降到 2.59%，遏制了养人负担不断加重的势头。

其次，不断完善了村党组织领导的促进农村民主充满活力的村民自治机制。确立村民自治制度以来，广大农村围绕四个民主开展了广泛深入的民主实践，促进了村民自治制度化、规范化、程序化。截至当前，我国绝大部分农村地区已经先后进行了近十次村民委员会选举实践，选举产生了全国农村 60 余万个村民委员会，村委会成员 200 余万人。不仅越来越多的人直接参与这一实践，关注和研究村民自治的学者也越来越多。同时历经改革开放后 30 余年的探索和实践，村民自治已从农民自发的零星探索，上升为中国特色社会主义民主政治制度的重要内容；从单纯重视的民主选举出发，完善为以“四个民主”为基本方式实现“三个自我”目标的制度体系。实践证明，村民自治这一具有鲜明中国特色的民主制度和基层民主实践，已发展成为农村民主建设的核心，正日益显示出巨大的政治优势和现实作用。

再次，不断完善了保障农民合法权益的涉农法律法规等保护依法治理机制。自 1982 年 12 月，村民委员会被写进新宪法第一百一十一条以来，根据试行、施行的实际情况，不断修改完善农村民主的法律法规。1987 年《中华人民共和国村民委员会组织法（试行）》审议通过，从 1989 年 9 月起，先后有 25 个省制定了《实施村民委员会组织法（试行）办法》，有 6 个省制定了村民委员会选举办法。1998 年在试行 10 年之后，《村民委员会组织法》得以修订并正式实施，2010 年《村民委员会组织法》再次予以修订，将农村民主发展置于更加健全的法制化道路。与此同时，国家还持续加强了农村法制宣传教育，逐步搞好法律下乡，完善农村法律服务，不断提高农民法律意识，推进了农村依法治理。

最后，不断完善了具有服务性公益性互助性社会自治功能的社会组织机制。功能健全、形式多样的社会组织是服务农村社会、推进农村民主、促进农村发展的重要载体。改革开放以来，我国农村地区各种社会组织也逐渐成长起来。“据有关统计，乡村民间组织已达 300 万个，许多形成于城市的民间组织和 NGO 其主要活动场所也在农村。农村的民间组织有多种类型，主要有传统社会组织、经济合作组织、权益维护组织、社会服务组织、宗教组织、文化合作组织等。各种 NGO 组织在乡村建设和农村扶贫、医疗救助、环境保护等活动也非常活跃。”[①]改革开放后我国农村社会组织的迅速发展是与政府的引导和支持分不开的。如，2012 年中央财政就曾安排 2 亿元专项资金，用于支持社会组织参与社会服务，项目共带动社会资金 3.2 亿元，185 万群众直接受益，与此同时，民政部还启动了全国性社会组织直接登记。[②]当前，各种社会组织在农村建设中发挥着重要作用，已构成农村社会中的一支重要力量。一方面它们有效激发了农民的自主性、创造性、积极性和合作性，提高了社会的管理和服务效率，节省了社会运行成本，在调动农村社会内部以及各种社会力量共同参与社会主义新农村建设中发挥着重要作用；另一方面农村社会组织的充分发展也是完善农村基层民主管理体制的有效方式，它们利用乡村社会内部的逻辑和规则推动社会自律，建构社会共识，不仅与基层党委、政府充分互联互补互动，还在农村社会稳定中充当着不可或缺的“缓冲器”。

（三）提升了农村民主管理的水平

六十余年来，尤其改革开放以来，还在实践中不断理顺乡村治

① 张世勇：《试论在培育农村社会组织的过程中创新农村社会管理》，http://www.snzg.net/article/2012/1010/article_30567.html。

② 参见《我国 19 个省份已开展或试行社会组织直接登记》，http://news.xinhuanet.com/politics/2013-02/13/c_124343885.htm。

理关系，持续强化乡村治理能力，努力提高农民当家做主的水平，促进了农村民主管理质量的全面提升。

一方面村与乡镇的治理关系逐渐理顺，农村民主管理的风气日益盛行。村民自治的政策选择及政策目标不仅重建了农村基层组织与管理体系，也推动了乡镇与村的关系从直接的行政领导关系向协商指导关系转变，由此重新划定国家与社会、政府与农民及农村基层组织的权力边界，将农民当家做主落到实处。早在 1987 年 11 月全国人大常委会通过的《村民委员会组织法（试行）》就以明文规定的形式确立了“乡政村治”或“乡村分治”的新的治理体系。按照这一设计，乡镇作为国家农村基层政权，依法行政；村民委员会作为村民自治组织，依法自治。之后历次修改的《村民委员会组织法》都再次确认了这一关系。2010 年修改的《村民委员会组织法》第五条还明确规定：“乡、民族乡、镇的人民政府对村民委员会的工作给予指导、支持和帮助，但是不得干预依法属于村民自治范围内的事项。村民委员会协助乡、民族乡、镇的人民政府开展工作。”[①]因此，村民委员会与乡镇不是行政隶属关系，而是指导、协助关系。不能将村民委员会看作下级行政机关而干预依法属于村民自治范围内的事项，不得将自己的意志强加其上，更不能一手包办。同时村民委员会虽然不是农村基层政权的下属组织或派出机构，但是，它是我们党和国家在农村各项工作的基础，是基层人民政府的主要依靠力量，是政府和村民群众之间的桥梁，因此农村基层政权的行政工作离不开村民委员会的支持和协助。村民委员会应该主动地接受乡、民族乡、镇的人民政府的指导，积极协助政府搞好本村的行政工作和发展经济的工作，使党和国家的方针、政策和政府的有关行政工作得到贯彻落实。应该说，乡村关系的这一重塑一开始并不为长期习惯于“下面有腿”的乡镇机关所理解，甚至部分农民也一时觉得不知“如何下手”，因此其实施遇到一些“成长中的烦恼”。但进入

① 詹成付等:《村民委员会组织法学习读本》，中国社会出版社 2010 年版，第 2 页。

新世纪以来，中央不仅出台了《关于健全和完善村务公开和民主管理制度的实施意见》等，还开展了声势宏大的村务公开和民主管理“难点村”治理活动，使村民自治的观念全面深入乡村的每个角落，行政化的惯性思维方式被打破，农村民主风气日益盛行。

另一方面村级机构的运转能力明显增强，农民当家做主的水平不断提高。村民自治施行后，中央还持续加大对村级组织的改革和扶持力度，如加大对村级组织的转移支付力度，确保基本运转支出；加大公共财政覆盖农村力度，减少村级组织的支出负担；实行交叉任职制度，降低人头费支出；建立大学生“村官”制度，加强村级组织机构能力等，使村级组织逐步走上正常运转的轨道。近年来，随着村级机构的运转能力明显增强，农民当家做主的水平不断提高，村务公开民主管理落到实处。一是村务公开质量不断提高。根据民政部相关资料，目前全国80%以上的村建立了公开栏，90%以上的村建立了保障民主监督的村民理财小组、村务公开监督小组等组织，村务公开、民主评议等活动普遍开展。在内容上，包括村级政务、村级财务、村民自治事务等都及时公开，仅政务公开的事项就涉及救灾救济款物发放、最低生活保障分配、宅基地审批、农村低保、种粮直接补贴落实情况等十余项，对保障中央和地方强农惠农政策落实起到了积极作用；在形式上，流动公开栏，点题公开、专项公开、明白纸、公开信、网上公开、电子触摸屏公开等得到推广。在范围上，村务公开正在从结果公开向事前、事中公开延伸，从村组公开向县乡村组四级公开拓展，从而建立起全方位公开网络。在监督机制上，新的《村民委员会组织法》已要求各村建立村务监督委员会或其他形式的村务监督机构，并明确了村务监督的具体内容。二是民主决策形式不断丰富。在许多地方，农村重大决策、重大项目安排、重要岗位人员安排、大额度资金使用，都能按照程序进行民主决策。村民代表会议通过各项决议时，实行无记名投票表决。河北省青县、江苏太仓、天津武清等地创新了村民代表会议制度，实行了村民代表会议常任制和民主选举会议召集人制度，提高了村民代表会议的效能和权威性。山东、重庆等地的一些地方采用了村务公决进行民主决策，较好地解决了开会难、决策难的问题。浙江、福建则广泛推行了决策听证制度。三是民主管理渠道不断拓展。除普遍制定村规民约、村民自治章程外，许多地方都开展了“民主日”、“民主议事日”、“恳谈会”、“听证会”、村干部双评会等活动。一些地方还建立了村民议事中心、“说事室”、“民主大院”，为农民参与创造条件。民主理财小组普遍建立，并发挥了一定作用。宁夏、贵州、四川一些村的民主理财小组采用“五牙子章”，规范了财务管理。四是民主监督制度逐步落实。当前很多地方的村民群众除通过村民会议、村民代表会议、村民评议会、村民理财小组和村务公开监督小组、参加“民主日”、“听证会”等方式监督外，还可以通过电话举报、网络举报、意见箱等途径进行监督。对农村集体财务和村干部进行审计监督得到加强，并进行了责任追究。实践证明，农村民主的推进与深化，有力维护了农民的物质利益与民主权利，直接活跃了农村基层民主生活，推动了农村经济建设、政治建设、文化建设、社会建设和党的建设，为构建社会主义新农村发挥了重要作用。

三、农村民主管理的经验启示

纵观中国农村民主发展的历史进程，可以说，一部中国共产党发展的历史，就是一部党带领人民追求民主、实践民主、发展民主的历史。在中国共产党致力于推进农村民主管理建设的波澜壮阔的历史进程中，有过曲折和失误，但更多的是促进了农村民主的不断发展进步，积累了诸多宝贵的经验启示。我们认为有以下几点是最为根本和宝贵的。

（一）必须坚持党的领导的根本前提

推进农村民主管理建设，首要的根本前提就是必须始终坚持中国共产党的领导。这是历史的启示，也是现实的需要。

首先，中国共产党是人民民主的缔造者，没有中国共产党的领导就不可能在农村实现真正的人民民主。在中共之前，真正的人民民主从来就没有成为过统治者追求的目标，甚至在滚滚洪流面前，统治者也没有放弃过阻止人民民主的“最后努力”。中共以马列主义为理论指导，自成立之日起就以为人民谋解放、建立真正的人民民主的国家为己任。早在革命战争年代，中国共产党就曾经在其领导的地区实行过大规模的村选并积累了宝贵的建设农村民主的经验。新中国的建立标志着人民当家做主的政权第一次写入了中国的历史，由此开始了党带领人民建设农村民主的新时期。这期间亿万农民以极大的热情投入土地改革、民主建政的努力之中，直至 1954 年第一届全国人民代表大会胜利召开，宪法及系列法律制定通过，农村基层民主有了坚实的法律基础。改革开放后，经过十一届三中全会的全面拨乱反正，社会主义民主建设翻开了崭新一页，此后几乎党的历次代表大会都对民主建设提出了明确要求，农村民主建设从此进入阔步前进的新时期。如中共十二大提出“建设高度的社会主义民主，是我们的根本目标和根本任务之一”；十三大提出“为把我国建设成为富强、民主、文明的社会主义现代化国家而奋斗”；十四大强调“人民民主是社会主义的本质要求和内在属性。没有民主和法制就没有社会主义，就没有社会主义的现代化”；中共十五大首次将村民自治的基本内容即“四个民主”写进党的代表大会报告；中共十六大强调“扩大基层民主，是发展社会主义民主的基础性工作”；中共十七大强调基层群众自治制度“必须作为社会主义民主政治的基础性工程重点推进”等。因此，纵观农村民主的发展历程，可以说没有中国共产党的领导就没有真正的人民民主，就没有人民民主的不断发展。

其次，中国共产党是农村民主发展的主导者，没有中国共产党的领导就不可能实现农村民主的快速推进。与西方社会的民主发展相比，中国农村民主发展的重要特征在于这种进程一直是由党和政府主导的。其途径是通过发展以人民群众当家做主为核心的民主政治，来达至基层治理的有效性和社会政治的稳定发展。这之中党和政府不仅设计了基本的法律规则体系，而且一直致力于直接的民主动员。在民主革命时期，正是党的民主动员第一次将分散的农民组织进了国家，由此获得了革命的力量；新中国建设初期，党的民主动员使我们在较短的时期内建立了农村人民民主政权，民主制度化地进入农民的实际生活；改革开放新时期，党以极大的热情推进村民自治，出台了大量文件规定，开展了持续不断的治理活动。历史实践证明，农村民主政治的发展离不开党和政府作出的自上而下的政治动员和整体谋划，离不开相应的国家制度环境和政策环境为其提供的政治依托。尤其对于处于后发现代化民主进程的发展中国家，如果没有具有较强动员力的政党和政府的主导作用，国家的组织力量就无法发挥，政治难以稳定，民主难以推进。在这方面苏联等一些国家有过极其深刻的教训：由于在发展民主的问题上放弃或没有很好地发挥党的主导作用，加之长期以来广大民众缺乏对民主的深刻认识和实践经验，最终引发了急剧的民主参与和政治不稳相伴而生，不仅真正的民主难以实现，还导致了国家解体、社会动荡的局面。

事实上，我们党一直坚持党管农村的原则。邓小平同志曾指出，党的基层组织是党联系广大群众的基本纽带，经常检查和改进基层组织的工作，是党的领导机关的重要政治任务。2010 年修订的《村民委员会组织法》第四条也明确规定："中国共产党在农村的基层组织，按照中国共产党章程进行工作，发挥领导核心作用；领导和支持村民委员会行使职权；依照宪法和法律，支持和保障村民开展自治活动、直接行使民主权利。"[①]因此村党组织在村民自治中发挥着领导核心作用。村民自治作为一件关系全局、关系农村稳定乃至全国稳定的根本性大事，必须在党的领导下才能确保正确的方向，才能真正有效地进行。当然，坚持党管农村的原则，必须坚持不懈地

① 詹成付等：《村民委员会组织法学习读本》，中国社会出版社 2010 年版，第 2 页。

改善党的领导，健全农村基层党组织，妥善处理村党组织与村民委员会的关系，不断提高党管农村、指导农村民主建设的能力。尤其随着农村改革的深化，社会经济的进一步发展，各种新情况、新问题将不断涌现，农村基层党组织必须站在巩固党的执政地位和扩大党的群众基础的高度，创新执政和领导方式，不断探索有效开展农村基层组织建设的途径，认真解决农村基层组织建设中存在的一些问题，切实提高党在农村的影响力和号召力，充分发挥党组织在农村民主建设中的领导核心作用。

（二）必须坚持群众路线的根本方法

群众路线，就是“一切为了群众，一切依靠群众，从群众中来，到群众中去”。群众路线是我们党的根本工作路线，也是我们党的根本领导作风和工作方法。中国农村民主发展是党主导下的建构过程与结果，因而始终坚持群众路线的根本方法至关重要。

一方面，坚持“一切为了农民，一切依靠农民”，农村民主发展才能充满活力。首先，建设农村民主必须时刻关注农民的利益。民主总是跟着利益走的，“没有利益的差别，就没有民主产生的必要”。徐勇教授在系统总结中国农村民主建设的基本特点时曾经深刻指出：“我国的基层民主政治的发展，有一条根本的思路就是始终坚持民主建设从与人民群众的切身利益密切相关的领域做起，从人民群众能够直接行使民主权利的领域做起，从能够做得到的地方做起，这样，使得基层民主的内容具有直接性的特点。”[①] 回顾中国农村民主发展的历史，在革命战争时期中共正是通过打土豪、分田地，满足了人民数千年来对土地的渴望，以发动农民和组织农民的农村民主建设才获得了广泛支持，农民义无反顾地支持革命，誓与人民政权共存亡。新中国建立初期，中共围绕民主建政、恢复经济的努

---

① 徐勇、刘义强：《我国基层民主政治建设的历史进程与基本特点探讨》，《政治学研究》，2006 年第 4 期。

力顺应了长期饱受战乱受尽屈辱的中国人民对国家安定和当家做主的渴望，农民因此继续满怀热情地投入剿匪追残、保家卫国和随后“一五计划”的建设洪流之中，一次次创造了奇迹。在社会主义建设新时期，“发展是硬道理”、“三个代表”、“科学发展观”等都凸显了发展的重要性，反复强调群众利益无小事，以村民自治为核心内容的农村民主发展因此获得了来自上层的主导性推进力量和来自农民的主体性建设力量。实践证明，农村民主发展只有切实关注农民利益，从农民看得见、摸得着的利益做起，才能深受人民的欢迎和支持，才能获得持续发展的不绝活力。尤其，当下我国农村民主建设的深刻背景是市场经济的发展在带来社会总体物质财富迅速增长的同时，城乡差别、地区差别、贫富差别也不断加大。农村一些新问题不断涌现，如土地流转、征地拆迁问题，空巢老人、留守儿童问题等，都需要在建设新农村的过程中妥善解决，以发展农村民主切实保障好农民的经济利益，实现农村的政治文明与社会和谐。其次，建设农民民主必须紧紧依靠农民的参与。赋予广大人民群众以广泛的民主权利，坚持群众的事情由群众自己直接行使民主权利依法去办，通过广泛的民主实践引导群众真正成为民主的主体和主角，这是我们党带领人民在较短的时间内实现民主化的一条基本经验。在中国近现代历史上，农民时常被视为无知、散漫甚至无能，是需要教育和改造的对象。民国时期开展的乡村建设运动和乡村复兴计划也以“教育农民”、“改造农民”、“组织农民”作为基本出发点，不少人及不少地方甚至采取对农民强制的办法推行自己的主张及发展目标，农民成为被动接受和被迫改造的对象，由此不仅乡村运动乡村不动、乡村复兴乡村不信任，甚至不可避免地引起农民的不满和抗拒。中共的成功正是得益于采取了与此完全不同的路径。在中共开展革命运动和乡村建设的早期，就以政权建设为精髓、以恢复乡村社会稳定和经济发展为核心，引导农民积极参与农会运动、民主建政和民主管理，从而巩固了农村基层政权。在当前建设社会主义新农村的新时期，我们党始终强调归根到底要依靠亿万农民，要尊重农民及农民的首创精神，充分调动和发挥农民的主动性、创造性和积极性，实现共建共享。从“改造农民”到“尊重农民”，从“强制推动”到“引导支持”，在中共的引导和支持下，农民实现了从“被动接受”到“主体参与”的地位转变，乡村民主建设因此获得了广泛坚实的群众基础，产生了源源不绝的生机和动力。

另一方面，坚持“从农民中来，到农民中去”，农村民主发展才能不断破解难题。首先，“从农民中来，到农民中去”反映了农村民主发展的基本规律。回顾新中国建立以来农村民主发展的历史，我们不难发现，尽管国家起着主导性的推进作用，但是基层农民才是每一次飞跃的真正创造者。如安徽小岗村农民的“分田到户”引起了家庭联产承包责任制的推行，运行了20余年的人民公社体制由此解体。为填补人民公社体制解体后农村出现的权力真空，广西合寨村自发成立了村委会，村民自治由此萌生。因此，中国农村民主发展实际遵循了一条“问题驱动—农民创造—国家承认—总结推广—农民参与—制度创新”的发展道路。这条道路既符合民主发展的基本规律，也得到了领导人的肯定。对此邓小平有过明确的阐述：“农村改革中的好多东西，都是基层创造出来，我们把它拿来加工提高作为全国的指导。”[①]胡锦涛更是明确提出“要深入把握新形势下发展社会主义基层民主政治的规律和特点，尊重人民群众的首创精神，善于把人民群众在社会主义基层民主政治实践中创造的好经验好做法上升为政策，把成熟的政策上升为法律法规，不断提高社会主义基层民主政治建设的水平”。[②]因此，正是农民日常实践中看似微不足道的自觉创新，推动了整个中国农村民主的发展，而这一发展的结果在中共的主导和支持下，又回到农民并使之受益，这正是中国农村民主发展的巨大动力和基本轨迹。其背后的深刻逻辑在于中共代表着最广大人民的根本利益，因而这一发展过程也是我们独特的

① 邓小平：《邓小平文选》第1版第3卷，第382页。

② 胡锦涛：《提高社会主义基层民主政治建设水平》，《人民日报》2006年12月2日。

优势。其次，“从农民中来，到农民中去”才能了解解决农村民主发展的实际问题。我国有着广袤的农村和7亿多农民，农村社会环境复杂、面临问题繁多、矛盾千头万绪、情况各不相同，开展民主建设既没有现成的经验可供借鉴，也不可能设计出一套能解决所有问题的方案。在这种情况下，了解解决农村民主建设的问题决不能靠身处农村之外的主观评判。一方面党的农村基层组织和干部应该始终坚持从群众中来，到群众中去，善于站到群众中间，从群众的角度思考问题，坚持向农民寻求真理，深入调查农村民主建设中的问题，解决农民切身利益相关的重要事宜。另一方面充分发挥基层农民的积极性和创造性，在确定大的原则下鼓励他们根据自身情况大胆探索突破，实施一种可控的放权式改革。由于农民身处民主的直接实践之中，最接近问题和矛盾的中心因而也最接近解决问题的办法，只要我们不断在探索中试错和修正，就能有效破解发展中的难题。不仅如此，农民局部化的探索还能够大大降低改革和探索的风险，其自发性更是减少了自上而下的推进成本，因而更便于我们尽快发现问题、及早解决问题。

（三）必须坚持有序推进的根本原则

历史实践证明，农村民主管理发展有其内在的规律性，只有遵照规律有序推进才能达至良好的建设效果。为此，在实践过程中我们必须时刻把握好以下几个方面。

首先，将民主建设与全面治理有机结合。乡村治理作为一种获得社会有序发展的有目的的调控活动，是乡村多元主体协同公共管理乡村的过程，相比农村民主建设其内涵更为宽泛。一般而言，农村民主建设是乡村治理的重要内容和基础，没有民主发展，持续的稳定难以实现。但农村民主建设也只有置于有效的乡村全面治理中做到与其他方面协同并进，才能获得其特有的意义和价值，也才有可能从根本上解决导致不民主的种种问题。这是因为农村民主建设属于上层建筑领域，其发展一方面必须始终以推动和保障党的中心工作、促进经济社会全面发展为目标和动力，致力于不断满足人民群众公共生活需要。另一方面其发展又必然受制于民众素质、乡村传统以及农村经济社会全面发展的影响。例如，2009年湖北省共排查出村务公开民主管理“难点村”656个，占村总数的2.57%。其中，因村“两委”班子不健全、村干部之间不团结、村级组织软弱涣散、党员干部素质较低、党和国家强农惠农政策得不到落实、干群关系紧张造成的“难点村”280个，占“难点村”总数的42.68%；因经济社会发展长期滞后、村级集体无经济来源造成的“难点村”214个，占村总数的32.62%；因村务不公开或假公开、不能落实民主管理造成的“难点村”63个，占村总数的9.60%。因其他原因造成的“难点村”99个，占村总数的15.09%。[①]同年我们在湖北一些地区的调查中也发现，一些“难点村”经济困难，长期背负巨大债务，不仅难以向村民提供服务，甚至难以维持村级组织正常运转，也缺乏村务公开的基本平台和条件，造成村务公开民主管理流于形式，村级组织软弱涣散，两委战斗力不强，村干部威信下降、管理缺位，党群、干群关系紧张，很难为村民办实事、办好事。这表明，造成农村民主出现问题既有民主管理本身的原因，也有经济社会的原因，而且往往这些因素相互影响、错综复杂。因此只有把农村民主建设置于乡村全面治理之中才能够获得持续稳定的发展。

其次，将积极推进与循序渐进有机结合。民主是社会主义的本质和生命，没有民主就没有社会主义，就没有社会主义的现代化。60余年民主政治建设的实践深刻启示我们：在一个农业人口始终占多数的大国，农村民主建设好不好直接关系农民的民心向背、关系到农村的稳定与否、关系到国家的现代化进程。因而积极推进农村民主建设是社会主义的本质要求，是中国共产党人始终不渝的奋斗目标，是中华民族伟大复兴的必由之路。不仅如此，民主的发展向

---

① 参见《2009年农村基层民主政治建设重要资料汇编》，农村基层民主处2010年3月汇编，第243页。

来具有不可逆性，所谓“开弓没有回头箭”。在中国共产党的带领之下，我国农村民主建设已经走过了几十个春秋，取得了巨大成就，尤其实行改革开放、推行村民自治、建设社会主义新农村以来，日益富裕的、民主法制的农村社会日渐形成，农民的思想观念也已经发生了深刻变化，民主行动能力得到极大增强。不管你愿不愿意、态度如何，农民已经动员起来了、民主已经深入人心了。因此任何试图否认农村民主建设成就而走回头路的想法都不仅是错误的，而且是十分危险的。历史反复证明，在民主建设的道路上只能顺势因时、积极推进，“开倒车”不仅危害社会，最终也只能是搬起石头砸自己的脚。当然，在积极推进的过程中我们也需要时时注意农村民主的发展是一个循序渐进的过程。农村民主政治建设既不能滞后于社会经济文化的发展，也不能脱离现实的社会经济文化条件。正如徐勇教授指出的：“现代民主政治是一种高度制度化和结构化的政治运作机制，它的运行需要复杂的社会经济条件的支撑，更需要适合本国特点的政治程序和民主精神的保障。这些都不是能够毕其功于一役的，由此决定了社会主义民主政治建设的长期性，需要在渐进的民主建设过程中逐步发育和形成”。[①]特别在中国这样有 13 亿人口的大国，建设民主政治必须从国情出发，农村民主建设必须有农民的觉醒、农民的支持、农民的积极性和创造精神，这不是一件轻而易举的事情。因此中国的民主发展只能是一个循序渐进的增量民主过程，必须从广大农民群众最关心的、能够做好做得到的事情做起，扎实向前推进，一步一个脚印地探索，不能急于求成，更不能搞休克式的突变性改革，从而使得农村民主能够稳定、有序发展。

再次，将健全制度与完善机制有机结合。实践证明，民主的发展必须建立在制度化、法律化、规范化、程序化的基础上，否则就会陷入混乱无序状态，既不利于人民真正行使民主权利，又造成社

① 徐勇、刘义强：《我国基层民主政治建设的历史进程与基本特点探讨》，《政治学研究》，2006 年第 4 期。

会的动荡，给人民带来灾难。对此，邓小平在总结“文化大革命”的教训时深刻指出：“制度好可以使坏人无法任意横行，制度不好可以使好人无法充分做好事，甚至会走向反面。”[①]因此建设农村民主政治，必须将健全制度与完善机制有机结合，使其走上法制化、规范化的轨道。一方面要继续完善制度，用制度来规范干部和村民行为，保证农村民主依法推进。经过多年的探索，目前出台了多项旨在推进农村民主发展的制度和规定。尤其《村民委员会组织法》的最新修改，大大提高了操作性和指导性，有利于保证村民自治规范化运作。但是农村民主发展情况极为复杂，难免出现新情况新问题，只有持续不断地调动农民积极性，探索更多更便于基层施行的有效措施并将其制度化，才能切实保障基层群众自治权的充分行使，促使农村民主政治始终在相当稳定的政治生态中有序开展。另一方面要持续完善民主机制，确保民主治理畅通有效。经过多年的发展，目前我们已经建立了与农民政治参与积极性不断提高相适应的乡镇治理机制、村党组织领导的充满活力的村民自治机制、以保障农民权益为主要内容的农村依法治理机制和以完善社会自治功能为导向的农村社会组织机制。而在新的历史背景下，推进农村民主管理实践、健全农村民主治理机制，需要进一步完善并整合四个机制，以乡镇治理机制作为农村民主管理扩展的趋向，以村民自治机制作为农村民主管理发展的核心，以农村社会组织作为农村民主管理提升的基础，以农村依法治理机制作为农村民主管理成长的保障，通过不断地改革创新，实现农村民主管理的制度化、规范化和程序化，促进农村民主管理建设质量的全面提升。

① 邓小平：《党和国家领导制度的改革》，《邓小平文选》第 2 卷，第 322 页。

中　篇

农村民主管理的机制建构

当下中国农村民主管理实践发生和发展于现代化背景之中，这是我们考察中国农村民主管理实践脉络及制度变迁的基本背景。因此，对农村民主管理制度的研究不能离开对整个社会的历史、政治、经济、文化、环境及具体实践等等因素的考察。然而长期以来，人们对农村民主管理制度的研究更多的是将制度作为一个外在的规制工具，而不是将其视为一个农村民主管理实践中内生的经验规则提升。依据这种逻辑，制度主要是成为了一种规制或规范农村民主管理的工具，而不是将农村民主管理本身的建设或推进作为研究目标。由此导致其内在逻辑是仅仅将制度作为一种自然的、客观的和外于农村民主管理的法律现象和事实，以一种超然的态度来“客观地分析”。在我们看来，我国三十多年来农村民主管理制度的建立与发展，不仅是现代国家在乡村社会建构的历史逻辑延伸和现实发展需要，更是今后在全面深化改革的总目标中推进国家治理体系和治理能力现代化的基石和保障，是充分发挥社会主义政治制度优越性的重要体现。因此农村民主管理制度不仅是一个规制和整合的概念或工具，通过健全制度解决现实农村民主管理中存在的问题，以此充分调动广大农民建设中国特色社会主义的积极性、主动性、创造性，最终促进社会主义新农村建设，推动农村经济社会又好又快发展，让广大农民过上幸福美满的生活，这才是我们所要追求的一个重要目标。特别是在当前我国和谐社会背景下新农村建设中的农村民主管理改革实践问题，就不仅仅是一个客观存在和值得分析的对象，更重要的是其制度本身就处在生长、建设或建构之中，新的有效的完备制度并没有形成，各个民主管理机制之间的运行还处于不断的磨合和完善之中。那么，如何对多年来农村民主管理制度现实运行情况进行梳理、总结，以更好地促进各民主管理机制之间的良性互动，则成为当前最为突出的问题。为此，本篇始终将农村民主管理改革实践及其制度建设置于农村及整个国家宏观社会经济和文化发展的背景之中，置于中国农村及我国整个社会急剧的工业化、城市化、市场化和现代化的背景之中，置于整个国家和社会管理体制转型的变革之中，置于城乡统筹及一体化的发展战略之中，力求在大量调查研究的基础上，深刻把握我国农村社会经济发展的变化及农民群众的需求，致力于构建与农村开放、流动及市场化、多元化、复杂化相适应，满足农民民生、民权和民主需求的新型农村民主管理体制与制度体系。而在这一过程中，我们认为关键就是要建立并整合农村民主管理的四个互动机制，即健全村党组织领导的充满活力的村民自治机制、构建以扩大农民群众参与为导向的乡镇治理机制、构建以完善政社互动为导向的农村社会组织机制和构建以保障农民权益为导向的农村依法治理机制，并在实践探索中紧紧围绕村民自治机制是农村民主管理发展的核心、农村社会组织机制是农村民主管理提升的基础、乡镇治理机制是农村民主管理扩展的趋向以及农村依法治理机制是农村民主管理成长的保障等四个方面不断改革创新，为新一轮农村改革发展提供坚实的制度保障。

第四章　健全村党组织领导的充满活力的村民自治机制

20世纪80年代以来，在辽阔的中国农村地区，以民主选举、民主决策、民主管理、民主监督为主要内容的村民自治悄然兴起，成为了一道独具魅力的政治风景。经历20多年的历程，村民自治得益于执政党领导下的国家制度供给和农民自发创造的合力推动，日益深入乡村田野，成为亿万农民群众的政治实践和日常行为。但自进入21世纪以来，村民自治在走向深入的过程中出现了发展的困境，种种原因合力制约村民自治的纵深发展。因此，有必要从健全村党组织领导的角度出发，推进两委互动，完善外部环境，优化内部运行，健全综合保障，最终促进村民自治的向前发展。

一、村民自治发展现状与实践困境

（一）两委矛盾仍旧突出

新中国成立以后，中国共产党通过一系列的现代国家建构手段实现了对乡村社会的整合，人民公社时期，乡村社会在"政社合一"的背景下，村庄公共权力是党领导下的一元化结构，村民委员会的出现打破了乡村社会原来的一元化权力结构，乡村社会形成了二元化的权力结构。[①]研究表明，选举从形式上让当选的村委会干部成

---

① 郭正林：《中国农村二元权力结构论》，《广西民族学院学报》（哲学社会科学版），2001第6期。

为农民利益的代表，由此削弱农村党支部权力。农村选举改变了传统农村权力结构，作为权力中心的农村党支部受到了挑战，但总体上还是占据主导地位。Oi，Jean 和 O'Brien 研究发现，虽然选举使村委会成为村庄代言人和权力中心，但党支部的影响依然超过村委会，村委会在村庄政治活动中没有最后发言权。[①]何包钢和郎友兴在浙江的实地调研与上述学者的结论基本一样，村民选举对党支部的控权地位影响不大，但党支部在农村权力结构中的绝对优势开始变成相对优势。[②]

国务院发展研究中心赵树凯认为："在农村，党支部与村委会之间关系不顺、相互对立或者互不配合的现象比较突出。农村党支部和村委会的关系不协调，被认为是影响村民自治的'第一问题'。"[③]它不利于推进民主政治，造成严重的村内耗，让村民的权利虚置甚至丧失。同时，它也不利于实现党内民主，使政策无法真正贯彻和落实，甚至对宏观政治体制产生一系列深远、广泛的影响。[④]"两委"矛盾和冲突，不仅直接影响村民自治的实践绩效，而且也不利于乡村社会的稳定和发展。要么容易导致村民之间的对立与分裂，影响村庄的稳定和秩序；要么导致村民委员会的功能难以正常发挥，村民自治流于形式；要么削弱党的领导，使村庄政治走向封建性的"土围子政治"，[⑤]使得广大村民的民主权利和各项权益无法实现。

追溯而言，1987 年通过的《村民委员会组织法（试行）》当时并没有规定党的基层组织和村民委员会二者之间的关系；而 1998 年

---

① O'Brien, Kevin, Li Lianjiang, 2000. "Accommodating democracy in a one-party-state: Introducing village elections in China". *The China Quarterly*, No.162: 465-489. Oi, Jean, Scott Rozelle 2000, "Election and Power: The Locus of Decision-Making in Chinese Villages." *The China Quarterly*, 513-539.

② 何包钢、郎友兴：《寻找民主与权威之间的平衡：浙江村民选举之经验研究》，华中师范大学出版社 2002 年版。

③ 赵树凯：《基层组织新格局与民主发展》，《中国乡村观察》，2007 年第 5 期。

④ 赵恩朋：《关于"村两委"关系制约性因素的思考》，《中共成都市委党校学报》，2009 第 2 期。

⑤ 徐勇：《论村民自治背景下党组织与自治组织的协调》，《学习与探索》，1998 年第 1 期。

的《村民委员会组织法》第3条虽然规定：中国共产党在农村的基层组织，按照中国共产党章程进行工作，发挥领导核心作用；依照宪法和法律，支持和保障村民开展自治活动、直接行使民主权利。但这种对于二者关系界定的模糊不清，更是导致实践中“两委”关系的发展呈现出多种形态，有的村“两委”工作相互支持，关系协调；有的村村支部包揽权力，村主任有职无权；有的村村委会不服从村支部的领导，村支部也不支持村委会开展自治工作；还有的村村委会不接受村支部的领导，利用群众支持，架空村支部。后面三种情况都是“两委”关系不协调的具体表现，不仅损害了党组织的形象，也影响村民自治的有效开展，严重损害了村民的利益。

（二）乡村关系有待理顺

20世纪90年代中后期，随着农村政治经济体制改革刺激效应的逐渐弱化，以及农民税费负担的不断加重，中国出现了空前严峻的“三农”问题，国家与农民的紧张关系开始凸显，乡镇政府与村级组织之间的摩擦也不断增多，乡村社会出现了严重的治理危机。为改善国家与农民的紧张关系，巩固执政基础，从2000年开始，国家开始推出以减轻农民负担为核心的税费改革；到2006年，中国大陆地区的所有省市都全面取消了农业税费；同时，中央和省级政府还迅速推出了粮食直补、新农合、新农保等惠农政策，加大对农村的转移支持。此后几年，农村经济迅速复苏，国家与农民的紧张关系在一定程度上得以缓解，以农民负担为核心的乡村治理性危机得到了有效的抑制，乡镇政府与村级组织之间的摩擦也逐步减少。

然而，乡村治理危机的缓解，并不意味着农村问题的完全消解，基层治理仍然有着大量的问题需要应对，惠农政策的实施依然需要基层组织承担大量的工作，乡镇政府仍然存在着控制村级组织的主观动机和现实需求。在村民自治实践中，乡镇政府仍然以各种方式向村庄渗透，努力保持其在乡村关系中的支配地位。为此，乡镇政府与村委会之间经常发生矛盾和摩擦，出现了“附属行政化”和“过度自治化”两种倾向，但实际上更多地表现为前者。

当然，受制于制度性权力的弱化和财政上的困境，以及农民民主意识和民主能力的增长，乡镇政府固守于原有的强控逻辑已不可能，也不现实。在当前村民自治实践中，乡镇政府往往从自身政治诉求和现实利益出发，而非中央的制度规定或农民的实际要求，采取一种更讲策略、更加隐蔽、避重就轻的选择性控制抑或有限性控制。但税费改革之后，村民自治在发展中面临一些难题，亟须在乡镇政府的宏观指导和有力支持下予以解决。然而，乡镇政府在乡村治理中，重管控而轻服务，仍然管着许多不该管、管不了、管不好的事，其越位、错位以及服务、扶持和监督方面的不到位，与群众期望有为、有位政府形象形成较大反差，不仅对村民自治产生极大侵蚀，也影响了农村经济社会的可持续发展。

（三）四个民主面临挑战

民主选举是村民自治的起点和关键。纵观 30 多年来的实践，村委会选举经历了一个不断发展、逐步完善的过程。但在民主选举中也存在一些问题，有的矛盾甚至十分突出。一是村委会选举中的违法和侵权事件时有发生。比如，村民选举委员会成员、村委会候选人不是由村民依法推选和直接选举产生，而是由乡镇政府、党委或村党组织指定；有的乡镇党委和政府不是依法让村民罢免村委会干部，而是直接用行政命令撤换。有的村贿选现象严重。[①]二是村委会选举中出现了许多争议性问题。包括选民资格、候选人资格、竞选等一系列问题。[②]

在民主决策实践方面，随着农村社会的发展，一些新的民主决

---

① 唐鸣：《关于村民会议几个问题的法律探讨》，《江汉论坛》，2005 年第 10 期。

② 参见唐鸣：《关于村委会选举选民登记的几个法律问题——对省级村委会选举法规一个方面内容的比较与评析》，《华中师范大学学报》，2004 年第 1 期；《关于村委会成员候选人资格条件问题的思考》，《华中师范大学学报》，2005 年第 4 期。唐鸣、杨正喜：《关于村委会成员候选人资格条件问题的争论之综述》，《中州学刊》，2005 年 2 期。

策形式不断涌现。但是，在民主决策中也存在着用间接民主代替直接民主的现象。有的农村地区以村民会议召开难为由，长期不召开村民会议，法律规定须由村民会议决定的事项，未经村民会议授权就由村民代表会议作决定；有的农村村民代表会议不但行使村务的代议权和决策权，而且还行使人事罢免权，自觉不自觉地用间接民主代替了直接民主，违背了村委会组织法的立法宗旨；还有些村庄在决策重大村务时，既不召开村民会议，也不召开村民代表会议，而是由党组织或村委会，甚至党组织领导个人说了算，把村民自治变成了村干部自治。

民主管理是村民自治的根本环节。近年来各地加大实施村务公开和民主管理的工作力度，在实践中积累了丰富的经验，也创造了许多行之有效的新做法。但是在民主管理中也存在着不同程度的形式主义。比如，有的农村的村民自治章程、村规民约不是由干部群众一起讨论制定，而是由少数村干部制定，约束村民的多，而约束村干部的少；有的村村务公开内容不真实、公开的形式随意性很大，流于形式；有些农村村务管理混乱，财务既不让村民参与管理，也不向村民公布情况。

民主监督是村民自治的必要环节和重要内容之一。对此，相关法律法规作了相应规定。但在民主监督实践中存在一些薄弱环节。比如，有的农村村委会只向村民会议或村民代表会议报告工作，但不组织或不许对村委会成员进行评议。有的村委会既不向村民会议或村民代表会议报告工作，也不接受村民或村民代表评议，使得村委会得不到有效监督。有的农村实行村财乡（镇）管，使村民失去了管理和监督村财的权利。有的地方把村委会成员享受误工补贴标准的决定权，集中到乡镇党委、政府，削弱了村级民主监督的权利。

（四）保障体系尚不完善

村民自治所必需的物质资源没有得到有效保障。农村税费改革后，不少地方村委会选举经费没有着落，村级公益事业和公共服务缺乏相应的财政支持而难以开展。乡村债务成为制约农村经济社会发展的重要因素，也是乡村治理面临的重大难题。广东省对乡村债务调查表明，有净债务的镇有184个，占调查镇的79.3%；其中净债务500万元以上的镇有119个，占51.3%；无净债务的镇只有48个，仅占20.7%。有净债务的村有200个，占调查村的78.1%；其中净债务10万元 以上的村有68个，占调查村的26.6%；无净债务的村只有56个，仅占21.9%。[①]

村民自治所必需的法律资源没有得到有效保障。由于村民自治先从组织建构开始，村民自治的法律体系也就从村民委员会组织法开始，以致从法律体系的建构伊始，便缺乏村民自治的基本法；另一方面，村民自治法律体系中缺乏相应的程序法，除了各省制定的《村民委员会选举办法》之类的地方法规以规范选举程序之外，没有其他相应的配套程序法，导致村民的民主权利被“悬空”和“虚置”。[②] 另外，立法没有对村民自治提供直接的司法救济措施，尤其是缺乏相关配套的诉讼法，造成“有法难依”的局面。[③]

村民自治所必需的权利资源没有得到有效保障。权利的实现需要相应的主体性条件，如权利意识、实现和主张权利的能力、维护权利的条件。在现阶段，农村经济文化相对落后，加上数千年的传统影响，农民民主权利的实现还很困难，特别是权利被侵害后得不到强有力的保护。如许多妇女未能意识到参与村务是自己不可剥夺的权利，农民缺乏相应的法律知识，甚至不知道《村组法》，也不能运用相应的法律知识维护自己的民主权利并履行相应的义务。深化村民自治的重要任务是建构多层次的权利救助机制。

村民自治所必需的人才资源没有得到有效保障。改革开放以后，

---

① 黄辉祥：《村民自治的生长：国家建构与社会发育》，西北大学出版社2008年版，第136—142页。

② 有学者认为从法理逻辑上看，应当先制定村民自治法，并在此基础上再制定组织法。参见徐勇：《村民自治的深化：权利保障与社区重建》，《学习与探索》，2005年第4期。

③ 参见唐鸣：《村委会选举法律问题研究》，中国社会科学出版社2004年版。

伴随户籍管理制度松动，农民逐渐由“离土不离乡”到“离土又离乡”，朝着两方面流动：一是由传统农业和农村向现代工业和发达农村流动；二是由农村向城市流动。由于加入到流动队伍中的多是农民中有知识、有技能、有门路等一类人，即通常所说的“乡村精英”，因此对于大多数农村来说，农民流出则意味着精英流失。不论是“被动出走”、“主动离乡”还是“国家鼓励”，精英的流失都会带来以下弊端：要么国家法律政策难贯彻，[①]要么农村稳定受影响，[②]最后村庄失去了带头人，容易涣散，导致农村发展受制约。[③]

二、推进村民自治的两委互动机制

村民自治的产生有其自发性和内在性的原因。但是，我们在强调村民自治产生的内在性的同时，不能忽视作为执政党的中国共产党对村民自治制度产生、发展、完善的外在推动。因为，村民自治尽管是农民群众的创造，但作为国家治理乡村的一项制度，作为社会主义民主政治建设的组成部分，能在全国普遍推行，则是在党的领导下实现的。村民自治从产生到示范，再到全面实施，每一步都离不开党的总体领导，也离不开农村基层党组织的积极组织和引导。[④]所以，我们探讨村民自治绝不可能绕开党的领导，而是将党组织领导与村民自治制度相结合。

（一）两委关系的现实冲突

村党支部和村委会作为两个性质、功能及权力来源均不相同的

---

① 温锐、游海华：《劳动力的流动与农村社会经济变迁——20 世纪赣闽粤三边地区实证研究》，中国社会科学出版社 2001 年版，第 145 页。

② 参见《村委会“空壳”现象需警惕》，《辽宁日报》，2004 年 11 月 9 日。

③ 黄辉祥：《村民自治的生长：国家建构与社会发育》，西北大学出版社 2008 年版，第 185－191 页。

④ 徐勇，徐增阳：《论村民自治与加强农村基层组织执政能力》，《当代世界与社会主义》，2005 年第 4 期。

农村基层组织并存于同一个社区，经常会产生各种各样的冲突。尽管《中国共产党农村基层组织工作条例》（以下简称《条例》）以及《中华人民共和国村民委员会组织法》（以下简称《村组法》）对两者关系作出规定，要求村民委员会在党支部领导下进行工作，两者统一于实现村民自治的目的之中。但实践中，两委关系远比文本本身复杂得多，甚至存在严重的偏差。若把村党支部的权力行使分为合理、越位、缺位三种情况，"两委"关系大致有六种类型：民主合作型、党政一体型、支部包揽型、冲突对立型、村委主政型和两委瘫痪型。①

1. 民主合作型

民主合作型是指村党支部与村委会在明确分工的基础上，建立有良好的议事、决策和执行的运行机制，从而保障党的领导核心作用得以发挥，村民自治能够良好运转。其特征主要有：首先是使政党支部的政治的领导力和监控力，组织的凝聚力和吸纳力，以及社会的动员力和号召力不断得到加强。其次是明确划分了党政职能，建立了分工合作、相互制约的分权制衡和民主合作机制，"两委"能够各司其职，相互督促。再次是建立有制度化的运行机制，保证了村庄各项事务和上级行政事务，都能按照一定的程序、规则加以决策和执行。复次是建立了自上而下和自下而上的沟通联系机制。村党支部代表和维系着自上而下的政治权威，体现了党对农村工作的领导，从而防止了村民自治嬗变成脱离国家权力控制的"土围子"政治。而由村民直选的村委会，体现着自下而上的村民自治的权威，在村务上能够独立负责地开展工作。村支双强的民主合作型是"两委"关系发展的最理想状态，也是完善农村"两委"关系的目标，但这种关系类型目前在全国并不多。当然，随着选举制度

---

① 毛军吉、陈远章：《农村"两委"关系现状及对策——对湖南500个村的调查》，《中国党政干部论坛》，2001年第1期。

的完善和农民民主意识的增强，这一类型会逐步增多，成为村民自治的常态。

2. 党政一体型

党政一体型是为克服“两委”相互争权，在干部任命上采取“一肩挑”与“两委交叉”等形式，将村党支部与村委会合二为一，即村党支部与村委会“两块牌子，一套人马”。截至 2008 年底，全国共有农村村民委员会 60.1 万个，村委会成员 240 万人，其中党员占 70%，村委会干部中党组织书记、村委会主任两个职务“一肩挑”的占到 61.9%。[①] 尽管，通过“一肩挑”与“两委交叉”等制度安排，党支部的领导力、动员力和吸纳力加强，但凝聚力、号召力和权威性并未改善，“两委”矛盾并未得到根本性解决。首先，党政一体表面上解决“两委”矛盾，既防止了村委会与党支部的争权，又加强和巩固了党的领导，但实质上回到党政不分、以党代政的老路上去，混淆了“两委”的性质、职责。其次，村庄“两委”合一，并不符合农民的选举意愿，与村民自治的初衷相去甚远。再次，党政一体的“两委”关系，绝大部分是党支部书记兼任村委会主任，削弱了村民自治的自主性和制衡性，给“两委”行政化和支部专断化埋下了隐患。当然，尽管党政一体的“两委”关系存在着诸多问题，但随着村民参与能力的提高和村委会自治地位的增强，这种结构有可能逐步转变为民主合作型。

3. 支部包揽型

支部包揽型就是指村党支部非常强势，片面强调领导核心地位，包揽村庄一切事务，而村委会只是个附属的执行机构。党支部包揽一切并不是因为党支部的能力强，而更多的是党支部垄断村庄权力，拒绝向村委会移交权力；村委会由于实力较弱，无力挑战党支部的

---

① 新华网：《村委会成员中共党员占多数　六成书记主任一肩挑》，2009 年 05 月 16 日。

权威，只是个附属的执行机构，使村民自治沦为虚假的自治。具体表现为：第一，党支部干部在观念上总认为党在农村起核心领导作用，就是农村的一切事务就是村支部说了算，故意孤立、架空村主任，阻碍村委会职能的发挥，将村民自治架空。第二，村党支部在工作方法上，习惯于一元权力格局下个人说了算的老一套工作方法，遇事则大包大揽，动辄强迫命令，甚至随意撤换村委会干部，把民主选举和民主授权当儿戏。第三，党内民主发展不足，党员权利难以保障，党支部凌驾于党组织之上，甚至党支部书记个人专断，遇事不集体商量、讨论，习惯于命令、指派，搞一言堂、大权独揽、个人专断，使党的领导变为支部领导，甚至支书领导。村支部包揽村庄一切事务，不仅侵害了村委会的自治权力，还容易引发干部违法腐败行为，严重危害了村民自治贯彻实施。

4. 冲突对立型

冲突对立型就是村“两委”各拉一帮人马，各搞一套制度，各自为政，相互对抗。主要表现是：一方面，党支部片面强调其领导核心作用，打着领导核心的旗号，试图包揽一切行政事务，力图把村委会当作摆设，甚至完全包办代替村委会。另一方面，村委会片面强调对村民负责，以村民自治为借口，偏离组织工作原则，不服从甚至排斥党支部的领导。结果“两委”相互争夺村庄的领导权，谁也不服谁，给村民自治的发展带来了诸多不利影响。其一，“两委”彼此对立，分庭抗礼，容易造成村庄内部的分裂，影响村庄的稳定和秩序。部分村庄的“两委”之间为了排斥异己，往往不惜一切手段，甚至煽动村民，制造矛盾，聚众上访，给村庄稳定和社会治安带来了巨大危害。其二，在村务决策中，难以协调一致、达成共识，进而制约了农村经济社会的发展。当村里出现问题时，相互推诿，互“踢皮球”；有好处时，互相竞争，各不相让。其三，“两委”对立冲突，使“两委”干部把大部分的时间和精力花费在了权力争斗和相互拆台上，彼此身心俱疲，懈怠了正常的工作。因此，

“两委”之间的对立冲突，不但造成了“两委”分裂，还影响了农村社会的安定团结，严重阻碍了农村经济社会的发展，给村民自治带来了严重的危害。

5. 村委主政型

这种类型主要是指村委会主导村政事务，成为事实上的权力中心，控制了村庄大部分权力资源，村党支部软弱涣散，村委会的活动游离于党的领导之外。村党支部出现权力弱化、组织瘫痪、队伍老化等问题，在群众中的威信较低，组织吸纳力、社会动员力和政治监控力严重削弱，缺乏作为领导核心应有的先进性、吸引力和战斗力。与此同时，村委会借助于村民选举的合法性和权威性，拒绝党支部插手村里的事情，掌控了村庄大部分权力资源，进一步边缘化了村党支部的地位，从而出现了“村委直选，支部靠边；村委领导，支部放倒”的现象。尽管，村委主政在一些方面有利于村民自治的推进，但另一方面“没有以先进思想为指导，由先进分子组成的党组织的引导，村民自治很难自动地规范化运作，甚至会走向封建性的‘土围子’政治”，[①]最终不利于村民自治的健康、可持续发展。在村民自治的实践中，脱离党支部领导的村委会往往更多地对村民负责或者只顾个人利益，出现了领会政策不深、执行政策走样，甚至对抗国家政策等问题，反而扭曲了村民自治的本意。

6. 两委瘫痪型

两委瘫痪型是指村党支部在村民自治中不能发挥核心作用，村委会也不能独立自主地开展工作，村“两委”都没有能够充分地、最大限度地运用各自的权力，都不能按照制度规范发挥应有的作用，村政陷入瘫痪状态。在该类型的村庄中，经济落后、组织涣散、干部软弱、村务荒废，成为名副其实的“难点村”、“落后村”，村民自

① 徐勇:《中国农村村民自治》，华中师范大学出版社 1997 年版，第 209 页。

治毫无起色。具体表现为：第一，“两委”班子软弱无力，没有长远打算，缺乏积极向上、勇于拼搏的精神，村干部无力无心带领村民致富，村庄经济发展陷入困顿。第二，党员群众受工资少、任务重等思想影响，无人自愿担任村干部，“两委”班子人员涣散。第三，村干部受社会不良势力的影响，怕得罪人，不敢大胆负责，既无法维护社会治安，也无法管理公共事务，村庄管理陷入瘫痪。第四，“两委”班子民众基础差、权威性低，遇事相互推脱、敷衍了事，上级政策任务无人完成、村庄公共服务无人提供。尽管村政瘫痪型村庄在我国全部村庄中只是很少的一部分，但是这种村庄经济落后、组织涣散、干部软弱、村政瘫痪，也是当前村民自治进一步深化的重点和难点。

（二）两委矛盾的主要根源

“两委”矛盾是农村经济社会转型和民主政治发展过程中必经的阵痛过程。正视“两委”矛盾，理性认识其中的制度设计、权力结构等客观原因以及干部素质、宗族关系、利益分化等具体因素，是有效协调“两委”关系的逻辑起点。

1. 权力结构的多元

一是领导权与自治权的冲突。村民自治实施后，以村委会选举为代表的“自下而上”的自治权力，嵌入到传统的“自上而下”的权威结构中，村庄政治权力结构开始由“以单向授权为基础的一元权力结构向双向授权为基础的二元权力结构转型”。[①]从理论上来讲，两种权力共存于一个社区，双方不可避免地存在着权力竞争乃至冲突。从实践结果看，两种权力并行同一个村庄，也确实导致了村庄权力的分裂，并由此引发了大量“两委”矛盾。特别是在权力结构

---

① 郭正林：《中国农村二元权力结构论》，《广西民族学院学报（哲学社会科学版）》，2001年第11期。

转型的磨合期，党支部极力维护原有地位，村委会极力实现新授权力，必然会出现诸多摩擦和冲突，“两委”矛盾也就不可避免。因此，“两委”矛盾是领导权与自治权内在紧张性的外在表现，是短期内客观存在和不可避免的。

二是权力的合法性问题。民主程序政治有一个最基本的要求，就是合法的权力必经合法的渠道产生。村党支部主要由乡镇党委委任或党支部推选，其权力主要来源于乡镇党委的授予，是一种集中民主的体现。而村委会是通过乡村大众制度性的选举途径产生，其权力主要来源于村民的授予，是一种直接民主的体现。显然，党支部的领导权与村委会的自治权均是民主授予，从性质上来讲两者都是合法。但由直接民主选举产生村委会，具有更为广泛的民意基础，更能得到村民认同和支持；而由间接民主授予建立的党支部，则是政府的意志体现，民意支持较低。正是权力授予而引发的合法程度问题，给村委会挑战党支部的领导和权威提供了口实，也就成为了“两委”相互攻伐的焦点。

三是行政权与自治权的冲突。根据“谁授权对谁负责”的政治规则，村党支部和村委会权力来源不同，就意味着负责的对象不同，并受不同的意志约束而表现出不同的行为取向。村党支部权力来源于“自上而下”的上级党委与政府授予，更多的是向乡镇负责，努力落实上级意图；而村委会由于权力来源于“自下而上”的村民授权，更多的是向村民负责，服务于村民利益。尽管本质上讲国家利益与村民利益在根本上是一致的，但是国家行政权体现的是国家的整体利益，而村民自治权体现的是村庄社区成员的局部利益，两者也会存在差距，甚至冲突。这样，根据授权负责原则，国家行政权与村民自治权的关系变成了村党支部与村委会的关系，国家行政权与村民自治权的冲突就变成了村“两委”的矛盾。①

---

① 谢方意：《嬗变与挑战：村民自治背景下村级党组织功能转换研究》，《中共浙江省委党校学报》，2007 年第 5 期。

2. 法律制度的缺失

一是法律规范模糊不清，权责边界难以界定。现行法律政策对村“两委”的职责权限划分带有较强的原则性和模糊性，这使得实际工作中“两委”权责难以具体界定。例如，《条例》规定党支部“领导和推进”村民自治活动、“支持和保证”村级组织充分行使职权。但怎样领导，领导的边界在哪里？怎样支持，支持的事项有哪些？都没有明确的界定。与此同时，《村组法》规定：“中国共产党在农村的基层组织，按照中国共产党的章程进行工作，发挥领导核心作用；依照宪法和法律，支持和保障村民开展自治活动、直接行使民主权利。”但对于什么是核心作用，怎样发挥核心作用，怎样保障村民开展自治活动，都没有具体标准。

二是法律政策自相矛盾，权力交叉重叠。现行法律政策因自身漏洞，造成了“两委”权力的交叉重叠，给“两委”权力斗争埋下了制度性隐患。例如《条例》第 11 条第 4 款规定：“村党支部领导和支持集体经济组织管理集体资产，协调利益关系，组织生产服务和集体资源开发，逐步壮大集体经济实力。”据此，村党支部对于管理集体资产的集体经济组织具有领导权，掌控有集体资产的最终管理权。但《村组法》第 8 条规定：“村民委员会依照法律规定，管理本村属于村农民集体所有的土地和其他财产，引导村民合理利用自然资源，保护和改善生态环境。”由此村委会可依法管理村庄的集体资产，同样掌控有集体资产的最终管理权。

三是规范程序和运行机制不统一，且缺乏操作性。当前，全国并未制定一套统一通行的村民自治规范程序和运行机制。有的省份制定了自己的村民自治运行机制，但是过于繁琐、欠缺操作性。因而在村民自治实践中，部分地区的乡镇政府往往推行符合自身需求、偏向党支部的村务规范程序和运行机制；而村委会则强调自身的独立性，另搞一套制度来对抗乡镇政府和党支部，以至于引发了大量“两委”摩擦和冲突。因此，在村民自治作为多种权力共同发挥作用的过程，统一的程序规范和运行机制缺乏，或者操作过于繁琐，各种权力之间就很容易产生摩擦、矛盾和冲突。

3. 两委利益相争

一是利益分化的副产品。正如桑玉成所讲，“利益分化必然造就的新的社会势力寻求政治参与，从而给传统的政治体制带来压力”。[①]以家庭承包责任制为起点的农村经济体制改革，使农民逐步摆脱了人民公社体制下集体利益包袱，开始追逐多样性的个人利益。而在农民追求多样性利益中，村民委员会作为村民的民选组织，是农民利益表达和政治参与的载体，日益成为农民实现个人利益的现实选择。村党支部作为乡镇行政的利益代表，却被农民视为原有体制的象征，成为阻碍村民利益表达的“冲击对象”。因此，农民对多样性利益的追求，从客观上导致了村“两委”矛盾与冲突。

二是利益博弈的延伸。资本、权力、地位等资源利益都带有天然的稀缺性和竞争性，一个组织掌控的资源增多就意味着另一个组织掌控的资源减少，因此组织和个人在利益的驱动下，不可避免地要为争夺各种资源利益而进行博弈。权力作为利益争夺的工具，必然成为组织和个人的焦点。在村民自治中，村“两委”都享有村庄管理权，都具备利用村庄公权力进行获利的条件。因此，在权力制约和监督不健全的情况下，角逐村庄的主导权，以争取最大的利益，成为村“两委”的理性选择。具体到村务方面，往往体现为获得征地补偿、土地承包等资源利益，两者对村章掌控权、财务管理权、人事任免权等展开频繁的争夺。因此，“两委”矛盾实质上是两者利益博弈的延伸。

三是利益集团的渗透。在中国农村，基于宗族关系、血缘关系形成的宗法观念和宗派组织根深蒂固。农村特有的宗族关系、血缘关系、邻里关系以及长期以来形成的派系纷争、“朝野”纷争，长

---

① 桑玉成：《利益分化的政治时代》，学林出版社 2002 年版，第 16 页。

期左右着村庄治理。村民自治实施以后，大量的宗派组织介入村庄政治，成为影响“两委”关系的重要变量。在当今中国农民组织化程度较低的情况下，宗族、房股作为竞争派系的资源之一，实际上也有助于民主政治的生长和发展。[①]但与此同时，就在这些选举参与活跃的宗族村庄，宗族矛盾也容易延伸到村庄政治，成为其宗族竞争的工具。因此，宗派组织等利益集团在为村庄自治注入活力的同时，也将宗族竞争延伸到了村庄政治中，激化了“两委”的矛盾和冲突。

4. 组织建设滞后

一是思想观念退化。随着市场经济的冲击和社会流动的加大，部分“两委”干部出现了观念保守、价值扭曲、思想退化、知识匮乏等情况，成为引发和激化“两委”矛盾的主观因素。主要表现为：首先是部分地区的村党支部观念上囿于传统党的一元化领导体制，强调延续传统领导权力，排斥村委会的自治权力，引发了诸多越权干政行为。其次是部分村“两委”干部不把心思用在管理服务工作上，而把主要精力用在争权夺利上，引发大量违法腐败问题。再次是部分村委会带着村民选举唯一合法代言人的错误认识，否认村党支部的领导，出现了自我封闭的“土围子”问题。四是有些地区的“两委”班子产生敷衍思想和畏难情绪，不敢大胆负责，使村“两委”工作陷入瘫痪。

二是领导能力弱化。当前“两委”班子的领导能力在一定程度上制约了农村经济社会的发展和中央政策的执行。从党支部方面看，乡镇党委和党员推选侧重于工作经验和政策执行力，这有助于上级政策的执行贯彻，但这些党员干部往往工作方法简单粗暴、大权独揽，一味迎合上级组织的行政要求，缺乏发展经济带领群众致富和处理农村各种复杂矛盾的能力，不能起到领导核心作用。从村委会

① 肖唐镖：《宗族政治——村治权力网络的分析》，商务印书馆2001年版，第21页。

方面看，通过村民民主选举，一些年富力强、有思想、有能力、能带领全村致富的村庄精英充实了干部队伍，这有利于推动村庄经济社会的发展；但是，这些靠选举上任的村干部，在短期内又缺乏必要的管理经验和政策水平，不尊重党支部的领导地位，不按照法律履行自己的职责，不能很好地贯彻上级的政策。

三是干部队伍老化。随着农村青壮年劳动力、知识精英、经济精英等乡土人才大量地流入城市，村“两委”接替人员出现青黄不接的境况，干部队伍严重老化，农村政治逐步陷入了“老年政治”的困境。特别是农村基层党组织，党员队伍主要以中老年党员为主体，青年党员人数相对较少，老中青党员比例严重失调。这不但使得党员发展缺乏生机和活力，削弱了基层党组织的先进性、吸引力和战斗力，还弱化了部分基层党组织的执政能力，严重影响了基层党组织的领导核心作用。突出表现在思想观念保守落后，缺乏创新精神、工作方法简单陈旧、法律意识淡薄，依法办事能力较差等等。其直接结果就是，在村庄管理中“老办法不管用，新办法不会用，软办法不顶用，硬办法不敢用”，村庄事务陷入荒废。

（三）两委互动的建设路径

针对村民自治发展中“两委”矛盾和冲突，当前最重要的就是在深化和扩展基层民主发展的基础上，总结各地经验创新，探索促进“两委”协调的体制机制，从而发展和完善村级党组织领导的村民自治机制，不断提高村级治理的自治性、协调性、制度化和规范化。

1. 深化基层民主，增强群众基础

首先，大力推进“海选”、“两票制”等民主选举方式，提高“两委”的一致性。所谓“海选”就是提名确定村委会成员候选人的一种形式，即村民直接提名候选人并根据提名得票多少按照差额选举的原则确定正式候选人。“两票制”又称“两推一选”，即第一票是村民的信任投票或民意票，由全村村民以无记名投票方式，推选村

党支部书记、副书记及委员的候选人；第二票是支部党员的正式选票，由乡镇党委依据村民信任投票的结果向村党支部正式提出差额候选人，由全村党员投票选举党支部。实践证明，“海选”、“两票制”等民主选举方式，既可以为村“两委”，特别是党支部提供一个自下而上提取权力信任资源的渠道，提高了村“两委”的合法性；同时也确立了权力授予关系，提高了村“两委”的代表性和一致性，从而为“两委”矛盾的化解和关系的协调创造了良好条件。

其次，发展党内民主，保障党员权利，提高党支部的凝聚力和影响力。发展党内民主，保障党员权利，约束和监督党支部书记的权力行使，不仅有利于提高党支部在群众中的公信力，增强其凝聚力，也有助于“两委”班子关系的融洽，为消除“两委”矛盾奠定基础。具体而言，应从以下三个方面切入：一是发扬党内民主，完善党员大会制度，健全议事规则和决策程序，提升党支部的合法性和凝聚力。二是要健全党员权利保障机制，加强权力监督和制约，切实保障农村党员享有党章法规规定的知情权、参与权、决策权、监督权、批评权、检举权等权利，发挥党员的模范带头作用，提高党支部和党员的影响力。三是扩大基层党内民主，完善党员定期评议党支部领导班子等制度，规范党内民主生活，增强党内生活原则性和透明度。

再次，明确权责关系，提升基层民主，增强“两委”的自主性。当前，关键是要大力推进乡镇政府的体制改革。具体分为两个方面：一方面改良乡镇政治体系，规范权力授予，明确权责关系，减少过度行政干预，增强“两委”的自主性。另一方面提升基层民主，发挥好乡镇人大的作用，加强“两委”的沟通，促进“两委”关系和谐。乡镇人大是选举产生的，人大代表来自各行各业，其中有相当数量的代表来自农村生产第一线，所以它有广泛的民意基础。作为民意代表机关，人大的性质与工作符合民主化的方向，符合村民自治的原则。因而，提升基层民主，发挥好乡镇人大的作用，有利于弥合乡镇意图与群众意愿之间的分歧，减少乡镇党委政府与村委会的摩擦，进而减少村党支部与村委会的摩擦。

2. 明晰“两委”权责，加强制度建设

首先，要明确村“两委”角色定位，将活动领域固定化。对村“两委”角色的准确定位是“两委”权力边界和范围划定的前提和保障。村民自治中，村党支部应该做“掌舵人”，其定位是抓大放小，把握和驾驭全局，从大量的日常事务中解脱出来，将主要的精力用于村庄的发展方向和对村级组织建设特别是自身的组织建设的指导上，使自己成为真正的组织领导核心。而村委会作为“划桨人”，就是具体事务的执行人和操办者，办理本村的公共事务和公益事业，调解民间纠纷，维护社会治安，将自身打造成为一个倾听民意、为民办事的组织平台。

其次，明确“两委”职权边界和范围，将职能定位具体化。要明确划分各自的权力边界和活动领域，使两者的权力在不同事务范围内有效实施。具体地讲，村党支部的职责概括为这样几个方面：一是贯彻党的路线方针与政策，执行上级党组织和本村党员大会的决议；二是讨论研究本村的重要问题；三是支持村民自治活动，领导各组织开展工作；四是搞好党支部自身建设，培养发展优秀分子入党；五是负责本村干部及村企业管理人员的教育与监督；六是帮助村委搞好本地的精神文明建设及社会治安工作。村委会作为村民会议的执行机构和常设机构，主要职责可以概括为：一是办理本村的公共事业和公共事务；二是协助乡镇政府开展工作；三是支持和组织村民发展生产，促进农村现代化建设和经济的发展；四是尊重村民经济活动的自主权，维护其合法权益；五是管理本村的集体财产，保护村庄生态环境不受破坏；六是宣传法律，教育村民，促进村庄精神文明建设。

再次，加强法律制度建设，将“两委”权责制度化。要保证“两委”矛盾的化解和关系的协调，仅仅有明确规定职权是不够的，还需要完善的法律和细化的规程。具体而言，可以从以下两个方面推进：一方面应当加快相关法律的制度制定和出台，加强村民自治的

法律制度建设。当前的《村民委员会组织法》涵盖范围太小，应尽快制定出台《中国农村村民自治法》、《基层党组织选举条例》和《村民委员会选举法》等法律法规。另一方面鼓励地方创新，并将好的创新制度化和法律化。近几年来，在划分“两委”权责方面，各地都涌现了很多好的做法和好的形式，中央和各省市地方应尽快将这样一些地方创新制度化和法律化。此外，还应做好村民自治制度的细化完善工作，逐步建立村支“两委”班子联席会制度、财务审计制度、村委会向村党支部请示汇报工作制度、村党支部向村委会定期通报工作制度等。

3. 转变思维观念，规范运作程序

首先，深化自治权利，还权于民，实现村务决策的民主化。“两委”矛盾的化解和协调关键取决于村民自治权利的落实，最终要让村民成为村庄事务的决策者。对此，河北省沧州市“青县模式”做出了较为成熟的探索，主要内容可以概括为“健全一个组织，调整三个关系”，或者是“党支部领导、村民代表会议做主、村委会办事”，其关键就是对村“两委”与村民代表会议三者之间关系的调整，确立了村民代表会议的地位，真正做到了村务决策民主化，实现了村民当家做主。在“青县模式”的实践中，村里涉及村民利益的村务由村民代表会议“拍板”，则无疑会有效地减少“两委”的权力矛盾和利益摩擦。

其次，完善民主程序，规范权力，推动权力运作的程序化。推动权力运行的程序化，建立起制度化、民主化、法制化的村庄权力运行程序，有助于减少“两委”权力的摩擦。当前，一些地方通过完善程序来协调和规范“两委”权力运作，河北省武安市的“一制三化”具有很大的借鉴意义。所谓“一制三化”，就是一方面不断完善、落实党支部领导下的村民自治运行机制，另一方面努力实现村党支部工作规范化、村民自治法制化、民主监督程序化。武安市在推行“一制三化”的过程中围绕明确职责、议事程序、财务管理、

民主监督等方面推出诸如公章“签制”、财务“三审”制、监督“四项”制、决策“六会”制等许多切实可行的支撑政策。

再次，加强信息沟通，强化协调，推进沟通配合的常态化。建立固定化、常态化的沟通配合机制是缓和“两委”紧张关系的一个重要途径。首先，村委要定期向村党支部汇报工作。村委会要把各项工作的进展状态及时汇报给村党支部，争取村党支部支持与理解。对于一些把握不准的工作，村委要主动与村党支部沟通，听取其意见。其二，建立村“两委”的双向沟通机制。村党支部要把上级指示及最新的政策动态及时传达给村委，这不但有利于村委会及时了解并完成上级组织交代的任务，而且也能增强村党支部及上级组织对村委会的信任感。村委会也要及时向村党支部报告自己的工作情况，提出自己的思想建议以及工作中的困难。此外，村“两委”之间的双向沟通，不仅应包括对村庄工作的沟通，也应包括对彼此意见或看法的沟通，即“两委”之间应进行双向评议。

4. 强化组织建设，提高干部素质

首先，以增强党性、提高素质为重点，加强和改进党员干部队伍教育管理工作。只有提高农村党员干部的政治素质和道德素质，不断增强党性，保持政治上的坚定性和道德上的纯洁性，才能充分发挥党员的表率作用和模范带头作用。结合目前农村实际，一是要重点抓好党的纲领、宗旨、理想和信念的教育，解决好农村党员干部的世界观、人生观和价值观问题。二是加强形势教育，与市场接轨，与民主结合，始终保持“两委”干部的先进性。三是抓好党风廉政教育，解决好农村“两委”干部的执政为民和遵纪守法问题。

其次，健全和完善党员发展和人才选拔机制，强化“两委”的吸纳力健全和完善农村党员发展和人才选拔机制，是提高“两委”的吸纳力、扩大“两委”的群众基础和组织基础的重要途径。具体而言，一方面要把发展党员工作作为农村党员队伍建设的重要任务来抓，及时吸收政治素质好、能力强的优秀青年入党培养，为党增加新鲜血液，逐步建设一支年富力强、具有创新精神、素质高、能力强的党员队伍。另一方面还要注重对乡村后备干部的选拔、培养、教育和管理工作，使之成为关心村庄事业的积极分子，适时吸引进农村干部队伍，为村级班子建设储备大量的优秀后备人才。

最后，坚持群众路线，加强班子建设，提高村“两委”号召力。为此，“两委”一要坚持群众路线，提高服务意识，创新服务形式，构建联系和服务群众工作体系，真正站在群众中间倾听民声，反映民意，代理民诉，化解民怨，增强自身的号召力和代表性。二要加强班子建设，提升村“两委”的组织影响力。在充分发挥党组织自身政治优势和组织优势的基础上，加强对村级社会组织、经济组织的领导，扩大党在各种组织中的覆盖面与渗透力，真正形成以农村党组织为核心、以村民自治组织、集体经济组织为主体、以群团组织和民间组织为补充的农村基层组织体系。① 三要选配好村支部书记，发挥支部书记的领导带动作用。一个村建设得好坏，除了要有一个一心为公、团结奋斗、开拓进取的“两委”领导班子，更应该注重选配好一个有知识、有能力、有奉献精神，能带领群众共同致富的好书记。

三、完善村民自治的外部培育机制

税费改革之后，随着国家政策取向的转变、乡村体制改革的深入和基层民主自治的发展，过去由税费过度征收而引发的乡村治理危机得以缓解，乡村关系也发生了某些重要的变化。但应该认识到，乡村治理危机的缓解，并不意味着农村问题的完全消解，基层治理仍然有着大量的问题需要应对，惠农政策的实施依然需要基层组织承担大量的工作，乡镇政府仍然存在着控制村级组织的主观动机和

---

① 唐晓清、潘立魁：《健全和完善村级党组织领导的村民自治机制》，《探索》，2010 年第 3 期。

现实需求。在现实乡村关系中，乡镇政府仍然以各种方式向村庄渗透，并在乡村治理中占支配性地位。但是，这种渗透和支配受制于制度性权力的弱化和财政上的困境，更多地表现为一种更讲策略、更加隐蔽、有进有退、避重就轻的选择性控制抑或有限性控制。

（一）乡村关系的扭曲失调

税费改革后，乡村两级组织从资源提取的现代化任务中解放出来，为重塑乡村关系提供了契机。但是，税费改革等惠农政策的实施，并未改变基层政权的运行逻辑，基层组织运行仍存在根本性机制问题。乡镇政府与村委会之间的关系在许多地方仍存在失调、冲突等不和谐现象，给村民自治带来不容忽视的负面影响。同时应该看到，当前乡村关系呈现出一些新的特点，基层政府既非按照中央的制度规范，也非依照农村社会的需求，而是根据自身的逻辑和需要，通过选择介入和目标替代的方式实现对村庄的选择性控制。

1. 管理的表面化

税费改革之后，税费收取和计划生产不再是重要的工作，但是加强社会管理和落实各项政策成为村委会所要“积极配合”的重要工作，诸如治安管理、财务管理、土地管理、人口管理等社会管理成为乡镇政府下达给村级组织的硬性行政任务。然而，乡镇政府尽管将社会管理视为硬性任务，但在实际运行中，却更加注重各种报表的填写、各种“典型”的总结等表面形式，对管理的实质性内容重视不够，甚至是有意忽视。于是，在乡镇巨大的考核压力下，村干部不但要花费大量的时间和精力去完成各类报表的规范填写，还要迎接各类检查，撰写各种总结，没有多少时间和精力问津村民自治工作。当然，这些做法有利于管理的制度化、规范化，也有利于典型村庄的及时发现。但问题是，村干部大多以应付的态度随便填报、互抄总结，甚至虚报瞒报、夸大成绩，以至于乡村组织将管理规范化的目的不是方便农民的需要、解决实际问题，而是应付上级压力和考核的表面文章。

2. 服务的缺位化

改革乡村公共服务体系、创建服务型政府，已是当前乡村体制改革的题中之意。但在实际运行中，乡村组织的职能转变并不彻底，甚至出现倒退的迹象。乡镇机构改革过程中，为了减少财政供养人员，减轻财政支出，许多地方首先就是改革服务性机构，将公共服务性机构减去，或者简单地将服务性机构和人员推向市场。尽管服务的市场化改革，减少了行政人员、机构，减轻了财政负担，但是由于改革过急、过猛，大大弱化了公共服务机构和公共服务职能，削弱了政府对乡土经济的服务性渗透能力，造成了乡镇公共服务能力的退化。同时，在税费改革之后，村级组织在摆脱税费收缴任务的同时，也失去了农村发展的财力来源，致使村民自治陷入了空壳化的境遇，公共服务更是无从谈起。因此，在乡村组织权力弱化、财源枯竭的情况下，乡村公共服务体制改革，不但未能满足农民多样化、专业化的服务需求，还使乡村公共服务进一步陷入了缺位化境遇。

3. 考核的诱导化

取消农业税之后，尽管乡镇取消对村庄的税费收取完成情况的考核，但是考核体系本身作为最重要的推进工作的方式却几乎没有得到改变，乡镇政府仍旧通过目标考核来实现对村庄的领导和控制。观察各地目标责任书发现，大都包括经济发展、社会管理、政策落实、公共服务和民主自治等诸多内容，并将其与干部工资、项目申请、资金拨付、干部任免与考核结果相挂钩。但在实际的考核中，经济发展、社会管理和政策落实等被作为硬指标，直接决定了村庄的考核能否通过。假如村庄在这些硬性指标考核中不过关，就会被乡镇政府扣工资、卡项目、撤干部；考核通过，则加奖金、开绿灯、保竞选。而公共服务和民主自治等则当成软指标，仅作为锦上添花的参考性内容，对于考核的结果并不起实质性作用。在这些利益诱惑和行政压力下，村庄出于工资类的私利或项目类的公利，往往以完成乡镇政府的各种重点工作为中心任务，而缺乏足够的时间和精力着眼于本村公共服务和民主自治发展。

4. 维稳的策略化

近年来，维持农村社会稳定成为基层治理的头等大事。在和谐成为发展主题、稳定重于一切的背景下，乡镇政府更多是采用一种“要政绩—刚性化”与“保官位—妥协化”的维稳方式来对待村庄矛盾。当村庄矛盾发生时，个别官员不是寻找解决问题根源，而是将群众的利益诉求与经济发展和社会稳定对立起来，强压或纵容村干部使用压制、截访等刚性化手段平息矛盾，以此实现短期内的经济发展和社会稳定。而当事态扩大时，乡镇政府为了保住自己的官位，则采取“弃车保帅”、“花钱买平安”等妥协化措施来平息事态，而村庄成为矛盾平息的买单人，村干部成为矛盾激化的替罪羊。当前“要政绩—刚性化”与“保官位—妥协化”策略化的维稳方式，不仅极易激化社会矛盾、损害了村庄的权威，而且对其他民众造成了一种误导，好像任何事情都是“大闹大解决，小闹小解决，不闹不解决”，加速了社会基础秩序和社会价值体系的失范。

5. 项目的运作化

税费改革后，为保障公共事业的供给，中央政府在加大财政转移力度的同时，通过“一事一议财政奖补”的方式来为农村公益事业发展提供支持。然而，财政奖补以村民民主决策、自愿出资出劳为前提，政府给予财政奖励补助，强调项目申请的主动性和竞争性，这催生了乡镇政府的双重运作化。一方面，受困于财政困境，乡村组织不得不借助于拆借、挪用等资金运作的方式合谋套取国家的财政奖补资金，这就使乡镇政府截留、挪用奖补资金成为常态。另一方面，部分乡镇政府拿项目资金作为“诱饵”，设立诸多考核优秀、不需配套等有利于控制村庄、转嫁压力的条件，将竞争性项目运作为掌控村级组织的砝码。因此，“一事一议财政奖补”的竞争性，在调动干群积极性、主动性的同时，也易被乡镇政府所掌控，成为其挪用资金和控制村庄的工具。财政奖补的分级配套制存在监管漏洞，更易引发基层组织的道德风险与逆向选择，频繁产生“钓鱼现象”。

6. 配套的转嫁化

新世纪以来，国家逐步增加了对乡村的扶持力度，并要求各级财政加以配套。但是，大量的执行经费[①]和配套资金，在一定程度上加重了乡村的行政任务和财政负担。例如：在惠农政策落实中，乡镇政府将大量的人口统计、土地核实等行政任务交由村级组织承担，却不给予相应的执行经费；在公共产品建设中，乡镇政府只负责项目的申请的运作，项目配套资金则必须由村委会自寻解决办法。在此情况下，村庄为了获得有限的财政拨款、项目资金，不得不忍受着任务执行经费、资金配套压力转嫁，并承担乡镇政府各项行政任务。此外，由于乡村经济财政条件、民主合作能力等差异，资金配套的方式也极易造成项目分配的不平等性，村庄之间出现强者愈强、弱者愈弱的“马太效应”。因此，现行的分级配套的财政扶持机制，虽然极大地推动了惠农政策的落实，但在执行中却存在着配套转嫁和分配不均的现实问题，从而变相增加农民的负担，弱化了村民自治的经济基础。

7. 村财的代管化

财政问题是乡村治理的基础性问题，财政能力影响和制约着乡村治理的绩效。村民自治权体现的是一种公共权力，离不开一定的财政支持。“村财乡管”要求将村中所有的资金、账目统一上缴到乡镇，由乡镇一专职副乡（镇）长负责统管，村里若需花钱，得事先

---

① 例如，新农保、合作医疗、良种补贴等惠农政策，都要以人口或者土地面积为依据，需要大量资金和人员进行统计核实工作。

由村委会和村党组织拿出预算，再报经乡镇审核、批准。如果说，乡镇政府通过掌握国家财政转移的分配权，在一定程度上控制了经济空壳化的村庄，那么，村账乡管则使具有良好经济基础的村庄为乡镇政府所掌控。“村财乡管”意味着乡镇政府实际上控制了村的公共财政，削弱甚至取消了村民在财务方面进行自我管理的权利。另外，“村财乡管”要求村里的开支大事小事都要向上级政府请示，影响了村干部工作的积极性，降低了办事效率；同时乡镇统一管理还要收取费用，也增加了村庄的财务负担。因此，村财的代管化不但扩张乡镇权力、削弱了村庄财权，还增加了村庄财务负担、降低了办事效率，存在以牺牲民主的代价换取所谓“反腐效应”的不良后果。

8. 监督的逆变化

村财乡管设计初衷是通过自上而下的监督管理，来规范村庄财务秩序，监督村务公开，防止村干部违法腐败。但在村级财务的使用管理中，乡镇政府往往采取“睁一只眼、闭一只眼”的态度。只要村级组织及村干部不是过于出格，很多账目只要有发票或收据，乡镇就予以报销。因为大多数村务开支都会有大量执行任务、招待上级等行政事务的开销，乡镇要和村庄维持良好的“合作”关系。因此，从这一方面讲，村财乡管的监督形式存在片面化弊端，对于行政开销和招待花费的监督甚微。另一方面村账乡管又成了乡镇政府的一项“卡脖”手段，村庄如果不配合乡镇工作，后者就会对村庄的财务支出进行严格审查。这样，村财乡管的制度设计实际上逆变成为乡镇政府控制村庄的手段和方法。总体来看，自上而下的“村财乡管”在规范村庄秩序、防止干部腐败的监督管理作用初见成效，但却潜藏着逆变为乡镇控制村庄财权、转嫁财政压力，甚至占用村庄财产的现实风险。

（二）乡村矛盾的原因分析

就当前的乡村关系来看，乡镇政府在管理、考核上的越位、错位和服务、监督上的缺位、异化，与群众期望有为、有位政府形象形成了较大反差，其选择性管控严重阻碍了村民自治的健康发展。这既有主观上的利益冲动，也有客观上的财政短缺，而深层次的原因还是在于现行的法律体系、问责体制、财政体制和村民自治制度的不健全、不合理。

1. 利益的驱动性与问责的单向性

首先，从经济利益而言，乡镇政府对财政能力和工资待遇的追求，容易激发其逐利本性，出现项目运作、截留资金、转嫁配套等营利性行为。不管是项目运作还是截留资金、转嫁配套，都需要村庄的配合和默认。从政治诉求来说，乡镇行为与结果关系到乡镇干部的升迁、去留，特别是来自上级的各项任务最后都落到乡镇这一根“针”上，每一项任务都影响着乡镇主要领导的切身政治利益。不管是工作任务的完成还是政绩的实现，有些都离不开村委会的“协助”，这就促使乡镇政府想方设法强化对村委会的控制。因此，乡镇政府及其人员作为理性经济人，努力维持与村级组织的支配性关系，从而以最小的成本获得最大的收益。

其次，在当前以目标责任制为主的考核问责体系中，问责考核更多的是表现出一种自上而下的行政主导性的考核问责，缺乏农民的广泛参与以及自下而上的评议。赵树凯曾经明确指出：“目标责任制作为一个政府内部自上而下的运作过程，可以说既脱离乡村社会需要，也脱离农民的参与”。[①]当然，在大多数乡镇制定的目标责任书中，将民主评议作为内容之一，也显示出尊重农民参与的安排。但在目标责任制实际的运行中，村民会议及村民仅仅处于附属地位，甚至完全被忽略，考核主导权完全掌握在乡镇政府手中。由于考核压力来自乡镇政府，而不是农民群众，乡村干部开展一切工作往往以贯彻、执行各项考核指标为中心，而不顾村民的切实需求。显然，

---

① 赵树凯：《乡镇治理与政府制度化》，商务印书馆 2010 年版，第 161 页。

考核主体缺位，考核方向单一，正是乡镇政府可以将考核、维稳等制度安排演变为控制村庄的工具的症结所在。

2. 资源的垄断性与财政的短缺性

首先，税费改革前，虽然乡镇控制了村级的账目和开支范围、额度，并以此作为控制村干部的一种手段，但是村毕竟还有自己独立的经济来源，村对乡镇政府还保有一定程度的独立性。但是税费改革之后，大多数没有集体经济收入来源的村一级财政状况开始恶化，村干部的工资和村级公共产品的供给完全依靠上级财政的转移支付，村级开支被完全纳入上级政府财政框架之内。在政策的贯彻执行中，乡镇政府掌控着财政拨款、项目资金等乡村治理资源的分配权，成为乡村治理资源的垄断者。既然村级组织及村干部是从乡镇政府获得工资补贴、办公经费、建设项目，那么为了得到来自乡镇的资源，自然要服从、迎合乡镇政府的要求和下派的各种任务。正如俗话“吃人家的饭，为人家办事”、“拿人钱财，替人消灾”，村级组织及村干部也就理所当然地必须承担乡镇下达的各项工作任务，仍然不过是完成上级任务的“政府派出机构”，甚至比以往更大程度上被“附属行政化”。

其次，税费改革之后，乡镇政府的财政能力大为削弱，乡镇财政陷入一种“短缺财政”的窘境。现行的行政体制，不但要求乡镇政府保障自身的正常运转承担，还要求其完成上级政府下达的各项经济社会发展任务以及负责辖区内的各种社会公共事务。但实际的乡村治理中，乡镇政府现有的财政能力，只能勉强维持自身的正常运转和常规化的事务管理，根本无力给村庄提供必要的基础建设和公共服务。巨大的财政压力迫使乡镇政府试图通过“村账代管”、“村章代管”等监督村委会方式，将自身权力的触角延伸到村庄。但现行广泛盛行的逐级“资金配套”做法，则更是雪上加霜，给那些财政状况不佳的乡镇政府造成了巨大的财政压力。在压力体制下，财政短缺的乡镇不得不将各种资金配套压力、任务执行经费转嫁给村庄，回避资金配套支持的义务。因此，随着税费改革的推行，村级对乡镇财政依附性显著增强的同时，由于自身财政的短缺，乡镇更多的是采取一种回避性、诱导性的控制方式。

3. 法律的模糊性和体制的伸缩性

首先，乡村关系既缺乏充分的立法保证，也缺少必要的司法保障。《村组法》是处理乡镇政府与村委会关系的法律依据，其第4条对于二者关系的法律规定过于原则化，它既没有明确规定指导、支持、帮助的内容、方式与方法，也没有明确规定“协助”的范围和形式。在村民自治的实践中，这种粗略性、模糊性的法律规定，客观上给予乡镇政府巨大的自由裁量权，使其在处理乡村关系时，可以选择有利于自身的法律规定对村级组织“合法性侵犯”。同时，依据《行政诉讼法》的规定，乡镇政府做出违反《村组法》、损害村民合法权利的行为时，村委会可以依法向县级人民法院提起行政诉讼，法院应依法受理并做出公正裁决。但在现实中，司法机关对于村委会权益的保障与维护还很不到位，甚至有些村委会的合法诉讼要求得不到受理。面对乡镇政府越权干涉村民自治的行为，村委会鲜有诉诸司法机关的作为。法律保障的缺失使村民委员会在违法侵害面前无能为力，导致乡村关系难以协调发展。

其次，乡政村治体制中权力资源不平衡，职能定位模糊，带有很强的伸缩性。从制度安排上来讲，乡政村治体制既保障主权国家的一致性，又有力地推进了农村各项事业的发展，促使社会充满活力，是纵向统一和横向多元的有机结合。但事实上，在乡政村治的体制下，尽管村委会被赋予独立自主的地位，但乡镇政府在权力、财政、考核等具体运行体制中占据主导地位，对村委会实施软性控制，导致了村委会过度行政化，丧失了自治能力。此外，在乡政村治体制中，村委会扮演着既要代表乡镇政府，又要代表本村群众的“双重角色”，它既要承担自我管理、自我教育、自我服务的自治职能，还要完成诸如治安管理、计划生育、基础建设等行政性事务。而只要村委会通过承担来自上级政府的行政管理任务来保持纵向的统一性，那么就必然打破横向的多元独立性，也就很难保持指导与被指导的关系。因此，这种双重定位为乡镇政府控制村委会提供了便利的条件，导致村委会过度行政化，加剧了乡村关系的失调。

（三）乡村互动的机制培育

中共十七大报告提出，要深化乡镇机构改革，加强基层政权建设，完善政务公开、村务公开等制度，实现政府行政管理与基层群众自治有效衔接和良性互动。当前，只有从根本上理顺乡村关系、化解乡村矛盾，才能真正地将各项惠农政策落到实处。而要想破解乡村矛盾，为村民自治创造一个良好的外部行政环境，就既要以创新和完善制度体系来规范国家权力进入乡村社会的权限，又要提升基层民主、加强乡村社会对国家权力的制约和监督，从而构建起一个政府行政管理与基层群众自治有效衔接和良性互动的乡村关系。

1. 完善法律体系，厘定权力边界

从法律上明确各自职责权限是解决乡政村治中各种矛盾和冲突的基础。为此，首先要进一步细化《村组法》部分条文，厘定乡村法律地位及权力边界，制定乡镇政府指导村委会工作规则和村委会协助乡镇政府工作规则，将乡政府对村委会的指导、村委会协助乡政府工作的内容和范围作出明确具体的规定，同时，在《村组法》中应增加设立相关的惩罚性规定和司法救济性制度，保护村民委员会的合法权益。其次是应进一步完善村民自治的法律体系，尽早出台《村民委员会选举法》、《村民自治法》等法律，制定村委会选举规则，明确村民会议、村民代表会议、村民监督委员会与村委会及乡镇政府的地位关系，从而保证“四个民主”的有序运行，使村民自治走上科学化、规范化和制度化的轨道。此外，就目前村民自治的实践而言，由于目前我国在整体上区域发展不平衡，制定统一、详尽的法律条文带来了很大的难度。为了弥补和缓解当前法律原则化的缺点，应当鼓励各地结

合本地的具体实践进行制度创新，制定出适合本地的《村组法》实施细则，同时也为发展村民自治开拓了道路。因此，各地区有必要在实践中根据现有法律制度，完善有关可操作性和程序性强的规定，进一步从法律上合理划分各自职责权限。

2. 满足农民需求，构建服务政府

以农民需求为导向，搞好乡村公共服务，构建服务型政府是现代乡镇政府的发展方向。在构建服务型乡镇政府过程中，应该“以服务为目标，以农民为主体”，实现由“控制”乡村向“治理”和“服务”乡村转变。为此，首先是转换职能角色。乡镇政府必须从计划经济体制下全能型的管制角色转向市场经济条件下有限型的服务角色，强化公共服务职能和公共服务意识，把服务型政府理念具体化、明晰化并落实到位。① 同时，乡镇政府应充分保障农村基层群众各项民主权利，严禁干预基层群众自治范围内的事情，不得要求村民自治组织承担依法应当由政府及其部门履行的职责。其次是改变管理方式。作为国家行政管理机构，乡镇管理使用最多或最熟悉的是行政的管理手段。但行政管理带有强制性、短期性，很容易积攒问题，激化矛盾。因此，乡镇管理除采取必要的行政管理方式外，应更多地运用法律、经济和教育等管理方式，在尊重农民和村庄自主权的基础上实现有效管理。② 最后是提高服务水平。乡镇政府应以公众需求和经济社会发展需要为导向，把主要精力和资源更多地投入到提高公共服务与发展社会福利事业领域，提高服务社会的能力和水平；同时乡镇政府还应该充分发挥市场机制与村级组织在资源配置中的角色，提高服务能力。

3. 明确责任主体，合理财税体制

财政的短缺性和资源的垄断性是制约乡村关系发展的经济基础。

---

① 迟树清：《实现乡镇政府行政管理与村民自治良性互动》，《理论前沿》，2009 年第 14 期。
② 徐勇：《论现阶段农村管理体制中乡政与村治的冲突与调适》，《求索》，1992 年第 2 期。

只有经济条件具备了，乡村的实力条件增强了，村民自治才能由空转走向实转。为此，首先是加大财政支持。由于乡镇之间的经济水平差异较大，增加乡镇财政能力需要从两个方面切入：一方面应该合理财政体制，保留给乡镇部分好的税种，增强经济较好乡镇的财政收入；另一方面加大财政转移支付，增加国家对贫困地区的财政支持。其次是改革财政管理体制。应明确村财乡管是重在监督而不是直接管理村财，并且对村财的监督管理更应发挥好村庄内部的制衡性力量，责任追究亦应以村民自治组织内部运行机制和法律手段为主，而不是借助于行政手段。再次是改革资金配套体制。在目前县乡财政比较困难的情况下，采取以中央、省两级政府为主导、地方财政适当配套的方式，着重解决好与当前农业经济发展、农民生活紧密相关的公共产品的供给问题。[①]国家应根据农村公共产品的不同性质，按照“财权与事权相统一”的原则，建立起由中央、省、地方、农村社区四位一体的农村公共产品供给体制，杜绝“只给政策不给钱”，做到财政能力与履行的职能相适应。乡镇政府需要委托村民委员会承办的事项，应按照“权随责走、费随事转”的原则妥善加以解决，杜绝将自身财政压力转嫁给村庄，做到财政支持与履行职能相适应。

4. 提升基层民主，完善问责体制

还权于民，让民众成为权力授予、责任追究的主体，是解决乡村矛盾的根本路径。为此，首先是严格遵循权力授予制度，提升乡镇人大地位。目前，乡（镇）长的选举民主程度很不高，乡镇主要人事权由县委组织部专职管理，乡（镇）长在实际工作中唯上级之命是从。因此，要想调适二者关系，改变乡镇政府的权力来源是最根本举措。乡镇政府的领导人通过竞争性选举程序由乡镇人大代表选举产生，或者由乡镇人民直接选举产生，由乡镇人民直接授权组

① 任中平：《村民自治究竟应当向何处去？》，《理论与改革》，2011 年第 3 期。

建乡镇政府，从根本上化解乡镇政府与村委会之间的矛盾。国家应在有条件的地区尝试“乡官直选”，逐步积累经验，为进一步扩大基层民主创造条件。其次规范村民选举程序，减少乡镇干预。在村委会选举方面，须对选举过程的各个环节进行程序性立法，使整个选举过程更加制度化、规范化。在乡镇政府监督指导村庄选举时，应树立“程序民主”的指导原则，把关注点放在选举程序上，而非选举结果，加大对选举过程的监督管理，避免过度干涉村庄的选举结果。再次是改造乡村考核问责体系，让民众决定干部的去留。乡村考核监督体系的主体应是民众而不是上级政府，不能主要靠外力制约，而要依赖于内部的制衡性。因此，在乡村考核监督体系的改造中，在做好自上而下的行政考核监督的同时，应更加注重自下而上的民主评议和民主监督，还原民主考核监督的主体地位。

四、优化村民自治的内部运行机制

村民自治制度建设在取得显著成绩的同时，还应该注意到当前的很多制度还是粗线条和原则性的，一旦进入实践环节就会显现出不足，特别是缺乏操作性，对一些未曾预料的问题往往缺乏制度性的防范措施，诸如民主选举不合法、民主决策不规范、民主管理形式化和民主监督不到位等。因而，进一步深入研究村民自治制度，总结其实际运行中的经验教训，进而完善其运行机制，对于深入深化村民自治具有重要意义。

（一）公正有序与民主选举

民主选举是民主的基础，是民主实践的最核心内容和起点。村民自治是村民群众直接管理本村事务的一种民主形式，民主选举则是村民自治活动的基础和起点。近年来，各地方根据自身实际，创造了多样化的选举程序与模式。一方面，有些地方比较落后，村民政治素质较低，对复杂的选举程序感到眼花缭乱。为了排除选举中的干扰因素，这些地方的村民选举朝着简化的方向发展。另一方面，有些地方发展较快，村民的民主意识和竞争意识较强，为了进一步满足村民的民主要求，培养村民的民主能力，这些地方创造出了比较复杂的选举程序。

1. 民主选举的模式创新

首先是“一票制”。所谓“一票制”就是“无候选人选举”，“指在选举过程中，既不提名初步的候选人，也不确定正式的候选人，而是由具有选举权的村民根据自己的意愿进行一次性的直接选举，选出村委会主任、副主任及其成员”。[①]2000年9月24日，江苏省沙溪镇印北村在第七届村委会换届选举中改变以往换届选举的“两个直接”的选举方式，首次运用“一票制”进行选举。传统的“两个直接”的选举分为两步，其优点是经过两次选举，更深地增加了选民对候选人的了解而且也容易形成竞争机制，但也有缺点，即在确定候选人阶段，候选人的预选票和提名票已经过半，如果根据《村组法》的规定，这些人已经当选，在这样的条件下再让村民进行投票，村民们觉得多余并且劳民伤财，因为他们认为再选也是这些人，所以后来，他们将“两个直接”改为“一票制”。具体操作办法为：在换届选举中，有选举权的选民全体参加，选民每人领取一张上面只印着新一届村委会组成人员的职位、职数、没有具体的候选人姓名的选票，每位选民到秘密划票间亲笔填写自己要选的人的姓名然后投进选票箱。“一票制”最大的优点是简便可行，可以消除很多外在因素的干扰，充分保障村民选举的自由权；减少选举过程中的各种违规和违法行为，提高选举的透明度。

其次是“组合竞选制”。这项创新起源于安徽岳西县腾云村，由安徽省社会科学院研究员辛秋水首创。所谓“组合竞选制”是指“首先由村民自由推选村民委员会主任和委员候选人，然后由村委会主

---

① 明伟:《“一票制”选举观摩记》,《乡镇论坛》，2000年第11期。

任候选人自由提名他的竞选组合班子人选，并通过村民投票，由村民挑选村委会领导人”。[①]它的基本程序是：（1）提名。先由各村民小组分别召开会议，村民采用秘密投票方式以得票多寡选出3—4名村委会主任的候选人。当选者再各自在所在村推荐若干人（多于法定村委会人数）和自己联合成为竞选班子的团体，即村委会委员候选人，向全村张榜公示。（2）竞选和投票。在选民大会上，主任候选人须分别发表竞选演说、接受选民的质询，然后选民投票。候选人得票须过半数，若无人过半数则按得票的多寡取前两位进行下次投票，票多者当选。最后，对当选主任提名的组合班团体实行差额选举，得票过半方能当选。组合竞选制是对我国基层选举制度的一种技术改进，希望解决以往选举形式中的制度性缺陷。首先，它强调竞选，真正落实竞争机制，作为选民的农民若想得到领导人优质的服务，必须要保证在不同公共服务的潜在者间选择的权利，它体现出这一点。其次，重视团体的效应。既重视候选人的个人能力又强调候选班底的组合优化。它也有助于利益表达机制的建立和团体的培育，使新的村委班子意识到自己权力的来之不易，激励其更积极地为村民服务。

再就是“两委联动”。“两委联动”选举的办法由广西壮族自治区扶绥县首创。所谓“联动选举”就是在选举村委会成员的过程中，安排村党组织换届工作，做到“两委”交叉联动进行，这就使得村“两委”选举相互衔接，浑然一体。这种联动选举大体分为四个阶段；一是进行选举前的预备工作，包括选民登记、选举股东等等；二是确定村委会选举的正式候选人和党支部班子成员的预备人选；三是选举产生新一届村委会并对党支部班子成员候选人预备人选投信任票；四是选举产生新一届党支部领导班子，完成新旧领导班子的交接。联动式的选举是为节约选举成本而产生的。当前我国农村的选

① 辛秋水：《“组合竞选”和“海选”谁与争锋？——两种选举制度模式对比调查的报告》，《大连大学学报》，2004年第3期。

举名目繁多，纷繁复杂，包括村委会选举、党支部选举、村民小组的选举以及村民代表的选举等等。在一次次的选举中，大量的人力、财力资源被花费掉，许多干部群众对选举产生了抵触情绪。为了降低选举成本，节约选举时间，广西扶绥县探索形成联动式的选举。联动式的选举也符合党中央的有关精神。2002 年，中央在《关于进一步做好村委会换届选举工作的通知》中明确指出，提倡村党组织领导班子成员按照法定程序推选为村委会成员候选人，提倡拟推荐的村党组织书记人选先参加村委会的选举，提倡村委会成员中的党员兼任村党组成员，提倡党员通过法定程序当选为村民小组组长或村民代表。可见，联动式选举完全符合“四个提倡”的精神，同时有利于协调农村“两委”关系，实现“两委”干部的交叉任职。

2. 民主选举的现存问题

一是行政干预问题。为减轻财政负担、便利工作，部分地方强制推行“一肩挑”和“两委交叉”，实现村党支部书记与村委会主任由一人担任，两委成员互相重合，交叉任职，即所谓的“一套人马，两套班子”。这种做法是为了解决两委矛盾而创设的。但一旦强制推行两委成员交叉任职，也会导致权力过分集中、村干部无人监督，党支书甚至可能会成为土皇帝。在有些地方，乡镇领导为保证所相中者当选，会对党支部施加压力，甚至直接命令党支部按照其意图行事；有的村民选举委员会成员、村委会候选人不是由村民依法推选和直接选举产生，而是由乡镇党委、政府指定；有的乡镇党委和政府不是依法让村民罢免村委会干部，而是直接用行政命令撤换；还有的地方以“停职”、“诫勉”、“离岗教育”等名目，变相用行政手段撤换村委会干部。

二是贿选问题。目前，在农村选举中，一些候选人通过送钱送物、许诺好处、请吃请喝等手段拉选票，严重干扰了选举的正常进行。贿选现象之所以产生，在很大程度上与农村经济发展水平不高以及农民经济收入较低相关。在有些地方，一箱方便面就可以改变村民的选举意向，这一方面说明农民在选举过程中缺乏责任感和使命感，另一方面也说明农民物质生活极为贫乏，易受物质刺激的影响。此外，农村贿选现象盛行还与农民现代民主意识的薄弱有关。农民之所以接受候选人的贿赂，一方面固然是自己物质贫乏的表现，另一方面也因为候选人大多是自己的亲友熟人，接受亲友“馈赠”并支持之被认为是理所当然的事情。因而，改变农村贿选横行的局面还需要加强对农民的民主教育与民主训练，使得农民摆脱封建宗派主义等落后的意识的束缚，促使其树立现代民主法制意识。

三是选民资格问题。确定什么人来参加选举，这是选举成功的前提。只有让所有与村庄利益有关联的人参与选举，同时排除那些与村庄“毫无瓜葛”的人参与选举，才能选出真正代表村庄利益、领导村庄发展的干部班子。目前，法律仅从宏观和抽象的角度规定了选民资格，如选民的年龄条件、选民的政治条件以及选民的精神卫生条件等，但存在许多操作规范上的盲点。首先对于如何确定外出农民的选民资格，目前尚没有明确规定。特别是，外出打工的农民中有的长期在外，对村庄各方面的情况比较陌生，对村庄发展也漠不关心，如果把这些人确定为选民，将影响选举的公平有效。同时，还有一些农民虽然在外打工，但是在村中仍有固定财产，村庄发展与其利益息息相关，如果把这些人排除出选民系列，同样会影响选举的公平有效。其次，对于长期工作于村庄中但并无本村户籍的人如何参与选举，法律还需要进一步确认。如果不让这些外来人口参加选举，则法律赋予他们的民主权利同样也会落空。

四是派系干预问题。由于受传统思想的影响，农村选举常常受到宗族派系的干扰。特别是宗族传统深厚的村庄，在村委会选举中，由于大族占据较大优势，通过选举担任村干部的可能性很大，而一些小的宗族群体在选举中处于弱势地位，他们对村民选举则持悲观态度。此外，农村基层政治生活中还存在各种各样的派系，包括以工作关系为纽带的派系，以思想观点为纽带的派系等。派系之间具有封闭和保守的倾向，不利于村庄选举的有效进行。村委会选举不一定会带来派性，但在已经存在派系的村庄，这种派性照样可能被带入选举中。在村委会选举中，由于派系划分分明，这使得选举处于一种零和博弈的状态，某一派被选上之后，其余各派就处于非常不利的地位。因而，在派系纷杂的村庄，选举经常处于白热化状态，甚至由此引发武斗，这严重影响了选举的正常进行。

五是政治冷漠问题。改革开放以后，农村实行家庭承包制度，农民生活、生产处于自己的支配之下，相互之间联系薄弱，因而对村庄集体的事情表现漠然。在村庄选举中，很多村民不愿意去现场投票，或者是随意委托他人投票，甚至对选举中的违规操作毫不介意。这突出表现在买票卖票活动猖獗。一些村干部为了竞选成功，公开用物质利益或金钱向村民买票拉票。对这种违规操作，村民不但不反对，反而认为选谁都一样，哪个候选人给的好处多就选谁。同时，村民的政治冷漠还与村民自治制度落实不到位有关。在有些地方，村民的自治权利没有得到切实保障，不管谁执掌村委会，村民对村中事务都很少有发言权，这导致村民认为村干部虽然可以改换，但都是“换汤不换药”。还有些地方，由于上级政府主要是乡镇政府对村民选举的干预，使得村民感到村干部都是由上级政府内定的，“胳膊拧不过大腿”，自己的选票难以发挥作用，由此导致村民对村庄选举反应冷淡，甚至有时候会主动放弃自己的选举权利。

3. 民主选举的机制完善

其一，细化农村选举流程，规范选举环节，使村委会选举实现标准化和规范化。比如，在确定候选人之后，村庄的选举委员会除了要公布候选人名单外，还应采取各种形式对候选人进行介绍。可以利用黑板报、广播、村民会议以及印发宣传资料等形式来对候选人进行介绍，有利于村民更清楚地了解候选人，从而能够更加准确地确定自己心中理想的候选人。在选举当日，要安排候选人轮番演讲，对候选人演讲时间、演讲内容都要进行明确规定，以此让选民进一步了解候选人，从而减少选举的盲目性，提高选举效率和质量。

发放选票时，应该认真标记，保证选举结束后收取的选票等于或少于发放的选票，杜绝假造选票冒名选举现象的发生。同时，要认真核对选民证与选民登记名册，防止一人多投。村民在划票与投票时必须在秘密的条件下进行，坚决防止工作人员或其他村民随意查看他人划票情况。

其二，建立选举监督和纠正机制，防范和治理违规操作和贿选等突出问题。首先，上级部门要利用自己的地位和技术优势成立监督工作组，对村民选举的各个环节进行指导和监督。上级监督工作组应积极向村民宣讲选举的流程和规则，发动群众监督选举。同时，上级监督工作组应该不偏不倚，公平地对待每一位候选人，杜绝竞选中出现“拉偏架”的现象。当选举过程中出现问题时，监督组应做好安抚村民和积极补救的工作。同时，选举的监督职责不局限于上级部门，要鼓励村民以及各候选人对选举进行切实监督，形成村庄选举监督的合力。特别是候选人彼此作为竞争者，对相互之间的缺点和不轨行为十分敏感，因而他们之间的相互监督可以有效防止竞选者各种违规行为的发生。总之，要通过乡镇指导机构的行政监督、村民选举委员会的组织监督、候选人的相互监督、选民的自发监督，保证村委会选举依照法律程序进行。

其三，促进农村经济发展，夯实农村政治生活的经济基础。当农民还在费尽心机地谋求物质生活水平的提高，他们就无力无心参与公共事务，也没有足够的时间去全身心参与村民选举。只有农民在物质上不再处于贪婪的境地，他们才会追求更高水平的需求，这其中就包含着民主政治的需求。发展农村经济，提高农民经济生活水平，可以有效地促进村民选举的公正进行。发展经济就要落实科学发展观，一方面因地制宜，根据本地情况发展特色经济。另一方面，积极引进外资，利用外部资源，内外联动，带动经济发展。同时，国家要重视农村经济的发展，做到“多予、少取、放活”，尤其是加大对贫困地区的财政投入。我们相信，有了一定经济财富的农民将会以崭新的面貌出现在村民政治生活中。

其四，促使农村广大干部群众转变思想观念，增强法制意识。孟德斯鸠在论及民主政治的原则时说，维持或支撑君主政体并不需要很多的道义，它有经常举着的君主的手臂，可以去管理或支持一切。但是，在一个平民政治的国家，便需要另一种动力，那就是品德。首先，在广大乡村干部中有一种错误观念急需转变。很多村干部傲慢地认为，农民群众素质低，没文化，法制意识淡薄；农民作为一个群体，处于愚昧的地位，他们就应该被领导、被管制。其次，农村老百姓也应革除落后观念，树立起现代法制意识。目前，在选举过程中存在的宗族势力干涉现象、不正当选举现象、候选人贿选现象等，都与村民法制意识淡薄有直接关系。只有农民能够做到懂法、用法与守法，农民的选举活动才能进入正轨。因而，加强对农民的法律宣传，转变农民的思想观念是一项紧迫的任务。

（二）议事协商与民主决策

“村民自治作为基层直接民主的形式，其基本内容就是，凡是关系到村民群众利益的事，由群众自己当家，自己做主，自己决定。……村民对村级事务的决定权，是村民自治权的集中体现，也是村民自治的关键环节。”[①]村务大事，无论是民主决策制度还是整个村民自治制度，其核心目的都是让更多的村民参与到村政事务的讨论与决定中来。而落实村民民主决策，关键则是建立健全可行的民主决策程序，即把民主决策分解为不同的步骤，使其具有可操作性。

1. 民主决策的程序创新

首先是村务公决。村务公决最早在山东省日照市东港区兴起，它是指“以户为单位通过投票决定村务大事的一种方法，是在村民会议不便召开或不能召开的情况下，由村民对村中大事直接行使决

① 徐勇：《中国农村村民自治》，华中师范大学出版社 1997 年版，第 35 页。

策权力的一种形式”。[①]村务公决主要包括公决方式、公决范围、公决程序、公决监督四个方面。关于村务公决范围，主要包括12种事务：（1）需要村民出钱出力的事宜；（2）筹集公益性经费；（3）集体利益使用；（4）误工补贴人数及标准；（5）土地承包经营方案；（6）村务发展蓝图；（7）村级集体经济的发展；（8）质疑两会的不当决定；（9）计划生育落实方案；（10）对监督村委会及其成员的绩效评估；（11）宅基地使用方案；（12）须村民公决的其他事宜。村务公决的程序主要包括10个步骤：（1）根据工作需要提出需公决的议案；（2）村两委研究公决；（3）村代会和党员会议共同商讨；（4）利用村干部入户、广播、村务公开栏等形式，向民众宣传需公决的议案；（5）制定征求意见卡；（6）村民小组长提名五天入户发意见卡；（7）村民公决；（8）统计结果，“同意”选票若超过80%则组织实施，不然，则继续修缮议案再次公决，或放弃；（9）上报公决的结果交由镇政府备案；（10）由村委会负责实施。这项制度的实施提高了群众决策的与会率，同时促进了农村干部决策方式和领导方式的转变，为村干部依靠群众、尊重群众、做好本职工作提供了良好的方法。

其次是“八步工作法”。八步工作法产生于重庆开县麻柳乡，要求“凡是涉及村经济发展规划、财务预决算、重点项目、兴办公益事业等和村民切身利益相关的大事，都须通过八个步骤，广泛吸纳民意，由村全体民众或村代表共同讨论决定，并由各村民代表监督和管理”。[②]这八个步骤与程序具体是指：入户调查民意，召开会议制订方案，宣传发动、统一思想，民主讨论、确定方案，每户签字公决，分解工程、落实到户，村民小组组织实施，工程竣工后张榜公布。[③]八步工作法使各个主体都受益良多，对于群众来说，此制

---

① 詹成付：《新农村民主管理制度创新》，中国社会出版社2008年版，第20页。

② 同上，第29页。

③ 辛秋水：《“组合竞选”和“海选”谁与争锋？——两种选举制度模式对比调查的报告》，《村委主任》，2010年第6期。

度实施后，乡、村采用公平、公正、公开的方式，扶持和奖励种养大户和各项重点项目，确保了农民增收及农村各类基础设施的完善，改善了农民的政治、经济生活水平。而对于干部来说，通过这种方法，可以把群众想办的事和政府要办的事合二为一，加强了群众参与各项事务的积极性，干部工作的主动性也随之加强，开展工作也更为顺利，是解决村民自治中“后选举治理”难题的积极探索。

再就是“4+2 工作法”。河南邓州市通过创立“4+2 工作法”完善村庄事务的议事决策，要求所有村级重大事项都必须在村党组织领导下，按照“四议”、“两公开”的程序决策实施，即村级重大事项决策要经过村党支部提议、村“两委”会商议、党员大会审议、村民代表大会或村民会议决议、决议事项公开和决议实施结果公开六道民主程序。具体而言，对村内重大事项，村党支部首先在充分征求党员、村民代表及广大村民意见和认真调查论证的基础上，集体研究提出初步意见和方案。根据村党支部的初步意见，组织村“两委”班子成员充分讨论、科学论证。对意见分歧比较大的事项，根据不同情况，可采取口头、举手、无记名投票等方式进行表决，按照少数服从多数的原则形成商议意见。对村“两委”商定的重大事项，提交党员大会讨论审议。① “4+2 工作法”的实施，完善了党的领导机制，充分保障了党员和群众的知情权、参与权和监督权，巩固了党在农村工作中的领导核心作用；解决了“两委”决策中可能存在的争议，明确了村民会议或者村民代表会议的最高决策地位，清晰权力范围，明确权力行使效力，在一定程度上协调了“两委”以及各组织之间的关系；明确了“四议”、“两公开”的议事决策程序，体现了民主决策的科学化、制度化、规范化。

还有是民主恳谈。民主恳谈发源于浙江温岭，其发展完善主要经历了三个阶段，相应地产生了三种类型。第一种是对话型民主恳

---

① 王懂棋：《以党内民主推动村民自治——以河南“四议两公开”为例》，《新视野》，2010年第3期。

谈。初期阶段的民主恳谈实质上是一种对话机制，在民主恳谈会上群众对政府工作提出意见和建议，或者就群众个人、单个企业的问题提出要求。第二种是决策型民主恳谈。决策型民主恳谈着重探索如何扩大基层民主，组织和引导群众广泛参与对公共事务的决策、管理、监督，使民主恳谈成为各级政府公共事务决策的必经程序。决策型民主恳谈会一般邀请当地人大代表、相关的各社会利益群体和与决策事项有关的群众参加，其他群众均可自愿参与。恳谈会上政府先提出决策事项的初步意见、方案，经参与者充分表述看法和意愿、讨论和协商后，党委、政府集体研究作出决策。第三种类型是参与式预算民主恳谈。参与式预算民主恳谈主要包括预算草案初审民主恳谈、人代会审查与批准预算草案民主恳谈、预算执行与监督民主恳谈三部分。民主恳谈丰富了基层民主形式，为广大人民群众自由、广泛、直接参与基层社会的民主决策、民主管理和民主监督提供了一种新的渠道，有效地扩大了群众对公共事务的知情权和决策权，提高了他们参与村务管理的热情和民主意识；为决策者和群众之间沟通交流提供了一种新的形式，有效地增强了村务决策的科学性，提高了村务管理的效率。

2. 民主决策的现存问题

一是替民决策问题。按照《村组法》规定，村民是村务决策的主体，对涉及村庄和村民利益的公共事务拥有民主决策权，实行真正意义上的“由民做主”和自我管理。但是在村民自治的实际运行中，乡村干部以农民民主意识差、文化水平低为借口，存在“为民做主”或“替民做主”等，成为村庄决策的实际掌控人。例如：部分地区的“两委”干部，在决策重大村务时，既不召开村民会议，也不召开村民代表大会，而是撇开群众参与，由村党组织或村委会，甚至是“两委”领导个人说了算，把村民自治变成了“村干部自治”。此外，很多地方的乡镇政府，为了保证政令的通畅和对村庄的控制，不同程度地参与到村务决策过程，甚至包揽包办，造成干预过多，甚至直接“为民做主”。特别是在发展村庄经济方面，乡镇政府往往采取“逼民致富”方式，不顾村民的反对强制推行，既侵害村民的自主经营权，也侵害了村庄的自主决策权。这些“替民决策”情况的存在，不仅会侵犯村民的民主决策权、影响决策的民主性，而且也会影响到决策的科学性，甚至滋生腐败。

二是会议召集悖论。根据1998年的《村组法》规定：“村民委员会向村民会议、村民代表会议负责并报告工作”，确立了三者之间的权力授予和权力监督关系。但在同一法律中又规定“村民会议由村民委员会召集、由村民委员会召集村民代表开会”，“最高权力机构”却由向它负责的执行机构来召集开会，使得村民委员会成了决策过程中的实际领导人，进而导致民主决策陷入了悬空化的制度性悖论。村委会为维持和巩固自身的权力，必然会阻挠村民会议和村民代表会议的召开。2010新的《村组法》加入了：“有十分之一以上的村民或者三分之一以上的村民代表提议，应当召集村民会议”，“有五分之一以上的村民代表提议，应当召集村民代表会议”，并且“村民代表会议每季度召开一次”。可以说，这一规定取得了一定的进步，但由于缺乏定期召开制度和独立的召集人，并未从根本上解决村民委员会为维持其权力而阻挠村民会议和村民代表会议召开的问题。比如，山东省的实施办法就规定，“村民会议每年至少召开一次”。但是有相当一部分村庄的村民会议召开的次数还达不到一年一次。据调查，仅有三分之二的村庄每年召开了一次村民会议。有的村庄甚至多年未曾召开村民会议，村民会议形同虚设，根本没有发挥任何作用。

三是会议替代问题。由于我国农村人口众多，区域广大，情况复杂，搞直接民主成本大、风险高，部分地区在实践中创新出村民代表会议的形式。《村组法》也作出了相关规定：村民会议可以授权村民代表会代行部分权力。但是在具体的实行当中，有的农村地区以村民会议召开难为由，长期不召开村民会议，由村民代表会议代行村民会议的职责，以间接民主代替直接民主，违背了村委会组织法的立法原则。此外，有些村民代表在开会前没有同所代表的村民进行沟通和交流，会上发表的只是个人意见，出现了以“村民代表”代替“代表村民”的问题。本应“代表”村民群众、反映村民意愿的“村民代表”，却只是“代表自己”，忽视群众意愿。这些会议替代和代表村民问题的出现，不仅村民会议实权被架空，也使普通村民丧失了表达自己意见与利益的机会。

四是村民参与问题。民主决策能否落到实处，其最终还得落脚在农民的参与上，如果村民无法参与，再好的制度也是徒有虚名。从当前的村民参与上存在以下三个问题：首先是村民对村民会议态度冷漠，缺乏热情，使得村民会议难以发挥其应有的作用。许多村庄之所以多年来未曾召开村民会议，重要的一个原因在于村民对村民会议反应冷淡，认为村民会议不过是做做样子、摆摆形式，没有任何实际作用。其次是村民的流动性加大，参会面临时间、精力的制约。尽管在村务的决策中，面对村民会议召开难的问题，有村民代表会议作为补充。但是在村民增收主要依靠外出打工的现实面前，很多村民代表即便不常年外出打工，也需要季节性的外出务工或者到周边城镇务工，明显缺乏参会时间。因此，村民代表会议同样面临着人员不齐、无法召开的窘境。再次是在村务决策中面临集体行动悖论，决议难以达成。特别是在多宗族或者多派系村庄，各方相互争利或者相互推诿，造成了“只议不决”的尴尬境遇。久而久之，村民失去决策信心和参与动力，民主决策也就陷入了空谈。

3. 民主决策的机制完善

其一，应强调村民群众的广泛参与。作为一项基层群众自治制度，群众的参与是村民自治的一个重要特点，也是一个基本原则。脱离群众广泛参与的民主决策，是有悖于村民自治的原则精神的。村民民主决策之所以遇到各种困难，最根本的还是广大干部群众的民主意识淡薄。政府在政策推动民主决策的同时，应该进一步推动农村民主文化建设，实现村民民主决策由政策推动向村民自主参与的转变。总之，要采取多种方式，培育农民对民主的共同感受与认知。

其二，探索议事协商形式，丰富民主决策的制度。在村民自治实践中，一些地方的干部群众创造性地探索建立了村务大事公决制度、“八步工作法”、“4+2 工作法”、“民主恳谈会”、村务决策旁听制度、“一事一议”制度以及村民理事会、民主理财小组、民主赶集日、“两会决策制”等不同形式。在村务事项的决策中，通过村民的平等对话、共同讨论、民主协商，广泛听取村民意见建议，可以集思广益，提高决策的科学性和民主性，增强村级组织的凝聚力，并进一步提高决策的执行力。对此，应认真总结和提炼这些民主决策的新制度和新形式，努力将地方创新转化为更大范围的公共政策。

其三，促进村民会议与村民代表会议定期有序召开。村民会议与村民代表会议都是以会议形式为平台的民主决策机构，如果会议不能如期举行，民主决策就难以实现。为了保证会议能够按期举行，乡镇政府应该发挥督促的作用。乡镇政府不能直接干预村中事务，但这并不意味着乡镇政府可以就此无所作为，相反它应该帮助指导村里的各项工作。具体到民主决策方面，乡镇政府应督促村两委定期召开村民会议与村民代表会议，指导其顺利开展工作。此外，还可以建立例会制度，规定每年固定的日子召集村民会议。在会议活动期间，村民就有疑问的地方面对乡村干部进行提问，村干部必须当场作出答复，而就有争论的问题，村民可以和村干部平等辩论。

其四，明确村民会议与村民代表会议的关系，规范村民代表会议制度。要进一步明确村民会议与村民代表会议之间的关系。一方面，村民会议是直接民主形式，最朴实地满足了农民群众当家做主的愿望。另一方面，村民代表会议是间接民主形式，能够灵活地处理各种问题。村民会议与村民代表会议各有利弊，彼此谁也离不开谁，但同时谁也不能替代谁，它们应该是一种“共存共荣”的关系。规范村民代表会议制度，使村民代表能够真正代表村民意愿，真实反映村民意志。例如，探索进一步规范村民代表的产生机制，建立村民代表与所代表村民的沟通机制，制订村民代表征集村民意见的办法等。

（三）村务公开与民主管理

内容借助于形式组织起来。就民主管理而言，主要是要实现村务管理的透明化，即让老百姓明白：在村庄事务中，各方权利和义务是什么；村干部平时办事和处理纠纷的依据是什么。而要在农村中真正实现民主管理，必须有相应的管理形式，或者说必须有一个平台让广大农民群众参与村务管理。目前，为了实现管理的公开透明，有些地方实行“契约化”与“合同化”的管理方式。同时，实现民主管理，群众是主体，干部是关键，为了激励干部在村民民主管理中发挥引导作用，有些地方探索建立了村民对干部的约束性举措。

1. 民主管理的制度创新

首先是“五牙子章”制度。2002 年宁夏中宁县枣一村创设了“五牙子章”制度。“五牙子章”制度最初是一种财务监督制度，是指把村级财务审批公章分成五块，由民主理财小组成员分别管理一块，村里的每一笔财务必须同时盖上五个章，才能生效。在“五牙子章”制度中，民主理财小组审核印章一分为五，由五名成员各执一份，分散保管，集中使用。其中，理财小组组长由村支书兼任，他掌握着“五牙子章”最核心的部分，这体现了党组织在农村中的领导核心作用。其他四块印章分别由村民代表选出来的四位村民掌管，这就实现了村民的自我管理，体现了村民自治的基本精神。在某个财务事项中，五个印章都盖上以后，还必须经由村主任签字入账，才能最终报销，这就使得村委会能够依法行使自治权。“五牙子章”制度需要审核的财务种类繁多，涵盖各个领域，包括村集体财务执行情况、村办公经费、村干部年度工资以及社会捐赠款物的发放等等。随着实践的发展，“五牙子章”制度的应用范围逐步扩大，由村级财务管理延伸到村级重大事项的决策。这种制度的演进反映了村民自治制度本身的深化，同时也表明基层群众在自我管理中的智慧。

其次是契约化的村政事务管理模式。村级事务契约化管理的模式最先由山东省潍坊市坊子区创立于2005年，村级事务契约化管理，“就是通过合同、协议、纪要等书面形式，把村（居）事务，特别是易引发矛盾纠纷和不稳定问题的事项依法固定下来，以明确双方的权利义务、履行时间和违约责任”。它的基本要求就是要抓好四个规范，坚持四个原则。四个规范就是一要规范契约内容，把跟群众利益切身相关的大小事一一纳入契约范围内；二是要规范契约形式，根据不同问题的具体内容和要求来决定可适用的契约形式；三是要规范操作过程，无论采用哪种契约形式，制定什么契约内容，都必须经过民主决策来民主议定；四是要规范管理制度，所有的村级承包项目、招标项目、土地的经营活动都必须签订正式的合同，召开的各种相关会议都要有规范的会议纪要，加强规范化管理。四个原则指的则是：合法性原则、民主性原则、实效性原则和公开性原则，来保证农村村务管理的有序性和透明性。显然，把相关的法律法规及村规民约都具体化到契约中，能达到执行有据、公开透明的效果，使“平时办事有依据，调解纠纷有根据，打起官司有证据”，从而促进和谐农村的发展。

再就是“村干部”岗位及工资“票决制”。2006年以来，湖北省通山县在全县推行以“竞标定岗位，评议定报酬”为主要内容的村干部岗位管理新模式。村干部的工资由职务工资和岗位工资两部分组成，岗位工资由村民代表民主评分确定，工资多少与得分高低挂钩。“村干部”岗位及工资“票决制”主要内容是：“在年初竞标定岗，把村工作分为村务、党务、财务、民兵、社会稳定、计划生育、妇女等各个岗位，按岗设置“标底”（即完工所得报酬），之后村干部上台演讲竞岗，村民投票后确定各岗位中标人，一人可竞多岗，没中标的村干部则不发岗位工资。”[①]在每季度的最后一月通过

---

① 詹成付：《新农村民主管理制度创新》，中国社会出版社2008年版，第72页。

评议定报酬，村干部向村民代表述职，村民代表则根据他们各个岗位的工资成绩为他们打分投票，得分在 95 分以上的，可领取全额报酬，每下降 1 分报酬则下降 1%。村干部工作岗位及工资报酬都由村民投票决定，将村干部的工作绩效考核权交给村民，一方面可以充分体现村民当家做主，调动广大村民参与村级公共事务的积极性和主动性，为村民监督村干部提供制度平台；另一方面，这项制度可以惩懒奖勤、奖优罚劣，激发干部的责任感与履职意识。

还有是阳光村务工程。自 2006 年 3 月起，为合理组织结构、加强权力监督，广东省云浮市开展实施“活力民主，阳光村务”工程试点，并于 2007 年 4 月在全市全面铺开。阳光村务工程创造性地引入“三个小组”平衡村级自治权力，辅以严密细致、可操作性强的制度设计，使村民代表会议的决策权、监督权得到具体落实，村民的诉求得到有效表达，村委会的执行权得到有效制约。其主要内容就是在村民（代表）会议下设立会议召集组、监督组和发展组，形成与村委会之间的权力制衡关系。在此基础上，通过细化村民（代表）会议的召集程序、村务全程监督程序、村务财务公开程序、项目决策程序和村组干部罢免程序，建立起一个结构合理、配置科学、程序严密、制约有效的村民自治运行机制。阳光村务工程的实施，提高了村务、财务管理的透明度和监督的主动性、可操作性，初步建立起村务公开民主管理的长效机制，使民主决策权和监督权真正得到落实；强化了各主体组织之间的权力制约和监督，有效地消除了村民自治中出现的“村官自治”的权力失衡现象；增强了村庄政治的吸纳力和开放性，建立村内外能人参与机制，激发农村发展活力，促进农村各项事业的发展。

2. 民主管理的现存问题

一是行政干预问题。从理论上讲，村民委员会属于社会自治组织，它与国家政权没有直接关系，是独立于国家政权体系之外的。但是由于各种原因，政府特别是基层政府经常干预村民自治权的行使。行政权对村民自治权的干预是必要的，但这种干预必须控制在合理的范围内。法律明确规定，乡镇对村民委员会给予指导、帮助和支持，但是不得干预村民自治范围以内的事情。由于法律规定得过于抽象，它没有明确乡镇政府在哪些方面对村委会给予帮助和支持，也没有明确村民自治范围以内的事情有哪些，再加上乡村行政权的主导惯性，使得在村民自治的实践中，普遍存在着行政权干预村庄自治权、侵犯公民民主权利的现象。其实，之所以会出现行政权干预村民自治权的现象，最主要的还是因为乡镇作为最基层的一级政府，承担着中央各项工作的落实任务。在自上而下的压力体制影响之下，乡镇政府不得不把自己的任务分散到各村，以行政的手段推到各村庄去落实任务。正如一位乡干部所讲，我们不是不清楚村民自治的重大意义，但是上面交代的硬性任务必须完成，因此不得不干预甚至操纵村委会的工作。

二是决策落实问题。目前，农村中除了村委会、党支部等正式组织之外，还存在着各种以利益、血缘或价值观为纽带的其他组织，比如农村宗族组织、农村宗教组织、农村黑恶势力以及各类经济合作组织。这些非正式组织有的服从正式组织，配合正式组织的工作，有的自立门户，无视正式组织的存在，干扰正式组织的正常运行，影响其决策的落实。特别是，黑恶势力还利用自己组织化的优势，妨害村委会行使职权，抵制村委会的正确决策。一方面，若是某项决策整体上有利于村庄发展，但对他们有些许损害，农村黑恶势力就会竭力阻挠决策的落实。比如，某村庄要修建公路，需要路过一个地痞的住宅，此地痞利用这个机会向村委会提出无理要求，使得村庄公路修建迟迟不能进行。另一方面，村委会的有些决策并不会损害黑恶势力的利益，但是他们为了从中获得好处，以干扰决策落实来要挟村委会，村委会为了“息事宁人”会向其做出让步，给予其额外利益，这类行为更为可恶。同样，农村家族势力以血缘为纽带，紧密结合在一起。他们为了本家族的狭隘利益，漠视村委会的权威和村委会的决策。村委会的某些决策是为了贯彻国家的大政方针，但是由于与村庄宗族利益和传统的宗族观念相违背，从而受到宗族势力的抵制。比如，农村计划生育工作就受到了宗族势力的干预。一些宗族长老为了使得本宗族繁衍强大，明确要求村干部对村中计生工作“睁一只眼闭一只眼”。村干部本身就属于宗族成员，对族老的要求不敢轻易违抗。

三是干部变动问题。村民自治制度能否发挥作用，村民自治权利能否得到保障，主要取决于有没有一批具有现代民主观念的高水平管理者，也就是取决于村干部素质的高低。但目前农村干部队伍现状堪忧，村干部数量减少与干部外流现象十分严重。这主要是因为，村干部作为“一村之主”，需要管理村中各种事情，承担着繁重的任务，但是他们的工资却一直处于较低的水平。一方面，许多农村集体经济不发达，村庄本身没有过多的财力去支持和提高村干部待遇；另一方面，由于沿海经济发展迅速，许多村民外出打工，极易找到工作，且收入颇丰，这就使得一心扑在村庄事务的干部心理失衡。此外，社会上对村干部也存在偏见，一提起村干部，大家脑子里就会出现一个蛮横无知、土里土气、简单粗暴的形象，这无疑给村干部带来了巨大的社会压力。同时，现在一些乡镇政府不尊重村庄自治权力，对村庄事务指手画脚，甚至对村干部呼来喝去，毫不尊重。在这种工作氛围中，村干部办事情束手束脚，人格也得不到尊重和承认，因而严重挫伤了工作的积极性，致使大量村干部外流。

四是公开虚化问题。近年来，财务公开，越来越受到广大农民群众的关注与重视。但在一些地区，财务“不公开、假公开和半公开”现象举不胜举，财务到底怎么公开、什么时候公开、公开哪些内容，都是村干部一个人说了算，公开往往流于形式，造成了干群关系日益紧张的局面。有的村虽然进行了财务公开，但是都敷衍了事，只公开结果，不公开过程，公开事项不具体，公开形式不规范。[①]大多数村庄虽然设有村务公开栏，但是有些村庄出于种种顾虑，设置村务公开

---

① 刘艳梅:《村务公开的现状、问题及对策》,《山西大学》2010 年版，第 20 页。

栏的地点并不是本着方便群众的原则，而是特意设在群众不经常去的地方。部分村庄的村干部从心底里不接受村务公开的做法，他们专拣一些不痛不痒、无关紧要的内容进行公开，公开内容不全面突出体现在财务公开落实难。这些行为都严重地违反了村民监督和村务公开的相关规定，造成了村务公开有名无实，处于虚化的状态。

3. 民主管理的机制完善

其一，调整乡村关系，实现国家行政权与村民自治权的和谐统一。为了协调乡村关系，有学者认为应该将村委会上升为最基层的行政组织，使得乡镇政府向村庄分派任务变得名正言顺。但是，村民自治制度的核心在于村民当家做主，自己管理自己的事情，如果将村委会提升为基层行政组织，就会损害村民自治制度的原则，与村民自治制度的核心精神相违背。有的学者认为，让农村党支部承担乡镇政府的职能，这就使得村委会从各种具体行政事务中解放出来。但是，如果让村党支部承担行政任务，它就会陷入各种纷繁复杂的具体事务之中，就会影响党支部领导核心作用的发挥。同时，党支部作为政党组织，让其承担行政任务，于法无据。当前，在有条件的地方，村庄中可以设置乡镇政府的派出机构。在村庄设置派出机构后，乡镇政府将行政任务分派到村则名正言顺。这就实现了国家行政体系对乡村社会的渗透和控制。此外，如果农村有专门的行政机构，乡镇政府就可以不再干预村庄自治范围内的事务，使得村庄自治权充分发挥。同时，让乡镇行政机构深入到村，还可以起到村中自治组织与村中行政组织相互监督的作用。

其二，加强农村干部队伍建设，发挥村干部在农村中的领导作用。首先要加强对干部的培训教育，提高干部队伍的整体素质。在对农村干部的教育内容上，不仅应该包括党的基本理论、基本政策，还应包括理想信念的教育、工作方法的教育以及农村村情的教育等等。要从各个方面提高农村干部的管理水平，使他们愿意留在农村为群众服务并且有能力为群众服务。其次，提高农村干部的素质，不能仅仅停留在精神、思想和知识层面，还应采取物质激励的手段。要关心村干部的生活，改善其生活境遇，千方百计提高其工作热情，特别是要提高其工资水平。由于目前村集体经济不甚发达，不能保证村干部的工资支出，因而应将村干部的工资支出纳入县乡财政，使之有充分保证。在工资水平上，村干部的待遇水平应高于当地农民的平均收入，从而激励优秀人才竞选村干部。最后，还要给农村干部留下充分的发展空间。许多有识之士之所以不愿意担任村干部，很大程度上是因为村干部不属于国家公务员序列，提升空间太小。为了吸引优秀人才担任村干部，乡镇政府要将村干部作为选拔人才的重要对象。如此，村干部才有奔头，才会有工作积极性。

其三，发挥农村民间组织的作用，实现农村管理形式的多元化。目前农村兴起了各式各样的合作组织，比如经济协会、老年协会、禁赌协会、灯会以及庙会等。这些新兴的民间组织在农村公共领域发挥着积极作用，构成了民主管理的重要平台。首先，民间组织依托于农村，能很好地利用农村中的“血缘”与“熟人”特性。其次，民间组织形式灵活，能吸取各种乡村精英，为民主管理提供人才基础。再者，在民间组织中，村民聚集在一起，讨论村庄各项事情，自由发表意见，最后还有可能达成共识，这锻炼了农民的民主参与能力。由于村庄民间组织由一定数量的村民组成，不再是软弱的个体农民，因而农村组织的意见必然引起村干部和村两委的重视。民间组织的意见甚至会转化为村两委的行动。这就使得村民实际地参与了村中的民主管理。比如农村老年协会是农村中重要的民间组织之一。老年协会的一些老人，尤其是一些退休干部，社会阅历丰富，在村里德高望重，是乡村社会的一种特殊人才资源。老年协会把这些老人组织起来，明确其职责任务，则能更好地发挥其余热，他们几个人一起开展工作，调解村里的各种纠纷，把村庄纠纷解决在萌芽状态。

其四，规范村务公开的程序，丰富村务公开的形式。首先是进一步细化村务公开的程序，使其有明确标准且便于操作。如村务公开的时间可以做进一步细致的规定，规定每一季度的某一天为村务公开日，这样就有了统一的标准，也便于群众监督执行。其次是通过制度和技术创新，扩大村务公开的内容、创新村务公开的形式、提高村务公开的真实性和时效性。目前，电子政务是政府运作形式的改革方向。同样，村务公开可以采取电子化的形式。电子形式时效性强，内容量大，这样就方便了群众对村务公开的熟悉与把握。再次是建立村务公开的责任追究制度。应制定完善的责任管理体系，使干部有明确的分工与职责范围，并建立相应的奖惩机制。对于公开内容不全面、不具体、公开时间不及时的，要通知相关责任人限期整改，并追究其相应的责任。

（四）权力规制与民主监督

就村落社会而言，村民自治权是一种公共权力，需要必要的制约和监督以保障其公益性。新世纪以来，随着土地流转和农民民主权利意识的增强，农民尤其是部分发达地区的村民更加关心集体财产和自身利益，开始关注和监督村“两委”的权力运行状况。有些地方为每个村配备兼职监察员，依法开展村民监督工作。同时，为了给村民监督提供帮助和咨询，一些地方还创造性地建立起村级事务咨询会，这为村民民主监督提供了人员与组织上的保障。2010 年，以村务监督委员会制度写入《村组法》为标志，农村民主监督逐步形成了以自我监督为主、多元监督为辅的民主监督新格局。但是，民主监督依然面对着诸多困难，影响其作用的发挥。

1. 民主监督的制度创新

一是村务监督委员会制度。2004 年 4 月，针对部分干部的腐败违法情况，浙江省武义县开始在后陈村试点建立“村务监督委员会”，之后迅速在全县推广。村务监督委员会的具体做法就是由 3 名成员组成的村务监督委员会，经由村民代表会议选举产生并对其负责，作为独立于村党支部、村委会以外的民主监督常设机构，对“两委”的制度执行和村务决策管理等实施监督。村务监督委员会有权列席村务会议，受理群众举报，对财务开支凭证进行稽核，对村委会违反制度的行为提出修正建议，并可要求村委会召开村民代表会议进行裁决。村务监督委员会的建立，创新了村务监督的载体，明确了村务公开、民主监督的实施主体，完善了村民自治的组织建构，成为与村民会议或村民代表会议、村民委员会并行的一个村级权力制衡机构；作为一个常设的村务监督机构，使村务监督由单纯财务监督向全面监督拓展，由事后监督向全程监督延伸，形成了一个能自主运作、自我化解矛盾的工作系统，有效防止了村干部侵权腐败行为的发生。

二是村务公开民主管理观察员制度。由于2005年湖北省村委会选举观察员制度在村委会换届选举活动中取得良好效果，随即被推广到日常村级村务公开民主管理活动中。村务公开民主管理观察员制度是“由湖北省民主管理和村务公开协调小组组织实施，选聘人大代表、政协委员、离退休干部、专家学者、新闻记者和在校大学生作为观察员，按照村务公开民主管理的基本程序和法律法规的具体要求对全省上访村、难点村和问题村的村级组织建设、民主管理、民主决策和民主监督的情况进行实地观察，实行个案监督，建立违法纠错机制，保障村民的民主权利”。[①]观察领域包括村民自治四个方面的所有内容，观察员必须深入实地调研各项村务工作的基本做法和成效并如实填写观察项目记录表，完成报告后上报至省及当地的民政部门。观察员制度的发展有利于缓解农村社会矛盾，推进农村基层民主的发展，也有利于了解群众的公共需求，提高了农村公共服务均等化的水平。同时，由传统的对村干部进行集中普法教育的理论培训变为定期、集中的监督，全面提高了村干部学法用法的能力；专家学者等广大知识分子的驻村观察激起了当地村民争取民主权利的诉求，为推动农村基层政治的发展提供了制度化的平台。

---

① 刘丹：《乡村民主之路——中国农村基层直接民主的发展及其法制化》，湖南人民出版社2001年版，第194页。

三是村级事务公开质询制度。2009 年初，浙江省平湖市的新埭镇在辖区内的社区和行政村范围内推行了主题为“干群直接民主对话”的村务质询制度。质询的内容分党务、政务、事务和财务四大类，具体包括党政建设、新农村建设、计划生育、土地征用及村承担的公益事业资金的筹集和使用情况等涉及大多数群众利益和村民反映强烈的事项。为确保质询能达到预期目标，新埭镇各村提前一周对会议召开的时间、地点等相关事宜进行张榜公布，并发放征求意见表收集村民的建议和意见。质询的方式主要是通过召开公开质询会，质询人可以在质询会上对村事务所有事项，向“两委”班子及村民代表质询，村干部及村民代表必须现场当面答复或解释说明，质询人对现场答复或解释不满意的，村主要领导要当场承诺作出解决问题的措施。通过质询后，村“两委”班子要认真梳理群众意见和提案，研究落实解决的措施，对涉及的难点问题，要及时提交村民（代表）大会讨论决定，并将落实情况进行及时反馈和公示，接受群众监督。村务质询会的产生为村民与村干部关系的协调解决提供了一个沟通的对话平台，充分调动起村民参与村级事务管理、决策、监督的积极性，让村民群众进一步了解了村重要决策、主要工作事前、事中、事后的过程和状态。

2. 民主监督的现存问题

一是权力上收问题。主要体现为乡镇过多地干预了村庄事务尤其是村庄财务，使得村民民主监督难以有效开展。目前，有些村庄将村委成员享受的误工补贴标准的决定权集中到乡镇政府层面，有些村庄财政交由乡镇政府管理，即实行所谓的村财乡管，这都不利于巩固和加强村民民主监督的权利。尤其是村财乡管，这一政策极大地削弱了村民监督权利，使得村庄财务得不到有效监督。在村财乡管的模式下，乡镇一级掌握了村集体的资金，如果乡镇与村委沆瀣一气，乱收乱批，村民就无法监管；如果乡镇资金紧张，直接拆借村集体资金，村民也无法监管。因而，村财乡管的体制，实际上增加了村集体资金被滥用的风险，削弱了村民对本村财务的监管作用。

二是组织实力问题。主要体现为一方面，村委会成员以村官自居，控制了村里的各项权力和资源，侵害了村民本身的自治权，给村民民主监督带来了困难。另一方面，农民虽然被赋予了民主监督的权力，但由于组织涣散，民主监督缺乏依托。作为监督的主体，农民处于弱势地位。弱势群体监督强势群体，必然会遇到各种问题。在实际中，这些问题包括，村委会游离于村民监督之外，我行我素，既不向村民会议报告工作，也不接受其评议，村民会议和村民代表会议形同虚设。在有些地方，村委会向村民会议报告工作，但仅是走过场，报告仅在会上宣读一遍，不接受村民评议，不存在通不过的风险。

三是司法救济问题。行政化的监督制是将基层干部的问题反映给上层领导，但是由于共同的职业与利益倾向，容易失效。司法监督具有更多的优越性。因为司法机关与村委会的工作关系较少，瓜葛较少，可以超然于村庄的各种利益之外，公正地处理村里的各种问题。而且司法机关作为国家的法律监督机关或审判机关，按照国家的法定原则、程序公开地进行工作。但是，对于司法机关保障村民监督权的做法，法律并没有详细规定，司法机关还不能大范围地直接进入村民自治领域，村民的法律监督手段还受到客观条件的限制。此外，除了上述问题，村民民主监督还存在着其他方面的不足之处，诸如民主监督的渠道不够畅通，民主监督的信息不够灵敏和真实，广大村民民主监督的意识不够强等等。只有把这些问题全部逐一解决，才能真正发挥民主监督的作用。

3. 民主监督的机制完善

其一，强化权力制衡，增强监督组织的权力地位。民主监督的核心要素首先是权力问题。我们之所以建立村民监督制度，是因为村委会掌握着权力，需要监督。村民监督之所以出现各种问题，是因为作为监督主体的村民或村民组织权力过小。监督问题就是权力如何分配的问题。因此，抓好各组织之间的权力配置与制约的问题，村民监督制度才能逐渐完善起来。首先是确立村民会议的村庄最高权力机构地位，明确村委会与村务监督委员会的平等地位，增强各组织之间的制约与监督作用。其次是建立工作报告制度和干部评议制度，明确村委会报告工作和群众评议干部工作的周期、内容和形式。再次是借鉴“阳光村务工程”的经验，通过细化村民（代表）会议的召集程序，完善村民（代表）会议召集制度。

其二，尊重农民的主体地位，改良村财乡管制度。村财乡管制度有一定的合理性，不宜过早革除，而应逐步改良，消除其弊端。首先是转变观念、提高认识，尊重农民在村务监督中的主体地位。乡镇领导应从思想上尊重村民自治制度，相信农民的民主监督能力，一切从培养和引导农民自我监督意识出发，真正做到自我监督与行政监督相结合。其次，加强乡镇审计村社财政的制度。村财乡管的体制应主要以乡镇审计为主要形式。建立独立于村社的乡镇审计机构，对村社财政进行不定期审计，可以规范村社财政收支，及时处理群众关注的财政问题。

第三，做好制度保障和物质保障，加快村务监督委员会建设。当前，村财乡管制是一种临时性、过渡性的村级财务管理体制，只有建立起村民自主参与的财政管理体制才是长久之计。其中，村务监督委员会作为地方实践创新的重大成果和《村组法》修改的重要内容，既符合村民自治精神，又是《村组法》的重要要求，应尽快在全国范围内全面推开。此外，村务监督委员会相关配套制度和保障体系也应尽快完善和跟进，制订出具有法律效力的全国性制度，明确村务监督委员会的人员产生、职能权责、操作规程等，从而确保民主监督顺利推进。

其四，完善法律程序，建立起村民自治司法诉讼救济机制。在现代法治社会，司法程序是维护社会公平正义的最后一道防线，也是在解决社会冲突中具有终局效力的权威机制。完善村民自治权冲突的诉讼救济机制，是实现村民自治不可或缺的司法保障。[①]但目

① 王旭宽：《村民自治中的法律救济》，《农民日报》，2009年9月8日。

前，村民自治司法救济在我国仍很不完善，在很多方面仍无法可依或无法操作。因此，应在《村组法》和《行政诉讼法》内，加入诉讼救济的相关规定，明确规定村民自治中出现有关行政干预、权力滥用、行政渎职等侵占集体财产、侵害村民权利、违反自治章程的行为时，村民皆可直接向法院提起司法诉讼，维护农民的合法权益。此外，还应出台相应的规定条例，完善和丰富司法救济的程序、方式，增强司法诉讼的可操作性。

五、健全村民自治的综合保障机制

村民自治实践是中国特色社会主义民主的重要实践形式和组成部分。中国的村民自治要实现进一步可持续的发展，离不开国家层面的扶持和村庄民主精神的培育。对于国家层面，要为村民自治的实践提供更多的财政、法律、人才以及制度性的支持；就村庄自身而言，要不断挖掘自身建设性资源，为村民自治提供强大的造血功能。本章拟从财政、法律、自治权利和人才支持等角度来探讨应该如何健全村民自治的保障体系。

（一）政府支持与村庄挖潜

村民自治作为一个系统性工程，它的实施离不开物质支持，也可以把这种物质支持归结为财政保障的问题。"财政问题是乡村治理的基础性问题，财政能力影响着乡村治理的格局。"[①]

1. 新财税格局下的乡村治理

一是村级负债沉重而不能自我消化，原有矛盾显化。农业税取消以前，一些村委会由于各种原因背负了大量的债务，而当时还能

① 徐勇：《"民主下乡"：国家对乡村社会的再整合——村民自治生成的历史与制度背景考察》，《华中师范大学学报》（人文社会科学版），2007 年第 5 期。

通过农业附加税形式获得一定的财政保障，满足村委会的一般开支。但是农业税取消以后，村级财政连这最后一根“救命稻草”都没有了，村级事务治理所需财政支持减少，原有大量债务因为村庄财政短缺而成为村委会的巨大负担，使得村委会的运转难度加大，这是导致村级财政困难的主要原因之一。

二是“公共产品”和“公共服务”输出困难。“尽管过去财税制度下的基层权利和行为方式已经多少有些失灵，但有的地方乡村党政干部仍然自觉不自觉地阻碍农民合作社和各种协会等良性中介组织的发展。”[①]党和政府推行税费改革的最终落脚点始终是为了使广大农民共享国家发展、社会进步的成果，而现实情况依然是普通农民可以消费的“公共产品”以及“公共服务”得不到良好的供给。

三是村民委员会行政化的趋势增强。目前许多地方实行“村财乡管”，使得村委会的自治性大打折扣，村民委员会重新成为乡镇政府的直属单位。“从乡镇政府的角度看，乡镇政府在取消农业税后将村级组织纳入控制之中主要还是缘于自身财政困难，总有重新向其直接管理的广大农民捞钱的内在冲动，这仍然需要农村基层组织的配合，而这又进一步强化了乡镇政府与村级组织之间的附属关系。”[②]

四是村两委职责不清，冲突不断。农业税取消以后，在财政保障更为吃紧的情况下，两委职权矛盾尤其是关于财权的矛盾越来越明显化。在实际操作层面，相关权利归属尤其是相关财产的支配和使用权，两委没有明确的权利范围划分，由此特别容易导致村党支部越权或村委会掌握财政大权等，这两种情况都特别容易导致经济腐败、村民个人合法权利侵害等完全违背村民自治要求的现象。

五是乡镇政府职能转换迟缓。首先是乡村干部管理理念的陈旧以及自身能力不足，不愿意也不想主动进行职能转变；其次是大多

---

① 黄辉祥：《村民自治的生长——国家建构与社会发育》，西北大学出版社 2008 年版，第 85 页。

② 同上，第 90 页。

数乡镇政府，尤其是中西部乡镇政府出现了财政危机。据国家统计局农调队测算的数据显示，在农村税费改革前，全国乡镇一级每年大约需要3700亿元才能维持合法生存，即使按总支出的70%计算，每年至少也需要经费支出2590亿元。但在近几年的农村税费改革过程中，中央财政转移支付资金仅为1643亿元，加上地方政府财政转移支付资金，平均每年经费来源只有750亿元左右，收支相抵后仍相差1840亿元。[①]在此种情况下，要乡镇政府提供大量公共产品和服务，会出现很大的难度。

2. 后税费时代村民自治的财政支持

第一，在国家政策层面，要改革体制加大扶持。这个层面要包括三个方面，分别是金融、财税、社保。[②]金融方面要盘活农村金融资本，使得在符合法律要求的前提下，更多社会闲置资金能够通过融资等方式进入农村公共建设和服务领域。国家财政对乡村的支持主要用于义务教育等公共产品和服务的生产和提供上，社会金融资本主要为农民提供“半公共产品”和服务。在财税方面，要改革原有农村税制，在落实村社土地所有权的情况下，把过去的“以户纳税”改为“以村纳税”。这既符合村民自治的法理要求，又使得富裕村庄多纳税，贫困村庄少纳税甚至还能得到补贴。在农村社会保障方面，国家应该大力扶植农村合作社等良性组织的发展，把国家医疗养老以及农户子女接受义务教育的资金转化成“券”，如“医疗券”“养老券”等，农民以券为凭证入社组成合作医疗、养老保险协会等组织，并与“平价药店”和农村社区敬老院等农村公共政策相结合，这样，农民的基本保障就可以低成本运行。

第二，在基层政府层面，可以尝试“县政乡治”模式。所谓“县

---

① 刘尚希：《解决县乡财政困难的根本在于打破城乡分治》，《中国经济时报》，2005年2月8日。

② 中国人民大学乡村建设与乡村治理课题组：《农村税费改革及“后税费时代”相关问题分析》，《农业经济问题》，2006第6期。

政乡治”就是以县级人民政府作为国家治理乡村社会的基层政权组织并确立“县”作为乡村社会治理的基本单元，乡镇政府作为县级政府的派出机构，从事具体的职能工作。比较而言，伴随着“省直管县”趋势越来越明显，县级财政已越来越直接来自省财政而不是市财政，这对于县级财政的稳定具有重要意义。“县政乡治”模式最大的特点就是乡镇政府变为县级政府一个专门派出单位，负责某项具体事务，从而排除了乡镇一级政府对于乡村自治权的侵害。除了“县政乡治”的尝试外，目前还应重点培育乡镇基层政府政治合法性，为村民自治发展和完善注入新活力。乡镇基层政府政治合法性，就是辖区内民众对其管理体制和治理模式在心理上的认同。目前造成乡镇政府合法性丧失的主要症结在于乡镇政府对于辖区内公共事业建设推动不力以及乡镇干部贪污受贿等，因此在“县政乡治”模式没有推进的时候，要对乡镇财政有指标性的保证以及加强乡镇权力行使的法律约束。

第三，在村庄社会层面，应增强村民自治组织的“造血功能”。后税费时代为了保证村民自治组织能有充足的财政保障，建议从以下几个方面着手。首先，创新形式，合法合理地对村民收取一定费用。在合法和遵守村民自治精神的前提下适当向农民收取一定费用，用于区域内各项公共事业的建设。但在此过程中，要特别避免通过野蛮和违法的形式向农民抢收费用的情况，要在村委会的制度框架内，通过“村民代表大会”的形式和“一事一议”的程序进行。其次，应该建立健全行之有效的村级财政监督制度。目前村委会的财政收支主要由乡镇政府专门管理，这在一定程度上可以防止财政浪费。但乡政府的财政情况也并不良好，这就使得乡镇政府有着挪用村级财政的冲动，也特别容易衍生乡村干部勾结贪污村级财政的情况。改变此种情况，就必须将村民监督纳入村级财政的监管中去。要通过合适的制度方式，使得村民对于村级财政收支情况有所了解，使得村民或者通过民主选举产生的村民代表在村级财政的使用上具有发言权和较大比例的否决权。

（二）法律完善与章程创设

村民自治制度在中国的逐步推行，是以法律层面对它的确认为保障的。在完善村民自治制度相关法律的同时，就培育村民自治制度的内部活力而言，村庄自治章程同样具有重要作用。

1. 村民自治制度运行的法律困境

一是基层民主制度运行的保障不足。村民自治是农村民主的主要实践形式，但在实际运行中遇到了诸多法律问题。首先是日益凸显的选举法律问题，有学者将此归结为这样几个方面："第一，缺乏对选举的违法行为及其罚则的规定；第二，选举程序缺乏可操作性；第三，罢免程序的规定存在严重缺陷。"[①]其次是村级财务管理制度的法律缺位。"从经济法学角度而言，财产权利就是由所有者拥有的不受他人干涉的、可自由行使的一组权利，财产权利是对一个人对其所有资源可以做什么的一组规定，即所有者在多大程度上可以占有、使用、开发、改善、消耗或阻止他人侵犯其财产权。"[②]但在现实情况中，村级财务管理尽管有诸多制度尝试，但缺乏法律层面上的确认，大量存在着借"公权"之口侵害、侵吞农村集体财产利益的行为，而如何在法律层面对村级财政监督作出安排，是一个紧迫的问题。

二是农村社会法律文化的缺失。这种法律文化的缺失主要是制度形态的法律文化和精神性法律文化的缺失。[③]制度形态法律文化的缺失，一方面我国现行关于村民自治的全国性法律还缺少有关村民自治制度的结构设计，另一方面是一些对村民自治制度结构有较

---

① 孙菊芳：《村民选举存在的法律问题及对策》，《武汉理工大学学报》（社会科学版），2006第4期。

② 陈国富：《法经济学》，经济科学出版社2006年第1版，第17页。

③ 杜方正：《论我国村民自治中的法律问题及其对策》，《南通纺织职业技术学院院报》（综合版），2010年第10期。

详细设计的规章制度又都基本上是地方性质的，在位阶上仅限于特定区域。精神性法律文化的缺失，主要体现在对法律知识、法律学说的了解和掌握以及法律习惯的养成等方面。作为村民自治主体的农民，他们的法律心理值得推敲和研究。在一个有着非常漫长的封建历史、人治色彩浓厚的国家，要短期内在农村形成执法用法守法的风气和精神面貌，无疑存在很多困难。特别是，农民对于村委会集体侵权行为缺乏明确可行的追责途径。例如：当前一些地方村干部，公然违背村民自治规则，与企业甚至上级行政部门相勾结，侵吞村庄集体甚至农民个人的合法财产，而现行法律法规缺乏明确的村干部追责规定，村民很难对这些违法行为进行追责。

三是村民自治法律体系不完善。村民自治是中国亿万农民的伟大创造，也是改革开放以来党和国家发展与健全农村基层民主，保障广大农民权利的制度安排。经过多年的努力与调试，村民自治的内容日益拓展，以民主选举、民主决策、民主管理、民主监督为主要特征的村民自治实践不断完善和发展。以《中华人民共和国宪法》为根本，以《中华人民共和国村民委员会组织法》为基础，省级《〈村委会组织法〉实施办法》、《村民委员会选举办法》为主干，关于村民自治的国务院部门章程和地方政府规章为补充的村民自治法律体系已经初步形成。但是，随着村民自治实践的持续推进，新出现的问题亟须解决，同时一些新的经验也需要以法律或规章的形式进行总结。实践没有止境，村民自治的相关法律体系也应该不断完善，为村民自治的健康发展提供持续的保障。

2. 完善村民自治的法律保障体系

其一，完善和创新村民自治法律体系。目前在《村民自治法》和《村民委员会选举法》还没有提上立法日程的情况下，为使村民自治实践中的新问题在法律上能得到有效解决，保障村民自治的有序进行，还需要进一步完善和细化《村民委员会组织法》。一是村民委员会的法律主体地位问题。现行法律对村民委员会的主体地位界定不清，村民委员会既不是民事主体也不是行政主体。为了明确村民委员会的法律责任，有必要对村民委员会的法律主体地位进行界定。二是乡镇政府与村民委员会的关系问题。乡镇政府与村委会的关系亟待进一步厘清，明确双方的权利与义务，最重要的是通过列举的方式明确乡政府和村委会的职责。三是村务公开问题，在村委会越来越多介入经济事务的境况下，村务公开应该常态化并接受村民监督。

其二，宣传法律知识、培育法制文化。我国有着漫长的封建历史，法制文化缺失。农村地区普法任务繁重，就村民自治领域而言，司法部门肩负着向广大农民群体宣传村民自治法律常识的责任。村民的法治观念与法律水平并不会自发形成，它必须借助于普及法律教育在内的多种手段和措施。“我国历来所形成的法律文化传统造成了广大民众法律意识淡薄，此外，生活在基层的广大村民的厌诉与重视人情的法律心理也较为突出。普及法律教育作为一种提高村民法治观念与法律水平的手段，必须通过有效的途径来运用。普及法律教育的有效途径一般说来主要有法学教育、法学研究、大众传播媒介和司法实践。”[①]

其三，在法律上确认农村地区在公共财政使用上的平等地位。目前，尽管计划经济时代遗留的“城乡二元体制”不断被破除，但是广大农村地区，尤其是中西部贫困地区的农村，仍然没有办法像城市一样享受公共财政带来的发展便利。这些地区的农民仍然无法享受到完全的国民待遇。国家财富是由包括广大农民在内的全体中国人共同创造的，广大农民应当而且也有权利享受到公共财政。农民具有享有公共财政的权利，并且国家应该有相关机构和相应的制度来专门负责农村地区公共财政的分配和使用。所有这些的实现都应该在相关法律上有所体现。

其四，完善村民自治章程，推动村民自治健康发展。村民自治

---

① 张文显：《法理学》，高等教育出版社 2003 年版，第 45 页。

章程具有契约性质，它可以看作是关于村民、国家行政权、村级自治机构三方权利义务的契约，对于维护村民自治的健康发展具有重要的作用，它应该成为村民自治实践中的一项不可缺少的制度性建设。为此，建议在《村委会组织法》中进一步完善关于村民自治章程的条款，使其更具有可行性、可操作性。同时在司法层面，完善对于“村民自治章程”侵害的诉讼救济制度，“村民自治章程”一旦被国家行政权损害，村级自治机构有权向侵害主体追责。

（三）体制改革与意识培养

村民自治的核心精神是“自治”，这个自治是在宪法约束下的自治，所谓“自治权利”亦是不能超越宪法以及其他基本法律的自治。

1. 村民自治权的内容与矛盾

一是作为集体的村民自治权。作为集体的村民自治权主要是指通过村民民主选举组成的村民委员会本身的职权。2010年修订的《中华人民共和国村民委员会组织法》在第8、9、10条具体规定了村民委员会的职权，可以概括为这样几个方面：一是发展区域内经济，改善民生；二是维护本区域内村民的合法权益；三是宣传国家法律法规，同时积极配合上级行政机关在本区域内的各项工作。不难看出，村民委员会或曰村民自治权与国家行政权尤其是基层行政权在职责划分上还存有不清晰的地方，这就有可能导致村民委员会自治权受到来自行政权的侵害。事实上，中国20世纪80年代以来所逐步推行的农村村民自治也并不是把行政权彻底排斥在乡村社会之外，而是在尝试着行政权和自治权如何均衡，以达到乡村治理以及国家现代化的最佳效果。但是缺乏制度化制约的权力是有自我扩张倾向的，在强大的行政权面前，乡村社会的自治权总会处于弱势；而一旦行政权大幅回缩，乡村自治权亦有膨胀的趋势，过度的自治权并非好事。现实中，这种权力紧张关系突出表现为两种形式：一是党村关系的紧张，主要表现为村委会和党支部的关系；

二是乡村关系紧张，表现为作为最基层政府的乡镇政府与村委会的的权力划分困难。

二是作为个体的村民自治权。村民自治中，广大村民是主体，村民依法行使各项权利。伴随着时代的进步，村民的自治权利不断扩展。依照职责的角度，村民在村民自治中的权利主要包括村民的选举权利、对村级事务监督的权利、对村治机构成员追责或者罢免村治机构组成人员的权利、参与村级事务治理的权利。但近年来大量的农村群体性事件所反映出的一个基本事实是，村民的自治权利维护仍然受到多方面因素的困扰，村民自治权利受到侵害的现象仍时有发生，具体表现为：首先是选举过程形式化。有些地方在选举问题上走过场，比如按乡政府和村支部意见内定候选人，不听从大多数村民的意见；制造有倾向性的舆论导向，向村民进行“候选人上边早就定好了”的暗示；有的地方采取选民当场举手表决的方式使候选人当选，破坏了选举的秘密投票原则。其次是村民民主管理空泛化，很多农村的民主管理制度只有纸上价值而无实际意义。再就是村民对村务的监督权受到限制，涉及村民切身利益的决定处于暗箱操作的状态。由于村民的民主管理权利和监督职能很难实现，村民对民主自治失去信心和热情。

2. 保障村民自治权利的实现

其一，健全村民自治章程。村民自治章程的建立，可以有效地使村民自治权的运行规范化，同时也是法治精神内在化的一种很好的方式。村民自治章程是对于村级治理机构运行规则的明确化规定，也是对村民个体合法权利与义务的清晰表达。具有高质量自治精神的村民个体之间会达成高水平的村民自治章程。而村民自治章程的建立和完善也“潜移默化”地影响了村民自治主体自治精神的形成和发展。村民自治章程在现实中的被执行也是值得关注的一件事。有很多地方村民自治章程制定得很完备，但在执行和遵守方面却存在瑕疵，甚至罔顾自治章程而各行其是。因此，村民自治章程的制定和执行是一个完整的整体，要有制度机制方面的举措来保证制定一部高质量的村民自治章程，并且村民以及村治机构都能较好地遵守自治章程的规定。

其二，加强乡村法制建设，提高农民法律素养。很多情况下，农民对自身权利并没有完整的理解，这就使得他们的权利特别容易被侵害，而且在大多数情况下受侵害而不自知。要加大农村普法力度，使村民完整地了解自身的权利涵义。司法部门应鼓励律师送法律到乡村，把律师为农民服务作为律师事务所的一项日常性工作；鼓励律师为农村承包户、乡镇企业担任法律顾问，代理农民参加诉讼，代理各种法律事务。对农村有法律服务所的，要加强法律服务所的规章制度建设，司法机关定期要对法律服务人员进行法律培训，定期考核，对考核合格者颁发证书，准许其从事法律服务工作。

其三，大力发展商品经济，繁荣农村经济。村民自身经济实力的提升，可以增强农民的维权意识和民主意识，促使村民更积极地投入村民自治的民主实践。商品经济孕育契约意识和民主权利意识，伴随着乡村商品经济的发展以及村级治理机构越来越重要的作用，特别是村民自身的社会经济利益已经日益与村庄治理机构相关，这就使得村民们参与村民自治实践的热情越来越高。村民在经济发展进程中形成的维权意识、契约意识、民主意识，将会体现为他们的自治精神不断增强。这是实现村民自治发展的强大内在动力。

（四）人才培育与精英吸纳

任何一项制度实践都是各种合力作用的结果，人才支持是核心因素。这其中，村民自治中出现的各类人才可称为“乡村精英”。乡村自治的人才保障，主要是指乡村精英在村民自治运行中的持续积极作用。

1. 乡村精英的分化与治理局限

乡村精英是指对本区域经济社会发展具有引领性的重要作用的

乡村人士，他们可以是村委会干部，也可以是普通村民，还包括现今的大学生村官等。当前，伴随农村经济社会的发展，乡村精英明显分化并朝着多元化趋向发展，主要表现在如下几个方面：一是职业身份的多样化，除了乡村干部这一群体外，还包括各种致富带头人（如种粮大户、养殖大户等）、农民企业家、农村个体户（从事运输业等非农事业）、大学生村官（普遍具有专科及以上学历）等。二是利益诉求的多元化，他们希望村庄建设得越来越好，这样他们的自身利益才能有所保障，他们也越来越频繁地代表着各自行业向上级行政部门建言献策。三是在地域上，乡村精英的主要活动区域已经不再局限于乡村，但是并不影响他们对于乡村社会发展的关心和支持。特别是，伴随着市场经济的迅速发展以及城乡融合趋势的不断增强，乡村精英流动将越来越频繁，他们参与到村民自治的民主实践中来，无疑会有极大的正向作用。但是精英治理也并非不可挑剔，而是存在着许多局限。

一是乡村精英的权力过于集中。乡村精英通过选举进入村级治理机构，掌握村庄公共权力，但是乡村精英的权威会有自我加强的趋势。乡村精英对于民意结果会出现不同程度的误判，从而为自身权力的集中寻找借口，尽管并不一定为自身获取利益。关于乡村精英权力集中从而忽略民意的实例较多，早在2000年河南南街村集团董事长王宏斌试制永动机的例子就是其中一例。实际上制造永动机就是要打破能量守恒定律，这是绝对不可能的事情。而王宏斌坚持试制永动机，他认为别人思想保守，发誓要不惜一切代价，成为全球唯一的永动机生产厂家，闻名全世界。他曾经算过：如果永动机试制成功，每月纯利润6亿元，一年12个月，就是72亿，用这些钱可以在全世界实现共产主义。而当时21个班子成员除了王宏斌以外全部反对。后来事实怎样呢？诚如王宏斌自己所言：这是我独断专行、一手操作之下给南街村带来的巨大损失。王宏斌的例子说明不受制约或者是很难受制约的村庄公权力会给村庄带来严重伤害。

二是乡村精英的利益谋取。有学者认为，能人政治对于乡村经济社会发展有一定的积极作用，主要表现在“能人”掌握较大资源，善于经营和管理。但同时能人政治所表现出来的权威强大、权力过大、缺乏必要制约等特点也与法制要求有矛盾，能人政治应该向依法治理过渡。[①] 乡村精英尽管会通过合法选举途径而掌握村庄公权力，但在村庄公权力很难受到约束的情况下，这种权力同样有可能成为乡村精英为自己谋取非法私利的工具。这种情况近年来越来越频繁地发生，有的村治机构精英非法获取本属于村民的征地补偿，有的通过各种方式变卖村庄公共和集体财产获取暴利。吕世辰等人在山西调查显示，接近 40% 的受访者认为乡村精英身上存在着类似问题。[②] 这种视公权为私权、使用村庄公权为自身谋取利益的行为严重违背村民自治的精神原则，破坏了社区共同体的建设，使得社会发育走向反面。

三是大量精英进入村治机构，村庄公权力的异化。长期以来，人们一般认为，乡村社会的发展需要乡村精英的引领，尤其是“经济能人”的示范引导。与此流行观点相符合，农村选举的目的就是要选出各样的乡村精英，主要是先富起来的企业家或种植大户、工商户等。以浙江义乌为例，在 2005 年义乌新当选的 761 名村委会主任中，经商者和办厂人员就有 531 名，比例为 69.99%，新当选的 1 545 名村委会委员中，先富群体占 49.7%。[③] 这些被村民赋予较高期望的乡村精英能清廉地行使被委托的村庄公共权力吗？答案绝不是必然的。新制度主义经济学的一个基本假设就是人人都有机会主义的倾向，都具有随机应变、投机取巧、为自己谋取利益的倾向，

---

① 徐勇：《由能人到法制：中国农村基层治理模式转换》，《华中师范大学学报》（人文社科版），1996 第 4 期。

② 龚博君：《苏南农村政治精英的转型及其伦理困境》，《江苏行政学院学报》，2006 年第 1 期。

③ 赵爱庆：《超越乡村精英治理模式的政治抉择》，《中共浙江省委党校学报》，2008 年第 1 期。

也就是说人天然地具有追求利益内在化、成本外在化的倾向。乡村治理中的精英也不外乎此，由于村庄公权力本身就缺乏相应的制度性的约束，特别是当其权力缺乏必要制约以及村民对能人依赖过大时，此种背景下村庄公权力异化的趋向就更是难以避免。

2. 实现乡村精英与村民自治的良性互动

其一，拓展精英吸纳渠道。传统的吸纳乡村体制外精英进入村治机构的渠道主要是村委会的选举，体制外精英通过村民的民主选举成为村委会组成人员。由于村治机构组成人员的人数限制而使这一传统渠道存在局限，需要对其进行必要补充。一种较有益的做法是，可以通过在村委会之外设立类似村民自治事务咨询委员会的机构的形式，吸纳各行业的乡村精英为村民自治事务提出建议，咨询委员会的成员既允许由村民或村治机构组成人员举荐，也允许自我推荐。通过这种方式可以多方面汇聚村庄发展的建议。

其二，精英主导下的参与式治理。这种村治模式强调精英主导和村民参与在村级治理中的双重作用，要求建立有效的激励机制，规范精英产生的程序。同时，村治精英必须按照民主的方式治理村庄，通过民主化的治理方式，与村民建立牢固的信任关系，培养村民的合作能力，最终达到村庄内部的和谐、文明与富裕。精英主导下的参与式治理在村民自治的过程中可以化约为村民自助型参与模式，是精英主导的村庄的发展方向。在此种模式中，村民参与的范围广、影响力大，同时精英对于村庄一些重大决策具有决定权。同时，还应有健全的村民议事制度，健全的党支部和村委会协商机制，良好的村民意见表达渠道以及有效的村追责制度。

其三，为乡村精英注入新鲜血液。目前乡村精英的流失现象不可忽视，乡村精英的流失使得乡村治理资源出现一定程度的短缺，不利于村民自治制度的长远发展。因此基层政府也要通过制度设计，吸引乡村精英的回流以及为乡村精英群体注入新鲜血液。吸引乡村精英回流关键是要创造乡村精英施展才能的舞台。而为乡村精英群体注入新鲜血液，主要是指进一步健全以目前的大学生村官政策为代表的一系列吸引年轻大学生回乡就业和创业的政策。这些大学生年轻而富有活力，只要为他们提供合适的土壤，他们就会扎根生长，为乡村建设和治理添加新的力量。

其四，有效防止村治机构权力异化。精英主导下的参与式治理模式是当下中国农村村民自治进程中较稳妥尝试的一种治理模式选择。但是任何权力都要受到制约，精英主导下的参与式治理模式也必须包括对于精英或曰村治机构权力的制约。有效的制度创新是防止村治机构权力异化的重要方式，可以通过制度化的村民对村治机构成员的问询甚至追责来实现对于村治机构的权力制约。

第五章　构建扩大农民群众参与为导向的乡镇治理机制

中共十八大明确提出，“坚持走中国特色社会主义政治发展道路和推进政治体制改革”，“必须继续积极稳妥推进政治体制改革，发展更加广泛、更加充分、更加健全的人民民主”，进而要求深化行政体制改革，“建设职能科学、结构优化、廉洁高效、人民满意的服务型政府；继续简政放权，推动政府职能向创造良好发展环境、提供优质公共服务、维护社会公平正义转变”。然而，国家层面的行政体制改革，必然要以基层行政改革为基础；实现国家层面的政府善治便不可忽略基础性的繁杂的乡镇治理创新。因此，如何建立一整套成熟完善的基层治理机制，切实解决好广大农民最关心、最直接、最现实的利益问题，全力维护乡村社会的和谐稳定发展，是摆在当前我国党和政府面前亟待研究解决的一项重大而现实的问题。

一、乡镇治理现实困境与改革方向

（一）税改后乡镇治理整体困境

我国的乡镇行政治理体制，自20世纪50年代确立以来，无论在组织机制的自我完善、推动乡村社会的治理与发展等方面，均取得了显著的进步与功效。但随着基层政治、经济、社会形势发生重大变化，乡镇政府行政运作中的各种问题逐步显露出来。

1. 组织规模膨胀与管理困境

乡镇地域、人口规模的合理限度，在于能否有效满足当期广大农民的公共需求，并实现乡村社会的有效治理。人口数量和地域面积是判断基层政府行政规模大小的重要依据。基层地方行政单位的设置，大都从“便于行政和便于居民参加本地管理出发，考虑历史、地理、民族诸因素，根据一个基层行政单位能有效管理的地域、人口而确定的”。[①]自20世纪80年代中期以来，特别是2000年以后，我国乡镇数量急遽减少，乡镇管辖的面积和人口范围不断扩大，造成政府行政管理的不便与乡村公共服务能力的弱化。

1949年以来，我国农村基层政府组织经历过两次大规模的扩大化过程。第一次是50年代中期的农村合作化高潮到人民公社时期，1954年乡镇数量从20.8万个急剧下降到1956年底的2.6万个人民公社。直到20世纪80年代初期，乡镇数量一度大幅度增加，1985年达到9.2万个，但之后乡镇一直处在合并和减少之中。虽然不同时期我国农村基层管理体制和管理规模变化的背景和原因不完全一致，但从乡镇规模的扩大化过程来看，“更多的是基于财政压力而出现的政府行为，并不完全是乡镇治理技术、资源和能力增强的结果”。[②]它在很大程度上是中央和省一级政府主导和推动的“被扩大化”的过程。针对乡镇规模普遍较小、缺乏规模效益、建设财力不足和低水平重复建设等突出问题，从2000年开始，中央开始启动新一轮的乡镇撤并工作，其目的是要优化资源配置、精简机构编制以及减轻农民负担。

乡镇规模并不是固定和一成不变的，而是适应社会经济发展和管理能力的增强而变化，乡镇的行政能力将随着技术条件的改善和财政等资源的增强而增强。虽然目前乡镇规模“被扩大化”，在一定

---

① 陈嘉陵主编·《地方政府手册》，武汉工业大学出版社1989年版，第11页。

② 项继权：《乡镇规模扩大化及其限度》，《开放时代》，2005年第5期。

程度上满足了政府减轻财政负担，以及农民群众减轻经济负担的要求，因而受到中央、地方及农民的欢迎。但“这种乡镇大规模化仍然缺乏技术、资源及管理能力条件的支持”。[①]从政府行政治理的角度，在日常工作中，乡镇政府需将大量精力放在执行上级政府的各种政策、命令方面，而难以兼顾及时、有效而全面地满足不同类型、不同群体和不同层次的乡村公共需求，人口过多、面积过大，将损害行政效能及对社会的有效控制。一些承担公共服务职能的事业单位和机构，伴随着乡镇的撤并而一并被撤，而承接这些公共职能的社会组织尚需一段发育成长过程，影响到乡镇政府对乡村公共资源的分配效率和使用效果，增加了农民的生活开支和生产成本。随着管辖面积和人口的增多，一些偏远村庄出现行政空心化现象，农民与乡镇政府之间的直接交流和沟通越来越少。这些都影响到基层治理的总体绩效。因此，乡镇行政治理的合理规模并不是固定的，而必须根据不同历史时期、不同社会经济水平以及不同的自然环境条件的变化而变化。此外，如何根据市场经济发展的需要，改变现存的乡村公共管理体系和公共服务体系机构林立、条块分割以及“小而全”、不经济的状况，是乡镇行政体制改革中必须解决的重要问题。

2. 体制结构失衡与治理效能的削弱

在整个国家治理体系中，乡镇层级的治理绩效，与县级行政部门的衔接与配合，乃至下辖乡村地区组织的管理和协作，具有密切的内在关联。不同层级组织的意向诉求和行为模式均不一样，体制性的摩擦和矛盾制约着基层治理绩效的提升。这种政府体系内的组织矛盾，集中体现在两个层面：一是财政和人事自主性较低所导致的乡镇一级权限的弱化；二是乡镇政府与村级组织的管理关系失调。

从法律上讲，宪法授予了乡镇政府的明确地位，但许多地方性法规又削弱了乡镇政府应该有的权力，许多行政行为被县以上行政

---

① 项继权：《乡镇规模扩大化及其限度》，《开放时代》，2005 年第 5 期。

主管部门的派出机构代替。[①] 县级政府控制乡镇人事任免和财政权，过分强调上级意图和任务而忽视乡镇的工作自主权，乡镇只能选择对上负责，调动一切资源完成上级下达的各项指标任务，行政管理色彩较浓，政府组织对接农村公共服务需求的主动性和能力都较弱。此外，县级相当一部分职能部门在乡镇都有派出机构，且大多掌握着一些较重的职权，这些机构的人、财、物权和业务管理权大多在上级部门，上级职能部门常常采取直接命令指挥和任务指派的方式，分割了基层政府的组织权限和管理职能。

税改后，我国乡镇与村级组织之间的关系发生了明显的变化。一方面，乡镇人民政府不能完全以行政命令的方式，对村级组织的运行和村庄事务加以直接干预，而较多地运用各种方式和有限的资源，如通过评比、下拨钱物、“村财乡管”、实行工作责任制等方式要求村委会完成各种政府任务。[②] 现在实行的“村财乡管，集中核算”制度，虽然村级“三资”代理服务中心与各行政村签订了代理服务证书，但具有自治性质的特殊村委会集体财务，也将更令财政监督难以施展。[③] 乡镇一级还将政府做不好、做不了的行政任务，转移交给村委会来办理，实际上将“麻烦”和“包袱”甩给了村一级。另一方面，乡镇政府并没有归于“指导、支持、帮助的地位”。[④] 由于县级政府对乡镇政府的工作考核主要集中在发展经济、招商引资和计生、信访、安全生产这些方面，涉及农村公共服务方面的较少，乡镇政府的大量精力花费在完成上级安排的各种任务和考核上。即使向乡村提供公共服务，也是在上级政府推动和敦促下进行，而广大农民真正需要的公共服务却供给不足。尤其在“短缺财政”的现

① 于建嵘：《岳村政治：转型期中国乡村政治结构的变迁》，商务印书馆 2001 年版，第 204 页。

② 徐勇：《村民自治的成长：行政放权与社会发育——1990 年代以来中国村民自治发展困境的反思》，《华中师范大学学报（人文社会科学版）》，2005 年第 2 期。

③ 路口乡财政所：《关于路口乡财税所 2008 年度乡财政管理情况的报告》，2009 年 1 月。

④ 易新涛：《试论我国农村村民委员会建设与保障》，《理论月刊》，2000 年第 10 期。

实条件下，使乡镇政府提供公共产品的意愿和能力大大削弱。大多数乡镇特别是欠发达地区的乡镇，虽然运转经费逐渐有了保障，但乡镇财政仍然困难，使得乡镇政府更多地关注自身利益。面对纷繁复杂、快速变化的乡村发展形势，乡镇政府显得“管理不力”、“服务不足”，仍然未能实现乡村社会有序运转的状态。

3. 运作机制缺失与政府功能失调

影响乡镇治理效果的因素有两个，一是基层政府的运行模式和运行机制；二是基层政府提供的公共服务是否与变化了的农村形势相适应。政府的运作机制是引导和制约决策并与人、财、物相关的各项活动的基本准则及相应制度，是决定行为的内外因素及相互关系的总称。各种因素相互联系、相互作用，要保证社会各项工作的目标和任务真正实现，必须建立一套协调、灵活、高效的运行机制。在乡镇政府的运行实践中，政府组织人、事与财资源以及相关要素的耦合程度不高，各项政府管理和服务行为的功用性、实效性不强，无论在运作机制和组织功能方面，都远未达到上级政府与乡村社会所期望的较为完善的境地，其问题集中体现在运作机制的缺失方面，而导致乡镇政府组织的社会管理和公共服务这两大功能的失调。

农村税费改革后各地先后进行了乡镇机构改革，乡镇政府人员大量精简，大部分的超编人员都统一进行考试，要么分流到其他单位，要么就直接买断工龄。改革之后，乡镇政府人员规模得到有效的控制。与此同时，乡镇政府承担的发展经济、计划生育、综合治理、安全生产、信访稳定等各项事务日趋繁杂，常常出现一人担任数职而承担数项工作的情况。遇到临时任务或突发事件，更是所有人员集中办理，导致乡镇政府人员工作负荷重、压力大，工作状态和工作效率都受到很大影响。再者，农村税改后，基层政府的基本职能和主要功能发生重大变化，需要通过服务达到管理的目标，把管理融于服务之中，由过去的“管、收、批”向“扶、帮、助”转变。然而，乡镇政府缺乏行之有效的工作手段。在执行各项政策时，乡镇干部对农民在经济上没有制约手段，又不能搞强迫命令，只能采取协商、发动、示范、服务等方式开展工作，普遍感觉缺乏推动工作的手段。

随着经济社会的发展，农民对公共服务的需求日益多元化、多样化。调查显示，与生产和生活密切相关的大型基础设施、农业生产技术和市场信息、农村合作医疗和社会保障是全国范围内具有共性的最为迫切的公共服务需求。[①]道路和农田水利等基础设施投资多、效益低，只靠集体积累和农户的捐助是不能完成或难以完成的，农业生产技术落后是现代农业发展的瓶颈，而当前农民看病难的状况没有得到根本性的扭转。广大农民期盼乡镇和上级政府切实关心和支持，在农村基础设施建设和公共事业方面多给予、多投入，帮助农民解决实际困难，多做实实在在的事，多做老百姓急需做的事。但基层乡镇政府往往积极性不高，不能做出及时回应，远不能满足群众的需求，无法获得广大农民的高度认同和支持。同时，乡镇政府无法有效地化解基层政府与乡村社会以及乡村社会内部的冲突，其自身也往往被卷入利益冲突中。

4. 财政成本高昂与“民生债务”

在乡镇治理中，债务问题是农村经济发展过程中各种矛盾沉积的结果，也是横亘在乡村社会公共事业发展道路上的显性障碍。近年来，大多数乡镇均产生了不同程度的负债，涉及面相当广泛，乡镇则在既定的事权和财政体制下，依靠大举借债来弥补乡镇乡村公共服务支出的不足。高额债务对乡镇治理产生不利的影响。

我国乡镇债务问题产生于上世纪 90 年代初，1994 年后进入高速增长期，农村税费改革后更刺激了全面的乡镇债务危机。大量的材料表明，不少乡村尤其中西部乡村事实上陷入了严重的财政和债

---

① 袁方成、李广、周伟明：《农民的公共需求与乡镇事业单位改革——对湖北咸安农民公共需求的调查与分析》，《华中师范大学学报》，2006 年第 5 期；袁方成、王剑虎：《社区建设中的农民：认知、意愿和公共需求——基于一项全国性的主题调查》，《华中师范大学学报》，2009 年第 5 期。

务危机之中。2005年四川乡镇债务251.9亿元，相当于当年乡镇财政收入48.6亿元的5.2倍，平均每个乡镇535.4万元，其中债务超过亿元的乡镇达7个；河南2 100个乡镇90%以上有负债，平均每个乡镇489万元，负债1 000万元以上的有179个；安徽的县乡政府负债313亿元，县均负债2.29亿元，乡均753万元。税费改革后，由于上级拨付的转移支付款不能弥补原来的债务窟窿，乡镇经济和税收在短期内难有显著的增长，因此，税费改革前遗留的乡镇债务问题很难消化。[①]2011年6月27日，国家审计署审计长刘家义在向全国人大常委会所作的2010年度中央预算执行和其他财政收支的审计工作报告中称，截至2010年底，全国省、市、县三级地方政府债务余额已达107 174. 91亿元人民币。[②]乡镇债务矛盾非常突出，已严重影响到基层政府的正常运转和社会稳定。

随着经济的发展、上级转移的增加，我国乡镇收入相应增加，但由于乡镇公共支出的规模日益扩大，基层债务负担仍然沉重，仍然处于财政困难时期。乡镇债务主要是历史累积的结果。从债务结构的角度看，乡村普及义务教育、乡村道路、农田水利基本设施建设等公共产品和服务的支出，构成了乡镇借债的主体部分。加之过去长期以来，其行政管理费开支持续膨胀、难以遏制，以及压缩非财政开支比例的努力难以见效，导致50%以上的乡镇债务都用于公共事业投资和行政机构运转等经常性支出方面。据调查，乡镇债务中用于本区域公益事业的比例高达70.92%，其中投入道路建设和小城镇建设的资金最多，包括学校建设投入，卫生、文化设施建设，民政优抚和计划生育投入。[③]这些债务主要来源于金融机构、上级单位、工商户，也包括建筑商及个人，偿债风险和难度很大。乡镇

---

① 高宏德:《统筹城乡发展与化解我国乡镇债务问题研究》,《四川行政学院学报》，2009年第4期。

② 郭金超、张蔚然:《我国去年省市县三级政府性债务超10万亿元》，http://news.southcn.com/z/2011−06/27/content_26025113.htm。

③ 陈琪:《河南省乡村债务化解对策研究》,《科技经济市场》，2010年第6期。

财政除了转移支付外，没有收入来源。乡镇保工资、保运转、保重点、保稳定，无钱办事的矛盾非常突出。在基层财政收支缺口和巨额债务的压力下，政府组织的行政能力不断弱化，农村日益增长的公共服务需求与基层政权提供公共产品能力不足之间的矛盾日益突出，许多农村地区的常规性建设资金捉襟见肘，有些地方甚至陷入只能依靠持续举债才能勉强维持的体制性瓶颈。

乡镇债务的严峻现实，远远超过自身的承受范围，越来越成为制约农村经济发展和导致社会不稳定的重要因素。现实中，由乡村债务引发的社会矛盾已开始显现。“不少乡镇常年有债主上门要债，拿不到钱就会在机关大吵大闹，特别是每年年底放假前，不少乡镇政府被围得水泄不通，严重影响机关正常运行。”[①]不断累积且规模愈加庞大的乡镇债务，以及仅凭乡镇自身财力无力偿还的局面，使得不少乡镇政府机构难以正常运转。由于支出过分依赖上级转移支付或债务性收入，导致基层财政非常脆弱，部分政府职能无法正常履行，基层政府的发展能力和空间受限，基层行政生态陷入尴尬境地，信誉度大大降低。

乡镇政府受制于资源稀缺、组织间失调及环境恶化而产生不同程度的治理危机，突出体现在乡镇的地域面积和人口分布的空间极化，导致行政成本的增加和行政效率的降低；过度依赖上级政府而导致乡镇行政权限的分割和自主性的萎缩；政府组织的运转“缺人、缺权、缺钱”，即缺乏优秀人力资源、职等低权责小而导致的人力结构的失调、缺乏足够的行政权能和资源，来面对日益扩张的乡村发展需求，诸如此类，都在相当程度上抑制了政府行政绩效的提升，并于20世纪末积聚成为较为激烈的治理危机。

（二）新一轮乡镇改革探索实践

20世纪中后期以来，随着乡村治理中若干矛盾的积累与频发，

---

① 中国人民政治协商会议奉节县委员会：《关于切实解决乡镇债务的建议》，2011年8月5日。

乡镇政府与社会关系之间的紧张，逐步演化为总体性的治理危机，我国不断探索推动微观层面的改革和调整，力图通过以基层政府为中心的体制性变革，来缓解和解决乡村治理中的种种矛盾，实现对乡村社会的有效治理。在2004年以来，为配合农村税费改革和农村综合改革、加快推进城乡经济社会一体化进程，启动实施了新一轮乡镇机构改革。

1. 去废与留存：乡镇改革的路向论争

基层治理陷入重重困境的现状，引起了政府和社会的广泛议论，特别是在乡镇政府究竟向何处去的改革方向问题上，出现了较为明显对立的意见。学界对于乡镇政府的存留问题也产生了“强化”、“弱化”、“虚化”或“撤销”等不同观点。

“强化论”主张在维持目前乡镇政府作为国家基层政权单位的前提下，加强基层政府的管理和服务能力建设，把乡镇政府建设成为一级完备或完全的农村基层政府组织，整合乡镇现有机构，对特定乡镇机构的职能进行重新划分，直接对乡镇政府负责，从而强化国家对社会的主导作用。但是在上级监督乏力、自身运作不规范、财政资源缺乏、乡村社会力量发育不成熟的环境中，加强乡镇政府会导致其资源汲取能力可能更强，更容易引发和激化政府与社会之间的矛盾冲突。

“弱化论”主张实行“县政、乡派、村治”。将乡镇政府改造成为县政府的行政派出机构，剥离不必和不能由乡镇政府履行或乡镇政府根本不必履行的职能，只接收县政府委派承担的须由乡镇行政组织完成的政务类任务，以及引导和指导村委会和村庄发展的工作，国家的行政权力要逐渐退出农村的政治领域。但是弱化乡镇的组织和职能，不利于政权的稳定以及国家对乡村社会的有序管理；在政府与社会出现矛盾冲突时缺乏必要的缓冲地带。

“虚化论”主张建立官民合作的“乡政自治”体系，将乡镇政府定位于“官民合作”组织——既是国家设在乡村的最基层政权组织机构，又是乡镇社区治理的主体单位，代表乡镇范围内的人民实施自我管理和自我服务。同时，在乡镇真正建立起民主合作式的运行机制，使乡村民众有足够的政治权力参与到乡镇政府的选举、决策、监督、财政等诸多层面和各种事务当中。但是在当前条件下，基层政府较乡村社会处于明显强势的地位。如果构建“官民合作”的组织体系，在实际运行中，行政性力量可能会抑制或削弱自治性功能的培育和发挥，从而出现政府行政权力强势抑制自治甚至代替自治的结果。

“撤销论”主张撤销乡镇政府，实行乡镇自治。撤销乡镇政府，由县直接管村，在乡镇政权组织撤销之后，原乡镇履行的公共行政的职权移交给县级政权机关，由县级政权机关或相关职能部门履行。将原来乡镇政权组织履行的经济管理、经济服务等职能转移给农民组织或者社会中介组织。通过建立农民自治组织，对除了国家事务之外涉及农民利益的公共事务实行自我管理。但是撤销乡镇政府后，意味着国家政权在乡村场域内的撤离。在目前乡村社会缺乏规范有序运转的现实面前，国家无法通过制度化组织渠道和方式，实现对乡村社会的控制，可能出现“一放就乱”。

乡镇政府的改革，其核心命题是政府体制及政府与乡村社会关系的调整。如果从“行政化”和“自治化”这两种方向来看，“强化”乡镇政府便是推动其向国家政权建设的“行政化”调整。而“弱化”、“虚化”及“撤销”乡镇政府的改革，则走向“自治化”的方向：强调尊重和保护基层社会的自主性，通过乡镇政府的改革，促进基层和地方自治的发展，从而提高地方治理的绩效。

对乡镇政府需不需要改革这一问题，我国各级政府、学界和民众达成了高度的共识。然而，对乡镇政府改向何处这一重大战略方向性问题，不同群体的讨论结果和意见并不一致。大体上看，乡镇和村干部大多支持保留目前的乡镇政府设置，并强化乡镇政府的观点，县级干部和学者倾向将乡镇政府改为县级派出机构，而农民更多希望实行乡镇自治，扩大民众和社会自治权力。不同群体的态度差异，其歧见主要源于他们所处的结构位置不同。[①]主导乡镇基层改革的是中央和省级政府，具体领导实施的是县级政府，身份和利益较为超脱于基层改革所涉及和波及的范围，乡镇改为县级派驻机构，可以更加增强乡镇一级对上级的依附性，更有利于自上而下的管理和监督；乡镇政府作为基层治理的主体，维护自身"存在"的合法性地位是其在改革中的首要目标，也是推行和落实改革具体方案的前提；广大农民从个体利益诉求出发，选择撤销乡镇政府而扩大社会民主权利，也较为支持改革乡镇政府以真正践行服务乡村社会的宗旨。"上级主导、基层启动"的乡镇改革，在不同群体的观点表达和行动交互中，再次出现。

2. 撤并与分合：乡镇改革的路径选择

学界对乡镇改革路向的争论，可以作为政府改革政策选择的重要参照依据。对于乡镇政府的改革路径，当前我国多采用的是运用高层政府的文件政策来推动落实，仍然是在基层政府体系内部的"渐进"调整，并不直接涉及政府与社会之间的制度性关联。从1998年来的乡镇改革来看，我国一直延续着"撤并乡镇、精简机构、分流人员"[②]为主要内容的乡镇机构改革。这个在保留目前的乡镇政府设置的前提下，认可度最高的改革措施是"转变政府职能，增强公共服务能力"，和"精简机构和人员"[③]的社会意愿是相一致的，仍属于"渐进式"的较为"温和"的改革模式。

我国的乡镇机构改革在农村税费改革前已经开始，并在税费改革后加快推进。改革的最大特点就是在政府主导下大量撤并乡

---

① 吴理财、李芝兰：《农村基层干部对乡镇改革的歧见及其原因——基于皖、鄂、渝乡镇改革调查数据的分析》，《华中师范大学学报》，2009年第5期。

② 张新光：《河南省乡镇机构改革的动力机制研究》，《中国社会科学院研究生院学报》，2006年第5期。

③ 吴理财、朱红萱：《乡镇改革：乡镇干部的所思所想——对湖北省乡镇干部的问卷调查》，《中国农村经济》，2005年第11期。

镇。20 世纪 80 年代我国的乡镇数量超过 7 万个，到 2005 年只剩下 35 509 个。其中乡的数量始终处于减少状态，每年平均减少 5.29%，而镇的数量在 2002 年之前不断增长，到 2002 年之后开始由增长变为减少。同时，行政村的数量也在不断减少。与乡镇、村的数量减少相适应，乡镇、村的平均人口不断提高。

地方政府不断撤并乡镇和行政村主要源于推动城市化加速发展和减轻财政压力的考虑。一方面，为了拉动地方经济发展，有些县市在拟定县域经济规划时往往会优先确定几个重点镇作为发展对象，而其周边乡就会成为兼并对象，以便推动重点镇土地资源的扩大。另一方面农业税取消后，一些地方的财政困难明显增大，有必要通过撤并乡镇来减少干部人数，以便节约财政支出。

农村税费改革的推进，使县乡财政体制、基层民主发展、农村公共服务供给、乡村债务等潜在的深层次矛盾和问题集中爆发出来。2005 年初，中央明确提出各地要积极开展包括乡镇机构、县乡财政管理体制改革等内容的农村综合改革试点工作。其中乡镇机构的改革就是其中的重中之重。而推进乡镇机构改革的基本要求就是转变职能、政企分开、精简人员、提高效率，最终目标是建立行为规范、运转协调、公正透明、廉洁高效的基层行政体制和运行机制。根据上述要求，各地不断开展乡镇机构改革的工作，其主要做法包括以下几种：其一，乡镇党委、政府、人大等机构合署办公，减少领导职数。其二，实行乡镇内设机构精简，减少干部人数。其三，乡镇站所实行职能分解，公共服务职能转移到政府业务部门，其他职能推向市场。如此一来，乡镇机构改革被纳入改革的总体框架，乡镇政府的职能被定位在促进经济发展、强化公共服务、加强社会管理、推进基层民主等方面，借以增加农民收入，改善民生，维护农村稳定和社会和谐。

在政治高压和经济鼓励的双重作用下，多数地区在较短时间内完了乡镇机构改革任务。为防止出现乡镇机构改革的“反弹现象”，有些地区又作出新的规定，如乡镇行政和事业编制，实行统一管理和总量控制；建立乡镇机构编制台账，实行乡镇编制人员实名制管理和机构编制审核通知单制度，逐步建立健全乡镇机构编制管理与财政预算管理互相配套协调的约束机制。

3. “变”与“常”：政府改革的绩效检审

乡镇政府选择不同的改革方向和路径，不同主体对改革的反应和评价各不相同，改革所产生的效应和影响也是多重的。我国乡镇政府的改革在人员机构精简方面取得了明显的成效，但仍属于政府体系内的局部和微观调整，改革的局限性仍然很明显。

自1986年中共中央、国务院发出《关于加强农村基层政权建设工作的通知》，做出了基层政权改革的整体部署以来，乡镇在机构设置、权力划分、治理结构等方面进行了改革努力。从整个改革历程来考察，其主要任务和客观成效的“变”与“常”交替出现：乡镇改革在不同时期既具有不同的环境、阶段性目标和特征，其具体措施也发生诸多变化，新情况与新问题也随之产生；改革思路方面则体现出较强的连续性和一贯性，改革中若干深层次的矛盾和问题，也未能得到根本性的解决而沉淀下来，并反复暴露出来。

纵观中央和省级的各项相关改革政策，既有理念和价值层面的“软目标”，也有实际操作层面的“硬任务”。其中，明确乡镇职能定位，不断改进领导方式和工作方法，提高社会管理和公共服务水平，确保乡镇基层组织正常运转，营造农村经济社会发展的良好环境，构建行为规范、运转协调、公正透明、廉洁高效的乡镇行政管理体制和运行机制，是改革要实现的“软目标”。而调整乡镇布局，改革精简规范乡镇机构、编制和领导职数，优化组合乡镇事业单位，大力分流超编人员，减少财政供养人员，切实减轻财政和农民负担，巩固农村税费改革成果，无疑是乡镇改革的“硬任务”。

从“硬任务”的角度看，各地着力整合乡镇行政机构，创新事业站所运行机制，大力精简富余人员，坚决清理清退临时聘用人员。据统计，2007年与2004年相比，乡镇行政编制精简4.3%，实有人员精简10.3%；事业编制精简20.4%，实有人员精简28.5%。[①] 从一定意义上说，2004年以来我国乡镇机构改革的力度是很大的，乡镇机构和乡镇领导职数大幅度瘦身，达到了“减人、减事、减数”的目标。此外，有的地方逐步建立规范化的职务消费管理监督机制。与此同时，积极推行机构编制政务公开、领导离任审计等制度和办法，有效地解决了乡镇一度存在的机构过滥、人员严重超编等突出问题，减少了财政支出，巩固了农村税费改革成果。可以说，乡镇机构改革的“硬任务”基本完成。

在“软目标”的层面，也出现了一些积极的变化。通过改革，乡镇履行职能的能力在一定程度上得到提升。各地区逐步把乡镇工作从过去直接办企业、抓生产经营、催收催种、收费罚款等繁琐事务中解脱出来，转向典型示范引导、提供政策服务、营造发展环境和维护社会稳定上来。普遍加强了乡镇的社会管理和公共服务职能，强化了维护农村稳定这一职能，履行经济职能的方式也在逐步改进；不少地方还在农村公益服务领域全面推行“以钱养事”的运作机制，通过“政府购买、合同管理、农民认可、考核兑现”，满足了农民对于技术服务的需求；有的不断创新农村工作机制，由“管理农民”逐步转变为“服务农民”，为农服务意识不断增强，依法行政能力以及社会管理和公共服务水平逐步提高。

通过改革，县乡事权关系得到一定范围的调整。不少地区在改革中，尝试按照权责一致和事权财权相匹配的要求，对县乡权限职责进行了合理划分，使乡镇真正实现权责一致：凡是法律、法规和有关规范性文件明确规定由县级政府承担的职责，不准转嫁给乡镇政府承担；确实需要乡镇政府配合的，应明确权利与义务二者的关系，并赋予相应的办事权限，提供必要的财力保障；凡不是中央和省委确定的“一票否决”项目和各种达标升级评比活动，一律取消。

① 盛若蔚：《全国3.4万多个乡镇的机构改革将于2012年基本完成》，《农村百事通》，2009年第14期。

许多地区还实行“乡财县管乡用”的管理方式，理顺了县直部门派驻乡镇的事业站所管理体制。

乡镇是国家治理农村全部工作的基础，是政府管理农村、服务农民的直接载体。乡镇改革的核心问题，不完全在于乡镇组织规模的控制与精简。合理划分县乡之间的“事权”与“财权”关系，加强农村基层公共服务和社会管理职能，更好地适应农村经济社会发展的实际需要，是巩固农村税费改革成果、加强新时期农村管理工作的关键所在。在当前我国经济社会转型和农村改革发展的关键时期，乡镇机构改革的重要性和紧迫性更加凸显。推进乡镇机构改革，转变政府职能，把工作重心转到加强社会管理和公共服务上来，可以从根本上消除制约农村发展的体制性障碍，不仅不会削弱基础管理工作，而且可以更好地为农村发展创造良好的外部环境。

中共十七届三中全会就强调要“继续推进农村综合改革，2012年基本完成乡镇机构改革任务，着力增强乡镇政府社会管理和公共服务职能”。①2010年改革获得阶段性成果时，又强调“要把乡镇机构改革放到更加突出的位置，坚定不移地向前推进，为农村经济社会又好又快发展提供坚实保障……确保2012年如期顺利完成乡镇机构改革各项任务”。②紧接着，河南省政府也提出了“继续深化乡镇机构改革、省直管县财政管理体制改革和乡村债务清理化解等农村综合改革”。③中共十八大更是明确指出，“要按照建立中国特色行政体制目标，……建设职能科学、结构优化、廉洁高效、人民满意的服务型政府……优化行政层级和行政区划设置，有条件的地方可探索省直接管理县（市）改革，深化乡镇行政体制改革。创新行政

---

①《中共中央关于推进农村改革发展若干重大问题的决定》，2008年10月12日。

②《马凯在全国乡镇机构改革工作电视电话会议上强调为农村经济社会发展提供坚实保障》，《人民日报》2010年10月12日。

③ 河南省人民政府办公厅：《河南省人民政府办公厅关于印发河南省农业和农村经济发展“十二五”规划的通知》（豫政办〔2011〕83号），2011年7月22日。

管理方式，提高政府公信力和执行力”。[①] 乡镇改革正在更广的范围内加速深入推进。

目前农村综合改革主要在乡镇层面和范围展开，但在其实施过程中，已经触及县乡管理体制、中央和各地方的发展战略规划、地方和基层财政体制、政府行政和事业单位人事制度以及国家部门权力和利益体制等宏观性的重大问题。正因为乡镇改革是国家行政体制整体改革的一部分，要巩固既有的改革成果，就必须上下联动、整体推进。只有国家整体改革的推进，才能真正保证农村综合改革目标的实现，而后者面临的困难和问题更多、程序和环节更为复杂，过程也更加漫长。可以预见的是，基层政府治理的转型，纳入国家层面的总体改革进程来观察，才刚刚开始。

时至今日，客观上看，尽管经历过历次分分合合及机构重组与再造，乡镇政府组织结构的各构成要素设置及其运行，仍然与“小政府、大社会”、“服务型政府”等时代理念和要求不相匹配。与中央和上级的历次改革相比，基层政府的改革具有截然不同的特点。乡镇政府的改革往往是受各种压力驱动，如自上而下的行政管束、乡村社会的环境变迁、组织机制的内在弊症等，并以被动的姿态来接受并执行。而且，在面临亟待解决的治理矛盾时，在高层政府的积极推动之下展开，其目标在于改善基层治理的现状，推动乡村地区的经济和社会发展。在推行方式方面，我国乡镇改革的政策推行，主要通过党政政策文件形式来推动。在政策内容方面，重点在于控制乡镇政府机构编制、乡镇事业站所体制、县乡财政管理体制改革等机构和规则问题，侧重于政府组织机构的精简合并及其运行机制的改造方面；当然，我国的乡镇改革也给定了明确的时间节点，力图通过“倒计时”的形式来确保改革的持续性。

我国的乡镇改革在完成精简机构和人员、创新社会管理和公共

---

① 《胡锦涛在中国共产党第十八次全国代表大会上的报告》，新华社北京2012年11月17日电。

服务方式以及县乡财政管理体制改革方面已经取得明显的成效，但对于促进经济发展、增加农民收入，强化公共服务、着力改善民生，加强社会管理、维护农村稳定，推进基层民主、促进农村和谐的“善治”目标，仍然是一项长期而复杂、需要继续深入的艰巨任务。

（三）新时期乡镇改革总体方向

乡镇治理的改革与创新，主要涉及两个方面：一是政府行政体系内的变革，即构建起合理的组织体系和高效的运行机制，以保证乡村社会管理和公共服务职能的有效实现；一是政府与社会关系层面的调整，即如何获得广大民众和乡村组织的积极回应与支持，并实现其广泛而规范化的民主参与，以及乡村社会的稳定而有序的发展。

1. 从“乡政”到“县治”的提升

政府职能是政府机构设置的依据，乡镇政府机构的改革根本上依赖于特定阶段乡镇政府职能的消长。就目前乡镇政府运作的态势，目前主要发挥承上启下的作用，即传达县级政府的行政指令和指导村级组织运转。但对上往往和县级政府及其职能部门发生冲突，而对下则压缩村级组织的发展空间，运行中矛盾重重，无论是乡镇治理的规模极化、县乡村之间的体制性摩擦而带来的治权分割和管理失序、乡镇组织的运作模式固有的机制缺陷与功能失调，乃至于乡镇现实性的债务负担都与此有关。政府职能的转变是机构改革的重点和核心，而政府职能的确定，又依赖于政府在公共治理过程中承担的功能的变化。乡镇治理的功能转型，客观上也要求基层政府职能随之发生相应的转变。目前对乡镇政府所进行的撤并机构、分流人员，实行减人、减事、减支等改革，削弱了乡镇政府的权能，但同时也为治理主体的层级提升拓展了空间。在此基础上，将乡镇治理结构的重塑纳入县域治理的总体框架中，建立与县级治理有机衔接和良性互动的基层行政管理体制。

从“乡政”到“县治”，意味着县级政府及各职能部门在乡域范围内将发挥更大的行政主导作用。现行“条块结合”的管理体制下，乡村公共管理体系和公共服务体系产生了诸如机构林立、条块分割以及“小而全”、效能差等诸多问题。农村税改后公益性服务的增加，主要依赖中央和省一级政府投入的增加，以及县级各部门的服务职能的强化。而无论是在经费投入，还是在组织力量方面，县级政府部门比乡镇都具有更大的优势。县域范围内经济管理、民政、科学、文化卫生、教育体育、环境资源、城乡建设与发展规划、财政、公安、司法监察、计划生育、商业服务、信用保险等职能，以及涉及乡镇辖区内农林牧渔产业、农村道路水利等公共基础设施、防灾抗灾等职能均可由县级政府及其职能部门来统筹负责，农村合作经济组织和社会组织来协作管理和提供服务。乡镇政府则主要依据宪法、法律、行政法规，执行上级政府政策，发挥上传下达的协调性作用。从公共服务的受众者——广大农民的角度，只要能享受到更多的、更好的服务，究竟是哪一级或者哪些政府组织来提供，并不关注。既然改革的目标是要提升政府公共服务的能力，至于由哪一级政府提供服务并不重要。

在目前的改革基础之上，有必要进一步打破乡镇“块块”的局限，改变传统的以“全能型”基层政府——乡镇为主体、组织和提供公共服务和公益事业的供给模式，将应当由政府承担的部分职能上收到县级政府，重新构建以县域为基础、以中心镇为节点、接受区域中心城市辐射的乡村公共服务体系。按照精简、统一、效能的原则，以县域为单位重新设置公共管理和公共服务体系，按公共服务的性质和需要以及相应组织的服务功能和经营管理成本设立相应的组织和机构，形成以县域为单位的纵横交错的新型管理网络和服务体系。

这种新型的“县治”体制，要求政府组织体系的变革。治理主体的提升，有利于克服目前行政体系中责权分离的痼疾。县级作为有责任能力的完备的一级政府，权、责往往是分离的，有决策权力，却不直接承担责任，其决策容易脱离乡村实际，乡镇政府作为政策执行者，并无相应的决策和行政责任能力。对乡镇组织机构进行全面整合，把“乡治”纳入“县治”范围之中，统筹安排和配置县乡职能，有利于增强乡镇的公共服务能力。实践证明，在目前由县级政府部门来负责专业性的乡村社会管理和公共服务工作，其效率和效能都有所提高。

2. 从“管治”到“同治”的转换

中共十八大从宏观政治形态和理念上强调“人民主体地位”，“发挥人民主人翁精神”，倡导“最广泛地动员和组织人民依法管理国家事务和社会事务、管理经济和文化事业、积极投身社会主义现代化建设，更好保障人民权益，更好保证人民当家做主”。[①]新型的乡村基层行政管理机制，是乡镇范围内政府组织、农民、乡村经济社会组织等多主体参与、互动、实现有效治理所需的平台、渠道、方式、规则等综合体。建立政府与乡村社会良性互动、合作共治的乡镇治理机制，是乡镇治理改革和转型的必然选择。从根本上讲，就是要超越行政体系内的分权改革思路，以现代治理理念[②]建构起政府、市场、社会的多中心治理模式，推动构建基层政府高效行政与乡村社会高度自治有效衔接的新型乡镇治理体系。

构建新型的乡镇治理机制，实现从“管治”到“共治”的转变，需要重新定位基层政府的管理功能，建立政府与乡村社会组织、广大农民之间的协作关系，充分调动乡村社会的资源，并发挥各种社会组织力量，加强基层政府管理社会公共事务的能力，共同解决乡村发展面临的公共问题，改善和提高乡村民众生活的质量，以实现乡村社会的稳定、有序和可持续发展。

近年来，在各地的公共服务改革的探索中，已经发生一些积极的变化。不少地区结合农民主体和政府主导原则，坚持集中和民主协调原则，引入市场机制，采用招投标制、合同承包制、出租制、民营化等市场化方式将原来由政府承担的公共服务转移出去，实现

① 《胡锦涛在中国共产党第十八次全国代表大会上的报告》，新华社北京 2012 年 11 月 17 日电。

② 俞可平：《治理与善治：一种新的政治分析框架》，《新华文摘》，2001 年第 12 期。

政府的公共政策化和公共管理和服务的社会化，形成政府供给、市场供给、社会自助并存的公共服务体系。[①]有的鼓励其他经济实体依法进入农业技术服务行业和领域，参与经营性农业技术推广服务实体的基础设施投资、建设和运营；有的积极探索公益性农业技术服务的多种实现形式，鼓励各类技术服务组织参与公益性农业技术推广服务，对部分公益性服务项目可以采取政府订购的方式；也有的按照构建多元化农业技术推广体系的总体目标，大力发展各类社会化农业技术服务组织，不断满足农民的多样化技术需求，这样使原来部分政府的公共管理和服务的职能社会化；还有的发挥基层民主，以村级组织为主体提供自愿服务和购买市场服务。在基本公共服务、基本保障和基础设施方面，坚持统筹兼顾，促进城市公共服务向农村延伸，形成均衡发展的城乡一体化公共服务体系。

与之相对应的是，现代市场经济与民主政治所要求的观念意识，正在乡镇治理的改革中萌发、孕育和形成。从过去政府主体与乡村社会之间关系的责权不对等、不平衡，转向强调乡村社会组织和民众在乡村事务治理活动中的平等参与权利；从过去强调政府管理的主要功能是对社会进行管治，转向重视乡村社会和社会公众对基层政府主体及其行为的制约和监督，强化政府的公共责任意识和角色。

这些改革观念和机制创新，以实现乡村公共利益最大化为目标，使基层政府的管理和服务能够满足基层社会的需求，更加注重农民作为平等主体的地位，并通过建立有效的民意表达、民主协商、民众监督的机制，使基层政府能够逐步嵌入乡村社会的组织和利益结构之中，保障乡村公共利益的表达和实现。而这并不意味着政府地位降低或弱化，恰恰表明乡镇政府的合法性得以重塑，权威性得到强化，政府在乡域范围内的主体地位也得以巩固和提高。

必须承认，在中国这样一个超大型且处于转型期的发展中国家，

---

① 张康之：《论政府的非管理化——关于“新公共管理”的趋势预测》，《教学与研究》，2000年第7期。

乡镇治理所面临的复杂程度及其具有的难度，是世界上任何一个大国所少有的：既要面对传统计划经济体制沿袭而来的历史问题，又要解决市场经济孕育发展所引发的各类新矛盾；既要适应分化程度越来越高、阶层分化日益明显的乡村社会，又要面对旧的利益结构被打破、新的利益结构重组中，而组织化程度仍然很低的农民个体和群体，相对于农村经济改革和社会发展，其难度更大、风险更高。因此，乡镇治理改革与创新的过程是渐进式而持续性的，并非短期内可以毕其功于一役。只有不断克服制度变迁和发展中的各种矛盾，使乡镇治理的制度化、民主化得以更加全面而深入地推进，才能促成基层治理的成熟与定型，从而实现行政效率提升与社会公平正义的目标。

二、构建乡镇公共服务的供给机制

中共十八大提出“基本公共服务均等化总体实现”的目标，要求“加快健全基本公共服务体系”，“加快形成政府主导、覆盖城乡、可持续的基本公共服务体系”，强调在构建可持续的基本公共服务体系过程中的政府主导作用。但是由于农村公共服务供给中政府单一供给，供给主体的“缺位”和“错位”现象并存，导致农村公共服务供给水平较低、效率低下。这不仅影响城乡基本公共服务供给均等化目标的实现，而且制约农民和农业可持续发展，成为城乡经济社会一体化发展的障碍。因此，必须改变农村公共服务政府单一供给的局面，促进农村公共服务供给社会参与成为学界的共识。

（一）农村公共服务的现实挑战

农村公共服务是乡镇政府、民间组织、市场组织等部门为满足农业生产和农民生活的需求提供的公共产品。在农村公共服务供给中，由于乡镇政府、民间组织、市场组织在农村公共产品供给中角色及功能不同，决定农村公共服务供给主体、供给的需求表达与决策机制、筹资机制呈现不同的特征。

1. 农村公共服务的供给主体

乡镇政府。从十六大以来，中央一直强调地方政府要加强社会管理和公共服务职能，地方政府开始职能转变，进行服务型政府建设。在农村基本公共服务提供中，政府是农村公共服务供给最为重要且其他主体力量不能替代的主体。① 具体到乡镇政府，其提供的公共服务主要是小型水利灌溉、农业技术指导、良种培育、维持农村社会治安、制定城镇发展规划、建立农村社会保障体系、为农民和乡镇企业提供咨询培训、乡村道路建设等属于乡镇区域内的公共服务。为了将公共服务下沉到村庄社区，在农村公共服务供给中不断创新，如由乡镇政府统一领导协调成立农村社区服务中心。在农村社区服务中心组建和运转中，一般由市镇两级财政投入为主；在人员配置上，由乡镇政府等机构选派或者从大学生村官中选聘专职工作人员进入农村社区服务中心，保障农村社区服务中心持续运转。在工作内容上，农村社区服务中心具体承接政府行政部门依法延伸在农村社区的基本政务服务及有关公共服务。

以村委会为代表的乡村社区自治组织。村委会是乡村社区自治组织，其生长与向乡村社区提供公共服务密不可分。后税费时期，随着国家对农村公共服务财政转移支付力度加大，基于历史传承等原因，村委会具有较强的公共权威，在维护社会治安、调解民间纠纷、发扬社会公德、修建道路桥梁、建设社区公共环境等乡村社区公益事业履行上，村民对村委会有较高的认同和信任。特别是在乡村社区基础设施修建上，村委会能够发挥其在乡村社区的凝聚力，通过“一事一议”的方式筹资筹劳。

乡村社区社会组织。随着乡村社区经济社会的发展，农民在生

---

① 李长健、涂晓菊、王悦：《农村公共产品供给模式与制度设计研究》，《教学与研究》，2006年第10期。

产与生活中对公共服务呈现出多样化的需求，为了提供适应农民多样化需求的公共服务，一些乡村社区社会组织相应成立。特别是后税费时期，乡村社区社会组织蓬勃发展起来。实践中，基于农民内生需求，新兴的民事调解、文化娱乐、红白喜事理事会等乡村社区社会组织相应成立。这些乡村社区社会组织在挖掘乡村社区传统文化资源、重建乡村社区社会资本上发挥积极作用，推动农民自我管理、自我服务、自我教育、自我监督，实现政府公共服务供给与村民自我服务供给的有效衔接与互动。

乡村社区经济组织。随着乡村社区公共服务供给的市场化、社会化，乡村社区兴起农民合作社、专业服务公司、专业技术协会、农民用水合作组织、农民经纪人、涉农企业等乡村社区经济组织。这些乡村社区经济组织为农村生产经营提供社会化服务，在病虫害统防统治、动物疫病防控、农田灌排、地膜覆盖和回收等生产性服务方面，在培育会计审计、资产评估、政策法律咨询等涉农中介服务组织方面，乡村社区经济组织接受政府订购、定向委托、奖励补助，或者通过招投标等方式，通过市场竞争参与到农村公益性服务领域，构建农村公共服务供给的公益性服务与经营性服务相结合的社会化服务体系。

2. 农村公共服务的供给体制

从政府层面上看，由于我国农村公共服务供给体制实际上是一种自上而下的部门化的、科层式的供给体制，这种体制实质上是“国家主位”，强调国家对民众的单向“输出”、控制或整合。[①] 这表明，对农村公共服务的供给，不仅是为了让农民享受城乡均衡的公共服务，而且也是国家对农村社会的整合手段。在农村公共服务政策制定过程中，采取由政府主导的自上而下运作流程和方式，即农村公

---

① 吴理财：《服务型政府构建与民众参与——以乡镇职能转变为例》，《学习月刊》，2008 年第 7 期。

共服务政策制定的依据是国家与“三农”有关的涉农政策、中央及省市的财力，甚至重要领导人的意志，决定向农村社会提供何种公共服务，提供多少公共服务，往往“为民做主”，在制定农村公共服务政策时农民意愿一般被排斥在外。具体到乡镇政府这一层级，作为国家最基层行政机关，乡镇政府既是国家的农村公共服务供给政策的执行者，也是本行政区域农村公共服务政策的决策者与供给者，因此，乡镇为了完成上级政府下达的农村公共服务供给任务，在面对本辖区公共服务供给的决策和分配时，以上级政府的满意度作为评价标准，这就使得乡镇政府对本辖区公共服务供给的决策也是“自上而下”。

3. 农村公共服务的资金来源

财政转移支付。后税费时期，中西部以农业为主的乡镇，由于工商税的缺乏，绝大多数乡镇税源较少，乡镇普遍陷入财政危机，中央加大对农村公共服务供给的财政转移支付力度，一般情况下，中央对农村公共服务投入主要通过自上而下的财政转移支付和直接对农户财政补贴这两种途径。现阶段，自上而下的财政转移支付主要采取项目资金的方式，通过自上而下的各个部门实现财政转移支付资金的转移和流动。由于我国大量的财政收支都高度分散在政府的各个部门，国家财政部门化现象比较突出。在以“条条”为主进行资源配置的体制下，在义务教育、农村农田水利设施及道路修建、新合作医疗补助等涉及道路、水利、电力、卫生、村庄规划、文化建设等农村公共服务领域，一些部委掌握项目资金支配权，掌握大量项目资金。这些项目资金的决策和实施采取自上而下的控制逻辑，无论是对项目资金的决策，还是对项目资金的审批，以及项目资金的逐级拨付过程，自上而下的各级部门会根据自己的利益和偏好作出筛选，居于主导与支配地位。

“一事一议”。所谓“一事一议”是指对村庄范围内农田水利基本建设、修建村级道路与桥梁、植树造林、改水、血吸虫防治、村内的环境和生活设施等集体公益事业，兴建这些公益事业所需资金或劳务，由村民大会或村民代表大会民主决策，所筹集的资金属于本村村民所有，并由村委会负责管理和实施。在“一事一议”框架下，在村庄内部提供何种公共服务和产品由村民民主决策，村民的利益诉求得以表达和实现，村庄公共服务的供给能够充分表达村民的意愿，同时，通过“一事一议”筹集的资金专款专用，其使用被置于全体村民民主监督之下，避免“一事一议”资金被侵占和挪用。因此，村委会对村庄内部资源动员能力得以增强，村庄内部公共服务供给的筹资问题得到了良好解决。从这个意义上说，民主化的方式是解决村庄公共产品供给的理想选择之一。[①]但是由于“一事一议”是一种由村集体管理与农民参与的民主管理制度，这种依赖于村民自愿供给的模式在村委会缺乏公共权威、村民参与意识不强的村庄，会遭遇“事难议、议难决、决难行”的制度困局。

4. 农村公共服务的供给困境

随着城乡基本公共服务均等化战略的提出，国家加大对农村公共服务的政策资金扶持力度，农村公共服务供给体系初步建立。在农村基础设施方面，农村基础教育、公共卫生、社会保障、农村环境保护、农村科技、信息服务方面等供给领域取得明显的成效。[②]但是，现阶段仍然存在农村公共产品供给不足、城乡居民公共服务发展不均衡、农村公共服务供给结构失衡等迫切需要研究解决的问题。

第一，乡镇政府在农村公共服务供给上能力不足。

供给资金缺乏。目前，我国大量的财政收支都高度分散在政府的各个部门，呈“国家财政部门化”的发展趋势，从中央到地方，涉农财政转移支付资金的管理与分配部门过多。按照“对口管理”

---

① 黄辉祥：《“一事一议”：民主化的村庄公共产品供给机制——以安徽D村为个案》，华中师范大学2003年硕士论文。

② 财政部财政科学研究所课题组：《我国农村公共服务体系建设研究》，《地方财政研究》，2012年第7期。

的原则，中央政府在对农村公共服务供给的自上而下、层层下拨转移支付过程中，国家供给的转移支付资金极易漏损。由于乡镇政府是政府层级终端，乡镇可支配的用于农村公共服务的转移支付资金较少，农村公共服务转移性支付资金利用效率逐渐被拉低。同时，中央部委对农村公共服务转移资金采取“项目制”的形式发放与分配。在项目的申报上，一般需要县乡有相应的配套资金。这就导致越是对公共服务转移支付资金有强烈需求的经济欠发达乡镇，由于缺乏配套资金，越不容易获得相应的项目资金，也就进一步加剧了乡镇在农村公共服务供给资金上的不足。

乡镇政府责大权小。首先，乡镇政府在农村公共服务供给中事权、财权不对称。在农村公共服务供给中，从中央政府到地方政府，每一层级政府都负有农村教育、医疗、卫生、文化等方面的供给责任，但是对每一层级政府应当承担何种具体供给责任却规定不清。对农村公共服务供给责任的承担意味着相应的财政支出，为了尽可能减少本级财政对农村公共服务供给支出，各级政府相互推诿，供给主体错位现象严重。其次，“块块”与“条条”职能交叉、权责不清。现阶段，我国现有从中央到地方的涉农系统多达几十个，这些涉农的“条条”部门在对农村提供公共服务时独立于乡镇政府，甚至直接越过乡镇政府下达到村庄。这就导致乡镇政府所代表的社会整体公共利益被部门利益分割，形成部门利益化格局，难以优化配置政府公共服务资源，出现镇域公共服务的“块块”与“条条”职能交叉、权责不清等矛盾。

乡镇政府存在利益偏好。这主要表现在两个方面。一是乡镇政府对农村公共服务供给的内容具有选择性。从理论上看，乡镇政府对农村公共服务的供给是为了满足农业生产和农民生活上的需求，因此，对农村公共服务的供给应当出于农民真实的需求表达。但是，缺少农民话语权的“自上而下”农村服务供给的决策机制，加之对乡镇政府农村公共服务供给绩效考核，尚未将政府服务效果及农民评价放到考评体系中，乡镇政府也无须为无实际效果的公共服务供给承担任何责任。在“政绩”考核、荣辱升迁的驱动下，在本级政府及领导干部的效用最大化引领下，乡镇政府忽视农民的需求，根据上级政府制定的“考核指标”以及结合“自己任期政绩目标”的需要安排供给。二是对于上级转移支付的项目资金分配与使用，乡镇政府具有自己的偏好。目前，虽然中央加大对农村公共服务供给的财政转移支付力度，但是，从整体上看，用于农村公共服务的财政拨款不能满足所有地区农村公共服务的需求，这就决定部委对项目资金的发包不具有普惠性，各级政府必须以竞争的方式获得，对项目的竞争在镇际和村际之间也表现较为激烈。

乡镇政府对农村公共服务供给的竞争市场培育不力，呈过分干预与放任并存的局面。首先，乡镇政府过多干预农村公共服务的竞争市场。目前，从事农村公共服务供给的乡村社区经济组织，既有由乡镇站所改制后成立经营性组织，又有专业技术协会、专业服务公司等经济组织，这些市场组织参与农村公共服务竞争市场，通过竞标等方式向乡村社区提供公共服务。但是，由乡镇站所改制后成立的经济组织在乡镇政府的“人情关照”下，在市场竞争中处于较为优势的地位，甚至独家经营，不利于其他社区经济组织的生长。其次，乡镇政府放任农村公共服务市场的发展。基于财政支出压力，乡镇政府认为农业科技推广、动植物防疫等农村公共服务的供给领域，既然引入市场竞争机制，就应由“市场之手”发挥作用，对农村公共服务的竞争市场的发展呈放任态度。由于乡镇政府在农村公共服务监管方面缺位，乡村社区经济组织逐渐去“公共化”，在农村公共服务供给中价格偏高，甚至出现垄断而任意定价。

第二，社会参与农村公共服务供给不足。

农民公共服务需求缺乏准确表达。农村公共服务供给的目的是为了满足农业生产和农民生活的需求，为了更好推动农村经济发展与改善农民生活，农民公共服务供给必须以农民需求为导向和出发点。由于不同地区的经济发展水平不同，农民需求层次有高有低，农民公共服务需求的顺序有所不同。基于农民需求的地域差异性和农民需求层次的分层化，政府在公共服务供给决策上应当有效回应农民需求，才能提供满足农民日益增长的公共服务。不过，由于表达渠道不顺畅，农民缺乏公共服务需求的有效表达。在缺乏农民话语权的农村公共服务决策机制中，乡镇政府普遍忽视农民需求，更多出于自身“政绩”的考量，由乡镇政府单方面作出决策。这种忽略农民利益和真实需求的决策机制，导致农村公共服务供给中关于政绩需要的服务供给占绝大部分，而反映农民真实需求的农村公共服务供给少之又少，农村公共服务供给结构失衡。

村委会在供给中筹资能力不足。按照村民自治制度设计，村委会是乡村社区自治组织，对乡村社区公共事务进行自我服务，在农村公共服务供给中就有较强的动员能力。但是，后税费时期，随着“三提五统“和集资摊派的取消，在村集体经济欠发达的中西部农村，村委会角色与功能开始发生改变，自身权威和治理能力出现严重弱化。针对乡村社区治理资源缺乏的现实，国家加大对乡村社区公共服务供给财政转移支付力度，目前，国家对财政转移支付手段主要通过两种途径下达至村，一是项目资金，二是“一事一议”财政奖补。实践中，无论是申请项目资金还是申请“一事一议”财政奖补资金，村委会筹资能力依旧不足。

乡村社区社会组织供给作用有限。乡村社区社会组织一般兴起于宗族力量、宗族观念较强的村落社区，并且由村民自发成立。以村落社区志愿者协会为典型的乡村社区社会组织建立在村落社区，村落社区是一个“熟悉”的社会，是没有陌生人的社会，① 在血缘、地缘的共同体内部，村民有共同的生活环境、生活习惯和行为习惯，能够形成共同的利益需求，对村落社区有较强的认同感、责任感，村落社区所有村民彼此信任，并且这种社会信任在村民合作中不断得以巩固和持续。这是乡村社区社会组织成立并持续发挥作用的前

① 李文治、江太新：《中国宗法宗族制和族田义庄》，社会科学文献出版社 2000 年版，第 5 页。

提。但是，乡村社区社会组织难以提供跨村落的公共服务。这是因为村民自治的治理单元是行政村，是由多个村落社区共同构成的半熟人社会，[①] 相对于村落社区的熟人社会，村民之间虽然认识但不是很熟，彼此之间缺乏信任。因此，村民参与跨村落公益事业时，由于村落内村民之间“强连带”，在村落社区熟人关系网络中，他们往往通过乡村社区社会组织尽可能实现村落社区利益最大化，这客观限制了集体行动的力量。[②] 由此，村落社区在办理村级公益事业时也存在“搭便车”问题，村民参与村级公益事业的合作成本加大。

乡村社区经济组织参与供给竞争市场能力不足。现阶段，乡村社区经济组织主要包括两类，一是由乡镇站所改制而成立的经营性组织或者由乡镇政府行政主导成立的经营性组织，二是基于市场需求而成立的经营性组织。这些组织在参与农村公共服务供给竞争市场中，存在诸多发展的障碍。由乡镇站所改制而成立的经营性组织在人事上、经济上、工作内容上没有真正走向市场和社会，与上级主管部门和乡镇政府的“藕断丝连”，没有真正转变为自主经营、自负盈亏、自我约束、自我发展的市场经济主体。在农村公共服务供给招标与监管上，这些机构与乡镇政府“人情”、“关系”等现象屡见不鲜，相对于其他经营性组织处于垄断地位。由乡镇政府行政主导成立的经营性组织，由于他们的成立完全出自乡镇政府的推动，缺乏足够的内动力和独立性，其参与市场竞争更多以乡镇政府行政指令为准，与由乡镇站所改制而成立的经营性组织垄断农村公共服务供给的竞争市场。而自发成立的经营性组织，由于规模较小、资金来源缺乏、专业技能人才及稳定队伍缺乏等因素的影响，在参与市场竞争能力上受到较大的限制，同时公信力不足，难以与上述经营性组织形成有效竞争，其持续发展能力受限。

---

① 贺雪峰认为，一般行政村是“半熟人社会”。参见贺雪峰：《乡村治理的社会基础》，中国社会科学出版社 2003 年版，第 43 页。

② 童志锋：《动员结构与农村集体行动的生成》，《理论月刊》，2012 年第 5 期。

（二）农村公共服务的模式比较

1. *以强化乡镇政府公共服务能力为主导的改革*

在城镇化与工业化的快速推进过程中，农业转移人口大量涌入城镇，伴随城镇人口规模扩张，这对城镇基础设施、社会治安等公共服务提出更多的需求，解决城镇内部在教育、就业、医疗、养老、保障性住房等基本公共服务供给上出现新的二元结构矛盾迫在眉睫。为提升乡镇政府公共服务水平和扩大公共服务覆盖面，解决乡镇政府在社会管理和公共服务职能履行上“责大权小”的问题，上级政府可以通过适度放权让乡镇政府享有管理职能。典型的例子是广东佛山市进行的“简政强镇”事权改革，其具体做法可以概括为以下几个方面。

一是加强乡镇政府公共服务能力建设。乡镇政府公共服务能力建设主要包括两项措施。一是调整和优化支出结构，以公共财政带动城乡基本公共服务均等化。佛山在“简政强镇”改革中，遵循事权与财力相统一的原则，“人随事走，费随事转”，在事权下放的同时加强乡镇政府（街道）人、财、物的配套，统筹村级行政事务的管理和经费，实现镇级及村级行政经费和公共服务的财政全覆盖，确保下放事权运行顺畅。二是组建服务中心，提供一站式服务。为了承接上级政府下放公共服务职能，整合面向居民的行政服务资源，为居民提供一站式公共服务。佛山在镇级和村级相应组建行政服务中心，其中，镇级行政服务中心承接区级政府部门下放的事权，与公共服务有关的行政服务事务统一进驻行政服务中心，并由行政服务中心全程办理。村级市民服务中心按照“一社区（村）一中心”的模式建立，村级市民服务中心一般设立于社区或者行政村。作为街道（乡镇政府）行政服务在社区（村）的延伸机构和便民服务平台，村级市民服务中心直接受理居（村）民的行政事务，将镇级政府服务向社区（村）延伸。

二是引入协同供给的思路，创新农村公共服务供给机制。“简政”另一举措是将部分公共服务职能向社会转移，乡镇政府并非亲自完成上级政府下放的所有公共事务，以“社会比政府做得更好的，就交由社会去做”为原则，充分发挥市场组织、社会组织的作用，建设“小政府、大社会”，实现公共服务资源的最优配置。一是探索政府购买服务。乡镇政府农业技术服务等公共服务推向市场，由非政府组织提供，乡镇政府对服务效果进行评估后向非政府组织付费。二是探索建立现代社工制度。乡镇政府聘请社工，在乡村社区提供专业服务，主要涉及低保优抚、居家养老、家庭调解、青少年辅导等领域。

三是主动吸纳社会力量参与农村公共服务供给的决策，创新民主决策机制。为了吸纳社会力量参与农村公共服务供给的决策、管理和监督，佛山顺德区从党代表、人大代表、政协委员、村居代表、新闻记者以及社会各界人士中挑选杰出人士组成公共决策和事务咨询委员会。决策咨询委员会针对农村公共服务等公共事务进行咨询、论证，提出政策创议，收集、反馈和分析社情民意，乡镇政府及政府部门农村公共服务决策、财政预算安排、工作部署等重要工作，都必须事先决策咨询委员会意见或组织论证，确保决策充分体现民意。

2. *以构建市场化、社会化公共服务体系为导向的改革*

在农村公共服务供给中，也可以通过乡镇站所的改制，发挥市场机制在公共领域的配置资源的作用，由“以钱养人”到“以钱养事”，通过市场交换和契约的方式，建立以农民的需求为导向，以市场为纽带和机制，以基层政府、各种社会组织、农民多方参与和协作为基础的新型农村公共服务体制。在这方面，湖北省咸安区的改革比较典型，其做法主要包括以下几个方面。

第一，进行乡镇站所的改制。咸安乡镇站所改制中，重新根据乡镇站所的隶属关系进行分类改革，对乡镇站所功能及职责重新定位，将部分功能下放社会，重新确定农村公共服务供给中政府与社会的边界。首先，对“七站八所”进行分类改革。对于“条条管理”

的站所，予以保留但同时进行体制改革，要求精简机构；对于双重管理的站所，按区直主管部门的要求进行改革；对于乡镇直属站所，除了农税分局被保留之外，其余的“收章、摘牌、撤机构、人员整体分流”，“人、财、物”与乡镇政府脱钩，机构改制为“服务中心”或中介服务机构，在农村公共服务供给中走向市场。其次，乡镇站所功能分解，行政职责回归政府。通过改制，原来由乡镇站所承担的计划生育、畜牧防疫、病虫害测报防治、农业技术推广、水政林政渔政执法、农业与村镇规划制订、国土资源与环境管理、民政优抚等行政服务职能，现在都上收到县级政府各有关职能部门直接执行。乡镇所有的内设机构统一合并为“三办一所”，即党政综合办公室、经济发展办公室、社会事务办公室和财政所。“三办一所”只根据综合分类对县级政府职能部门的执法工作予以协调，或者通过委托授权进行一些微观执法活动。[①]最后，改制后的乡镇站所彻底脱离政府。在对乡镇站所的功能进行清理和分类中，对于信用社、客运站等已经基本上从事经营活动的市场化的主体，将其改制为市场经营主体。对于广播站、农技站、兽医站、农机站、水利站、城建站、计生站、文化站以及司法所等站所，这些站所同时具有经营性和行政服务性、公益性服务的职能，将其改制为公司或者中介组织。这些站所在改制为公司或社会中介后，他们的职能相应被分解，除了将行政服务职能收归政府部门之外，将经营性职能交给市场，公益服务性职能交由社会。通过机构的改制和功能的分解，乡镇站所从整体上与乡镇政府在“人、财、物”方面完全脱钩，成为独立的自主经营、自负盈亏的市场主体。

第二，发挥市场机制在农村公共服务供给领域的资源配置作用。

首先，以农民公共需求为导向。乡镇站所改制后，乡镇政府将公益性的服务投向竞争市场，向市场和社会购买服务时，以农民公

---

① 宋亚平：《乡镇管理体制改革与政府公共服务》，http://www.china.com.cn/chinese/OP-c/698137.htm。

共需求为导向，根据农民对公益性服务的紧迫程度及乡镇政府的供给能力确定公共服务的优先顺序。咸安区在乡镇站所改革初期设置服务项目只包括农业技术、畜牧兽医、文化广播、城镇建设和计划生育等5项。后来，他们根据农民的实际需要和本地区经济社会发展实际，陆续增加了农业水利、农业机械、社区建设、农村财务、森林防火、水产技术、送戏下乡、电影下乡等服务项目，使农村公共服务项目数量达到13个。这些公益性服务项目的设立，解决农民在农业生产和生活上的现实问题，也保证公益性服务市场化、社会化的效果。

其次，乡镇政府与市场主体之间的"合作伙伴关系"。咸安乡镇站所改制不是政府"丢包袱"，而是坚持市场取向，引入竞争机制，尽可能发挥这些社会组织和经济组织的作用。实践中，咸安区将公益性服务面向社会公开招标，在项目招标之前必须在将服务项目、内容、服务费用标准、招标或承包条件等在繁华地段予以公示；在项目竞标过程中，要求参与竞标主体符合资质标准，竞标工作统一进行，竞标过程要求严格公正。乡镇政府向中标方购买服务时，通过合同的形成明确双方责、权、利，提供服务的市场主体享有合同约定的经济报酬。

最后，多方主体对市场进行监督与管理。乡镇政府是农村公共服务主要的管理者和考核者。各乡镇建立农村公共服务中心，作为乡镇政府向农民提供公共服务的组织载体，它将所有的涉农服务中心纳入其中统一管理，负责对农村公共服务的日常性管理、考核检查，考核时主要以他们是否完成合同中规定的数量和质量为准，并且考核的结果与乡镇政府发放的服务报酬挂钩。同时在农村服务中心设立服务大厅、服务窗口，为农民提供一站式服务。

区级主管部门负责服务技术指导和业务监督。区级主管部门建立了"一志三卡"管理制度。"一志三卡"是由区级主管部门统一设计、统一制作的工作日志、服务登记卡、检查监督卡和考核结算卡，服务人员在向农村提供公益性服务时，要求做到事事均有记录。对服务人员的考核，“一志三卡”是重要依据。同时，区级主管部门会下派责任心强、业务能力强的工作人员到乡镇，定期、不定期地检查农村公共服务供给的情况，服务人员接受其监督并及时改正存在的问题。

农民参与评价服务效果。在对服务人员考核时，采取“农民签单，政府买单”的做法，重视农民对农村公共服务考核的话语权。在对服务人员考核中，不仅要确定服务人员的服务工作量和进村入户进行服务的实绩，还要提取农民群众对服务人员的评价，农民对服务人员的满意度是对服务人员考核的一项重要指标。

3. 对当前农村公共服务供给的两种改革模式的比较

虽然当前农村公共服务供给的两种改革模式的侧重点不同，具体措施也有不同，但是，其改革存在以下的相似之处。一方面，改革的实质都是科学定位乡镇政府公共服务职能的同时提升乡镇政府公共服务能力。广东佛山以强化乡镇政府公共服务能力为主导的改革，源于乡镇政府原有的行政管理体制无法适应基于经济社会发展产生的新的服务需求，因此要求“简政强镇”，扩大乡镇政府在公共服务职能方面的事权。湖北省咸安区以构建市场化、社会化公共服务体系为导向的改革，源于税费改革后乡镇财政困难、乡镇政府无力向农村提供有效的公共服务，通过乡镇站所改制，将乡镇站所在农村公共服务的经营性职能和公益性职能下放，通过市场机制发挥多方主体参与农村公共服务供给。因此，两种改革都是探索建设服务型政府，提高向农村公共服务供给的效能。另一方面，发展的趋势都表现为农村公共服务市场化、社会化。广东佛山以强化乡镇政府公共服务能力为主导的改革，在农村公共服务供给机制中，并非建立“全能型”政府，对于即使上级政府授权或委托的公共服务，乡镇政府遵循“社会比政府做得更好的，就交由社会去做”的原则，充分发挥市场组织、社会组织的作用，建设“小政府、大社会”，实现公共服务资源的最优配置。湖北省咸安区以构建市场化、社会化公共服务体系为导向的改革，在农村公益性公共服务供给上，坚持市场取向，引入竞争机制，尽可能发挥社会组织和经济组织的作用，由这些社会组织和经济组织“购买”公益性公共服务，发挥市场机制在公共领域的配置资源的作用。因此，两种改革都强调市场在农村公共服务供给中的资源配置作用，农村公共服务市场化、社会化应是今后发展方向。

（三）农村公共服务的机制创新

1. 乡镇政府供给能力增强：农村公共服务供给的前提

首先，合理定位乡镇政府的供给职能。实践表明，农村公共服务供给制度的形成取决于中央政府与地方政府在供给中作用定位、国家财政资金分配等，农村公共服务供给制度的实质是中央政府与地方政府在供给中经过二者博弈后所形成的契约格局。[①]由于农村公共服务政府主体结构优化对于提高农村公共服务供给水平至关重要，因此，要变中央政府与地方政府的不合作博弈为合作博弈。[②]要达成中央政府与地方政府在公共服务供给中的合作互动关系，实现中共十八大报告提出“健全中央和地方财力与事权相匹配的体制，完善促进基本公共服务均等化和主体功能区建设的公共财政体系”的目标，首先需要合理划分中央和地方政府在农村公共服务供给中的责任和范围。由于乡镇政府直接联系农村社会，乡镇政府提供的公共服务几乎涵盖农民生活的方方面面，因此，省、县级政府提供的公共服务，大多数也属于乡镇政府应该履行的职责，在此，可以将更多的责权配置给乡镇政府，乡镇政府提供农村公共产品经费应通过省、县级政府提供财政转移支付形式予以解决，即省、县级政府“出钱”、乡镇政府“办事”。[③]

---

① 方建中、邹红：《农村公共产品供给主体的结构与行为优化》，《江海学刊》，2006 年第 5 期。

② 沈承诚：《从政府垄断到多元互动——农村公共产品民营化进程中的多重博弈关系解读》，《甘肃理论学刊》，2005 年第 6 期。

③ 关于上级政府与乡镇政府供给职责的论述，详见尤琳：《中国乡村关系——基于国家治能的检讨》，华中师范大学 2013 年博士论文，第 140—141 页。

其次，提高乡镇政府科学决策能力。作为农村公共服务供给的规划者、管理者和实施者的乡镇政府，在对本辖区公共服务供给决策时，应该提高科学决策能力，由“自上而下”决策向“对上负责、对下负责”决策机制转变。

“对上负责”强调乡镇政府在制定本行政区域公共服务规划时，必须明确在公共服务供给中的职责，即作为贯彻国家农村公共服务政策的实施主体，乡镇政府要围绕十八大提出的“基本公共服务均等化总体实现”这一目标，将完成上级政府下达的行政任务与实现对本行政区域公共服务有效供给有机结合。现阶段，最有效的路径是以乡镇为服务平台整合“条条”为主的财政转移支付资金。由乡镇政府作为统一的资源集聚平台汇聚上级涉农部门的任务，在资金使用及项目建设上由乡镇政府统筹，既可以避免“条条”供给体制下国家财政转移资金无序使用及浪费，也可以将乡镇政府完成上级政府下达的行政任务与本行政区域的公共服务供给有机结合，实现乡镇政府在决策上的“对上负责”。

“对下负责”是指乡镇政府制定本行政区域公共服务决策时，需要吸纳农民需求和意愿表达，这样公共服务决策在执行时因获得农民的支持而保持稳定和持续的执行力。相对于其他的结构和个人，乡镇政府在农村公共服务决策上具有公共权威，乡镇政府一旦制定政策，必然对本行政区域农民的生产与生活产生深远影响。甚至某些公共产品的供给具有强制性，一旦某项决策作出，无论农民是否同意，都表现遵从。因此，乡镇政府在确定本地的公共服务项目时，需要建立农民公共需求表达的民主参与机制，让农民对农村公共服务意愿得以充分表达。

2. 扩大社会参与：农村公共服务供给的关键

第一，畅通农民公共需求表达的渠道。现阶段，村委会为代表的乡村社区自治组织、乡村社区社会组织、乡村社区经济组织能够成为农民与乡镇政府之间制度化联系的渠道。这些组织人员组成不同，性质及活动宗旨不同，能够将农民多样化公共需求汇聚起来，确保不同阶层农民的公共需求都得以表达和实现。最为重要的是，这些组织是从农村社会发育并生长起来的，作为来源于农村社会并超越社会个体利益的组织，他们能够将分散的农民利益组织起来，形成超越于农民个体的利益表达，并通过有序的方式参与到乡镇政府决策过程中，为农民利益表达的组织化和制度化建立顺畅的渠道，形成乡镇政府决策与农民利益表达制度化、持续而稳定的整合和合作关系。

第二，重新定位村委会在乡村社区公共服务供给中的职能。在农村公共服务供给上，如果村委会由筹资筹劳向资金分配转变，在对村庄资源分配和使用上，由于“路径依赖”，村委会更容易获得村民的信任与认同。因此，在农村公共服务供给上，应当以村为单位统筹国家财政转移支付资金发放及使用，发挥村委会的国家转移支付资金分配及管理能力。乡镇政府在本行政区域划拨国家财政转移支付资金时，根据村庄在公共服务供给上的实际需求，以村为单位直接划拨资金，由村委会统一办理本村公益事业。在资金的使用、管理及监督上，村委会应当组织村民通过民主的方式实现，如召开村民大会或者村民代表会议。

第三，发挥跨村落乡村社区社会组织在集体供给中的主导作用。在农村公共服务供给上，乡村社区社会组织能够促使农民行动达成一致，在乡村社区公共服务集体供给中发挥主导作用。但是在乡村社区社会组织在村庄集体供给中受制于熟人关系网络情况下，跨村落乡村社区社会组织难以充分生长与发育。由此，加强社会资本的开发与利用，是跨村落乡村社区社会组织培育的关键。虽然在工业化、现代化冲击下，传统社会血缘和宗族共同体相应被现代社会生产或生活共同体取代，但跨村落乡村社区社会组织成立的社会基础依然存在。跨乡村社区社会组织在组织村落间村民办理村级公益事业过程中，村落间村民在集体供给中，通过舆论、规约约束各自行为，彼此在不断合作中加深信任度，并逐渐形成致密的社会网络，从而推进跨村落乡村社区社会组织在集体供给中发挥积极作用。

第四，加大对公共服务竞争市场的培育。一方面，乡镇政府与由乡镇站所改制后的市场主体或者社会中介组织彻底脱钩。乡镇站所改制后一般转变为经营组织或社会中介组织，无论是营利性的市场主体，还是非营利性的社会中介组织，一旦进入农村公共服务竞争市场，在农村公共服务供给市场上，都是平等的竞争主体，平等参与农村公共服务供给的竞争市场。为营造公平有序的竞争秩序，需要乡镇政府与由乡镇站所改制后的经营组织或者社会中介组织在“人、财、物”上彻底脱钩，成为真正独立的市场主体。另一方面，乡镇政府要拓展农村公共服务竞争市场的空间。乡镇政府应当改变农村公共服务大量由自己立项、自己实施、自己评价的局面，规范农村公共服务竞争市场。在乡村社区社会组织、乡村社区经济组织等市场主体参与农村公共服务竞争时，乡镇政府要通过招标、委托、承包、购买等方式将本行政区域公共服务项目交给乡村社区社会组织、乡村社区经济组织等市场主体，打破农村公共服务垄断式经营，为农民提供“惠而不费”的公共服务。

3. 合作供给：农村公共服务供给的基石

第一，多元供给主体在供给结构中的优化。作为农村公共服务供给主体的乡镇政府、民间组织、乡村社区经济组织，由于各自在农村公共服务供给中角色和功能不同，在庞大的农村公共服务需求面前，单纯依靠其中任何一方都会陷入供给困境。事实上，这些供给主体在农村公共服务供给中难以形成合力，这使得农村的公共服务供给越来越碎片化和分散化。[①]如何将各个供给主体作用发挥出来，实现政府、民间组织及乡村社区经济组织的合作，提高农村公共服务供给的效率，是摆在我们面前的一个重要课题。从农村公共

---

① 汪锦军：《农村公共服务提供：超越“碎片化”的协同供给之道——成都市公共服务的统筹改革及对农村公共服务供给模式的启示》，《经济体制改革》，2011 年第 3 期。

产品性质上看，农村公共产品相对于农民的“私人产品”，具有一定的非竞争性、不可分割性、非排他性。从当前来看，农村义务教育、公共基础设施、基本医疗保障、公共卫生服务、公共文化服务、优抚救助服务、公益农技推广等基本公共产品，既是农民急需的，也是乡镇政府必须承担和提供的基本公共产品。[①]除了基本公共产品之外，还有经济发展型公共产品、社会保障型公共产品、生态保护型公共产品等，这些准公共产品和非基本公共产品的供给需要社会组织与市场组织发挥积极作用。

第二，多元组合的农村公共服务供给方式。在农村公共服务供给中，乡镇政府、村委会、乡村社区社会组织、乡村社区经济组织等多元主体，要通过多元供给方式，在农村公共服务供给中合作、协商，建立合作伙伴关系。这些多元供给主体在低成本、高效率的供给目标指导下，向农村提供公共服务，在更大程度上满足农民多方面的公共服务需求，扩大农村公共服务的受益面。具体说来，多元供给方式主要包括三种：乡镇政府提供基本公共产品供给；村委会、乡村社区社会组织对乡村社区公共服务集体供给；乡镇政府将适合社会、市场供给的农村公共产品，通过委托、承包、购买等方式交给村委会、乡村社区社会组织、乡村社区经济组织承担。作为公共服务安排者的乡镇政府，需要明确乡镇政府购买服务的事项，确定购买服务方式及程序、确定服务标准、对服务的质量进行监督和考核。作为直接生产者的村委会、乡村社区社会组织、乡村社区经济组织，按照合同向农民提供合格的公共服务，并接受乡镇政府的管理与监督，如果村委会、乡村社区社会组织、乡村社区经济组织在服务提供中出现问题，应当按照合同约定承担相应的责任。由此可知，乡镇政府购买公共服务，联系乡镇政府与村委会、乡村社区社会组织、乡村社区经济组织的关键因素是在合同基础上双方达

① 项继权：《农村公共服务呼唤多元供给机制》，《中国邮政》，2012 年第 2 期。

成的契约关系，二者之间是平等的契约关系。①

三、完善乡镇治理的社会维稳机制

伴随着涉农制度改革步伐加快及农村利益分化程度扩大，农村社会在不断发展的同时矛盾冲突日益增多，农村社会的稳定以及维稳问题成为各界关注的问题。本部分拟在既有研究的基础上，对矛盾凸显期乡镇治理中的社会维稳机制的几个具体问题进行分析。

（一）乡镇社会维稳的责任对象

1. 维稳的责任范围

乡镇维稳的任务是不同时期社会治安综合治理工作内容在乡村治理中的表现。进入新世纪以后，农村社会矛盾在社会转型和环境变迁中日益增多，基层民众的利益表达在权益意识不断增长中显得非常活跃，由于地方政府在处理农村矛盾纠纷过程中存在的疏漏及农民脑海里固有的青天意识，各地赴京上访的人数和频率大幅度提升。为了缓解国家信访部门的工作压力，督促地方政府积极及时地处理矛盾纠纷问题，中央一方面要求各级领导人要按照规定，定期到基层“下访”，通过这种方式处理部分乡村矛盾，以遏制愈演愈烈的上访问题。另一方面是通过运用调解制度，综合运用行政体系内部以及社会中的各种资源，对矛盾纠纷实施全方位的“大调解”。②这样一来，与过往行政改革过程中所出现的权力和职责下移一样，维稳的工作重心也逐步实现了下移。

但与政府其他领域的改革不完全一样的是，维稳工作重心的下

---

① 王浦劬、莱斯特·M. 萨拉蒙等著：《政府向社会组织购买公共服务研究》，北京大学出版社 2010 年版，第 35—36 页。

② 详情可以参见：中共中央办公厅、国务院办公厅：《关于领导干部定期接待群众来访的意见》、《关于中央和国家机关定期组织干部下访的意见》、《关于把矛盾纠纷排查化解工作制度化的意见》以及《关于深入推进矛盾纠纷大调解工作的指导意见》等文件。

移在很大程度上是中央多次强调的把矛盾化解在基层、解决在萌芽状态的结果。随着维稳工作重心下移格局的形成，身处最基层的乡村两级组织，尤其是乡镇政府便成为了最主要的维稳主体之一。按照中央规定的“属地管理，分级负责，谁主管、谁负责”的原则，乡镇和村庄两级组织的职责必须尽量处理辖区内所发生的矛盾纠纷，这决定了乡村维稳责任具有综合性和概括性，囊括了辖区内的各种社会治安事务。在概括性维稳责任的背后，乡镇维稳遵循着一个基本的原则——“小事不出村、大事不出镇、矛盾不上交，上访不越级”，围绕着这一原则，乡和村的干部都必须竭尽全力“管好自家事”。

一般而言，乡村日常纠纷调解的责任分别由乡村两级综合治理办暨乡村调解委员会处理，但重大纠纷以及非常时期的维稳需要动员所有部门和干部参与，并且常常由乡村两级组织的主要领导牵头。在国家要求的“一把手”负总责的维稳责任框架中，乡镇的主要领导会根据需要把所有干部组织成一个严密的维稳团队，参与到维稳中去，因此，乡镇与村庄之间维稳任务的分解界限有时是相对模糊的。

2. 维稳的工作对象

维稳对象一般指在特定的场合中，维稳者需要约束和防范的人。在这些人群中，乡镇治理者大都将之区分为普通对象和重点对象，后者是维稳工作的重中之重。客观而言，基于不同地方的政策和社会环境不同，各个乡村社会都存在一些作为重点维稳对象的人群，但这些人群具体是哪些就难有定论，各地有所差别。在乡村治理中，维稳者通常按照这些群体之所以成为维稳重点对象的原因不同，对他们进行分类，并确定相应的维稳专班和包保干部。这种以不定时的联络、沟通为名，以落实维稳控制责任为实，将对维稳对象的当前状态监督和未来动态预测相结合，把责任落实到具体干部身上的一种维稳模式，称之为“包保到人”制度。包保责任制在实现维稳目的上属于“走下层路线”，即干部到维稳对象中去，主动依据制度安排与维稳对象形成“结对子”关系，积极预防和处理问题。

目前，这种模式在各地的运用非常广泛，实践中的做法通常是由维稳部门统一安排，一一清点本辖区内维稳重点对象，将他们按照便于监控的原则分派到一个或者几个特定的乡村干部中，由这些承担联系责任的干部负责日常的维稳工作。这样一来，每一个预期中对乡村社会秩序可能造成不利影响的“危险人物”也就有了一个或几个具体的日常的“包保干部”，进而构成了乡村日常维稳的常规网络。

值得注意的是，对于“被包保”的事实，作为维稳工作重点对象的人士是再清楚不过的，但乡村干部在和他们接触的时候，会将维稳目的与工作痕迹淡化，首当其冲地强调官民之间的感情联络和彼此关怀，而后逐渐随着感情的升温而转入或者在不知不觉中融入工作正题。这种带有浓厚感情色彩的“谈心”和“协助”可以缓慢而又不断地积聚维稳双方之间的私人感情。

另外，维稳重点对象的范围具有变动性。导致维稳对象具体情况发生变化的原因，除了生、老、病、死等自然事实的发生之外，还可以由于另外两方面的原因导致：一是诉求得到满足或者通过其他方式使问题得以解决，这会使利益表达群体集体退出维稳工作的舞台，当然，同样的道理，新问题的出现会制造新的维稳对象；另一种原因可能是诉求得不到解决，但诉求者放弃利益表达，息诉罢访。对于基层治理者而言，敏锐地发现和确定维稳对象的变动状况，适时依据变动情况去调整工作范围和工作任务是乡村维稳的重要内容之一。

（二）乡镇社会维稳的具体方式

1. 对基层维稳的整体误解

大量事实表明，以往对基层维稳方式的描述是有失偏颇的，其最大的问题在于没有全面反映基层治理中乡镇政府维稳过程的真实面貌，以聚焦于个别事件为基础，片面夸大了基层维稳机制的负面内容。

应该看到，农业税费改革以后，农村社会矛盾发生转型，较之过去，乡村干部在民众面前的优势地位已伴随着改革的推进而逐步被削弱，往昔干群关系中那种强弱之间一目了然、对比鲜明的格局出现了松动，甚至在一些具体的场合中发生历史性的扭转。同时渐渐发生变化的还包括基层民众自身的利益观念和权利意识。在依法行政的要求下，基层干部的执法手段受到很大的限制，一些只追求一时效果，全然不顾及当事人感受和社会评价的专断工作方式已被明令禁止使用。在这种历史背景下，从全国各地的不同情况来看，乡村社会的维稳方式，纵使未能完全与过去告别，但是作为常态，使用超强制手段已不是常见的方法。

乡村治理者对依靠暴力、财力和警力维护社会稳定并无特殊的偏好，以平和的方式解决问题是多数维稳者的追求。滥用财力、权力、暴力以及人力维稳的情况虽然存在，但尚未成为基层维稳的主流现象。与此同时，农村社会的维稳机制包括多个层面的内容，在不同的场合中采用不同的维稳方式是实践中的客观情形，很多维稳方式尽管有待完善，但整体上与维护农民权益、有效解决乡村社会的冲突纠纷问题并不矛盾，甚至能起到很好的维权以及快速定纷止争的功效。

根据不同场合的维稳需求不同及与这些场合相对应的维稳模式，乡村维稳大致可分为三类：第一类是日常治理中的常规性维稳。这类型维稳主要由乡村两级组织以及其他基础单位在平常实施，用于处理和预防乡村社会在居民生产生活中发生的矛盾纠纷，在乡镇维稳的过程中主要是指乡级纠纷调解机制。第二类是非常时期的预防性维稳。在乡村治理中，当有领导前往辖区视察、举办重大活动或者重要会议时，维稳工作将显得格外重要，由此所导致的维稳也有别于平时。第三类是重大纠纷中的维稳。重大矛盾纠纷对农村社会秩序影响较大，为防止事件恶化和发酵，基层治理者需要尽快平息争议，常常需要以速战速决的方式解决问题，其维稳过程也非常值得研究。

2. 乡级纠纷调解机制

应该看到，当村级调解组织无法将矛盾化解在村庄范围内时，问题事实上已经溢出了村级场域，并存在进一步扩大的可能，为了避免矛盾纠纷突破基层维稳的范围，完成将矛盾控制和化解的任务，乡镇政府大都对此十分重视，并竭尽全力将问题尽快处理掉。围绕着从速处理矛盾纠纷，确保完成基层维稳的任务，乡级纠纷调解在实践中有一套逻辑，这些逻辑表明乡镇政府较之于村庄具有更加明显的维稳意识，会采取更加果断的行为平息麻烦。笔者认为，这些维稳逻辑主要包括如下几方面：

第一，守好自己的本分，管好自家的人。

在基层维稳的过程中，很多时候维稳者所要压制的不仅是进行利益表达和提出诉求者本人，而且还要着重惩治没有看住人、控制住局面的下级干部，这进而形成了基层维稳者最须谨记的一个法则：守好自己的本分，管好自家的人。

要求乡村干部“守好自己的本分，管好自家的人”，与基层工作其他领域所强调的原则有所不同。对维稳而言，当前，首先要求各级干部“各人管好自家事”，确保“维稳包干区”内不能出事，一旦有事发生，“包干”者就要承担“一把手”的领导责任。这一法则使村组一级的干部长期处于高压状态，并在日复一日的工作中逐渐形成“没事就是本事”、“摆平就是水平”、“和谐就是妥协”的处世原则。

第二，泛滥的“人道主义补偿”。

在乡村维稳中，常常可以看到予以一方当事人“人道主义补偿”的做法。理论上，人道主义补偿是指在法律上本无赔偿责任与义务的一方当事人，出于同情与关怀，予以他方当事人一定的经济补偿。它的给付前提是：一方当事人在事件中没有法律上的责任，是出于自愿和道义，对他方以经济补偿（并非赔偿）的方式来表示同情与关怀。

在维稳中支付人道主义补偿的一方有时是政府或者村集体，有时是纠纷中有明显过错的一方当事人或者尚不能被证实确存在过错的一方当事人。这样一来，很多人道主义补偿的支付界限都比较模糊，数额弹性也很大。更为重要的是，不少人道主义补偿金的支付远非出于自愿，而是在政府或者纠纷调解者的敦促下被迫给予对方。

在另一些纠纷中也出现类似的问题，即无论当事人一方是否存在明显的错误，但在对方激烈的反应中，该方当事人都需要在非自愿的情况下支付这种人道主义补偿。与此同时，乡镇政府自身也常常动用公款，向纠纷中当事人支付人道主义补偿，以求尽快了事。

在以上这些场合中，人道主义补偿的适用标准已经相当模糊，尽管以“人道”和“补偿”冠名，但与一般纠纷中的过错赔偿责任并无实质差异。如果将目光投放至具体的纠纷处理过程中就可以发现，所谓人道主义补偿，很大程度上是为了应对一方当事人的过激反应或者上访威胁而迫使对方当事人或者政府作出经济支付的权宜之略，而这一切不外乎是为了平息事端，打消对方当事人采取进一步行动的念头。应该看到，当事人一方所采取的扩大事情影响的各种方式或者行为，并非要激化与另一方当事人的矛盾，而是要引起政府官员对问题的重视，通过拨动政府和干部内心那根绷得很紧的维稳之弦，促使事情的处理向着有利于自己的方向发展。遗憾的是，当事人的这种意图常常都是可以轻易奏效的。

第三,一调到底，杜绝反口。

一般性纠纷由村级调解组织调解之后，当事人少有再上访的可能，即使有人不服，到乡镇政府及其部门进行上访，但由于乡村之间在日常工作中关系比较密切，而且同属于基层组织的范畴，乡镇政府一般都在对矛盾继续调解的同时，不对村级干部采取过分的惩罚性的措施，因此，在村庄调解中笔者少见有村干部要求当事人在达成调解协议之后作出“绝不反悔”、“必须遵守协议”的承诺。但乡级调解则不同，如果当事人再调解后不服，到法院起诉又或者向上级部门反映问题，在上级看来，这都表明乡镇政府的工作能力有限以及没有贯彻好“将矛盾化解在基层”的国家方针，如果这样的情况常常发生，或者最后出现越级上访，那么乡镇干部在维稳考核中必然处于不利。为了使矛盾纠纷可以在调解中被彻底处理，当事人在达成调解协议之后不再出现反复，以实现社会矛盾不激化、不扩大、不上交的目标，司法所调解员不但需要想方设法使当事人尽快达成调解协议，而且保证在调解之后不再另起争议，用他们的行话来说就是“一调到底，杜绝反口”。

在纠纷处理中，虽然乡镇政府常常怀有“一调到底”的雄心壮志，但从理论上讲，要求当事人“绝不反口”的做法并不符合现行法律的规定。但是乡级人民调解协议在维稳需求下所具有的实际效力，远远高于法律的规定。那么，在乡级纠纷调解中，如何实现“一调到底，杜绝反口”？在基层司法所工作实践中，调解员经常通过要求当事人，尤其是首先申请调解并最终获得对方履行的一方当事人承认所接受的调解为“一次性终局调解”，保证日后不再起争议的方式来实现“一调到底，绝不反悔”的工作目标。但这种做法很多时候并不是当事人真实意思的反映，而只是调解者实现维稳目标而采用的手段。

一次性调解以最低廉的经济成本以及社会成本，在最短的时间内将社会矛盾化解，在实践中，这种纠纷处理方式符合多方主体的期望。首先，对乡镇司法所调解者而言，各地司法所都非常情愿看到凡经他们调解的纠纷当事人都无一例外地达成一次性调解协议的情形，这是他们工作绩效高的体现，也符合上级对基层维稳组织从速处理矛盾的期望和需求。其次，一次性调解确保矛盾纠纷在经过司法所调处之后获得终决处理，避免纠纷处理进入诉讼程序，这还可以大大减少基层法院的工作压力和审判麻烦。在人员和机构不断压缩的当前环境下，尽管不能公开支持，但基层法院当然在一定程度上乐于见到乡村调解中大量通过这种方式终结社会矛盾。同时，更应该看到，在那些使用一次性调解和永不反悔承诺的场合中，作出承诺的一般都是纠纷中的受害者，负有赔偿责任的一方当事人，在明知通过其他渠道处理纠纷，他们或有可能承担更多责任，又或有可能产生其他后期费用的前提下，作为责任方的当事人也力图以“一锤买卖”的方式将眼前的麻烦“买断”，以除后患，为此，在调解中他们常常也要求司法所调解人员让对方作出承诺，保证以后不再另生事端。这样一来，基层司法所在调解中频繁动用一次性调解，就成为了调解者及其上级、基层法院以及纠纷一方当事人的共同追求，可谓众望所归。

3. 非常时期的维稳

在乡村治理中，有一个普适性的经验是，一年到头总会有不少那样的时候——在这些时期，各级政府对保持社会秩序稳定有着特别迫切的需求，干部的维稳工作任务特别重，常常有必要采取各种方式维持辖区内秩序平稳，最大限度地杜绝维稳对象以及其他人不合时宜地向外界宣泄诉求。在笔者过往的研究中，习惯于将这些治理者格外需要保持社会稳定的关键时刻称为维稳的非常时期。

对于不同地方的乡村维稳工作而言，“维稳的非常时期”既有某些共同的时段，也有基于各地情况不同而导致的敏感期差异。以一年 365 天为例，各地较为一致的“非常时期”至少包括如下节日或者纪念日，例如，元旦、春节、劳动节、共产党建党节、国庆节、中秋节等，在这些时期内，乡村维稳者需要全力完成维稳任务，以营造喜庆祥和的节日气氛。另外，维稳的“非常时期”还包括地方和中央举行重要会议或者重大活动期间。例如，每年的两会、党代会召开期间以及上级领导莅临辖区考察期间等，都属于此种情况，在这些时候，乡村治理者也要十分小心谨慎，按照上级的部署，事先就要认真落实矛盾排查和化解工作，不能出现任何差池，以配合期间全国上下所需要的良好氛围。而各地的敏感期差异，主要体现在一些具有地方特色的问题上。

非常时期维稳是一种预防性维稳，属于事前维稳的范畴，在基层治理中，乡村干部抱着“宁可信其有，不可信其无”的原则，开展相关的社会矛盾排查和预防工作。不但非常时期的维稳工作强度较之于平时大，而且不同非常时期的维稳工作重点和强度也有所不同，其中，是可以总结出一些大致规律的。

按照基层干部的经验，国庆节和建党节是乡村维稳的关键之中的关键，也是全国上下最需要保持喜庆祥和节日气氛的时期，在这个时期基层维稳绝对不能出现重大问题，尤其是不能发生有利益表达者到党政机关单位、省会城市或者到首都北京上访的情形，因此，较之于其他维稳的非常时期，这时候基层维稳压力以及强度都非常大。除了国庆节和建党节以外，其他节假日期间的维稳强度一般不如重要会议期间的维稳强度，这些重要的会议既包括地方性的会议，也包括全国性会议，一般而言，地方治理者都不情愿见到自己辖区内的民众在媒体聚焦的会议时期，以吸引媒体的方式表达自己的异议。受到这种需求的影响，乡村治理者就要想方设法将矛盾纠纷消化在源头。

同时，一般性会议召开时的维稳强度往往不如重要领导到辖区视察或者当地要举办重大活动时的维稳强度。按照我国的行政传统，重要领导到辖区视察或者当地要举办重大活动期间，是地方政府及官员展示其治理成就的最佳时机，毋庸置疑，在这个时期出现“不和谐”现象，对当地政府和官员的影响会非常不利，因此，当重要官员到达辖区或者当地要举办重要活动时，乡村干部在维稳问题上都需要绞尽脑汁、倾尽全力。

在非常时期，乡镇政府常用一种称为“人墙式”的维稳模式，这是一种以人盯人为手段，利用很多人员构筑出多层次的“人墙”，将可疑对象控制在“人墙”内，最大程度限制其向外界宣泄诉求的维稳模式。尽管，从维稳效果来看，在多道“人墙”的阻隔下，“人墙式”维稳能达到治理者的预期目的，但这种维稳方式却暴露出我国当前乡村维稳的诸多病弊，值得关注。

首先，维稳模式成本过高，不具有可持续性。维稳过程耗费政府大量的人力、物力，既严重阻碍乡镇政府其他工作的开展，也耗费大量治理资源。在一年之中，重要的节假日、考察或者会议举办次数累积起来不少于二十次，如果每次都如此劳师动众、倾巢而出，那么，从长远来看，这种维稳方式究竟可以持续到什么时候，是否能被社会公众理解和接受，这些都是值得考量的问题。但作为一个非常现实的制约性因素是，乡镇改革以后，大多数乡镇的资金和资源都相对有限，在这种情况下，除应付日常各种工作之外，基层政府可用于维稳的资源是有限的。

其次，“人墙式”维稳是在关键时刻，用多层人力将不安因素镇压下来，但它没有从实质上解决矛盾。非常时期结束之后，维稳专项小组即时解散，人员各归各处。这样，那些有碍和谐的问题依然存在，只是没有在政府不愿意看见的时刻爆发出来，换言之，在处理手法上，这种维稳方式属于通过隐藏矛盾或者暂时拖延矛盾爆发的方式换取稳定。尽管，在短暂的时间内，通过“人墙”的阻隔作用或许能确保上层领导“眼不见心不烦”，但问题始终悬而未决，而且在下一个关键时刻到来的时候，基层治理者还是要倾巢而出，不惜成本去营造喜庆祥和的良辰美景。因此，它是一种治标不治本的问题处理方式。

最后，这种维稳方式在有可能刺激诉求者不满的同时也暴露了政府的“软肋”。在这种方式中，那些被认作是“不和谐分子”的人被盯在诸多监察者眼皮底下，一方面极易引起被监察者的仇视，增加他们对政府以及社会的不满。另一方面，久而久之，他们会发现，越是在重要关头，政府和官员越是怕有人出来闹事，但越是在这个时候表达诉求，受关注程度就会越高，成功率也就会越大，进而也就越值得“闹一闹”。这样一来，在政府与诉求者之间就容易陷入一个恶性循环——在政府越是希望保持稳定的时刻，诉求者越是抓紧机会宣泄，当政府为保平安而不得不作出承诺或者让步时，一批诉求者因愿已偿而善罢甘休，但这会引起其他诉求者的注意，他们在下一个机会来临之际，也会以前者为榜样，甚至变本加厉。

4. 重大纠纷的维稳

对于何为基层社会的重大纠纷，在现有制度规范中并无明确的含义，实践中，一切视具体情况而定。在乡村治理中，一些涉及人数较多，纠纷当事人之间对事实问题的认识存在严重分歧，对处理方法争议较大，形势有恶化迹象的纠纷可以称之为重大纠纷；此外，农民与村集体或者基层政府之间的，或者涉及公营部门，而且有可能引发群体性事件或者大规模冲突的纠纷也可以视作重大纠纷。重大纠纷在爆发时间上具有不确定性，对乡村社会秩序影响较大，因此，它是乡村维稳的主要难题。

近年来，重大纠纷中的维稳成为了乡村治理中最棘手的问题之一，为了使相关工作规范化，当前，我国绝大多数地方在基层治理中逐渐形成了一套制度化的维稳应急预案，这些应急处理预案要求乡镇政府的各部门以党委为首，根据可能出现的问题以及需要，成立若干专门的应急维稳专班，一旦有重大矛盾以及突发事件发生，必须要在短时间内行动起来积极应对，动员各方力量及时平息争议。

农村社会的重大纠纷是危害乡村社会稳定的不和谐因素之一，在纠纷调解中防止事态恶化、尽快平息争议是基层维稳工作的基本价值取向。整体而言，有不少重大纠纷的维稳是在法律以及制度的框架下顺利进行，维稳者本身也有在制度内处理问题的愿望，但也有很多纠纷的处理最后不得不求助制度外的方法，并引发媒体以及学者的高度关注。

关于重大纠纷中制度外的维稳方式，比较突出的有两种，一种是“金钱维稳法”，也叫作花钱买平安，又或者戏称作“用人民币解决人民的内部矛盾”；另一种是“暴力维稳法”，也就是利用强制性手段实现重大矛盾纠纷的平复。

但当前大量事实证明，在重大纠纷中，尽管不乏基层治理者以金钱维稳和暴力维稳的案例，然而，直接使用金钱和暴力维持社会稳定并不是维稳者的首选。对于乡村治理者来讲，在重大纠纷处理中，他们考虑的不仅仅是如何使有关冲突纠纷尽快平息，还包括维稳行为的社会评价以及其他社会效果问题；在全国上下高度关注政府维稳行为的背景下，乡村治理者通过暴力和金钱维稳不但存在经济成本压力，而且还存在较大的政治风险。无论是乡级还是村庄一级干部，其仕途上升空间较之于县市级别的公务员而言是有限的，一旦出了问题，不但相关官员的个人前途大受影响，而且还包括整体地方治理都将陷入严重的困难当中，这些都是维稳者在“出手”之前不得不考虑的因素。因此，早年常见于实践中的“金钱维稳”和“暴力维稳”的情况现在并不普遍。

一味打压利益表达者不是乡村干部在重大纠纷中维稳的直接目的和主要方式。当辖区内出现重大纠纷时，排除一些突发事件，事实上有很多都是有根可查的，属于乡村维稳的长期隐患所在，对于这些问题，绝大部分基层领导还是希望可以从实际出发彻底解决问题以免除后顾之忧的，否则因为同样的根源而导致常常出现重大纠纷，这也会令他们烦不胜烦。因此，如果矛盾一直存在，一味靠打压和拖延倒不是一个长久之计，从维稳者的角度来看，他们也不情愿将与利益表达者的这种“斗智斗勇”无限期地持续下去。

既然在重大纠纷中维稳者不偏好于使用暴力对付民众，那么，在矛盾纠纷日益增多的情况下，通过什么方式以实现在重大纠纷中的维稳就是一个值得研究的问题。许多农村重大纠纷的维稳工作最后往往都需要由一定级别的官员出面“摆平理顺”，也就是由级别较高的官员凭借权力支配关系促使争议和冲突尽快解决，这种维稳方式在学界尚未引起重视，笔者在研究中用“权力维稳”来形容这种维稳方式。

以权力维稳存在的问题是明显的。首先，这种维稳方式大都不明辨是非，仅就表面的争议对症下药，但求以简单直接的方法速战速决。依这种方式维稳，即使个案最终获得解决，普遍的法治正义和社会公正却难以体现。其次，这种维稳方式随意性比较大。事情处理的结果往往是根据当事人的情绪、纠纷之规模、纠纷发生的时间和地点、领导的重视程度而定，处理手法任意性大，缺乏规则性。再者，这种维稳方式容易引起部门之间分工矛盾，使部门之间的分工模糊化。一些必须通过专业部门，例如法院、公安部门或者其他专业部门解决的争议，都概括地在某一领导的主持下通过讨价还价的方式解决问题，从而使各部门的角色界限和职权分工被淡化。最后，这种维稳方式更多的是表现为上层领导对作为基础民众的诉求者的同情和关怀，对被诉求一方当事人（常常是强势一方当事人）的责难，并通过特殊的权力和资源支配关系，促使强势一方当事人应允对方的要求，顾全大局。

然而应当看到，通过上级的权力维稳，尽管在实践中非常普遍，但这不是基层治理者十分偏好的维稳方式。其实，他们还可能很忌讳使用这种方法。因为“要领导出面处理，无非是显示了自己能力和水平有限，这样的情况多了，领导就会觉得你不中用、不省心”。被领导判个“不中用”，就几乎等同于丧失了政治前途。与此同时，作为上级官员，从他们的内心来讲，也不希望自己整天四处出动，到处“救火”。尽管与自身有利害关系，但上级领导当然不期望将自己的主要精力用于帮下级收拾“残局”。由此可见，通过权力维稳不是基层维稳者一开始就使用的手段，是随着事态的发展而不得不求诸的方式。从这个角度来看，以权力维稳有其特定的生成原因。

与此同时，基层治理者通过“走上层路线”维稳有得以继续的需求。这种方式适应了“稳定重于一切”的维稳思维以及“将矛盾化解在基层”的政策要求。在此背景下，治理者维持社会秩序，必须“管住人、控制住局面”，而且要尽量速战速决，在较短的时间内解决纠纷，这就需要有“说话算数”的人出面。和乡村干部相比，高层官员往往代表人们心目中理想的政府形象，在信用危机普遍存在的社会环境中，他们较之于农民身边的干部，在社会公众心中获得更高的社会认同，[①]由他们出面安抚争议中的当事人，或者凭借他

---

① 张德元：《农村基层政权面临的最严重问题——信任危机》，《人民论坛》，2010 年第 1 期。

们手上的资源调配能力满足当事人的要求以解决纠纷，有利于社会公众感受政府对人们的关怀备至。同时，这种恩威并举的方法有利于积聚领导个人权威——尽管，这种做法可能恶化基层干部和群众之间的关系，或者使民众更加寄望“包青天”的出现，[①]但人们经常可以看到的事实是，上级官员也常常利用这种机会以展示政府和上级领导对大众的关爱，对人民疾苦的了解与同情；下级官员也乐于在这些场合中配合上级的安排，甘当绿叶，积极烘托出上级领导的好。最后，这种方式可以弥合因部门利益差异而导致他们在社会维稳中的相互掣肘，以切实的行动捍卫了稳定重于一切的治理宗旨。由此可见，在既有维稳观念和干部考核体制下，以权力维稳在相当长的时期内有可能继续存在。

（三）乡镇社会维稳的问题出路

当前，乡镇维稳的谬误不在于维稳方式中蕴含大量暴力以及滥用财力，而是维稳过程所体现出的逻辑依据失当。这些无序和失当突出表现为治理者在执法中刻意选择放弃适用法律，转而寻求有利于秩序控制和应对考核的手段，从而导致维稳层面出现很多人们希望之外却意料之中的问题：

其一，基层政府在维稳的过程中需要化解大量社会矛盾，但在这一过程中却少有以事实为依据、以法律做准绳。如果说，在村庄之内，村级调解依据的多元化乃是基于民间调解的固有特征以及矛盾纠纷的实际需要的话，那么，对于一个乡镇政府而言，在乡级调解的场合，调解依据和标准的混乱就难以用同样的理由解释问题。况且，乡级纠纷调解的依据并不是传统民间法则，而是各种旨在尽快平复争议的维稳规则，或者是策略化的调解技巧，这从而造就了大量基层纠纷的处理尽管最后都能令双方当事人不再起争议，但在处理过程中依据失理、逻辑失当普遍存在的情形。同时，在重大纠

---

① 应星：《大河移民上访的故事》，三联书店 2001 年版，第 405—406 页。

纷的维稳过程中，为了照顾当事人的情绪以及惧怕事情闹大，而不得不采取各种妥协做法的维稳方式也是欠缺长远考虑的。

其二，基层维稳中存在大量貌似平等自由的协商，但鲜有真正意义上平等和公正的谈判。当前，在乡镇政府所主持的纠纷调解中，协商机制的适用充斥着各种各样的问题，例如，协商有时是在脱离纠纷事实真相的背景下，当事人之间的讨价还价活动；有时是在调解者刻意撮合下，当事人之间所进行的权利交易行为；还有的是在调解者的压力下，一方当事人被迫对另一方当事人的妥协。这些协商事实上都有违真正意义上的公平、正义，有协商之“形”而无平等正义之“实”。这样一来，在中央向地方政府一再强调将矛盾化解在基层的情况下，在乡村维稳者利用调解场合令当事人自己解决问题以回避诉讼救济的种种“不利”的过程中，就会频频出现协商的滥用以及不规则使用问题。尽管，在治理实践中，这些协商的出场常常是为了更好地处理“民事”纠纷，防止“民转刑”，但在不适当地预防“民转刑”的过程中，因为急于追求维稳效果却经常出现了“刑转民”的情形。长此以往，在那些泛滥的“民主协商”背后，究竟会对国家法制建设造成多大的负面影响，这恐怕是最值得思考的问题。

其三，基层维稳机制的发展着重于硬件建设，重点关注外在的社会秩序稳定以及量化的维稳效果问题，却忽视很多软件建设以及社会内部稳定问题。在这种偏失下，对于基层维稳来讲，上级政府看到的往往只是农村社会矛盾纠纷数目的增加或者减少，而没有完全充分注意到整个基层社会在建设和发展方面存在的实质困境；只看到乡村维稳各种制度政策是否设立，人员是否配备，设施是否到位，口号是否上墙，而没有注意到整个乡村维稳机制在运作中出现的诸多病弊；只看到干部是不是将矛盾在乡村范围内解决掉，而没有注意到某些只追求一时效果的维稳方式会对乡村社会治理产生的长远隐患；只注意到当事人有没有息事宁人，而没有注意到在息诉罢访的背后，乡村民众在对政府权威、公信力、信用度等问题上的民意思维变化。

其四，基层维稳未能与国家现代化建设其他重要方面衔接起来。整体而言，当前我国乡村维稳属于应对式治理，一方面，它尚未与法律下乡和农村普法相互衔接，维稳过程的法制化程度有待提高，从而弱化了通过社会维稳促进农村普法和法律下乡的功能；另一方面，乡村维稳未能与依法行政以及规范基层公务员行为等相关建设很好地结合起来，为了使乡村干部能将麻烦处理掉，上级政府在一定程度上对维稳中的不适法行为采取了容忍或者默认的态度，这从而使当前维稳所追求的实用主义和功利主义价值，与依法治国所追求的目标出现错位和分离；再一方面，基层维稳未能与进行国民素质教育、提高基层民众参与以及提升政府公信力等衔接起来，将精力集中在社会秩序控制问题上，未能通过维稳实现国民法制意识提高、基层政府形象提升以及民众参与基层事务机会增多。

（四）乡镇社会维稳的优化进路

法治国家的建设不仅要求有完备的法律制度体系，而且要求法律在化解社会矛盾纠纷的过程中能够良好地运行。[①]从长远来看，乡村社会的长治久安绝不仅局限于硬件层面的制度建设，也不单纯依赖国家对乡村维稳者施以强压政策以迫使其想尽办法摆平麻烦，基层社会稳定有赖于政府依法执政能力的大幅度提高，农村民主与法制建设的深化和兑现。但就当前而言，农村社会维稳工作的优化与改进，应该立足于新时期农村社会的稳定形势，发扬已有维稳模式的长处，克服其不足，笔者认为应该包括如下几方面：

首先，依照当前社会发展形势，树立科学的乡村维稳观。

社会矛盾作为社会关系的反映，具有鲜明的时代特征。上世纪80年代至今，乡村社会历经制度变迁以及环境变化，在不同的阶段，其社会矛盾也必然有所不同，为此各级维稳部门要与时俱进，

① 严军兴主编：《多元化农村纠纷处理机制研究》，法律出版社2008年版，第2页。

树立科学的维稳观。一方面要承认当前农村社会利益差异存在的客观性，承认矛盾冲突存在以及数量出现攀升的必然性，中央已经指出当前是矛盾凸显期，但在实际工作中，不少地方又苛求基层“不能出事”，以不发生群体事件，无大规模上访，无人进京上访为目标来维持农村社会稳定，这种做法既违背了中央政府关于社会形势的判断，也违背社会矛盾发展以及解决的一般规律。另一方面还要认识到农村社会维稳工作的实质，农村社会存在的各种矛盾都属于人民内部矛盾的范畴，所以农村社会维稳的实质就是解决人民内部矛盾和保护农民权益的过程，而不是单纯的管住人和控制住局面的过程；是彻底地解决问题的过程，而不是将问题隐藏起来以求暂时平稳的过程；是持续不断的矛盾冲突的解决过程，而不是采取手段速战速决以实现一劳永逸的过程；是从实质上促进农民依法诉求、依法维权，政府依法治理的过程，而不是为了应对考核而采取权宜之策或者没有原则地妥协的过程。

其次，在全面调查的基础上，准确掌握乡村社会的稳定形势。

我国农村地域广袤，各地矛盾有所差异，政府对农村社会稳定形势应该有真实、准确以及全面的了解。为此，国家应当通过全国性调查以及定点跟踪监测，及时掌握农村社会稳定局面出现的新情况和新问题。事实证明，农村社会的稳定状况，并不完全是由农村社会纠纷发生的数量、农民的上访量以及群体性事件的数量直接反映和决定的。除以上因素之外，衡量农村社会的稳定程度，必须考虑的因素至少还包括：农民生活的改善状况、村民自治组织运作的有效性、农民利益表达渠道以及利益协调机制的畅通程度、基层政府的权威与公信力、干部的廉洁程度、民众对党和国家各项政策的认同程度等。同时，除了观察表面现象之外，还必须注意某些深层次的问题，例如，农村社会有哪些潜在的矛盾，是否可以持续健康发展，农民和基层干部的心理、思想状态如何，等等。但对于上述问题，目前尚缺乏客观详尽的描述。为此，笔者认为，应该在全国范围内进行大规模的实地调查以及对若干典型地方进行跟踪性监测，以摸清农村具体情况。

再次，帮助农民实现利益表达，满足农民的参与需求。

通过合理的制度安排帮助农民实现利益表达、满足农民的参与需求，是当前及今后实现农村社会长期稳定的重要举措。为使农民的诉求在基层社会治理中可以顺利表达，笔者认为，强化组织建设和管理是至关重要的：一方面要增加乡村两级组织的民主程度，通过健全村民自治制度确保农民当家做主的权利，通过完善乡镇选举机制、监督机制以及其他干群互动机制拓展农民民主参与渠道，使民意成为基层政府改革和实施治理的动力和方向。另一方面，要依据农村利益分化和社会分层的事实，有计划、有步骤地促进农村民间组织的发展，在加强对农村民间组织管理的过程中，大力发挥民间组织在乡村治理中的积极作用，通过提高农民组织化程度的方式来提高其利益表达能力、表达渠道和谈判实力。再者应该提高乡、村两级人民调解制度的法制化程度，规范乡村干部的调解行为，促进人民调解与诉讼对接，优化乡镇司法所的法律服务，提高农村法律援助水平，让更多农民接受到质优价廉的法律服务，强化法制观念。

第四，强化对县、乡、村三级维稳工作的监督管理。

由于农村社会维稳工作主要由县、乡和村三级组织承担，国家应该强化对其农村维稳工作的监管。对县、乡和村三级组织维稳工作加强监管的前提，首先是调整现有干部考核制度，摒弃一味追求静态稳定的“没事就是本事、摆平就算水平、和谐就是妥协”的思维以及动辄“一票否决”的做法；其次要逐步引导基层维稳工作者建立科学维稳观，尤其是要使乡村两级相关干部将在维稳中的主要精力放在矛盾纠纷的有效解决，而不是对人以及局面的管制和控制上。各级政府应该理性地看到，社会快速转型期同时也是矛盾多发期，维持农村社会稳定固然非常重要，但目前，党和国家主导农村发展的大局没有发生根本改变，农村社会也不存在发生大规模社会动荡的民意基础，对基层组织施予过度严格的维稳压力，只会催生大量违法或者不择手段的维稳行为，更可能刺激某些干部或者纠纷当事人利用维稳营利，其结果必然使农村社会陷入更加不稳定的局面。在此基础上，要通过行政监督、司法监督、人民群众监督以及舆论监督等多种方式，强化对县、乡、村三级组织维稳行为的监管力度，对违反法律规定开展维稳工作的部门以及有关责任人，应追究严格的法律责任和施以处分。

最后，优化及改进农村社会既有维稳模式。

乡村调解制度的优化在于两个方面：一方面是从实际出发，加大对调解组织人力和物力投入，使其有更充足的资源化解基层矛盾，在基层维稳中发挥更大的功效；另一方面，乡村调解不仅强调“快”，而且要稳妥和适法，今后应该从调解人员的业务素质、调解制度建设、调解过程及相关行为的规范等角度出发，着力提升乡村调解的法制化程度。对于特殊时期的“人墙式”维稳以及通过走“上层路线”维稳的做法，笔者认为，如果农民可以依照正常的渠道进行利益表达，农村社会的矛盾纠纷能够依照体制内的方式获得解决，以及干部任用和考核体制得到有效的改进，那么，以不适当的方式逼迫政府妥协、就范就不会是诉求者一味的追求，因此，维稳关键还是在于相关制度的完善，而不是在关键时期倾尽全力控制住局面。

此外，在农村纠纷排解中，要将维持秩序、防止事态扩大的工作和矛盾纠纷的处理工作区分开来。前者属于社会公共安全的维持，由派出所、治安委员会等组织处理；后者属于社会纠纷的排解，应由人民法庭、基层司法所或者乡村调解组织等处理。当前，在强调“大调解”的背景下，几乎各种组织和单位都被纳入矛盾的排解当中，这种看似集思广益和群策群力的处理方法很多时候都意味着不专业、不独立和难彻底。再者，一味要求将“矛盾化解在基层”的做法是存在偏差的。农村矛盾的起因纷繁复杂，很多矛盾不是基层政府有权力和资源去调适的，如果上级政府强行要求基层组织解决所有矛盾，其结果必然是导致问题层层下压或者被刻意隐藏，甚至胡乱处理。因此，上级政府一方面要敦促下级政府依法处理农村社会矛盾；另一方面也要承担自身责任，通过制度完善、政策优化的方式维持农村社会秩序平稳。

四、健全乡镇治理的综合保障机制

当前我国乡镇面临的重要任务，是如何使乡村社会管理和公共服务与工业化、信息化、城镇化、农业现代化“四化同步”发展的总体发展战略相适应。中共十八大提出要“深化乡镇行政体制改革”，建立精干高效的基层行政管理体制，形成行为规范、运转协调、公正透明、廉洁高效的乡镇行政管理体制和运行机制，提高整个社会的管理和服务水平，是当前我们深化行政体制改革的目标和任务。

（一）基础单元规划与规模界定

我国采取的是省—县—乡镇三级制或省—市—县—乡四级制行政区划，乡镇一级均为最低层级的政府组织机构，尽管在数量规模、组织机构、职能权限方面经过多次精简、合并与调整，但基层政府的层级未发生变化，也一直保持着较为稳定的地位。而乡镇的行政组织规模，在很大程度上决定了基层行政效率，当乡镇机构和人员规模过大，容易造成乡镇政府内部功能重叠、责任不明、工作效率低下；而乡镇的服务性组织和人员缺失，则不利于以乡村公共服务需求为导向的快速反应和有效供给，容易在政府服务方面造成缺位。为此，应当结合乡镇的人口和面积，合理地测算和界定乡镇组织的机构和人员规模。

1. 推进乡镇组织规模的法制化、规范化建设。要走出基层组织规模反复膨胀的怪圈，就需要从国家（特别是以省为基础）层面的法律上，对乡镇组织规模进行更为细化的规定和解释，以保证改革在法理层面获得足够的权威支撑。一是立法机构应更为深入地审查相关法律法规，把握改革的总体方向，确定乡镇一级事项职能及其组织间的分配，并从法律制度层面加以明确，权责分明。地方依据法律出台具体的界定乡镇机构、规模的法规，使有关部分有法可依进行机构重组。二是需要决策高层有计划有规划地逐步推进乡镇的合并，乡镇的上级政府应对辖区的基层政府进行价值评估和绩效考核，合理分配事务，对于重叠部门或单位应加以裁撤，并制定相关政策，规定乡镇机构扩增或规模扩大的条件与审批程序，禁止擅自增加机构或人员，并核查机构编制，报请人大审核备案。三是强化机构规模规划的监管与实施工作。规划编制、审批和调整，要实行民主决策、科学决策，坚持依法行政、社会监督、专家领衔、群众参与；依法加强对规划实施的监督管理，切实维护规划的权威性、严肃性，规划一经批准，任何单位和个人不得随意变更，确需变更的，必须经过法定程序。

2. 科学、合理界定乡镇组织的机构规模。合理确定乡镇政府的机构规模，构建组织精干、结构合理、运行高效的乡镇行政组织。各地乡镇组织规模的确定，应体现出统一性和多样性相结合，以及弹性化的原则。在法律确定乡镇基本机构的基础上，应允许当地乡镇根据本地人口数量、经济发展水平、基层民众需求偏好以及地方发展规划，在一定范围内灵活调整政府机构数量，并确保符合本地实际情况。合理的乡镇规模，既要保证基层政府的管理和服务延伸到更广阔的地区并覆盖更多人口，又允许地方发展的多样性和灵活性。一般而言，我国东部地区的乡镇面积较小，人口密度较高，人均面积则更少；而西部地区由于平原少、山地多，总体面积大，加上多数人口流向沿海发达地区，人均面积相对较大。经济发达的沿海地区集聚大量的乡镇，且分布密集，现代化、工业化程度高发展快；而西部地区和一些不发达的少数民族地区、自治地区发展慢，乡镇数量较少，且分布不均。“北京、天津及上海是我国经济高度发达、农村城市化水平高，且人口集中的地区，但三地乡镇规模并不大，而且，三者之间乡镇规模也存在较大的差别。”[①]这就需要特别

① 项继权：《乡镇规模扩大化及其限度》，《开放时代》，2005 年第 5 期。

注意，在规划乡镇规模时应该充分考虑不同地区的人口、自然社会环境，尤其是经济社会发展程度，应有所区别。

3. 提高乡镇组织规模设计与规划的前瞻性。对于乡镇规模的确定，不仅要考虑当前乡镇的经济社会条件，也要考虑到未来城乡统筹发展中乡村地区的经济和社会结构的变化，以增强乡镇规模确定的科学性和前瞻性。测算的前瞻性，具体体现在制定长期性的发展规划，通过规划确定发展框架，超前引导乡镇建设，并预留出将来乡镇规模扩大后的规划用地，保证资源的优化利用。自新中国成立至今，基层政府的机构设置及规模经历了多次变革，或是扩大或是裁减，其深层次的原因还在于基层治理的需要、基层事务的变动，而这些又主要来自乡村社会特别是农村治理的需要。对于乡镇政府而言，要进行合理的规模测算，必须将“两个有利于”作为基础和前提，即一方面有利于政府对社会的有效管理，另一方面有利于满足社会公众的公共需求。[①]对于合理规划乡镇规模，需要预期基层政府所面临的公共事务、所要达到的绩效，根据乡村社会未来发展趋势来设计乡镇规模的未来发展。

首先，注重乡镇规模测算与国家的宏观产业政策、导向政策，以及交通、通讯大动脉相联系；强调起点要高，顺应时代发展的潮流。其次，根据现代农业产业化的发展趋势，科学评估城镇的规模，使其足以成为将来农业生产、加工、流通、服务的载体，政府职能能够到位，能力与资源整合相吻合。再次，小城镇规模的规划，考虑长远，保证小城镇可持续发展战略的实施。继而，把将来的政府行政能力与市场一体化、本地经济发展特点相结合，将小城镇规模规划建设融入分工明确、布局合理、同中心城市建设相结合的城镇化、政权化体系格局中。再而，小城镇的风貌也体现了综合经济实力和居民群体凝聚力，使本地的文化历史传统得到继承和发扬；要把环境生态建设列为主要内容，利用先进技术手段和自然条件，建

---

① 项继权：《乡镇规模扩大化及其限度》，《开放时代》，2005 年第 5 期。

设生态小城镇。最后，规划也注重必须体现全局意识，着眼于长远，规划一经批准，就具有法律效力，而且要列入目标考核责任制，要强化规划的实施力度，强调乡镇规模划定的制度框架。

此外，也需要重视并克服乡镇组织发展可能出现的“细碎化”趋势，对于迅速发展的村委会组织及农村经济、社会，应有系统的计划与方案制定，重新设计服务基层乡村民众的基础功能组织，即时撤销、合并或构建新的职能对口的部门，调整设置乡镇事业机构，形成组织精干、结构合理、运行高效的乡镇组织体系。

（二）权力体系重构与关系理顺

对于税费改革前后的县乡关系，学界已有诸多判断，主要有“压力”、“同构”、“共谋”、“互动”等代表性解释模式。这些理论解释，无论是从县乡体制的运行机制入手，还是立足于县乡体制的结构层面，抑或考察政府运作的外部制度环境，以及关注基层政府的主体行为，都从不同方面揭示了县乡之间事实上的“支配性权力关系”。[①]县级政府一方面通过财政、人事、考核等直接控制乡镇政府，另一方面则通过县级政府职能部门设在乡镇的“七站八所”肢解乡镇政府的权力。县乡之间的这种支配性权力关系，通过层层分解的目标责任制、自上而下的干部任命体制以及严格的财政约束和控制而得以维系。

这种权力关系使权限、责任、目标划分模糊，严重束缚基层政府的手脚，越来越不适应高度发展的经济社会要求，更无法满足人们对于乡镇政府提供高质量的公共服务的要求。为此，就需要进一步打破乡镇“块块”的局限，改变以乡镇为主体来组织和提供社会管理和公共服务的传统模式，将应当由政府承担的部分职能上收到县级政府，以县域为单位重新设置公共管理和公共服务体系。在提高政府组织的运行效率基础上，打破乡镇的行政区域界限，根据基层社会管理公共服务的性质和需要，以及相应组织的管理和服务能

---

① 吴理财：《县乡关系的几种理论模式》，《江汉论坛》，2009 年第 6 期。

力与运行成本设立相应的组织和机构，形成以县域为单位的纵横交错的新型管理网络和服务体系。

1. 理顺县乡职能权责分配关系

不同层级的政府所承担的管理和服务职能有所差别，在实践中，上级政府不可能做到事无巨细、把各项事务包揽无遗，必须根据事务的性质而合理地配置下级政府的机构与权力。乡镇变革的思路应当是，厘定乡镇范围内特定的职责与权力，在打破固定的行政区域界限的同时，划清基层政府部门权力和责任。具体而言，即需分清哪些由县级专有，重要的、宏观的权力还是掌控于县级政府及其职能部门，哪些属于乡镇专有，乡镇专有的权责职责和管理事项，具体的事务性权力分给乡镇政府，县级政府及其条条部门不得随意去干预和侵夺。凡是应该由县级下放的权力必须坚决放下去，从而理顺县乡两级政府权力关系，形成合理的权力框架，加之配套的制度机制保障，非经法定程序不得随意改变。

2. 建立新型行政组织网络体系

既然要打破乡镇"块块"局限，重新划分县乡职能与管理服务，那么，在机构设置上就应该有所改进，建立县乡多元联动的新型组织网络。首先，对于县级专有的事项应该由县政府垂直管理，县政府在地方的派驻机构由其垂直管理，在人事、财政和编制上与乡镇政府脱钩，乡镇政府没有必要设立类似的主管部门，以避免重复设置造成资源浪费和乡镇政府权力肢解。对于一些目前还没有垂直管理但又应当垂直管理的机构，变革的思路可以是：一律改为县级的派出和垂直领导机构，而不能再作为乡镇政府的一个组成部门。其次，对于县乡政府交叉的事项，目前上下对口的机构设置可以保留，但需要摒除"双重领导、条块结合"的旧思路，需确有领导主体，以避免职责不清、管理混乱、推进不力。此外，一些涉及跨乡镇区域的发文、政策和重大服务，应当收归县政府统一管理、统一承担，以提高管理和服务效率。再次，对于乡镇专属事项，县政府不得随意插手，应当允许县镇政府根据需要因地制宜，避免千篇一律地在县级设置对口的主管机构。对某些机构设置到什么层次不必强求一致性，要考虑其业务性质不同而灵活规划各类条条的具体设置层次。

3. 规范县乡权责运作执行机制

首先，政策决策与执行相一致。目前，县乡两级的行政网络体系在实际运行中，组织主体的权限、责任、目标均模糊不清，两级政府既缺乏各自明确决策与执行系统，又缺乏二者统一的决策与执行分明的组织行为。本属于县政府的决策可能由乡镇来做出，而属于乡镇的执行行为却被县政府直接涉入。为提高政府组织的运行效率，县政府应建设覆盖县域行政体系的执行组织系统，在特定领域和范围通过垂直管理的条条来施行决策，而不能事事依靠乡镇一级去执行。

其次，权力与责任相统一。权责相符是现代政府运作的一般规律，有责无权将制约责任主体的积极性和创造性的发挥；反之，有权无责容易产生盲目指挥、滥用权力。当前县乡政府间的权力和责任安排不尽合理，乡镇政府“块块”细碎，权力有限而责任无限。一个普遍的现象是，权力集中在上级政府和条条手中，而责任却要由乡镇政府承担。对于县政府决策、乡镇政府执行，出现问题县政府不负决策责任，却追究乡镇政府执行不力的旧有路径，应当给予高度的反思和纠正。

最后，以法制为保障。要解决县乡之间的“支配性权力关系”问题，就要解决与制度规定不到位之间联系紧密的——地方制度规定过于笼统，缺乏可操作性的问题。应该重点考虑通过在地方组织法中增加可操作性的条款，依法明确划分县乡政府之间的事权划分与职责权限，规定县政府专有的职权、乡镇专有的职权、县乡共同行使的职权。

（三）基本职能转变与运作优化

宏观上我国大陆的经济转型、社会转型要求政府转型，政府转型对我国经济和社会的发展产生越来越大的影响，我国的政府改革和政府职能转变已成为中国经济和社会转型迫切需要解决的问题。在现代化发展的层面，改革过程中“需要解决的核心问题即是如何改造传统的政治结构和权威形态，使其在新的基础上重新获致合法性并转换成具有现代化导向的政治核心”。然而，“上述转型要顺利进行，必须在一方面要避免基于原有结构的政治权威在变革中过度流失，从而保证一定的社会秩序和政府动员的能力；而在另一方面为了保证这种权威真正具有‘现代化导向’就必须防止转型中的权威因其不具外部制约或社会失序而发生某种‘回归’”。[①]政权合法性基础的重塑，就是要构建与全球化和现代社会相适应的政府行政范式，从以权力为中心向以规则为中心、从管制行政向服务行政、从全能行政向有限行政、从暗箱行政向透明行政转变，实现政府从传统行政向现代行政的转型。而对于乡镇治理而言，意味着必须主动调整乡镇治理方式，转换政府职能，以满足广大农民日益增长的公共服务与公共产品的需求，不断解决日益突出的乡村社会矛盾与社会问题，这也是乡村社会有序发展和长治久安的关键。

第一，要树立有限行政的理念，配置相适应的经济社会管理权限。

自20世纪以来，政府行政发展出现两个突出趋势：一方面是政府行政权力不断强化，职能逐渐增加，部门增多，机构重叠；另一方面是行政权力的约束性增强，民主与法治的程序性加强，也即有限行政。表面上这两种趋势似乎矛盾冲突，实际上却是由于社会、经济的向前发展，事务的繁杂化与多样化而促使行政理念不得不有所转变、矫正、扬弃和发展。客观上看，市场经济的发展在不同的

① 邓正来：《市民社会理论的研究》，中国政法大学出版社2002年版，第184页。

时期和不同环境中，对政府行政的内在要求也有所不同。就我国现阶段而言，中国特色社会主义市场经济体制不断完善，模式不断创新，发展不断成熟，为政府科学治理、充分发挥其调控整合能力奠定了基础，提供了良好的社会经济环境，同时政府的责任急遽增大，各项公共事务日益增多。

面对这种趋势，针对乡镇改革而言，可以积极探索对经济总量较大、吸纳人口的小城镇，赋予其与经济总量和管理人口规模相适应的经济社会管理权限。对于有些地理位置、资源比较好的小城镇，经济发展速度可观，可以更好地实现城镇现代化建设。当然，乡村经济的发展需要基层政府的有力引导规划和助推，这就要求政府的责任与能力匹配，能力与资源权限相当，以形成强有力的行政能力，从而充分调动和整合可利用的乡村资源。

第二，要转变公共服务方式，构建多元化的公共服务体系。

针对基本公共服务、市场化服务以及农村社区和社会的自我服务等不同性质的服务需求，需要转变基层政府公共服务方式，由政府等公共部门、乡村经济和社会组织以及广大乡村民众构建起多元化的公共服务体系。长期以来，我国各级政府基本集中掌握了本地所有的公共资源，提供着几乎所有的公共服务。这种公共服务体系暴露出越来越多的弊端：组织机构臃肿、资源浪费严重、运行成本高企、服务效率和质量低下。特别是乡村社会的公共需求与基层政府自身财力和能力的有限性，形成了明显而尖锐的矛盾。从乡村服务的需求类型来看，针对基本公共服务、市场化服务以及农村社区和社会的自我服务等不同性质的服务需求，也需要由政府等公共部门、乡村经济和社会组织以及广大乡村民众构建起多元化的公共服务体系。

首先，乡村公共服务体系需要重新审视各种非营利组织、事业单位和政府间的关系，着力将各种可利用的组织统一纳入公共服务的提供体系中，以构建合作多元的公共服务框架。

其次，需要解决四个核心的问题：一是明确基层政府在公共服务中的责任与角色。二是将公共服务进行分类，明确哪些服务是基础类的，哪些服务是非基础类的。政府要重点承担基础类的公共服务，在这些领域的事业单位由于基数庞大，难以完全转变为非营利组织，因此需要保留这些领域的事业单位。而且应当以开放的姿态，允许非政府的民办非企业单位的进入。同时在非基础领域进行事业单位的改革，将其改为民间非营利组织。三是确定非营利组织的法人地位。在法律上明确区分哪些组织属于非营利组织法人，哪些属于公法非营利法人，哪些属于私法非营利法人。在此基础上，完善非营利组织的管理与监督机制，从而为事业单位转型和公私合作创造制度环境。四是将事业单位和相关领域公共服务的非营利组织统一纳入公共服务的管理体系。政府不但要支持事业单位，还要通过一定的项目拨款和财政拨款，与各种非营利组织开展合作。[①]

再次，要超越"碎片化"，构建公共服务的协同机制。多元公共服务体系需要完成三个层面的整合：一是治理层级的整合，包括不同治理层级或同一层级的整合。二是治理功能的协调整合，使不同功能部门协同工作。三是公私部门的整合，包括公部门和志愿组织，公部门和私有公司的整合。[②]因此，协同是通过包括横向和纵向的协调，有效利用各自的资源和优势，为公众提供无缝隙的而非相互分离的服务的过程。协同是解决公共服务多元主体供给导致的碎片化的机制选择。

最后，要实现乡镇公共服务生产和供给机制的创新。我国台湾地区的乡镇政权改革中，对经济社会中各种组织力量在公共物品和服务方面的角色和相互关系进行了重新审视。在公共服务的提供中，政府需要明确自身在公共需求提供中的责任与边界，政府并不需要提供所有的社会需求，但政府需要在很多公共需求中承担责任。而

---

① 汪锦军：《构建公共服务的多元供给体系：模式选择与改革路径》，深圳市行政服务大厅管理办公室，2012年8月15日。

② Perri 6. Toward Holistic Governance：The New Reform Agenda. New York：Palgrave Macmillan，2002. p29.

在公共服务的生产和供给机制方面，基层政府完全可以把某些物品生产或供给交予市场或社会承担，让他们组织生产，而自身通过购买成为公共物品或服务的提供者。生产和提供的分离，使政府可以超然于公共服务生产的具体过程之外，调动社会力量和社会组织的积极性和创造性。

充分挖掘乡村企业和社会组织等主体在农村公共产品和服务方面的内在动力和潜力，形成高效、灵活、满足农村社区需求实际的生产和供给机制，是有效发挥农村社区公共服务功能的必然要求，也是在乡镇治理转型中重新构建政府的权威性地位、优化行政体制运行效能的必然抉择。

（四）财政基础夯实与监督强化

作为政府行政治理的工具，多级财政体制实际上是财政控制权的配置制度，它要求在合理界定各级政府事权的前提下，按照一定的财政原则，将政府财力在各级政府间进行有效配置，同时通过上级政府对下级政府的转移支付制度，使得各级政府承担的政府职能与其可支配财力相适应。[①]基层财政恶化的主要原因，均是自由财源不足与公共支出大幅增加之间的矛盾激化所致，地方政府面对与日渐增的服务需求，而税收来源不稳定，使其承受更多的财政压力；而来自上级通过业务授权方式让基层政府承担更多的公共支出及财政责任，加重了基层的财政压力。尤其需要注意的是，在极端情况下，乡镇往往会背离政府权力组织的公共性，成为自利性的营利性组织。理论界普遍认为，目前的财政体制只是初步理顺了中央政府和省级政府之间的财政关系，但没有在省级以下政府之间确立较为合适的责任和财力分配模式。[②]从西方发达国家及我国改革的探索实践来看，需要着力推进的重要创新主要有三个方面：

---

① 李文星、蒋瑛：《地方政府财政能力的理论建构》，《南开经济研究》，2002 年第 2 期。

② 程又中、张勇：《城乡基层治理研究述评》，《当代世界与社会主义》，2010 年第 5 期。

第一，健全与事权相适应的乡镇财权，建立规范的县乡转移支付制度。

确定乡镇政府的事权，适度调整财政分配关系，取消乡镇政府课税权，建立县级政府对乡镇政府规范转移支付制度体系，合理划分各级政府的事权范围与规范各级政府间的财政关系，明确各自责任，按市场经济客观要求积极推进农村地区和基层政府管辖区生产要素流动的制度创新。首先，明确合理界定乡镇政府的事权范围。财权划分是建立在事权基础上的，赋予乡镇必要的事权和财力，使其事权与财权相匹配，是乡镇政府履行职能的物质保障。而事权的划分与政府的职能联系甚密，所以，事权划分一方面要转变政府职能，明确政府与市场的关系，将可以由市场机制解决的问题从财政供给中剥离出去，减少乡镇财政支出；另一方面合理划分县乡政府事权，并以法律形式固定下来，以此为原则确定乡镇政府的支出。其次，建立健全县乡转移支付制度。要以实现基本公共产品与服务均等化为目标，通过科学的转移支付方式，合理确定转移支付额。具体来说，要根据地区间人口、经济、财力和支出标准等综合因素，科学测算“标准支出”和“标准收入”，确定标准支出的范围和计量方式，根据客观因素，设置一般均等化转移支付项目和指标。同时，根据地区产业政策、经济目标和阶段性任务，设置专项转移支付项目和指标。还要根据区域间经济、财力的不平衡程度和省以下政府的公共服务水平，设置横向均等化转移支付项目和指标。[①]再次，在转移支付总量和扩大一般性转移支付规模的同时，适当加大省县政府对乡镇财政转移支付的力度；以一般性转移支付为主，配合专项转移支付的结构。此外还要加速推进转移支付立法，实现转移支付制度的规范化。法制化是规范化的基础和前提，加快转移支付立法进程是逐步健全转移支付的法律体系、达到规范转移支付制度目

① 刘家庆、徐继之：《合理划分各级政府间事权与财权问题研究》，《财会研究》，2007年第2期。

的的切入口。

第二，保障乡镇基本财力需求，因地制宜实施财政支出倾斜政策。

中央和省级政府应承担保障乡镇最低财力需求的相应责任。首先，确保基层政府人员工资及时发放和政府运转资金的及时到位。其次，要改善财政投资的结构，促进财政支出向农村倾斜，尤其是向农村基础设施建设领域倾斜，重点支持农村环境建设和农村社会公共事业发展，重点支持能够促进城乡、区域协调发展的项目。还应充分考虑经济薄弱的乡镇的实际困难，加大转移支付力度，增加其财政积累，努力促进城乡间公共服务水平的均等化，推进县乡间经济社会协调发展。省级财政在转移支付资金拨付时，一方面要让利于基层，另一方面还要注意协调区域平衡，做到资金拨付的公平、公开、公正，力争在短时间内实现基层财政困难问题的缓解。

第三，强化财政管理和财政监督，完善财政监督审查新机制。

在加强财政监督方面，首先，要在省管县财政体制改革试点成功的基础上，进一步扩大推广面。其次，在尊重乡镇财政预算管理权、资金所有权和使用权、财务审批权的前提下，全面实行乡财县管。再次，推进预算管理改革，细化支出预算，对专项资金实行绩效预算管理。最后全面推行修订后的政府收支分类科目。

除此之外，还要加大对乡镇财政收支的监督力度。一是完善乡镇财政内控制度，保证乡镇财政、政务公示透明，自觉接受群众监督。二是将事前预警、事中跟踪和事后审核结合起来，做到财务监督全方位、多层次。第三，保证资金分配的规范有序，完善财政支出管理制度，保证资金拨付效率和平衡。与此同时，还要做好财务基础工作，提高财务信息质量，并加大对财务违法违规事件的处理力度。

（五）治理格局革新与参与提升

在新的形势下，基层政府必须依靠市场机制、众多经济和社会组织、广大农民来共同管理乡村公共事务。建立和完善民众参与和利益表达渠道、基层政府与社会之间的良性互动机制，形成政府主导、社会参与的乡镇行政治理格局。基层政府不再是乡村社会的唯一管理者，它必须依靠市场机制、众多经济和社会组织、广大农民来共同管理乡村公共事务。农村社区、村委会等自治组织，以及社团、行业组织、社会中介组织、志愿团体等各类民间社会组织，将成为社会服务和管理的参与者。在基层政府与广大农民之间建立起顺畅的沟通渠道、创新多元化的民主参与和利益表达机制，以缓解和消除政府与农民之间、乡村社会内部的各种矛盾冲突。同时培育和扶持各种乡村社会组织，提高农民的组织化程度，提高乡村社会自我管理和自我服务的能力，来弥补政府组织功能的不足。

第一，规范乡镇权力的有序运用，转变管理方式。

要对乡镇政府的权力扩张倾向进行有效的规范、约束和监督，从过去对乡村社会的全面管控转向对农村社区发展的引导、规范、协调和扶助。农村社会的发展有其自身规律，乡镇政权的过深介入反而会激化基层社会矛盾。1987 年国家颁布《村民委员会组织法（试行）》，明确规定了村民自治的性质，划分了乡镇政府与村民自治组织的权限。村民自治没有改变国家对农村的统属关系，乡镇政府依旧是国家在农村的基层政权机关，改变的是乡村社会的治理形式，基层政府由过去的直接管理转向间接治理，国家行政权力上收；乡镇政府依法对辖区内的公共行政事务进行管理并执行国家的大政方针，根据政权运行的一般规则，乡镇政府对所辖农村区域具有政治领导、经济管理、社会行政管理等职能。这就形成了“乡政村治”的格局。

当前的乡村社会发展形势对这种乡村治理格局提出了新的要求。首先，乡镇政府必须简政放权，切实转变职能与管理方式，把不属于政府行政范围内的村庄或社区事务移交由村委会自主解决；其次，乡镇政府应将重点放在政策引导、法规监督、营造环境和提供公共服务上。要经常性与村委会进行沟通联络、辅助指导，乡镇范围的治理方案和任务的落实要积极取得村委会的配合；再次，特别要处理好与村里“两委”的关系，切实改变过去强迫命令、包办代替的统制行政方式，优化体现基层政权的作用。同时，社区（村庄）村委会要自觉接受乡镇政府的指导和监督，依法发挥自治功能。

第二，培育和发展村级组织的自我服务、自我发展的能力。

积极发展和培养新的村级组织的自治能力，承接政府转移出来的部分行政管理和服务职能，弥补政府组织功能和两委能力的不足，实为当务之急。不论是“社区重建”，开发村民自治的组织资源，通过自愿合作基础上的社区组织，满足村民的各种社会化服务需求；还是激活乡村民间力量，探索“多中心治理”的乡村治理模式，都离不开村级组织的培育与发展，凸显村民组织化的治理功能。为适应农村的发展，现在农村社区的治理主体应积极进行组织创新。村级组织可以概括为两种类型：一类是制度框架下的正式治理主体，包括代表国家政权的乡镇党政机构以及相关职能部门，村党支部及其相联系的群团组织、依法建立的村民委员会；而另一类是体制外的非正式治理主体，主要构成是农民组织，还有传统类的家族、宗族组织，民俗、帮派共同体等。后者长期以来被忽视，发育不完全，但潜力很大，是实现村治治理转型的不可或缺的力量。

在当前的村庄治理中，农民组织要根据自身的机制优势和职能特点，充分围绕“三农”问题的解决，提高自治能力和绩效。首先，在农村经济发展方面，村级组织应引导广大农民采用先进的农业技术和耕作方式，走高效农业、特色农业、生态农业之路，提高生产收入；发展专业分工协作，试行产业化经营，加强市场信息和流通过程的中介服务，降低市场交易成本，以增强其致富能力；其次，在乡村社会建设方面，村级应切实维护广大农民的合法权益。大力发展公益事业，帮助贫困农户、照顾老弱孤寡，加强村级自我服务；再次，在村级管理方面，维护社区秩序，及时调处矛盾纠纷，积极配合政府机构强化社区管理，依靠群众力量健全治安体系，努力创造村民安居乐业的社区环境。

第三，强化广大村民的民主参与意识和法治规则观念。

强化广大农民的法治观念和民主参与意识，并在法律层面进一步厘清乡镇政府行政权与社会自治权的事务范围，使民主治理在乡村社会中真正运转起来，得到基层民众的认同与配合，以实现乡镇政府行政管理与乡村自治之间的有效衔接和良性互动，最终走向乡村的善治。

强化广大村民的民主参与意识和法治规则观念，一是要充分地利用广播、电视、报纸、手机、网络等各种新闻媒体和农民群众喜闻乐见的文艺宣传形式，将抽象、枯燥的民主参与理念具体化、生动化，以贴近实际生活的方式，将民主理念潜移默化地融入村民的日常生活之中，逐步优化农民的政治心理素质，增强农民的民主法制意识；二是进一步优化村民自治，不仅是在村庄选举中，更要在村庄重大事务决策、日常事务管理、村庄干部监督制度中体现，让村民在参与村庄管理的过程中切身体验民主的价值，感受到自身参与的地位，更好地理解和把握民主的精髓，树立起民主参与的自信心和民主观念；三是积极培育乡村干部的民主参与理念，并内化到乡村干部的日常工作中，以身作则，让村民能够切身感受到乡村干部民主管理给他们带来的好处，加深村民对民主参与的理解和信任，再进而内化到村民的自觉行为之中；四是推动农村文化教育事业的发展，着力提升农民的文化素养，塑造其民主参与的新型政治文化观念，促使其能够及时、有效地接受现代的民主政治理念，掌握民主参与技巧，强化参与意愿。

第六章　构建完善政社互动为导向的农村社会组织机制

农村社会组织是农民群众参与农村民主管理的重要渠道和社会基础。要推进农村群众自治和民主管理的健康发展，必须充分重视农村各类社会组织的发育和建设，真正按照中共十八大报告的要求，引导社会组织健康有序发展，加快形成政社分开、权责明确、依法自治的现代社会组织体制。

一、农村社会组织建设的总体状况

社会组织的概念有广义和狭义之分。广义的社会组织是指人类为达到某一既定目标而在开展共同活动基础上形成的群体。狭义的社会组织，指那些非官方、民间的组织，这些组织是由一定的自然人或法人基于某种共同目标而建立的从事某一特定领域活动的组织，具有非营利性、公共性、公益性的特征。总之，政党、政府之外的各类民间性的社会组织都可以被视为社会组织，包括传统的非政府组织、民间组织、非营利组织等，也可包括新出现的社会组织，如社会企业、公共管理基金等。农村社会组织就是以农民为主体，为更好地实现农民利益而成立的各类社会团体、民办非企业、基金以及社会中介等组织。构成农村社会组织的基本主体是农民，农民群体对组织生存和发展具有决定性作用，为农服务构成农村社会组织的核心目标与任务。[①]

（一）农村社会组织发展的历史

1. 单向改造时期（1949年—人民公社解体）。20世纪50年代开始，国家通过单位、户籍、身份等制度来管理和控制农村，通过人民公社、生产队这一集政治、经济、文化和社会等功能为一体的组织对乡村社会进行全面的干预和控制。农村社会处于单向的改造过程中，传统意义上的社会组织都被取消，乡村社会以人民公社和生产队为单位实现了空前的整合。这种单向的改造具有很强的政治性和国家强制性。一方面，它在形式上去除了传统因素的影响，如神权、族权等对人们思想的束缚，为改革开放以后现代社会组织的发展扫除了一定的负面影响。另一方面，这种极强的国家整合与控制为以后社会组织的发展埋下行政化倾向的隐患。

2. 恢复发展时期（人民公社解体后—20世纪90年代中后期）。人民公社的解体标志着我国农村社会组织发展春天的来临。首先，人民公社解体以后，农村社会出现治理真空，需要新的组织介入村庄社会管理，于是原有的各种社会组织在经过一定的改造以后重新回归到乡村社会中。其次，出于对人民公社体制长期压抑的反弹，公社解体后农户自由自主的倾向十分强烈，这为乡村社会组织新的发展提供了动机上的准备。再次，商品经济的发展，计划经济的逐步取消，家庭联产承包制的逐步稳定，使得农村在经济方面的需求大量增加，为农村经济社会组织的发展开辟了先机，如各种技术型的协会。最后，政府机构改革和职能转换、村民自治的发展等都为农村社会组织的复苏创造了比较有利的外部条件。但是，由于前一时期政治经济的惯性影响，这一时期出现的社会组织多具有明显的类行政化的倾向，服务方式、管理方式、价值定位与追求上都比较单一。各组织在组织领域之外的影响比较弱，甚至受到限制。

---

① 王义：《农村社会组织参与村庄治理机制探析》，《社团管理研究》，2009年第10期。

3. 整合创新时期（20 世纪 90 年代中后期至现在）。20 世纪 90 年代中期以后，社会主义市场经济体制在我国逐步确立，基层民主政治不断发展，农村经济社会发生了巨大变化，农村社会组织也迎来了一个全新的发展时期。各种形式的社会组织都得到了较大的发展，如村级金融组织、经济合作组织、公益型组织等都如雨后春笋一般发展迅速。就连宗族组织，在促进基层社会治理和自治的价值定位上，也获得一定程度的支持。

（二）农村社会组织发展的现状

当前，我国农村社会组织约有 200 多万个，[①] 其组成形式多种多样，总体上可以将其划分为公益型组织、维权型组织、经济互益型组织（包括类金融组织、专业合作组织）、宗教组织、宗族组织五个主要类型。

1. 公益型组织发展现状

公益型组织，在我国农村主要指从事关怀、帮助和救济活动的非政府的、非营利的、非党派性的实行自主管理的志愿性社会组织。我国农村社会公益型组织主要有两种：一种是以广大农民为主要发动者和参与者的以乡村为区域限制的区域性公益型组织，如老人协会、区域性的土地保护组织、水资源保护协会；另外一种是由村庄外部人士组织的广大非农人士和农民共同参与的具有大区域农村服务功能的公益型组织，如农村妇女教育协会等。

关于第一种公益型组织具有较浓厚的乡村本土特色，服务功能也体现了本区域的实际需求。但是随着农村人口的大量流动，传统纽带在现代化和市场经济的冲击下逐渐式微，这种依靠传统纽带和乡村社会本土特性维系的公益型组织往往失去进一步发展的动力和

---

① 刘义强：《构建以社会自治功能为导向的农村社会组织机制》，《东南学术》，2009 年第 1 期。

稳定的人员结构，因而出现萎缩的现象。而第二种农村公益型组织往往能适应农村社会的发展需求。它的跨区域特点决定了它的发展并不依赖乡村社会传统因素，而是具有现代社会组织的特性。同时，它并不由农民管理，而是由来自一定的非政府机构或者具有一定知识、文化和能力的非农人员管理，在资金上往往有着比较稳定的来源，在管理形式上多采用跨区域的方式，如通过网络、项目组织等。这种农村公益型组织在近些年来发展迅速。从以上两种农村公益型组织的发展路径来看，我国农村公益型组织呈现出背向发展的趋势，这种趋势在以后的发展中还会继续扩大。

2. 维权型组织发展现状

农民维权型组织是一个比较新的组织，它的出现是农村社会转型的产物。目前全国存在各种形式的维权型组织，如河北唐山市玉田县张凤等组织的“移民协会”，安徽阜阳农民因对基层管理不满而组织的“农民维权协会”等。[①]这些组织的产生和发展在一定程度上表明了我国基层社会在承接社会转型的过程中出现了管理的失范。这种失范，如果不能通过及时有效的方式予以解决，就会转化为底层社会的群体抗争。底层抗争往往有两种主要的方式，一是暴力的方式，二是理性的方式。当理性的方式无法达到目的时，理性就会演化为暴力。维权型组织的发展，很好地体现了这种底层抗争的理性表达，但是当这种理性表达不被认可，暴力的出现往往就具有了组织性，进而基层社会的稳定就会出现问题。农村维权组织在发展过程中，面临的一个巨大困境就是合法性认可。许多地方政府往往将其划为非法组织、“造反”组织，不允许其登记，限制其发展。所以，我国农村维权型组织，一方面是承接乡村社会转型问题而出现的，具有时代特色；另一方面基于稳定、和谐的考虑，它往往很难

---

① 于建嵘：《当代中国农民维权组织的发育与成长——基于衡阳农民协会的实证研究》，《中国农村观察》，2005 年第 2 期。

得到很好的发展，虽然生命力很强，但是外部环境往往不允许，从而出现了发展过程中的无力感。

3. 经济互益型组织发展现状

经济互益型组织主要包括两种类型的组织：农村类金融组织和专业合作组织。二者表现出不同的发展态势。

农村类金融组织主要是指农民自发形成的金融类互助组织，这种组织的发展具有较悠久的历史，如历史上农村存在的钱会、合会等。这类金融组织与正规金融组织不同，它不具有营利性，而是将村民的闲散资金进行聚合，通过一定的方式和规制进行运作，以帮助那些急需要资金的村民，该村民必须是该组织的会员。如农村资金互助社等。这些非正式的农村资金互助组织，往往被研究农村金融的学者们称之为农村微型金融组织。这种组织往往具有很强的自我组织和自我管理能力，对农村社会自治能力和合作能力都具有较好的示范作用。但是，这种组织的发展是非常有限的，因为货币化的小农本身是充满对金钱的向往和保护的，狭隘性比较强，组织起来非常困难。即使组织起来，在管理过程中往往会因为一个成员的问题而整体出现问题，最终会使组织的发展陷入终止。同时，这种互助性的组织往往受到很强的限制，因为资金的管理问题是非常敏感的。

专业合作组织是当前我国农村社会组织的主要组成部分。它的成长与发展同农村专业化的生产有很大的关系。家庭联产承包责任制实施以后，如何将分散的农户生产联系起来，形成一定的生产、加工和销售规模，同时利用组织化的方式获得规模买入生产资料的优惠是农村社区日益紧迫的需要，在这种情况下，农村专业合作组织应运而生。随着这种组织的发展所带来的经济实惠得以彰显，国家逐渐进行了推广，即外部力量开始进入农村专业经济合作社的建设。国家推广、政府的支持，很快专业经济合作组织在全国各地都迅速发展起来，像陕西推行的“一村一品”工程，很多都要求有专门的专业经济合作社。这样的结果是，农村专业合作组织越来越成为一种运动式的发展，成为地方政绩的一种标志，政治色彩开始逐渐彰显，从而导致这种本来很好的乡村经济合作组织在外力的推动下出现“空壳化”。即现在许多农村的专业经济合作组织多只是租个地方、挂张牌子，实际的功效和作用却流于形式。

4. 宗教组织发展现状

宗教组织，这里主要是指正式的规模的宗教组织，如基督教等。当前我国农村宗教组织的发展呈现出扩大化的趋势。主要是因为随着农村人口流动规模的扩大，许多村庄的青壮年都外出务工，村庄主要剩下孤老弱小和一些年龄较大的妇女，原有社会活动消失，很多留守村庄的人感觉到无事可做，感情缺乏，沟通有限。宗教组织往往成为这些人的感情寄托。特别是许多老人情感需要寄托；有些人比较相信神明能够祈福保平安；有些人是感觉没什么事可做，就随大溜。教堂往往成为了这些人比较好的去处。在安徽北部县乡的调查中，笔者发现这里几乎每个乡镇都有一个基督教教堂，很多都是近几年刚刚修建的。宗教组织的这种发展同整个社会转型同样是无法分开的，社会转型造就的乡村分化和冲突，使得很多人将由此带来的不满、失落情绪转移到宗教的组织生活中，希望在组织生活中能够找到寄托和宣泄。

5. 宗族组织发展现状

新中国成立以后，宗族组织受到了沉重的打击，几乎消失，尤其是在北方。人民公社解体以后，宗族组织作为一种通过血缘纽带维系的传统组织，得到了恢复，尤其是在我国南方那些宗族势力比较强的地区，宗族组织发展很快。但是在现代理性和科学的影响下，宗族组织原有的功能和社会地位已经丧失。随着国家法对传统民间法的逐渐取代，宗族组织在宗族内部的控制能力逐渐式微。现在的宗族组织只是保留一定的祭奠仪式，往往更多具有宗教的色彩，更多表现为形式上的仪式过程，以及对祖宗的一种追忆和缅怀，是人们认祖归宗的一种寄托。它原本具有的社会自治功能，已经基本消失。

（三）农村社会组织发展的特征

1. 类型上的多元化

当前我国农村社会组织形式多样，这主要是由于市场经济对农村社会的渗透、社会转型的后发影响，使得农村社会呈现出多元化的需求趋向，加上独立分散农户在各方面的无力感，农村社会组织因此呈现出多元化的发展态势和方式。同时，市场经济改变着农民的价值观和认识，社会转型过程中调节系统的不足而形成的社会失范，使得农村社会很多利益受到压抑和侵害，于是由于多元需求的受损，利益群体又会形成多元的社会组织形态，以实现对既有利益个体和群体的维护。而随着以后国家民主进程的加快，市民社会的构建，农村社会组织还将迎来一个大发展的时期。另外，农村小型的家庭联产的生产方式将长期保留，在分散的生产方式以外，需要社会组织将广大分散的个体联系起来，形成分散的组合。

2. 性质上的类行政化

虽然我国农村社会组织在现有社会环境下呈现出多元化的发展态势，但是往往在性质上具有类行政化的现象，尤其是体制内的社会组织更加明显。首先，人民公社时期，国家的行政化控制使得乡村社会得到了高度的政治整合，一切行为都是在国家的制度安排内进行的，是一种完全的单轨制封闭式发展模式。人民公社解体以后，虽然农村社会得到一定程度的开放，但是国家并没有放松对乡村社会的控制，加上人民公社时期行政化意识形态对人们思维的渗透，农村社会的行政化趋向很难改变过来。其次，传统时期关于“官”“民”意识形态的残余影响，在农户思维中留下了很深的敬畏和依赖“官”的意识。加上城乡二元结构下国家强大的乡村控制，使得农民在思维上无法逾越这种附属的心态。再次，国家在发展的过程中，突出强调社会的稳定，而稳定则来自对基层的社会控制。国家对民间社会组织的发展并没有真正放开，政策上还是存在相对的限制。最后，当前，国家各项文件明确提出构建自治导向的农村社会组织，有些地方还下达了组织建设指标，社会组织的建设从社会内生向外部建构的方向明显倾斜，这种外部建构的结果就是农村社会组织的政绩化、类行政化，即组织的建设是政府推动，在运行的过程中凸显的是官僚化，而不是自治化，进而转化为组织的空壳化，自治不足。组织的结果只是一种符号，而非有意义的实体。

3. 分布上的区域化

当前农村社会组织的分布往往与区域的经济发展水平成正相关的关系。越是经济发展较好的地方，社会组织的类型越多元、发展水平越高、服务层次越高、管理水平越高。所以，无论是当前还是未来，我国农村社会组织的发展都会呈现明显的区域化发展的趋势，这是无可厚非的。全国“一盘棋”的思想和考虑是不行的，必须因地适宜，不能搞组织发展的运动化。这样，才能遵循社会发展的规律，实现社会组织的内生性发展。

4. 管理上的法理化

与传统社会组织通过神权、族权和王权作为维系纽带不同，当代农村社会组织更加注重法律、规则、制度等现代的组织模式，法理化的倾向明显形成。虽然，村庄社会组织是在传统的“熟人社会”中运行，无法避免各种人情的干扰。但是，随着市场化、社会化的日趋加剧，农村社会组织管理上的法理化是必然。这也是农村社会组织创新和适应时代发展所必须习得的要素。

（四）农村社会组织发展的问题

1. 社会化小农对乡村社会组织培育的冲击

社会化小农是一种“将生存约束转化为货币约束，承受巨大的货币支出压力，崇尚货币伦理”的状态。[①]社会化小农的本质是货币支出压力催生的货币收入的最大化，而为什么会形成货币支出压力呢？关键在于现代化城市化进程中城乡之间的断裂。城乡之间的断裂由来已久，在当今主要表现为原有断裂形成的城乡公共服务的断裂。在城乡一体化的进程中，农村的社会化虽然会经历市场经济的冲击，但是完全可以通过城市化进程将货币支出压力进行化约。可惜的是中国乡村社会在国家外部的制度安排下错过了这个时期。所以，当市场化社会化将自身潜在的膨胀性消费越来越多地抛向农户时，断裂社会中的农户无法通过有效的途径将这种逐渐扩大的货币压力进行化约，加上如今社会定型化逐渐明显，阶层与阶层之间流动的逐渐困难，又深化了这种货币支出压力。于是，社会化小农在断裂的社会中是无法弥合市场化与社会化抛给自身的货币压力，会逐渐陷入货币支出压力的内循环之中，且很难跳出。中国乡村社会将会长时间处于小农社会化的阶段。

乡村社会组织的培育无法避开社会化小农货币支出压力的影响。以货币收入最大化为核心的小农社会化对乡村社会组织的建构与培育主要有以下几个方面的影响：首先，小农社会化时期以货币收入最大化为主要行为动机，这种动机与市场经济熏陶下的逐利意识和小农短视狭隘的缺陷相契合，使得非营利性的、公益性的、服务性的社会组织很难生存。农户看到的是眼前的货币实物，而不会关注组织的长远发展，更不会去设想通过参与组织生活，培育自身的权利意识和民主意识。在他们眼中“能挣钱”就是真理，其他的都是“虚的”、“没用的”。这就是现实的农民，也是社会组织培育中的动机悖论。其次，由于生产与生活社会化对自给自足的取代，原有乡村社会与家庭的货币压力逐渐膨胀，出现了物质需求与货币供给之间的张力，这种张力伴随着

① 参阅邓大才：《社会化小农：动机与行为》，《华中师范大学学报（人文社会科学版）》，2006年第5期。

市场对农村的继续渗透而扩大，伴随着城乡断裂和社会定型的深化而逐渐牢固。原有的通过土地来寻求货币收入的增加已无法满足农户的货币需求，[①]于是农户必须走出村庄寻找新的货币收入来源，这也是农民外出务工的主要动机。大量的人口流动肯定难以为基层社会组织的建构与培育提供成员基础，这就出现组织发展中的成员悖论。最后，以货币收入最大化为主要行为动机的小农，打破了原有乡村习俗与规则的限制。面对市场经济的冲击，获得货币收入的最大化成为农户所有行动的中心，乡土观念逐渐淡化，风俗人情出现裂变，以血缘为纽带的家族文化也开始没落与消解。[②]乡村社会生活的基础秩序[③]出现断层和缺失。在过去的30年中，村民自治往往更多的是加强对具体制度的建构，而忽视了对基础秩序的维系或重建。然而任何制度都不是凭空存在的，它镶嵌于社会结构中才能获得持久的生命力。[④]而村民自治之所以遇到困境正是由于它的社会遭遇。"在相当多的地区，乡村基层政权与其应当依赖的社会基础之间存在脱节现象导致冲突不断产生。""这些现象提示了基层政权面临的社会及政治困难：它与其治理的对象——社会之一致性和关联性正在减弱。"[⑤]所以，出现了以基层社会组织建构和培育为主要内容的民主社会基础的建构。然而，受社会化冲击的乡村基础秩序的断层与缺失，却使得乡村社会组织的建构失去了内生的资源供给，于是出现了基层社会组织建构的秩序悖论。

---

① 邓大才：《湖村经济》，中国社会科学出版社2006年版，第259—261页。

② 黄辉祥：《村民自治的生长：国家建构与社会发育》，西北大学出版社2008年版，第160—161页。

③ 参阅孙立平：《守卫底线——转型社会生活的基础秩序》，社会科学文献出版社2007年版，第6—7页。

④ [美]马克·格兰诺维特：《镶嵌：社会网与经济行动》，社会科学文献出版社2007年版，第29页。

⑤ 张静：《基层政权：乡村政权诸问题》，世纪出版集团、上海人民出版社2007年版，第2—3页。

2. 乡村社会组织发展路径依赖的失衡

从根源上讲，村民自治缘起于乡村社会内部，具有社会自发和自我组织的特点。然而，村民自治的成长与发展确是存在于国家整体发展之中，离开国家力量，村民自治是无法发展到今天的。国家力量同样对农村社会组织的建构与培育产生深刻的影响。

国家在对乡村社会进行整合的过程中，往往更多的是突出外部性的行政建构。这种行政性的建构的力量来自上层的国家权力，带有强制性和约束性。加上传统社会家族观念、政治观念以及建国以后的政治动员式的发展，使得乡村社会处于政治动员、行政控制的状态，乡村社会的一切组织都是在行政力量的总体监控下运行的，组织的运行与发展必须依赖于这种行政性资源所给予的合法性认可，否则组织就无法生存。目前，我国农村的正式社会组织都是官方与半官方组织，都是在政治力量和国家意志支配下建立的，其社会功能无不在于重建农村社会、实现社会整合。[①]这种官方与半官方的组织往往又是脱离基层社会的。其主要原因归结为国家在整合乡村社会、建构基层民主时，往往是忽视了基层社会的建构，出现了建构的失衡。而基层社会建构的关键就是基层社会组织的培育与再造。建国以后到20世纪80年代初的行政性的外部建构伴随着城乡断裂的社会形态，使得基层社会的基础秩序已经损失殆尽。同时，人民公社的解体，家庭联产承包责任制的推行，使得乡村社会出现了治理的真空。这种治理真空的出现，一方面是由于原有村庄管理体制的解体，另一方面是由于“政社合一”的管理体制对原有乡村社会内部基础秩序和社会组织资源的破坏，内生性的组织资源与治理资源过于缺乏，使得村庄社会内部无法自发自主地进行组织替代，取而代之的就是依附性的组织发展趋势。即使村民自治在刚开始出现时具有自发性，但是在这种依附性的社会模式中，最终还是要获得

① 陈江虹：《关于我国农村社会组织问题研究的几点思考》，《理论导刊》，2009年第4期。

国家的认同，接受国家的构建与型塑，也最终成为了具有官制色彩而不是民治色彩的组织。所以，基层社会组织的培育所需要的基层社会秩序供给不足，社会组织在培育与发展过程中往往走向一种行政性的脱离基层社会的路径依赖怪圈。

当前，我国正在经历着一个较长的社会转型时期，社会矛盾突出，利益冲突明显，维护社会稳定任务非常艰巨。在这样一个时期，是不能放弃行政性的建构手段的，是无法放开手脚进行社会组织的培育的。完全放开手脚发展社会组织，必然会带来对底层社会稳定的冲击。这就形成了我国基层社会组织发展的一个两难困境："一方面，它的发展对于创造有效的利益表达机制，形成社会自主和自治空间具有积极意义；另一方面，它所具有的社会动员功能又可能会对既有体制构成威胁。"①

3. 乡村社会组织培育的社会困境

乡村社会组织的培育离不开整个国家大的社会环境，离不开农村经济社会的普遍状况，我们不能单独就民主的社会基础来谈社会组织的发育以及这种发育对农村民主管理的价值和意义，也不能仅仅关注个人在组织化的参与过程中是如何培育自身的参与意识、权利意识以及民主意识，以实现民主的社会化。乡村社会组织的培育，必须回归到乡村社会本身的现实状况中才能发现其中的困境，寻找解决的途径。

目前的乡村社会，不同于传统时期封闭、孤立、同质的乡村共同体，整个乡村社会处于一个转型的关键时期。在这个关键时期，整个乡村社会呈现出多元利益聚合与冲突的格局，不同时代、不同类型、不同层次的利益需求使得现有的底层社会组织与结构无法应对，现有的制度体系呈现出应对的无力感，既呈现出饱和的状态，又突出本身建构的缺陷。实际上，这为基层民主发

---

① 参阅燕继荣：《民主：社会资本与中国民间组织的发展》，《学习与探索》，2009 年第 1 期。

展，为社会组织的建构与培育创造了条件。因为农村面向市场以后，同质的生活在共同体中的小农，开始面向一个陌生的异质的世界，分散性更加明显。只有依靠社会组织，将分散的原子化的单个人组织起来，才能实现集体行动的逻辑，在乡村社会政治博弈中增强自身力量，获取应有的权力和经济地位。然而原有的乡村社会封闭、孤立与狭隘短视的缺陷，并没有伴随着农村社会的开放和市场经济的渗透而发生改变，而是伴随着市场经济的利益驱动和货币化压力的扩大呈现出新的发展趋势，即人与人之间更加孤立，家庭与家庭之间更加封闭，人的目光更加短视和狭隘，整个乡村社会都好像处在一种解体的时代。于是就出现了这样一种状况：从表面看，乡村社会的变化为社会组织的培育和村民自治深化提供了背景、条件和动力，然而外部因子驱动中的乡村社会却处于一种拔根状态，又为乡村社会组织的发展设置了障碍，形成了乡村社会的组织悖论。

同时，乡村社会组织的培育必然会受到乡村人口流动的影响。乡村大规模的人口流动不仅会带来上文提到的乡村社会组织培育的成员悖论，同时也会带来乡村社会组织运行过程中的价值悖论。流动中的人群进入城市以后，接受的完全是城市人的市侩、理性与一切行动的利益最大化，即理性主义，这与乡村社会组织以情感维系的行动逻辑是相冲突的，这种冲突是传统价值观与现代性的冲突，冲突的存在必然会使得组织在管理和运行之中存在问题。

乡村社会组织的培育，是基层民主发展深化过程中民主社会基础建构的方式之一，其最终目的是为基层民主的持续发展提供可以支撑其运作的社会基础。然而，我们在建构民主的社会基础时，往往忽视了一个至关重要的方面，即现有的中层制度救济体系和正式的利益表达渠道的建构。长期以来，基层民主的发展之所以没有嵌入乡村社会内部之中，除了民主社会发育的不足之外，还受到县市各级在民主权利表达渠道上建构的不足。这种制度层面的表达渠道的缺失与不足，虽然不会影响社会组织的发育，而且可能会促使民间社会组织生长，但是它却割裂了社会组织与民主之间的关系。近些年群体性事件的增多，不只是说明基层社会的变化，更多的是说明现有制度救济体系与渠道建构的缺陷。

二、构建农村社会组织的发育机制

毫无疑问，当前中国农村社会正处于一个社会组织发展迅速，但是总量和质量都有待提高的关键阶段。总体来说，农民有自发建立社会组织的愿望，而税费改革后基层政府与农村社会之间紧张关系的缓解以及新农村建设和农村社区建设中需要进一步动员农民建设自己家园的自主性等政治社会背景的变换，也为发展农村社会组织提供了宽松的政治和社会环境。此外，市场经济对乡村社会的冲击也亟待农民组织起来应对外部社会风险和相互合作互益。

（一）宗族型社会组织的发育

改革开放以来，国家权力从乡村基层社会适度后撤，宗族组织之上的政治高压逐渐消退，不少地方的农村，尤其是南方农村，宗族组织和宗族意识出现复兴的态势。[①]尽管如此，由于市场经济的深入发展以及村庄内在封闭性的打破，再加上现代政治意识和社会观念通过广播、电视、报纸以及农民日渐扩大的社会交流进入乡村社会之中，复兴起来的农村宗族组织的内核已经发生了深刻的裂变，主导宗族运转的基本原则是功利性目的。所以可以称目前的宗族形态为功利性宗族，其聚合、分散将会随着利益关系的变化而改变，它的范围或界限并不是固定不变的。也就是说，宗族作为一个组织

---

① 李明照:《现代化视野下村落家族势力的复兴：寄生性的再生长》,《社会科学辑刊》,1999 年第 2 期。

纽带，也正处于一个转型阶段，如果我们无视这种组织机制，或者视之为必须铲除的异类，则会导致对已经非常稀薄的农村社会组织资源的再次挥霍。

当前农村宗族组织的复兴及其发展，是有其内在社会根源的，我们必须充分重视考察其发育的基本机制，从而把握乡村社会的基本组织需求，因势利导，在动员农民基于宗族的组织热情的基础上，将宗族组织充分社会化，实现宗族组织的现代转换。当前农村宗族组织发展的动因和机制主要有如下五种：

1. 原子化小农寻求社会安全感的需要

改革开放以来，农村家庭联产承包制度的实施，国家权力组织推动的大集体解散，农民回到一家一户的小生产状态。这虽然将农民从大集体的无效率的组织体制中解放出来，增强了农民的经济和社会自主性，从而极大调动了农民从事农业生产、改善生活水平的动力，进而一举解决了温饱问题。但是，随着中国改革的深入，经济和社会转型加快，农民普遍感觉到市场风险的加大以及自己在日渐现代化的社会生活中处于不稳定和不安全的境地。原来既束缚又保障自己稳定生活的大集体组织也正在转变为单纯的公共管理组织，而且在不断加大对经济资源的汲取，但同时对农民的社会保护却在不断减少。在这种境况下，原本就有意识留存的宗族意识和宗族组织便成为农民追求社会安全感的重要组织依托。同一个姓氏、同一个祖宗、相同的父系血缘虽然并不能保证一定会相互照应，但是在重要的问题上还是更值得依靠的可信赖力量。

2. 组织供给村庄公共产品的需要

改革开放以来，由于集体经济组织力量的削弱以及基层政府将公共建设的重点集中在城镇社会中，农村社会公共产品逐渐短缺，甚至一些以前集体经济时代修养的道路、堰塘、学校以及农田水利设施等都因老化而难以为继。因此，新时期村庄公共产品的供给成为制约村庄发展和农民致富的重要因素。[①]由于一些地区基层党组织和自治组织难以取得村民的信任，这使得他们通过一事一议发展农村公益事业的打算往往难以奏效。而一些社区宗族精英（部分也是村党组织或村民自治组织的成员）便以宗族仪式和活动凝聚村民的意志，借助聚族而居的亲缘网络关系建构公共信任，进而合作行动发展公益事业。通过公益事业建设和公共仪式活动，村民被组织起来，由此也更加确立了一些社区宗族精英的自信心和社区荣誉感，也使得村民对宗族组织和宗族的领袖产生尊敬和服从的感觉。[②]这种社区凝聚力和自然权威如果不与基层党组织和自治组织的权威相冲突的话，往往会得到上级政府的支持，由此促成社区的良序发展。

3. 抵制营利型经纪行为和基层组织非法行政的需要

20世纪80年代中后期，农民负担问题开始突出，一直延续到新世纪初中央政府决定实施税费改革和农业税减免，这一期间由于国家过度汲取农村剩余而提供的公共服务数量和质量较少，在压力型体制下，乡村基层组织演变为向农民收粮收款收费组织。为了从分散化的小农家庭收取上级设定的税费，乡村基层组织行为异化，演变为营利型经纪，搭国家收取税费的便车，将各种行政成本、事业建设甚至养人养机构的经费都核算在农民身上。这种情况进一步加剧了农民的负担，使得农民对基层组织失去信任，并以各种方式进行抵制和抗争。一些地方原本宗族意识便较强，往往在这种共同抗争和抵制的情境中，激活了组织的机制，形成了明确的你/我利益边界和社会认同空间。这种组织往往会对乡村基层组织形成对抗的局面，一般会被界定为困难村。如果长期缺乏有效的措施，往往使得村级宗族组织在少数激进分子的领导下走向与基层政府对抗的

① 刘义强：《建构农民需求导向的公共产品供给制度——基于一项全国农村公共产品需求问卷调查的分析》，《华中师范大学学报（人文社会科学版）》，2006年第2期。

② 温锐、蒋国河：《20世纪90年代以来当代中国农村宗族问题研究管窥》，《福建师范大学学报（哲学社会科学版）》，2004年第4期。

道路。这种对抗性的组织建构逻辑，其形成后组织目标比较激进，组织成员比较封闭，而且难以进行理性沟通，必须引起高度重视。

4. 农民群众对个体生命意义追求和社区集体情感皈依的需要

改革之后农民温饱问题得到解决，但是从传统的宗族社群和政治激进氛围中走出来的农民，很快就发现自身被新时代置入一个孤零零的境地。自主经营之后，农村家庭的权威结构发生变化，年轻人成为家庭的主导者，尤其是农村现代化发展导致的社会流动和新财富创造机会基本上都被年轻人垄断，农村老年人的地位一落千丈。他们在家庭和村庄生活中成为多余的角色，不少老人生活比较艰难。因此，他们将自己残存的宗族观念利用起来，成为村庄社区中宗族活动的主角。此外，随着现代化的深入，农民发现自己作为一个群体处在生命意义失落的境地。研究发现，农村老人、妇女自杀率相当高，这与世界范围内城市自杀率高于农村、男人自杀率高于女人的一般规律不相吻合。[①]多数研究者认为，这主要是老人和妇女作为农村的弱势人群，往往面临生存压力和生命意义的双重打击而无处释放，只好选择结束自己的生命以求解脱。然而，仔细研究起来发现，很多自杀者并非难以生存或地位低下，而是由于社会的自由和解放，使得自主自立的个体性格——诸如"气性"等逐步生长，他们要求被平等地对待，要求寻求生命的意义，甚至不惜为此付出生命代价。[②]这种对社会认同的需求和对个体生命意义的追求，在农村现实的环境中难以得到实现。现代兴起的宗族组织往往较少存在严格的等级，而更多的是人们聚合一起讨论村内事务的一种机制。这样，一些有了气性，受了蔑视和委屈的村民，可以在宗族组织中寻求社会认同。同时，宗族组织将个体生命置入从过去到未来的生命

---

① 吴飞：《自杀作为中国问题》，三联书店2007年版，第2页。

② 同上，第45页。

流之中，无形中使得农民对生命的价值有了新的体会，感受到现实中社区集体情感的慰藉以及虚拟世界中的家族集体性存在。

5. 通过宗族文化建设追求经济利益的内外冲动

改革开放以后，文化搭台，经济唱戏不仅是一些地方政府的典型做法，农村社区中的宗族精英人物也在逐渐松动的政治控制中学会了这种工作方法，以宗族文化和组织建设为自己或宗族社群向外部世界争取各种政治、经济和社会资源。不少地方大力发展宗亲会，搞宗族联谊活动，为本地区、本村搜寻可以获得的社会支持和社会资源。诉诸祖先的同系性，往往能够将聚集在村庄中的宗族成员的命运与外出并获得成功的宗族成员的命运联结起来，使其产生基于宗族责任感或者社区荣誉感的情感，从而利用自己掌握的政治、经济和社会资源为本宗族的公益建设和经济发展等提供帮助。

综上分析，我们可以看出，当前农村宗族组织并非传统的封建残余，而是具有现代基础的农村社会组织的原始形态。宗族组织的组织动力机制存在于村民的日常社会生活中，具有深厚的基础，易于组织。但是，客观地讲，宗族组织毕竟是基于关系网络的社会结构，其载体如家庭、宗族、单位等在本质上仍然是血缘关系的延伸和扩展。这种以血缘、地缘关系为轴心的社会组织机制相对封闭、延伸的半径小，难以形成相互之间的最大认同和接纳，组织运行和社会秩序的维系，主要是由于法律的伦理所支撑的带有浓厚历史传统印记的习俗和惯例的秩序、规则与约束机制。[①]因此，从发展现代民主政治的角度来发育宗族组织，必须做好对其的现代性吸纳和创造性转化，如此，方能为中国农村民主寻找到具有原初动力的社会组织资源。

---

① 赵泉民:《国家与社会关系视野下的近代民间组织——读〈民间组织与灾荒救济〉》, http://www.law-culture.com/showNews.asp?id=13004。

（二）宗教型社会组织的发育

宗教是人类社会生活中一种具有悠久历史的社会存在。在传统社会中，政治国家同样试图将无数的地方社区整合进一个统一的政治国家体系之中。但是，在缺乏现代社会的信息传播技术、可监控的科层体制、市场经济体制以及可利用的民族主义或者其他公众意识形态的条件下，实现这一目的无疑是需要面临较大困难的。由于宗教可以提供超出家庭和宗族之外的社会意识和组织形态，其在历史上的大多数时期都成为传统国家建构政治和社会共同体的重要组织支撑和思想资源。如同在其他传统文化中一样，中国的国家也从来不是一个完全世俗和功利的政治结构，或者如现代的科层组织体系一般是一个由经验知识掌控、以物质利益为目的的冷冰冰的机械组织。缺乏与底层社会有效的政治联结机制的传统国家，如果单一依靠宗族组织掌控广漠的乡村田野政治和社会空间，毕竟难以形成基本的政治共同体。

新中国成立后很长时间，我国的国家建构力度空前，国家和人民之间的自治的中介力量，包括一些民间宗教组织被强力清除，但是仍然存在大量的“隐秘处的事奉与发展”。① 改革开放以来，国家逐步承认宗教信仰自由，为官方建制宗教和民间宗教信仰的发展提供了日渐宽松的政治空间，农村民间宗教意识逐渐复活，同时，一些外来宗教也进入农村，近年来，宗教组织迅速发展是相当多地方农村地区的普遍现象。② 一位实践部门工作的同志仅对河南安阳一地的调查和统计就可见一斑：2004 年底河南省安阳县各类宗教徒（来源于安阳县宗教局的统计）总数为 24530 人，其中男性 5918 人，

---

① 李峰：《乡村基督教的组织特征及其社会结构性位秩——华南 Y 县 X 镇基督教教会组织研究》，复旦大学出版社 2005 年版，第 61—62 页；苗月霞：《乡村民间宗教与村民自治：一项社会资本研究——兼论韦伯关于宗教社会功能的观点》，《浙江社会科学》，2006 年第 6 期。

② 党国印：《中国农村社会权威结构变化与农村稳定》，《中国农村观察》，1997 年第 5 期。

占24%，女性18612人，占76%；高中学历2568人，占10%，初中学历6357人，占26%，小学学历9020人，占37%，文盲6613人，占27%；从年龄层次看，19～40岁的信教人数6515人，占26%，41～60岁9978人，占41%，61岁以上8065人，占33%；其中全家信教的人数达4723人，占19%。全县共21个乡，分布范围达100%，自然村为607个，宗教徒遍布424个村，占70%。[①]梁家麟先生指出，"八十年代农村教会的惊人增长，基本上是一个崭新的信仰运动，与基督教在1949年以前的历史只是很少的传承延续：它不是从前的余民在潜存一段时间后的复振，而是基督教在华传播与发展的一个新阶段。……而这个突破性的新阶段之所以出现，主要取决于当时期政治、社会与文化的某些特殊条件，历史因素在其中的作用反倒不大"。[②]新时期农村宗教组织的兴起，主要是以下四种力量的推动和组织：

1. 经济基础：农民个体的社会保障、祛疾等功利性追求

如果说传统时代的宗教具有非常浓厚的封建迷信色彩的话，改革开放之后复兴的民间宗教和外来宗教组织，其直接的诱因便是可以为农民提供政府不提供、乡村党组织和自治组织提供不了的一些经济上的保障和服务功能。改革以来，虽然农民的生活水平逐渐提高，但是在相当长的一段时间中，农民苦、农村穷、农业真危险是一个客观的存在。尤其是在20世纪90年代农民负担越减越重的时代，沉重的负担之外，农民没有经济力量支付任何大宗的开支。首当其冲的是疾病。在很多农村地区，小病扛大病拖是常见的现象。宗教组织往往将生活中的灾难，如疾病等，寄托于神灵的庇佑。农民在没有其他选择的情况下，宁愿相信其信诺，诚心虔信以避免生活的灾难。此外，由于农村社会流动的增加和商品化的深入发展，

① 高芙蓉：《转型期农村宗教问题的思考》，中新网河南新闻2006年7月26日。
② 梁家麟：《改革开放以来的中国农村教会》，香港建道神学院1999年版，第30页。

社区合作比较困难，宗教组织通过神圣仪式将农民组织团结起来，在生产、生活中进行合作，也是农民选择宗教的重要起因。在一些村里，基督教组织帮助村民办葬礼、婚礼，鼓励教友合作的案例，对很多村民具有重要吸引力。一些地方农村的宗教组织还帮助辍学学生完成义务教育、举办学校招收因家庭贫困而初中未毕业的学生，免收学费与生活费等，受到农民的欢迎。还有许多教会组织都办有医务室，专为教友提供医疗服务。有的教会不仅会选派教友照顾病人，而且还出钱出资为病人治病。教会对病人在诸多医务、金钱和精神上的支持，为其声誉上的改善、获得人们的认可起到了关键性的作用。①最后，祈求神灵保佑个人和家庭财运亨通、人财两旺则是相当多农民参加宗教活动的现实心理基础。

2. 社会基础：农村转型时期生发的结构性紧张

随着以个体自主、经济自由、政治民主为方向的农村社会变革的深入，农民生活中遇到的结构性紧张骤增。首先是阎云翔曾经描述过的“自我中心的无公德的个人主义”②恶性发展，老人感受到社会对其的结构性歧视，在宗教组织中可以获得暂时的平衡。其次，妇女也在现代电视等传媒的影响下形成了独立于家庭的个性和社会活动方式，但是农村社会整体上还是男权至上的，这造成大量的家庭矛盾和危机，宗教组织的首领以其民间权威帮助协调，也是农村社会中重要的矛盾调处机制。此外，转型期快速的社会分化也使得不少落入贫困群体的农民缺乏个人尊严和他人的尊重，这些往往能够在宗教组织中获得。当村民不再能从乡村组织集体中获得生存安全保障时，当传统文化结构不再支持现代化所造成的身份地位变迁时，当一种新鲜事物以一种与传统地方性文化相融合的方式出现时，

---

① 陈占江：《“基督下乡”的实践逻辑——基于皖北 C 村的田野调查》，《重庆社会科学》，2007 年第 9 期。

② 阎云翔：《私人生活的变革：一个中国村庄里的爱情、家庭与亲密关系（1949—1999）》，龚小夏译，上海书店出版社 2006 年版，第 250—251 页。

村落神俗文化的惯性思维促使处于社会弱势地位的农民去重新寻求一个超自然的力量以满足自身对生存与安全保护的需要。[①]

3. 政治基础：农村基层治理状况的恶化

由于20世纪80年代中后期以来到税费改革和农业税减免期间，中国农村社会出现了严重的治理性危机，基层党组织和自治组织，甚至县乡党委政府组织都难以取得农民的信任，只取不予、多取少予的乡村治理机制导致农民普遍的反感和反对。而为了顺利收取税费所采取的强制措施、重用农村强人和恶人等办法，加剧了政权建设的内卷化趋势。另外，由于基层民主机制发育不完善，部分基层组织和干部乱用公共权力谋取私利的现象也比较突出，这使得他们也失去了社区内部的权威性。税费改革后，虽然农民与干部的直接冲突减少，但是干部的权威也一去不复返了。然而，社区内部发生的纠纷、公益事业办理等仍然需要组织和公共管理。不少宗教组织在这个权威真空中出现，部分替代了基层组织的作用，并以其民间自发的权威身份，更容易协调内部矛盾。这种情况下，不少农民视宗教组织为依靠，希望加入其中而以群体性身份应对其他社会势力对自己可能的侵害。一些宗教组织通过对村庄社会事务的介入，在农村获得了普遍的合法性和美誉，不仅普通村民认可了其行为，为某一宗教进一步传播提供了心理基础，就连不少乡村干部也觉得宗教是个好东西。不少乡镇干部认为，宗教组织好的村庄治安状况就好，刑事案件和纠纷少，无须干部们操心。

4. 价值基础：公共文化缺失和道德恶化

当前农村深刻转型的另一个显著特征是社区公共文化和伦理道德严重衰退。由于政府和乡村组织缺乏对农村公共文化生活的正面

---

① 侣传振《祭祀圈与耶稣会：中国农村社会组织及其转型》，华中师范大学2008年硕士学位论文，第54页。

建设，传统的农民文化和道德失去了社区宗族权威和官方权威的支撑，在市场化条件下尽显社会生活中的恶。如虐待老人、笑贫不笑娼、半公开偷盗、性开放等，使得不少农民感到思想混乱，无所适从。宗教组织通过公共仪式、组织活动、纪律和规范等，使得农民感受个体生命的意义和被尊重、受关怀，从而克制躁动的欲望和对生活的不满，或死亡慰藉和温存，进而成了一种精神有所寄托、心灵有所交流的形式与场所。宗教组织自身也往往强调自己的道德形象，并使之与农村社会公认的美德相融合和认同，它符合人性对亲情、正义、公正、同情、互助等的心理需求，使人能够获得心理或精神上的满足，产生归依感。

农村宗教因其特有的组织优势以及与我国农村社会转型期特定的经济、政治和社会状况的结合，形成了快速发展的势头。近年来，虽然学界对其正面价值有所阐释，但是在基层的实际管理和操作中，往往不将其作为需要关心和正确发育的社会组织，而是防范心理超过建设用心。实际上，宗教的作用往往能够将大量个人整合进组织性团体，以便进行集体行动。通过帮助人们不断巩固加强人类联系的纽带，宗教的这种整合功能在一定程度上透过对超自然力量的信仰，使得普通民众不敢轻易冒犯和触动社会关系的神圣基础。同时，宗教之所以能很好地起到整合团体的作用，是因为它能够为社会政治目标提供精神导向，从而将团体的注意力从变动的功利性冲突提升到对更高境界的追求。这些都是可以为建设组织化的社会空间，发展村庄社会的公共利益服务的。况且，压制只能导致他们被迫在地下发展，从而更容易产生出激进的反政府和反社会情绪。当前不少政府出于意识形态的敏感性考虑，一方面限制一些地下宗教的发展，另一方面对官方建制性宗教之外的民间宗教组织采取隔离的办法，尽量减少与其之间的互动。这是一种错误的策略。

（三）经济互益型社会组织的发育

在当前农村社会中，经济互益型社会组织主要是专业经济合作社。所谓经济互益型社会组织，是指以会员制形式组织起来，以成员之间的各种经济、技术和市场合作为基础的社会组织，其不同于公益型组织的地方在于合作产生的利益在特定的组织成员之间分享。[①]

改革开放之后，农民获得生产经营的自主权，个体劳动的积极性极大地迸发出来，创造了中国农村的发展奇迹。然而，随着现代经济的发展，这种个体化的、高度细碎化的生产经营模式越来越难以满足高度社会化的大市场的需求。由于经济合作组织是一种政治风险小、社会和国家共同受益的组织形态，政府很早就在政策上对发展经济互益的合作组织给予了支持。根据农业部门统计，截至2004年，我国共有各类合作经济组织140多万个。[②]经过改革开放30年来的发展，经济合作组织数量规模不断扩大、覆盖面逐步扩大，正在呈快速发展态势。经济互益型社会组织的发展，能够从农民切身利益的角度将农民吸纳进社会组织之中，通过参加组织的活动，在组织内部学会社会参与和意见表达等民主能力。此外，经济民主是专业经济合作社不同于纯企业性组织的不同之处，农民在经济活动中形成的民主理念和民主能力将能毫无困难地转换到农村民主的发展过程中。从我国农村发展的实际来看，我国的经济互益型社会组织的主要发育机制与下列三种力量密切相关：

1. 防范农业专业化经营中的市场风险

随着城乡经济的发展，农户如果不发展专业化的农业生产，那么仅仅能够满足温饱，而不能进一步追求经济条件的进一步改善。但是，如果发展以市场为导向的专业经济，将会把小农户带入变幻莫测的市场经济活动之中。由于农业生产自身依靠自然、具有特定的周期性的特点，再加上市场价格和信息的经常性变化，以及难以

① 王名等：《中国社团改革：从政府选择到社会选择》，社会科学文献出版社2001年版，第16页。

② 韩俊：《中国农民专业合作社调查》，上海远东出版社2007年版，第11页。

与其他市场主体之间平等地建立竞争与合作关系等障碍，进入大市场中的单个农户往往在市场风险中难以有效地保护自己的利益，成为其牺牲品。发展经济互益的合作经济组织，可以形成农户在原材料和生产资料购买、经营管理活动和市场销售活动中以集体力量防范市场风险，获得稳定的收益。

2. 合作提供市场信息和专业技术

现代农业同时也是市场农业和高科技农业。前者是指农业生产的产品主要是供给市场销售，因此，掌握及时准确的市场信息就是盈利的关键环节。后者是指农业生产不再是靠天吃饭的自然农业，而是从种子、化肥、农药到管理的农业科学技术引入。原子化的小农户自身生活在信息比较封闭的乡村社会中，信息来源比较单一，对市场的把握极其有限，更别谈能够有渠道获得实用和先进的农业科学技术。组织经济合作组织之后，一般来说，合作社会与相关的市场销售公司合作，由其收集市场信息和提供新的技术模式，而合作组织也可以联合起来聘请农业科技人员对自身的生产活动和农业管理进行指导。在一些发展合作组织成效比较好的地方，合作社的产品品质好、销路旺，适合市场需求，往往会给参与者带来丰厚的回报。

3. 政府的外部扶持

互益型经济合作组织从一开始就得到了政府的积极扶持，其发展的政策和制度空间良好。从上个世纪 80 年代初开始，国家有关部门就积极鼓励和关注经济互益型农村社会组织的发展，提出要按照自愿互利原则和商品经济要求，积极发展和完善农村合作制。90 年代以后，还针对合作组织提供了减免税的扶持措施。新世纪以来，相关部门实施了经济合作组织培育计划，并在全国选择了近 100 个合作组织和地区作为发展经济合作组织的试点单位，进行重点扶持。尤其是在 2006 年《中华人民共和国农民专业合作社法》通过以后，各地纷纷进行了政策扶持、资金扶助和市场扶植等措施引导经济合作组织发展。这些为经济合作组织发展提供了良好的外部条件。当前，互益型经济合作组织是党和国家最为重视，也投入了最大的政策支持的农村社会组织发展领域。

不过，现实的情况却表明，我国经济合作组织的发展存在两个重大的障碍：一是经济互益的合作组织建构原则——民主合作——与我国农村的社区文化不太贴合。我国农村在经历20世纪50—70年代的强制合作化之后，农民对“被合作”充满疑虑。而且，改革开放以来的乡村文化和伦理变异，导致很多农民为了达到自己的利益不惜以邻为壑、损人利己，由此造成村民之间失去了基本的信任，所以虽然村民之间需要各种合作，但由于极高的合作成本而难以实现。二是组织成本较高，缺乏低成本的组织机制。经济合作组织是一种建立于理性之上的组织形态，农民合作是为了获得合作盈余。但是，有组织就有组织成本。农民群众长期习惯于比较散漫的个体化农民经营，一旦组织起来要在特定的规则中行动，往往难以有效抑制自己破坏规则的冲动，这会导致合作成本较高。目前相当多的经济合作组织先盛后衰，都与缺乏低成本的组织管理制度有关。

互益型社会组织以农民利益作为发展的核心动力，其发展能够真正将农民的生存策略整合进组织活动中，并在理性、民主、自愿的组织原则中学会并适应自主、自治和民主的精神和规则。这种组织资源对发展农村民主将能够提供直接的帮助，是农村社会组织建设的重点。但是也必须看到，这种组织形态与农村民主的组织机制一样，也极有可能因为行政化的推动而不能充分动员农民的自主参与，从而失去其应有的价值。这是发展互益型经济合作组织必须注意的基本问题。

（四）公益型社会组织的发育

农村公益型社会组织在20世纪90年代中后期以来的大量发展，是显示中国农村正在从传统社会向现代社会迈进的显著标志。农村公益型社会组织立足于为全体村民提供公共产品，满足农民的共同利益和公共文化需求，也为村庄社区的精英人物寻求社区荣誉感提供了良好的平台。农村公益型社会组织主要包括新农村建设理事会、社区建设理事会、老人协会、农民法律援助协会等。这些公益型社会组织联结社会的主要手段是提供服务和表达公共利益，还能够协助基层乡村组织提供公共服务，增强乡村治理的水平。改革开放后，这些农村的民间公益组织得到了迅速发展，它们对农村政治生活的影响和作用正在日益增大。[①] 从发展农村民主的社会基础的视角来看，公益型社会组织能够培育村民关注公共事务、积极参与公共决策和公共管理的社区公共意识和公共精神，从而克服个体村民在民主过程中的无力感和冷漠感，具有重要的价值。而且，农村公益型社会组织建立在尊重村民个体的民主权利的基础上，其既缺乏宗族组织潜在的血缘强制性，也没有宗教组织以信仰规范人行为的力量，也不像经济互益组织有着个体对经济收益预期的约束，这些约束性条件的缺失意味着，公益型社会组织的运作更多地依靠民主协商和公共认同，更多地依靠将个体和家庭的利益考量纳入组织的运作过程和宗旨之中才能引导和激发农民的自主参与意识和行动。因此，在公益型社会组织的身上，我们能够更多地看到与发展农村民主的内在契合关系。当前我国农村发展公益型社会组织主要是如下动机的产物：

1. 动员社会资源满足村庄共同利益

农业税取消以后，基层政府财政状况进一步恶化，本来应由政府提供的公共产品和公共服务更是“无人问津”，出现了空位。这种公共物品供应严重不足以及正式组织权威缺乏的状况恰恰为民间公益型组织提供了参与治理的空间。各种民间组织可提供政府供应

---

① 俞可平：《中国民间组织与治理的变迁》，《中国公民社会的兴起与治理的变迁》，社会科学文献出版社 2002 年版。

不足的公共产品和公共服务，弥补政府治理空间的“缺位”和市场的失灵。动员全村资源，实现村庄共同利益，在相当多的村只能依靠公益型社会组织来实现。村庄共同利益一般包括：村庄基础设施，如水、电、路、环境等，只要是生活在这个村庄，就有这样的共同需要，以此为基础的集体行动也容易达成；有关农业生产的，例如在耕地、水利、技术服务方面的一些共同需要；有关非农业发展的，例如水果贩运、建筑装修、农产品加工、外出务农等方面的一些共同需要。[①]这些超越个体农户的共同需求是发展公益型社会组织的基础，由于村民长期生活在同一个社区中，具有一些同质性的需求，而且也因为各种亲缘关系和近邻关系等而难以在共同利益追求问题上对公益型组织运作发难。不少公益型组织都是在修路、打井等关系到每个村民的切身利益的基础上发展起来的，其维持运转也依靠不断地解决村民面临的紧迫的共同需求问题。

2. *发展农民的公共文化活动*

有研究表明，改革开放以来我国农村的私性文化发展较快，农民消费文化产品的数量和质量都在持续上升之中。但是，相对而言，社区的公共文化则处于不断的衰落过程中。集体化解散后，农村的会开始减少，农民独立应对市场化条件下的经济和社会挑战，使得社区公共交流的机会大为较少。这一方面导致社区公共文化衰落，形不成良好的社会生活氛围，各种不良风气迅速在农村社会扩散，如赌博、卖淫、买六合彩、请神拜鬼等较为普遍。另一方面，加剧了农民在市场化和功利化的社会氛围中更加的原子化和相互疏离、互不信任，这种精神生活状态不断恶化社会风气，而且会对农村民主和乡村治理造成难以克服的困难。农民无法参与任何政治与公众生活，只得闭门在家，对道德滑坡、自我中心主义盛行等社会问题

① 冯斌：《乡村治理下的乡村社会资本投资》，http://www.chinareform.org.cn/Economy/Agriculture/Forward/201007/t20100705_32522.htm。

采取视而不见和曲意逢迎的应对态度。最终，无论是在公共领域还是私人领域，他们对群体和其他个人的义务和责任感就日渐消亡。①公益型社会组织往往借助于一些集体活动，如老年协会的文化活动、妇女协会组织的学习活动等，发展社区主流文化舆论环境，谴责落后，褒奖先进，为农民建立文化交流的公共空间和社会准则，最终为发展农民的公民精神和共同体意识奠定基础。

3. 村庄精英对社区荣誉感的追求

公益型社会组织发育的最初也最重要的困扰是村民普遍存在的“搭便车”倾向。公益型组织运作的成果是全村庄所有成员的共同利益，但是，出头来组织村民和动员村民却要付出各种成本，包括时间和金钱，还有可能遇到不明理的村民的阻挠和为难。克服这种集体行动的困境，首要的问题便是寻找到能够愿意付出这个最初的组织成本的第一行动梯队。近年来，随着农村经济的发展，农民的生存危机不再，很多农民，尤其是老年农民有了更多的空闲时间和社会活动的意愿。一些老党员、老干部、退休返乡的老教师、老领导等，往往出于赢得社区荣誉感等精神追求，面对农村社区中的公共需求，运用自己在长期的工作和生活中建立起来的社会网络和民间权威资源，出面发动群众建立社会组织，往往能够取得较好的成效。他们在组织农民参加公益事业、发展公共文化的过程中感受到受尊敬的感觉，从而获得巨大的精神动力。在一些案例中，地方政府往往也对有民间权威的社区组织领导者比较尊敬，遇事咨询他们的意见，请他们一起参加新农村建设的规划等，使其获得了巨大的心理满足感。显然，历史地看，由于农业税减免后参与地方事务不再是需要躲避的繁重负担，不再将沉重的税赋转移到没有地位和财富的人身上时，更多有声望或者追求声望的精英就更有可能向这一舞台

---

① 阎云翔：《私人生活的变革：一个中国村庄里的爱情、家庭与亲密关系（1949—1999）》，龚小夏译，上海书店出版社2006年版，第260—261页。

转移——把参与社区事务重新定义为与地方福利相关的慈善行为，并以此巩固他们的社区名望。[①]因此，即便搞社区公益组织难以获利，还是可以动员起社区中部分精英人物的积极性。通过对社区精神符号的追求，这些社区精英最终可以把村民对公益型社会组织的参与变换为切实的公共利益满足，并融合进村民的生存策略的计算之中，从而有效扩大了组织的社会基础和精神基础。

综上所述，中国农村社会组织是一个包括了传统宗族和宗教组织、外来宗教组织、农民互益合作经济组织和社区公益型组织在内的复合体。从当前的现实情况来看，农村社会组织在农村民主管理中发挥了很好的作用，但不容回避的是，与当前农村经济社会发展的迫切要求相比，与推进农村民主管理的现实需要相比，当前我国农村社会组织还面临着诸多困难和挑战，主要表现为在数量上偏少，在力量上偏弱，在作用上有限，运作机制不畅，内部管理不完善，在资金、场地、人员、服务等方面都存在较大困难，所获得的来自政府和官方部门的政策支持、资金支持和管理支持也很有限。

（五）构建农村社会组织的发育机制

发展农村社会组织机制和组织体系，建构组织化的社会基础，形成上下联结和沟通的顺畅机制，这既是农村民主发展的内在需要，也是克服农村文明转型危机的需要。当前，要从以下几个方面着手，推动农村社会组织的发育与发展。

一是党和政府暨相关职能部门应该针对农村社会组织制订专门的战略行动计划，进一步明确农村社会组织的发展与管理的总体目标、步骤和实施途径，大力推动农村社会组织自身的完善与发展，推动农村社会组织在农村民主管理中发挥更大的作用。这就需要首先在领导机制上，要能够形成重视发展农村社会组织的合力。各地

---

① ［美］玛丽·兰金：《中国公共领域观察》，载黄宗智主编：《中国研究的范式问题讨论》，社会科学文献出版社 2003 年版，第 200 页。

党委政府需要高度重视农村社会组织的管理与培育工作，把农村社会组织纳入党委政府的议事日程，制定措施、明确规划、确定目标、监督检查。同时，有必要把农村社会组织工作纳入对各地各部门工作的考核目标中，真正使其成为各地各部门的共同职责。另外，各相关职能部门要切实提高认识，真正把发展和培育农村社会组织作为重要的工作职责和任务，制定切实可行的政策和措施推进农村社会组织的发展。在当前，尤其是针对农村经济社会发展的现实，借鉴《农民专业合作社法》的立法经验，尽快制定社会组织法及相应的社团法、民办非企业单位法等一系列规范社会组织行为、机构、治理、管理体制方面的法律、法规。在立法时要考虑到农村社会组织的实际情况，就农村社会组织的登记管理作出特殊规定。对于这些主要以农民群众为成员，在县以下农村区域内活动的农村社会组织，要取消双重管理，变双重管理为单一管理，简化登记程序，放松入口管理，试行备案制，并在资金、政策等方面大力扶持，在日常管理上，注重事后监管。

二是加快调整农村社会组织的管理模式和政策。当前，我国对社会组织实施双重管理体制。社会组织要想成立，必须有两个“婆婆”，一个是行政或业务主管机关，另一个是登记管理机关。成立社会组织必须获得两个“婆婆”同时的“双重许可”，即业务主管机关的“审查许可”和登记管理机关的“登记许可”，缺一不可。可以说，双重许可制度是制约社会组织发展的一个重要原因。在当前，要推动农村社会组织的发育，应该总结一些地区在社会组织管理体制改革方面的实践经验，在政策上进行改革。主要可以有以下几种做法。一是对原来的多头业务主管机关进行合并、精简，避免多头管理。例如，可以规定由工商联、工经联承担经济类社团如行业商会、同业公会或经济类行业协会的业务主管职责。二是由枢纽型社会组织承担特定领域内社会组织的业务主管职责。例如，可以以某一人民团体为骨干，确认一批枢纽型社会组织，并规定枢纽型组织可作为社会组织的主管单位。三是由民政部门兼任部分社会组织的业务主管部门，或帮其寻找合适的业务主管部门。例如，规定工商经济类、公益慈善类、社会福利类、社会服务类社会组织的业务主管部门可由民政部门兼任，或由民政部门帮忙寻找合适的业务主管部门。四是取消业务主管部门，实行民政部门直接登记。例如，民政部曾计划由民政部门对公益慈善类、社会福利类、社会服务类社会组织，履行登记管理和业务主管一体化职能。或者规定行业协会、异地商会、公益服务类、社会服务类、经济类、科技类、体育类、文化类社会组织等可以直接向登记管理机关申请登记。五是试行备案制。对于在活动经费、人员数量、办公场所等方面达不到登记注册条件的社会组织，试行备案制，特别是对于那些在特定区域内活动的社会组织，如基层社区社会组织、农村专业经济组织、农村文化类、公益类社会组织等。[①]

三是因地制宜，重点突出，有针对性地推进农村社会组织的发展。农村社会组织种类众多，功能不一，各乡各村所面临的具体经济社会和自然环境、人力资源条件都存在很大差异，因此在选择具体的农村社会组织培育路径时，无论是政府主管部门、乡镇基层政府还是村民自治组织或者广大农民群众个体，既不可能搞一刀切，也不可能普遍撒网，而应该因地制宜，实事求是，有选择、有重点地发展相应的农村社会组织。例如，在具有知名品牌和特色产业的农村地区，可以各类农业生产合作社为重点，大力发展农村社会组织。在具有较高知名度的文化留存、遗址或特色文化活动的农村地区，可以重点选择文化类农村社会组织。其他一些地区，也可以结合本地农民群众的现实需要，以强化公共服务体系，丰富农村社区社会生活等为重点发展相应类型的农村社会组织，如福利类、教育类、卫生类民办非企业单位或公益性社会组织，如公益事业建设促进会、农民用水者协会、新农村建设理事会等。通过完善、加强这

---

① 孙发锋：《选择性扶持和选择性控制：我国社会组织管理体制改革的新动向》，《上海行政学院学报》，2012 年第 5 期。

些社会组织，扩大农民参政议政和参与农村社区生活的渠道，推进农村民主管理。

三、健全农村社会组织的管理机制

近年来，农村民主发展中的一个突出现象是管理能力不足。一般而言，人们在讨论民主相关问题时，首先关注的是政治参与和对公共权力的监督问题。对政治家而言，公共权力可以实现政治目标才是最终的美德，不能实现治理目标的政治无论如何不是良善的政治。那么限制权力的政治参与与民主机构的管理能力提高是否必定冲突呢？更进一步来说，通过发展民主参与而改善民主管理的质量和能力是否可能呢？这是当前农村民主发展中的一个重要问题，毕竟，如果因为发展民主而使得管理能力低下、社会秩序混乱的话，民主政治的现实会损害民主政治的理想。农村社会组织在促进社会参与和推动民主管理能力提高方面的作用，应该引起我们的重视。

（一）农村民主管理的治理基础：组织化社会参与

在现代社会，对一种政治体制的长久稳定发展而言，其民主合法性和治理有效性之间既有差别又存在紧密的联系。这里，我们所讲治理的民主合法性，指的是公共权力是经由民主制度和程序而获得授权，其权力的运作也是在公民的民主参与的制约和监督机制之下进行的，公共权力和机构的治理获得公民的认同或者是默认。它表现在农村民主管理中，就是村级自治组织的村庄事务管理权力来自村民的合法授权，其权力运作受到村民有效的监督和制约。合法性主要强调的是如何限制权力的非法使用，以及提高在公共权力运作过程中的参与程度。治理的有效性则主要强调公共权力在实现治理目标方面的绩效，也就是政治制度在满足公民对社会的公共管理和公共服务需求方面的能力。尽管一般来说，既有合法性又有有效性的治理能够获得最好的结果。[1]但是，毕竟民主参与的诉求与有效管理的诉求之间也不可避免地存在一定的冲突，要实现“受监督的权力更有力量”，必须将社会的民主参与与公共权力的治理机制实现良好的结合。其中较为关键的机制之一，就是要实现社会参与的组织化，为农民管理建构坚实的社会基础。

现代政治要求集中权力但是却限制其专断性，而且更为注重通过运用基层渗透性权力将乡村民众纳入国家政治的轨道，使得国家的社会管理行动既有效率又能获得民众的认同。也就是说，现代政治要求消除阻隔在国家与乡村民众之间的自治的中介行动者，如士绅和“非法官员”等，建构联结国家政权与乡村民众之间的紧密纽带，使得国家的权力渗透和权利设定能够直达乡村社会。在当前的乡村治理中，由于国家渗透乡村社会的需要，建立起了一整套官僚管理体系，而且在最基层事实上建立的依然是传统的半正式官员的治理。这种状况容易产生半正式官员对权力的截留，以至于成为利益独立于国家和普通民众之外自治的权力中介者。发展农村民主，就是国家通过建立基层民主制度，希望通过社会的民主参与，一方面持续巩固民众对国家制度的信心和认同，另一方面抑制“非法”官员的权力中介行为，确保国家赋予农村的权利得到实现。

然而，由于历史条件的限制，国家的农村民主制度规划在乡村社会的实施，面临着“非法”官员采取种种措施进行强烈的抵抗，农村的民主权利的保障还存在诸多缺口。因此，当前情况下，一方面要加强国家对农村民主权利的保障，另一方面要致力重构农村的社会组织基础，创造现代社会组织主导的组织化社会参与，形成农村民主的现代治理基础。

中国农村长期缺乏民主传统，农民对于民主制度和民主过程的理解，对民主结果的要求都有着其自身深厚历史烙印的影响。因此，

---

① 徐勇：《受监督的权力更有力量》，在“乡村治理创新与社会实验”研讨会上的发言，2009年11月8日，广东蕉岭。

在农村发展的民主制度，必然面临多重障碍因素的干扰。对此，我们应该予以充分的理解，在推进农村民主发展的进程中更要针对短缺的条件展开有创造力的行动。其中推动社会的民主化是促进民主深化，解决民主发展中一些紧迫问题的重要选择。所谓社会的民主化，在今天早已被视作一种双向进程。一方面是政府权力的民主建构，另一方面是发展民间社会组织，也即公民社会的培育，推动社会从零散和碎片状，走向有组织的体系化，构造现代民主管理的良好社会基础。只有当政府与社会及民众形成一种相互依存、相互制约的关系，民主才能够真正成熟。

民主需要公民个体的参与，但是，这些个体需要在组织化的社会中才能真正使得自己的民主参与活动产生积极的效果。将个体的群众纳入社会组织中，在社会组织的活动和互动中有规则地交流利益诉求和社会意见，共同面对和解决社区面临的问题，是解决民主政治的发展进程中参与不足和参与爆炸之间的交替轮换而稳定民主却难以建立这一难题的根本办法。只有在社会组织化的进程中，从传统社会中解放出来的臣民才能从政治中立的群众转化为公众，从百姓转化为公民，从极力躲避公共权力的消极成员转化为积极参与民主政治运作，从而推动民主管理能力提高的现代民主政治共同体的成员。这里所讲的社会组织化，指的是社会势力以公众群体而非个体的形式进行联合，其中社会组织、社团和公共集会等组成了具备自主性的社会空间，以集体行动方式在社会公共领域表达利益、诉求和意愿，与公共权力机构进行组织性互动，从而构造国家与社会之间的良性互动和动态平衡。[①] 当前农村民主的管理能力不足，与村庄共同体散失和公民共同体缺失有较大关系。民主政治失去了组织化民主社会的支撑，难以激发起村民的参与热情和公共生活价值的追求。这种缺乏公民组织化社会参与的村庄社会，也并非完全的无组织，而是一些碎片化的社会联合分散在社区中，使得社会控

① 张新光：《社会组织化：构筑国家与社会良性关系的关键》，《学术交流》，2007 年第 8 期。

制呈碎片化存在，民主的运作基础是一个到处布满阻碍和险滩的环境，阻碍领导者形成有效的大众动员。

任何社会有需要通过公共权力来进行政治和社会管理，从而达到某种特定的社会秩序。如果我们破除了无政府主义的民主观的话，就会深切地认识到，民主社会的维系，更需要有效的治理能力的保障。但是，相比于传统社会治理依靠对暴力垄断和资源垄断的支撑才能强制社会成员遵守特定秩序而言，民主社会必须将社会成员的自我管理和公共权力的公共管理协调起来，而且，公共权力主要依靠影响个体的自我管理以便间接地而非直接地干涉个体的行动而达到目标。

在这个意义上，民主社会的治理显然是一种特殊的行使权力的方式：它是干涉他人（或自己）行动的一种方式，但不是直接进行，而是通过对其行为的影响来达到目的。由此而言，个体自由的适当形式的维持和促进，将有利于公共机构本身。自由主义将自我管理的市场作为民主社会治理方面的典范。它认为现代国家民众的生活包括各种各样的领域，每一个领域在很大程度上都被个体在互动过程中形成的自由决定所管理。这种看法意味着，如果外在干涉减少到最小程度，一旦它们得到牢固建立，这些自由互动的领域就能够有效地自我运行。因而，自由主义的治理观主张建立和维持这些领域的自由运行，从而建立有助于民众和国家的康乐所需的条件，而不是使这些领域的活动遵从国家的具体管理作为自己的治理目标。这种自由主义观点也意味着，有效的治理必须基于关于如何维护自由互动模式的过程和所需要条件的知识。个体自由不能简单地看作是对治理的一种限制。事实上，个体自由作为治理民众的一种手段，不仅依赖于国家的管理，也依赖于个体行动的合理模式的存在，以及他人对这种行为的管理。[①] 实质上，民主社会强调民众天然具有

---

① ［英］巴里·海因斯:《权力、治理和政治》，载［英］凯特·纳什、阿兰·斯科特主编:《布莱克维尔政治社会学指南》，李雪等译，浙江人民出版社 2007 年版，第 40—44 页。

进行自主的、自我决定的活动的能力。治理应该充分利用民众的这种能力。个体可能天然具有自主行动的能力，但这并不意味着这种能力一定能充分地实现。这种能力只有在相当文明化的社区的成年人当中才能形成；个体要形成自我管理的必要习惯的话，长期的教育和训练就是必要的；此外，即使在非常合适的条件下，也会有不能以理性方式处理事务的个体。[①]因此，就需要在社会成员之间发展民主的公共领域和公共空间，进行结社的活动，让个体在与他人的协商、互动甚至是冲突中，学会理解并建立追求自身合理的私利的自我管理能力，并约制自身非理性的诉求以及诉求利益的方式。经过这种转换，民主治理就能采用最少的强制完成最大程度的秩序建设任务。民主的希望在于越来越多的民众学会在公共生活中形成自我管理能力，民主的活力则在于这种自我管理能力与公共治理之间的良性协调和互动。

（二）社会组织参与民主管理的能力提升机制

民主政治较之专制政治的最大差别就是公共事务由谁来做决定，前者诉之以民主共同体的所有合法成员，后者则藏之密室，绝不将权柄授予他人，从而维持大权操之治者一人之手的专制迷梦。而民主政治核心在于授权于民众，也在这种授权中获得决策的多元化、透明化和公平化，从而极大地提高决策质量，为民主管理能力的提高奠定基础。“民主的方法，只要是那种组织起来的资源，把这些冲突公开化，其成员各自特殊的利益诉求得以进行公共讨论，并且根据更多的相关利益者的要求来对此诉求的合理性作出判断，而不是分别作出判断。在这个过程中，个人之间的利益与诉求逐渐达成妥协，共同生活的准则由此取得暂时的平衡。”[②]通过这种行动的论坛

---

① ［英］巴里·海因斯：《权力、治理和政治》，载［英］凯特·纳什、阿兰·斯科特主编：《布莱克维尔政治社会学指南》，李雪等译，浙江人民出版社 2007 年版，第 49 页。

② 郭为桂：《大众民主：一种思想史的文本解读与逻辑重构》，武汉大学出版社 2008 年版，第 217 页。

或者是交流的模式，民主的过程就能在引导公民参与的同时，对公民进行自我治理的生活政治教育，使他们从消极的、顺从的、臣民式的被治理对象，转变成为积极的、有独立判断力的、充满创造能力的现代国家的国民。

在缺乏社会组织的社会中，民主机构会发现难以寻找到合适的民主决策的参与者，个体化的社会参与者往往只能够代表其个体利益，社区共同体的需求不能在民主决策中得到应有的重视，这样的决策结果极有可能是违背公共利益的，或者说即使是公共利益的体现也难以得到公民积极的支持。民主决策的参与实践给公民们一个互相学习的机会，从而有助于在社会中形成价值观，并明确各类问题的优先顺序。即使是“需求”这样一个简单的概念（包括对“经济方面的需求”的理解），也需要在公众中展开讨论，需要交换不同的信息、观点和判断。[①] 只有如此，才可以极大地激发公民的主体意识和参与精神，在公共决策过程中学会使用民主、享受民主，促进决策的科学化。四川邛崃市在社会主义新农村建设中，结合成都城乡统筹发展综合试验区建设的需要，在农村产权制度改革的试点活动中，推动农村社会的组织建设，建立了“新村发展议事会”，探索实行“村两委会＋新村发展议事会”的新型村级民主治理模式，就是这个方面的一个有成效的案例。[②]

在现代国家建构的过程中，发展基层民主以整合农村社会是一个将农民从田野百姓纳入公民政治共同体的重要机制。在这一进程中，既要保持农民的民主参与的有效性，又能够实现基层民主管理的有效性，需要在两者之间架起坚实的组织基础，发展相应的社会组织，推动社会自我管理和自治能力的提高，是一条有效的道路。乡村社会是天然的共同体，国家对乡村社会的责任和使命，不

---

① 阿玛蒂亚·森：《民主的价值观放之四海而皆准》，程晓农译，《当代中国研究》，2000 年第 2 期。

② 彭大鹏：《民主边缘上的创新——对邛崃新村发展议事会的考察》，《湛江师范学院学报》，2009 年第 5 期。

是要消解这个共同体，相反，而是要维系和发展这个共同体。这就要求国家基本制度体系对乡村社会的整合，不能仅仅考虑国家的逻辑，必须充分考虑乡村社会的逻辑，因而，这种整合应该具有充分的弹性空间，应该是国家与农民共同协商与合作的结果。如果能够这样来把握国家重构与乡村社会关系的过程，那么，这样的过程就完全可能成为上述的国家与乡村的双向运动过程：即国家整合乡村与乡村自治再造。在这样的过程中，农民不是被动的，而是主动的；乡村社会不简单是被整合的对象，而应同时也是创造整合的主体；国家制度体系不是为控制乡村而进入，而是为充实乡村社会自我生存、自我管理、自我发展的能力而进入。国家要创造这样的理想状态，首要的前提是要充分尊重农民、尊重乡村社会；其次，要尊重民主，尊重制度与法律的尊严；最后，要尊重自身，尊重国家的责任、使命与诚信。[①]在农村基层治理中通过社会组织发展社会的自我管理和民主参与能力，是发挥乡村社会自身创造能力的重要途径，也是真正提高农村民主管理能力，实现乡村社会民主整合的根本机制。

农村民主建设一般是以村民自治组织为主要载体，国家也将精力主要放在村民自治组织的产生、活动及其监督等问题上，大量的制度建设和实践活动的重点都是如何推动村委会在组织农民开展民主建设和作为自我管理、自我教育和自我服务工作。近20年来，国家和地方为此进行了大量的立法建设和政策规范，也取得了很大成效。但是，实践的发展也表明，农村民主的建设是一个复合体，它需要动员其农村社会的多种资源和力量才能够实现农民的自我管理与社区公共管理的协调。作为基层政权之脚的村民委员会组织，由于在现实中承担了协助上级政府办理部分行政工作的任务，使得法定的社区群众自治组织与实际上的基层行政组织叠合在一起，在实

---

① 林尚立：《序言》，载刘伟著《难以产出的村落政治——对村民群体性活动的中观透视》，中国社会科学出版社2009年版。

践中易于出现行政化的倾向。尤其是在基层政府需要其作为筹资筹劳的工具使用的时候，其行为则过度偏向基层政府的意愿，这使其在实际上容易偏离农民群众的利益诉求，导致其在社区民主管理活动中也难以有效获得社会支持。尤其是在税费改革之后，农村面临公共事务和公益事业无钱办的境况下，缺乏社区动员能力的行政化的村委会组织，实际上亟须解决其与乡村社会联结机制不足的问题，从而解决这种治理能力的真空状态。正如徐勇教授所总结的，社会主义国家改革中的一个普遍的共同性问题就是，一旦外部性的行政（党政）整合机制发生变化或者链条中断之后，没有内生的自组织加以替代，造成社会缺乏自我整合的机制。[①]

因此，要提高基层民主组织的社区公共管理能力，就需要以开发社区自治能力为导向，发展农村社区的微观社会组织体系，通过与村民利益密切相关、由村民自己建设、自行组织和活动的社会组织机制，打造民主治理的组织性社会空间，推动民主管理、社会秩序与村民利益和诉求的结合。湖北省秭归县杨林桥镇在农村税费改革之后围绕公益事业无钱办、无人办而进行的社区微观组织发育的创造，就是解决这一问题的一个经验范例。从关系到农民切身利益的微观领域入手，建立农民信任的内生社会组织，在组织中引导农民参与社区公共事务的管理和公共服务的提供，是培育农民的公共精神和行动能力的最好途径。尤其是在与周围邻里的共同志愿行动的经历中，农民个体能够克服心理上的疏离感，提高社会信任度和社会团结感，从而将集体行动的难题化解。而且，在共同行动的过程中，人民能够迅速凝结为一个命运共同体，获得一种强烈的自我实现的感觉，真正的“主人翁精神”有可能得以回归。[②]格兰诺维特用社会嵌入的观点讨论了这个问题，他指出，人是融于各种社会

① 徐勇：《农村微观组织再造与社区自我整合——湖北省杨林桥镇农村社区建设的经验与启示》《河南社会科学》，2006 年第 5 期

② 王锡锌、章永乐：《从“管理主义模式”到“参与式治理模式”：两种公共决策的经验模型、理论框架及制度分析》，《行政规制论丛》（2009 年第 1 卷），法律出版社 2009 年版。

群体之中的——家庭、街坊、网络、机构、教堂和国家。他们必须根据这些群体的利益来平衡自己的利益。换言之，社会、道德、行为与一定程度的自私功利最大化行为是共存的。最大的经济效率的产生并不一定是靠理性的、自私的个体，而是靠个体组成的多种群体。[①]他得出这个结论的前提是社会要被各种群体组织有效地动员起来，个体真正嵌入在社会结构的运作之中，而非零散地分布在社区生活中。中国农村存在的是数量庞大的小农，虽然具有自主行动的自由，但是缺乏社会合作的传统和能力，这使得建立在社区合作基础上的社区民主管理能力自然难以提升。培育社区微观社会组织，发育社区自治，是提高农民合作水平、克服集体行动困境、激发社区活力、提高农村民主管理水平等的重要措施。

（三）农村社会组织的内部管理机制

农村社会组织必须建立和完善自己的一整套制度体系，形成自律机制，用严格、规范的制度保证各项工作的健康运行。从实践效果看，凡是活动正常、社会效益明显、在当地某一领域举足轻重的农村社会组织，都是内部制度较为完善的组织。为发挥农村社会组织的优势和长处，增强服务能力，应建立权责明确、协调运转、有效制衡的法人治理结构，完善民主选举、民主决策、民主管理、民主监督的制度体系，增强自主运作、独立运转能力，提高获取社会资源的能力，争取涌现一批服务好、能力强、公信力高、影响力大的品牌社会组织。首先，必须完善组织章程。要以章程为核心，建立健全各项内部制度；以章程为依据，健全组织机构：如权力机构——会员大会或会员代表大会，执行机构——理事会或董事会，办事机构——秘书处、办公室、财务部、宣传部等，监事机构——监事会，对组织的年度计划、年度财务审计报告和平时的经济活动

---

① ［美］弗朗西斯·福山：《信任：社会美德与创造经济繁荣》，彭志华译，海南出版社2001年版，第25页。

进行批准、监督。其次，必须健全行规行约，加强同业约束。要以维护行业的竞争秩序、确保公平竞争为出发点，加强自律，特别是要建立会议、管理、服务、监督等方面的自律制度，做到以制度规章管人管事管行业。从本行业的发展大计出发，制定成员共同遵守的行为规范，并根据外部环境的变化，及时调整一些具体的规定，这是保证农村社会组织依法运作的必要条件。再次，必须建立民主决策制度。要克服行政化倾向，充分发挥会员代表大会、理事会、监事会的作用，以民主协商、协调、公开公正的方式处理内部事务。在行业组织工作带头人的选举上，要严格执行民主办会的原则，让会员自己选举本行业有威信、有知识、善管理、热心组织工作的同志担任领导职务。理事会成员要严格按照民主程序选举产生，会长应由理事会提出人选，实行差额选举，并实行任期制。要形成民主决策程序，建立健全会议制度和通报制度，鼓励成员参与决策并对组织的各项活动监督，重大决策召开会员大会或会员代表大会，由理事会（或常务理事会）决定，避免个人或少数人说了算，遏制违法违规行为的发生。又次，根据行业特点，制定从业人员的行为准则和职业道德规范。各行各业都应有与本行业的社会地位、功能、权利和义务相一致的行为准则和道德规范，每个从业者必须遵守、奉行。特别要制定主要负责人行为规范，对相关人员加以约束，使其自觉遵纪守法，自觉代表整体利益，充分发挥好“领头雁”作用，引导社会组织向法制化迈进。最后，完善财务管理制度。财务制度的透明度是树立农村社会组织社会公信度的基础。各社会组织要严格执行财务会计制度，做到收支规范、账目清楚。收取会费和各项服务性费用要坚持标准合理、公开的原则，并如实开具票据。社会组织的经费及按照国家规定取得的合法收入，应主要用于其章程规定的业务活动，接受的捐赠、资助要严格按照与捐赠人、资助人约定的期限、方式和合法用途使用。应有专人负责财务，制定财务报告，并以适当方式向会员、社会公布有关情况，保证公民及政府的知情权和监督权的实现。另外，还要规范社团收取会费制度，促进社团健康发展。社团会费是社团向会员收取的，用于为会员服务、开展业务活动的经费，是社团经费的主要来源之一。但社团向会员收取会费的行为和标准，必须严格按照民政部、财政部《关于调整社会团体会费政策等有关问题的通知》（民发［2003］95号文件）和民政部、财政部《关于进一步明确社会团体会费政策的通知》（民发［2006］123号文件）执行。社会团体制定或修改会费标准，必须召开会员大会或会员代表大会，并须2/3以上会员或会员代表出席，经出席会员或会员代表1/2以上表决通过，表决采取无记名投票方式进行。

（四）农村社会组织的运行机制

农村社会组织要在法律法规框架下，构筑系统科学的运行机制。一是构筑工作机制。主要是建立登记管理机关、业务主管单位、公安部门、税务部门、技术监督部门、物价部门等相互配合，行动一致，协调运作机制，解决认识不一致、说法不一致、行动不一致、相互掣肘的问题；建立责权明确、运转有效的法人治理结构，强化章程的核心地位，建立起选举、议事、财务、人事等各项具体操作规范，增强自主运作能力。农村社会组织要按照自己的宗旨和业务范围开展活动，着力提高筹措资金、项目运作、技术交流、反映诉求、维护权益等方面的能力，加强与政府、企事业单位和其他组织的合作，面向会员、行业和民间提供更多的公共服务和公益支持。二是构筑动力机制。要教育民间组织的领导和专职工作人员树立正确的组织观念，克服临时观念和散漫情绪，促使其全身心投入，形成思想动力。要把奖惩、考核、竞争有机结合起来，形成工作动力。把奖惩、考核机制作为促进社会组织依法开展活动的有效手段，制定奖惩细则，建立分类评估指标体系，健全操作规范、运转协调的评估工作机制，准确评估服务效率、服务质量、管理水平、工作业绩等，不断提高评估工作的科学性。要制定竞争规则，实现有序竞争，促进社会组织持续不断地改进管理水平和服务质量。三是构筑自律机制。

要教育社会组织成员严格照章办事，尤其要强调领导成员带头遵守规章制度，强化自律观念，发挥表率和示范作用，形成凝聚力和向心力。要抓好组织成员思想业务素质的提高，典型引路，发挥组织成员的主观能动性，使其自觉按照章程的要求开展各项活动。建立组织内部通报批评制度和年末评比制度，促进人员自律。建立诚信记录和评估制度，促使会员普遍树立“诚信、守法、敬业、自律”和“承诺是金”的理念，营造诚信守约的氛围。当前，重点要加强公益性强、服务面广、社会影响大的社会组织的信用建设，特别是行业协会、农村专业经济协会和教育、卫生、劳动类等民办非企业单位。行业协会和农村专业经济协会，特别是中介机构行业协会，要制定本行业自律规范和惩戒规则，做好自律管理和监督，充分发挥行业自律作用，反对行业不正当竞争，维护行业整体利益，在提高行业协会自身信用度的同时，提高行业的整体信用度。

（五）农村社会组织的监管机制

加强对农村社会组织的管理和监督是政府的责任。为使监管有序有效，政府要做以下五个方面的工作：第一，转移部分政府职能。要推进政事公开，逐步理清政府、市场、社会的边界，为社会组织发挥应有作用提供空间和舞台。当前，要着手解决政府职能越位、社会组织职能不到位问题，将原来由政府主办、为社会发展和人民日常生活提供服务的事项交给有资质的社会组织来完成，政府只保留调查研究、制定政策、宏观调控、监督管理等。就行业管理而言，政府的职能是制定产业政策、调控产业结构、监督政策落实等，应该将编制行业发展规划、收集并发布行业发展信息、制定行业标准和行规行约、决策咨询、行业统计与调查、资质资格的考核、展览展销、行业自律、价格协调和行业性集体谈判、反倾销中的应诉和调查等职能移交给行业协会、商会。在学术研究领域，应将技术标准制定、成果鉴定、咨询服务、项目评审、研究规划、课题设置、研究经费发放、专业人员培训、学术评价等职能移交给学术性组织；在人力资源领域，应将职业道德规范、职业培训和继续教育、制定从业标准、组织从业资格考试、专业技术职务职称评审、惩戒不良从业者等职能转移给职业及从业者组织等。对于这些职能的转变和定位，要有长远规划，循序渐进。要逐步取消行业协会业务主管单位，减少行政干预，提升行业协会参与社会管理和社会服务的能力。政府部门与行业协会之间要建立新型的合作伙伴关系，实行政府购买服务，这种“买卖关系”的建立，既可以使政府从社会管理和社会服务的第一线解脱出来，降低行政成本，又可以为行业协会提供发展的空间。监察部门应负责受理行业协会对政府机关侵害其合法权益的检举和投诉。法制部门应负责受理行业协会提出的行政复议。第二，完善农村社会组织结构和布局。要从广大人民群众迫切需求和社会发展客观需要出发，大力发展有利于改善民生、提高社会公共服务水平和有助于缓解社会矛盾、促进社会和谐的社会组织，特别是积极促进以志愿服务、慈善公益、老龄工作等为主要内容的联合性、专业性社团组织发展；积极发展符合产业发展方向、适应市场化进程的行业性社会组织；鼓励发展教育、科技、文化、卫生、体育、社会福利等公益性社会组织。要协调发展各类组织。实践证明，先进的文化不去占领农村文化阵地，落后的、愚昧的、反动的思想就会侵蚀人们的思想。因此，要在继续发展经济性组织的同时，着力发展群众性的、符合当地特色的、为百姓喜闻乐道和愿意广泛参与的基层文化娱乐类组织，如桥牌协会、歌舞协会等，吸引农村居民参加。还要大力发展农村弱势群体的保护性公益组织，如建立老年人协会、妇女儿童保护协会等。第三，狠抓规范管理。一是要坚持依法登记、年检。社会组织登记、年检管理是国家赋予民政部门的一项重要职能。要按照三个《条例》和 284 号令的要求，坚持分类指导、明确责任、规范程序、整体推进。要建立统一归口管理秩序，杜绝在审批上相互割据，在管理上各自为政的无序局面。因此，各职能部门和业务主管单位要通力合作，各司其职，共同把好“五关”，即审核审批登记关、印章刻制准予关、机构代码核发关、银行开户许可关、收费许可申领关。要强化年检工作的严肃性，提高参检率，大力推进网上年检。二要扎实推进行业协会政会分开，其职能、机构、人员、财务等方面与政府、企事业单位彻底脱钩，着力解决好“明脱暗不脱”问题。社会团体要改变过去由上而下指令性设立，社团主要领导均由政府部门公务人员兼任的状况，逐步走由下而上，自愿组成，党政机关公务人员不再兼任社团主要领导职务，走“经费自筹、人员自聘、工作自主”的道路，坚持依法和依照章程开展活动，使社团真正独立地发挥积极作用。三要建立和完善相应管理制度。要加强社会组织登记管理机关力量。省一级民间组织管理局可增加编制，高配负责人，局内按登记类别设处室。各市、县都要设立专门机构，工作任务较重和有条件的地方可设为副局级，每个县民政局应确保有1—2名专职干部。要切实加强党对社会组织的领导，在各级社会组织登记管理部门设立社会组织党工委，扩大共产党在社会组织中的组织覆盖和工作覆盖，把握社会组织发展的正确方向，使社会组织成为党领导下的可靠建设力量。要完善民间组织各类档案资料。《章程》、会员入会申请及审批表、会议资料、会费标准、活动方案、财务档案等规范的文书资料，做到有记录，有案可查。第四，明确分工，落实职责。民政部门、业务主管单位和相关职能部门要各负其责，齐抓共管，形成推进农村社会组织建设与管理的合力。要着手建立“以完善双重管理体制为核心，齐抓共管”的灵活有效的管理机制，解决没有抓手、没有监督和落实措施、无衡量和追究手段、无有效对话途径等问题；着手建立登记管理机关、业务主管单位、公安部门、税务部门、技术监督部门等相互配合，行动一致，协调运作的整合机制。有条件的地方，可以探索建立以民政部门为牵头单位的社会组织工作协调机制。要大胆实践，敢于探索，推进农村社会组织发展模式和管理体制创新，鼓励各地将中央要求与本地实际相结合，努力探索，先行先试，为农村社会组织改革发展提供经验。第五，健全监督机制。要建立对社会组织进行业务监督、执法监督、社会监督的体系，促进社会组织自律机制的形成和完善。切实改变“重登记，轻管理”的倾向，改进和加强以年度检查、社会评估、信息公开为主要内容的日常管理，坚持依法行政，完善执法程序，维护社会组织合法权益，查处社会组织违法违规活动和非法组织，不断提高行政执法水平。要把年检工作与日常监督、绩效评估、行政执法等工作结合起来，提高依法监管能力。要健全社会组织工作评价和人员考核办法。建立具有广泛代表性的评估委员会，培育具有相对独立性的评估机构，凡是符合条件的社会组织，都可自愿、申请参加等级评估，通过公正、公平、公开的评估活动，促进社会组织良性发展。

（六）农村基层组织与社会组织的联动机制

在社会组织发展和农村基层党组织和社区自治组织发展之间的关系问题上，人们经常会产生一些错误的看法。一些观点认为，村民自治组织体系已经是群众自治组织，为何还要在村庄中建设其他社会组织，这不是与村级组织争夺领导权吗？持这种观点的人一般是从传统的国家—社会对立的视角来看问题的。他们认为，在农村基层，基层组织承担着国家的公共管理职责，农村社会组织有自身的权力来源，行为自主性强，难以制约，其发展会严重影响村级组织的权威性和社会治理能力。相反，另外一些支持社会组织发展的人则以同样的思维模式认为，社会组织建设就要“去国家化”，保持对村级组织的警惕性和一定程度的反抗性成分，这样才能起到以社会组织制约和监督村级公共组织的目的。这两种思路实际上都预设了两者间对立冲突的零和博弈关系，认为凡是在国家性活动受到极大限制的地方，民间社会组织就很活跃，凡是民间社会组织受到极大限制的地方，政府就很活跃。[①]这种对立的思维容易导致两种村级组织体系之间的互不信任和互相提防，严重时候可能是互相拆台，

---

① 参见［美］莱斯特·萨拉蒙、赫尔穆特·安海尔：《公民社会部门》，载何增科主编：《公民社会与第三部门》，社会科学文献出版社 2000 年版。

最后，形成两者双输的格局。目前，在城市基层社区组织之外发育起来的业主委员会组织，在不少社区居委会组织看来，就是自己的对立面。两者之间往往有利益的领域就争抢，而没有利益的领域则相互推诿，形成了恶性循环。

相反，如果从组织之间相互信任—密切合作—共建社区繁荣和秩序的视角来看待这个问题，我们就能看到，村级公共组织，如党支部和村委会如果能够主动将发展社会组织作为提高治理能力和民主管理水平的重要举措。采取积极措施发展农村社会组织体系，并使得社会组织体系与社区公共组织体系之间实现相互对接和有机联动，既可以促成农民在社会组织内部学习民主沟通和自由交流的公共技巧，培养相互合作和信任的氛围，又能增强社区规范和制度的约束力，防范“搭便车”导致的集体行动困境，又能够推动农村基层党组织和村民自治组织学会在民主参与中推动工作，掌舵而不越位，用权而不专权，实现村级组织建设与社会组织建设的合作双赢。

要从以下三个方面推动村级组织建设与社会组织建设的联动：一是进一步推进农民协会组织建设与基层党组织和村民自治组织建设相结合。他们把发挥农民协会中的党支部及党员在践行科学发展观中的先锋模范作用，作为增强协会组织的凝聚力和战斗力的有益实践。充分发挥基层党组织和社区自治组织在开展群众工作中具备的优势，利用好协会党员的先进性和“双带”作用，帮助解决协会中存在的矛盾和困难。二是推进农民协会组织建设与经济发展、农民增收相适应。将进一步在产业结构的关键环节上建立协会、在产业链的薄弱环节上建立协会、在农民最需要服务的项目上建立协会、在党员干部发挥作用突出的地方建立协会，使之成为村民自治的有效实现形式；同时，在村土地流转及产业结构调整的基础上，通过成立股份合作社这一途径让原先的协会会员变成现在的合作社股东，并充分利用合作社的平台进入市场，增强市场竞争力。三是推进农民协会组织建设与为民服务、改善民生相配套。坚持不懈地做好村级日常事务的各项工作，完善好村务代理“一站式”服务，提高“新农保”参保率，认真对待并大力解决群众反映的热点、难点问题和关系群众切身利益的问题，增强农民群众的幸福感和满意度。

只有从合作互动的角度认识村级公共治理组织与社会组织建设之间的内在关系，才能够在两种组织类型的联结和互动中走出新的路子，既推动社会自治能力的提升，扩大了民主治理的合法性基础，又有效推动了社区公共治理水平的提高，提升了农村民主治理的有效性。著名政治学家利普塞特指出，“任一民主国家的稳定不仅取决于经济发展，也取决于它的政治制度的合法性与有效性。有效性指实际的政绩，即该制度在大多数人民及势力集团如大商业或军队眼中能满足政府基本功能的程度。合法性涉及该制度产生并保持现存政治机构最符合社会需要的这种信念的能力”。“有效性主要是指作用，而合法性是确定价值。群体按照政治制度的价值观念是否符合他们的价值观念来确定该制度是合法的或非法的。”在有效性与合法性成为政治体系稳定与有效运行的前提的条件下，政治发展就必须把民主化的终极目标与全面提升政治体系的有效性和合法性有机结合起来。[①]社会组织建设是推动我国农村民主治理走向合法性与有效性建设齐头并进的必然选择。

发展农村社会组织，是将农民从潜在的革命者转化为建设性的改良者，并将其纳入现代政治体系之中的有效机制，它将会为中国农村民主的发展注入深刻动力。

四、完善农村社会组织的保障机制

与过往的农村社会组织建设和发展不同的是，当前的农村社会组织建设要增强社会组织的自治自理能力，增强社会组织参与农村民主管理的能力。首先，它的发展与建设路径是遵循社会发展的规

---

① 林尚立:《在有效性中累积合法性：中国政治发展的路径选择》,《复旦大学学报（社会科学版）》, 2009 年第 2 期。

律和要求，走的是一条实现村民自治的路径，即它的发展路径更加清晰和明确，具有可操作性；其次，它的定位是实现农村社会的自治，弥补乡村治理真空出现后的社会缺陷；再次，它具有整合农村分散的弱势个体的能力，在经济发展和社会发展上实现力量整合和规模建构；最后，它的最终价值定位是实现农村社会的和谐和基层民主的发展，尤其是解决社会与市场转型以后村民自治发展的困境，实现基层民主模式的转型。我国农村社会组织建设，主要突出的是自治性，而自治性来自社会的发育，因此，这就需要在机制上保障农村社会组织的发展和建设。当前，我国农村社会组织保障机制的建设主要包括四个方面：政策保障机制建设、组织保障机制建设、制度保障机制建设和物质保障机制建设。

（一）农村社会组织建设的政策保障机制

农村社会组织建设的政策保障体系主要包括五个方面：农村经济发展政策、农村社会发展政策、农村社会组织准入和保护政策、农村社会组织发展政策和农村社会组织扶持政策。这五个方面并不是依次出现的，而是一个整体，共同对农村社会组织自治能力的发展起作用。政策体系的效果达到时，农村社会组织自治能力建设的示范效应和规模效应就会通过国家和社会两个路径发挥其扩散的效应，带动整个农村社会组织自治能力的建设。

1. 农村经济发展政策

农村社会组织自治能力建设，突出的是自治，即村民的自我管理，这种自我管理的水平很大程度上依赖于社会和经济的发展水平。因为，农村社会组织产生、运行都是在农村社会进行，农村社会的发展程度直接关系到农村社会组织的发展程度和运行能力以及水平。相关社会组织理论研究表明，组织的发达与自治水平同社会本身的经济发展水平呈正相关的关系，即经济的发展水平越高，农村社会组织的自治能力和水平就越高。同时自治的实现往往依赖于较好的物质基础作为供应。没有相应的物质基础做储备，农村社会组织自治能力的建设和发展就会出现扭曲。所以，要想农村社会组织自治能力建设得到实现，并顺利发展，继续发展农村经济是必然的选择。那么，这就依赖于国家在发展农村经济上继续投入相应的政策支持。

（1）完善农村金融政策，开拓农村金融市场，为农村经济发展注入新的活力。农村金融政策国家早有出台，但是基于农村金融市场的风险和不确定性，正规金融组织大都不愿进入农村市场，即使进入往往都只是涉及储蓄业务，而很少涉及借贷业务。为此，很多农村和农户陷入了贷款难的困境，限制了农村社会各项经济和社会事业的发展，如农村个体户经营、养殖业、现代化种植业等。正规金融组织在农村社会发展的不足，使得一些非正规的农村微型金融组织在广大农村开始萌芽和发展。这些农村微型金融机构的出现，作为农村社会组织的一种类型，同样具有自治的特色和倾向，得到了国家的肯定和支持。中央各种惠农文件也提到了大力发展农村微型金融的要求。农村微型金融发展作为一种惠农政策开始受到重视，这是农村金融市场的一个新亮点，在组织内部的这种村民自我管理和经营的微型金融在培育村民的自治能力和社会合作能力方面作用十分明显。[①]当然，农村微型金融的出现主要还是为了解决农村社会在经济和社会转型期间农村经济发展资金短缺问题。实际上，农村社会内部农户的资金短缺往往是小额微型短缺，农村微型金融正是适应了这种现实，而得到发展和国家的重视。

（2）加快农业的现代化、市场化和信息化建设，推进农业经营方式的转变。农业传统的经营方式为分散、独立的家庭经营模式。在这种经营模式下，使用的多是传统的经营方式，即多使用一些较为费时费力的生产和劳动工具，浪费了大量的资源。同时，传统的经营方式往往将个人和家庭束缚在小规模的精耕细作的土地管理和

---

① 王国良、褚利明主编：《微型金融与农村扶贫开发》，中国财政经济出版社 2009 年版，第 7—8 页。

生产上，无法将自身进行解放。农业的现代化、市场化和信息化建设将打破这种传统农业经营方式和模式的束缚。现代化将各种先进的现代化生产工具，如联合收割机等输入农村，缩短了劳动时间，解放了劳动力。市场化和信息化建设则使农产品的销售过程完整地呈现在农户的眼前，有利于农民及时掌握市场动态，合理安排生产。所以，国家应该出台比较明细的农村现代化、市场化和信息化发展规划，为农村经济的发展开辟广阔的市场和发展空间。同时，现代化、市场化和信息化作为一种符号化的实体，又将这种现代化和市场化的价值与理念渗透到农村，也有利于农村观念和价值的革新，以适应不断变化的时代脉搏，进而能够更好更快地融入现代社会组织管理体系和治理模式中。

（3）扶持乡镇企业发展，加快农业产业化经营。乡镇企业是我国新农村建设的重要方面之一，也是促进农村增收，实现农村劳动力转移的重要方式，是我国农村发展重要的经济支柱。它对于城市反哺农村、工业反哺农业、解决城乡二元分割体制、实现城乡一体化发展具有重要的作用。[①]我国在乡镇企业发展中创造了著名的苏南模式、温州模式和珠江三角洲模式，这些地方的乡镇企业发展经验值得后起乡镇企业学习和借鉴。这些早先发展起来的乡镇企业，已经实现了农村社会的重大转型，带动广大农村在政治、经济、文化等方面的全面进步。当然我国乡镇企业在各个地方都有着不同的特殊条件的制约，如何因地制宜地发展，是摆在政府和企业面前的一道门槛。

2. 农村社会发展政策

农村社会发展的落后，对于农村社会组织来说，一方面为农村社会组织的发展提供了一定的环境，因为社会的落后，使得分散的单个家庭生产者面临更大困境，社会矛盾凸显，利益需求无法通过

---

① 闫先东、魏晓丽：《农村经济的政策研究》，《经济与管理研究》，2009 年第 1 期。

正当途径进行表达，于是就会迫使大家聚合起来，成立一定的组织，但是这种组织往往具有体制外的特征，不被国家认可；另一方面，农村社会的落后也必然会限制农村社会组织的发展，一是社会发展的落后虽然会孕育一定的社会组织，但是必然会限制社会组织的深化和发展，同时社会发育的不足和落后，必然导致社会组织建设的低水平；二是农村社会发展的落后，必然会造成社会环境孕育下人的观念、价值、思维跟不上经济与市场对人的整体要求，必然会造成观念的落后、价值的扭曲、思维的狭隘，最终不利于组织的发展。现实中，许多农村组织的类行政化都是农村社会发展不足造成的结果；三是农村社会发展的不足，必然导致社会发育的低层次，在管理和控制上往往会出现对权威的过度崇拜倾向或者神秘化与神性化的现象，使组织的发展背离社会发展整体规律，与整个国家的制度建构相背离，并最终发展成为具有反抗性的非法组织；四是农村社会发育的不足，为宗教组织进入乡村提供了很好的契机，使得宗教组织，甚至邪教组织占据乡村社会空间，引导乡村舆论向社会和国家不可控的局面演进。社会转型，尤其是乡村社会转型，是社会矛盾的高发期，如果无法抓住这个时期，大力促进乡村社会的发展，必然会形成乡村社会未来的隐患。

农村社会组织自治能力的建设是在社会组织建设的基础上突出自治性，对社会组织的能力和性质提出了新的要求，也是为以后社会组织建立和发展作出了方向的安排，这种自治性的社会组织将成为我国农村社会组织发展的主流。自治的明显特性就是它区别于国家的行政控制，具有社会自发的特性、组织成员的自我管理的特性。这就决定了，农村社会组织的发展与农村社会的发展密不可分，没有农村社会的发展和成熟发育，农村社会组织自治能力建设最终会流于形式、成为口号，其造成的后果是相当严重的。为此，国家必须加大农村社会发展的政策投入，包括农村社会保障政策、医疗保障政策、社会保险制度、公共服务投入政策、农村教育政策等，实现城乡社会发展的均衡和统筹。其中最为重要的是农村社会保障政策，著名的社会学家孙立平在研究城乡社会发展差距的过程中认为，农村社会保障是城乡“断裂”的一个主要因素，要实现城乡之间的融合和统筹，城乡社会保障的均等化十分重要。城乡公共服务的均等化，同样是近些年来讨论的热点，国家在这方面已经开始了政策的调整。

3. 农村社会组织准入政策

我国传统社会组织的发展主要是在王权、神权和族权互动的过程中成长和发展起来的。传统社会中王权、神权和族权往往具有相通性，王权往往通过神权来获得合法性的支撑，而王权的继替又是通过族权来实现的。在乡村社会，王权往往并不直接统治乡村社会，“皇权不下县”，而是通过神权和族权维系的组织来实现对乡村社会的控制和管理。传统农村社会虽然组织形式多样，但是从整体上看往往具有同质性。所以，传统乡村社会组织的发展与进化比较单一和缓慢。在乡村社会内部，除了秘密性的反政府组织，国家都是承认组织发展的合法性的，并将其作为控制乡村社会的一种媒介。改革开放以后，国家一再强调稳定，“稳定压倒一切”，尤其是农村，经过前期的“政党下乡”和“行政下乡”，国家往往通过这种建构的方式实现了农村社会整体控制。随着构建和谐社会的提出，稳定再次被强调。同时，随着社会转型的深化，农村社会矛盾和利益需求在这一时期爆发出来，许多地方出现了不稳定的因素和现象。于是很多地方政府在农村社会组织发展上持限制性的政策，我国有关民间组织成立和登记的制度政策也存在很多缺陷，对于许多农村社会组织来说，标准太高，限制太多，无法登记注册，除非地方政府支持，否则就成为体制外社会组织。很多研究我国民间组织的专家、学者都明确指出，民间组织发展的一个重大困境就是其合法性困境，准入门槛太高，限制太死。对农村社会组织来说，进入体制内的社会组织往往都具有类行政化的倾向。要实现农村社会组织自治化建设，仅仅依靠现有的一些体制内组织是不够的，必须降低门槛，放宽农村社会组织准入机制。笔者认为，农村社会组织的建设可以实行基层党组织推荐和审核制度，进入体制内的社会组织可以依靠散布于广大农村基层党组织来监督组织的发展过程，引导农村社会组织的发展方向，但是党组织不能干涉组织的发展，它只具有监察的作用。

4. 农村社会组织发展政策

农村社会组织自治能力建设并不能完全依靠组织的社会发育来实现，因为农村社会发展虽然达到了培育社会组织的条件，但是完全依靠自身实现自治，还是条件不足的，这样组织本身的发展还必须依靠国家建构的作用，通过国家的力量来辅助社会组织的社会性自治建设，主要包括以下几个方面：

（1）组织发展资源整合机制。组织在发展过程可能会遇到相应的资源整合困境，或者某种组织发展需要的资源通过组织本身的能力和条件并不能获取，这就要求相关的政府部门，建立相应的社会组织发展资源扶持体系和机制，在法律允许的范围内，为社会组织的发展提供帮助。如农村专业类经济合作组织，当在销售和联系货源上出现困难时，相关部门应该依靠可靠的途径进行帮助，而这种可靠的途径就是政策。

（2）组织发展技术培训和指导的政策体系。农村社会组织在发展过程中可能面临某项技术难关或难题，政府应该制定相应的政策帮扶体系，通过政策，按照程序对相关社会组织进行技术培训，或者提供技术支持。如各种农村专业养殖协会的发展的技术需求。

（3）组织人员定期学习和培训的政策体系。自治能力建设的一个重要方面就是组织成员的能力建设问题，国家如何在组织成员能力方面进行政策投入至关重要。传统社会走出来的农户，往往在观念、价值和思维上可能存在一定的潜在模式，无法适应新式组织的管理方式，在发展过程中可能会出现对组织的排斥情绪。建立相应的组织人员培训制度是十分有必要的，因为组织的运行是依靠人来完成，人的行为与观念往往决定着组织发展方向与发展程度。可以考虑在县乡一级依靠原有的资源，开设包括现代组织管理、自治能力培训等培训科目。

5. 农村社会组织扶持政策

农村社会组织作为一个新兴的社区组织类别，在总体上尚属于新生事物，需要政府和社会各界的大力支持，因而中央和地方政府应加大对农村社会组织的扶持力度，这就需要从以下方面着手。一要深入研究政府向社会组织转移职能的政策体系，推动各级政府及各部门与社会组织开展多层次合作，落实税收优惠政策，解决困扰社会组织发展的突出问题。二是制定农村社会组织发展规划。政府各相关部门要围绕本行业特点，制定本行业社会组织发展规划，积极鼓励和支持社会急需的公益服务类社会组织发展。要降低准入门槛，简化程序，大力扶持农村社会组织健康发展。三是建立农村社会组织发展经费长效保障机制。主要是三大机制:（1）农村社会组织发展投入保障机制。政府设立农村社会组织发展基金，用于支持重点领域、重点行业、重点产业的社会组织发展，引导社会组织全面发展。（2）公共财政对农村社会组织的资助和奖励机制。政府应当每年拿出一定数量的专项资金或奖金用于农村社会组织的扶持工作，对作出贡献的社会组织进行奖励，激励社会组织发展。（3）以项目为导向的政府购买服务机制。要划定政府向社会组织购买服务的重点领域，采用公开招标的方式，建立规范的程序和制度。政府有关部门要对各自承担的公共服务项目进行分析和梳理，对可由社会组织承接的事项，要通过规范方式逐步转移或委托给相应的社会组织承接，并实行费随事转。购买社会组织公共服务的费用，应当列入有关部门年度预算予以保证。四是允许农村经济性的行业协会或者技术协会参与一定的经营活动，并提供相应的税收减免政策，增强社会组织的生命力。财政、税务部门要尽快落实国家关于公益性社团和基金会享受捐赠税前扣除的政策，鼓励企业和企业家为公益事业多做贡献、回报社会。对公益慈善组织的捐赠税收优惠实行普惠制，简化税收减免程序，鼓励个人对公益组织的捐赠，扩大社会组织税收优惠种类和范围。在财产税、商品税、房产税、车船使用税、城镇土地使用税等方面给予社会组织税收优惠。建立税收优惠配套措施和民政部门、财政部门及税务部门的沟通协调机制。当前急需解决的还有民间组织专用票据。规范票据是规范民间组织收费行为的前提，政府对非营利性、公益性社会组织的优惠照顾也应从票据中体现。五是建立培训农村社会组织从业人员长效机制。要加强人员培训工作，通过组织开展各种培训，不断提高社会组织工作人员的政治业务素质。六是加强志愿者队伍建设。要借鉴发达国家非营利组织的成功经验，把志愿者充实到农村社会组织工作人员队伍中，使之成为解决社会组织人力资源问题的出路之一。七是对某些农村社会组织可以采取备案制度。一些初创期的农村社会组织，可能不符合社会组织的登记条件，可以不予登记，而采取备案方式，支持其发展。

（二）农村社会组织建设的组织保障机制

农村社会组织建设的好坏，关键与核心在于组织自身，在于如何通过一定的制度和机制强化和引导我国农村社会组织自治能力建设的方向。农村社会组织的发展由来已久，但是农村社会组织如何以增强自治自理能力为导向开展自身建设却是一个新的课题。组织的自治性关键在于组织的内部运行机制和组织成员的价值倾向。运行机制的民主化、组织成员价值与观念上的现代化，是组织自治能力培育和深化的核心。在组织运行和管理上的非科学化、官僚化、行政化，组织成员价值的传统、保守和封闭，以及官僚化倾向条件下，即使有较好的社会外部环境、强大的外部建构，对于组织的自治性来说，都是徒劳的，即使存在自治的形式，也无自治之实体和本质。我国农村社会组织建设的组织保障主要包括以下几个方面：

1. 加强农村社会组织管理队伍建设

农村社会组织建设的具体实践者是具有生命力的人，人的价值、动机与行为决定着组织以自治能力为导向的建设的实际成效。而农村社会组织中的人，则是来自广大农村的农民，农民的价值与动机同组织自治能力的实现有着密不可分的直接联系。如今的农民已经不是传统意义上的农民，他既具有与组织自治能力不相适应的方面，同样具有可塑的一面。不相适应的方面，主要表现在农民的社会化倾向越来越严重。这种社会化倾向不是一般意义上我们所论述的社会化，而是具有中国农村特色的小农社会化，它是在城乡二元分割体制、市场化、分散家庭经营互动的基础上形成的。处于小农社会化的阶段，农民面临的是市场化冲击下形成的货币压力最大化，即农民开始由自给自足的状态向市场化的状态过渡。这种过渡下，任何生产生活资料的来源将来自市场，需要现实的货币购买力，但是现有的农村社会在原有城乡二元分割体制下，并没有实现和城市的同步发展，而是出现了城乡之间的断裂，于是既有的家庭生产无法满足现有市场所抛给农民的购买欲望。由于这种城乡断裂，形成的市场价值观的断裂，使得农户在市场化前提下，愿意投身于这种扩大化的货币供给断裂，并不断扩大着自己的购买欲。于是如何获得货币收入的最大化，成为农户行为动机的主要方面，并且随着市场经济对农村的扩大渗透和在农村市场的成熟，这种动机趋向更加明显。所以，在组织生活内部，如何将农民的行为动机进行转化，同时将自治观念深入到农户的日常行为中是一个有难度的问题。当然，当前农户也具有可塑性的一面，就是市场经济在农村的逐渐建立和成熟，使得自由、独立、公平等价值观通过经济行为转化为农民的社会行为，市场化过程中孕育的现代化理念也不断刺激着传统、封闭和保守的农民。农民的思想、观念和价值在逐渐发生改变，而且这种改变是一种质的飞跃，打破了传统千年农村固有的思维和行为逻辑。所以，农民也具有可塑性的一面，这也是现时期我们提出建设农村社会组织自治能力的一个重要方面，也是发展社会民主的一个重要原因。

在这种环境下，如何塑造组织内成员的自治能力，主要做法是建立农村社会组织成员自治能力培训机制，提高自治实践能力。既然农民本身具有双面的特性，那么我们就可以通过一定的自治培训，将农民向自治向民主向现代管理和组织生活进行引导，也许这里可以称之为民主的训导过程或者自治的训导过程，只不过这种训导不是通过社会机制本身来进行的，而是通过一定人为的建构方式来实现。具体包括依靠现有的学校资源对现有的农村社会组织进行现代化的组织管理培训、通过组织与组织之间的互动达到的交流式培训、建立一定的组织生活制度，在组织生活中实现自治能力的提高、加大对组织管理人员的培育和引导等。

2. 创新农村社会组织建设的形式和机制

农村社会组织自治能力建设不能仅仅依靠现有的社会组织资源，也不能仅仅采用一种建设机制。现有的农村社会组织往往在前期农村行政化、运动式和传统官僚主义的影响下，具有类行政化的倾向，在组织自治能力建设的过程中伴随着自上而下的建构意图，可能会使得原有的官僚化和行政化倾向得到重新抬头，如果控制不好，自治化的建设就会失败，整体的建设就会出现以往农村中一些工作的“运动化”现象，一阵新奇和热情之后，都流于形式，造成社会资源的重大浪费。所以农村社会组织的自治化建设并不能界定为对现有社会组织进行的改造，而应该包括两个方面：一是对现有农村社会组织的管理和运行方式进行自治化的改造和建设，主要体现在自治能力的培训和自治管理的引导上；二是根据本地本土实际和特色积极创新组织管理方式和运行方式，同时积极探索新的具有时代特色和现代化管理方式的农村社会组织形式，以适应自治能力建设的实际需要，也能冲淡原有行政化和官僚化的影响。这种新的社会组织的建设，一定要首先突出社会性，即该社会组织确实是本地农民所普遍需要的，同时又是在广泛的社会调查的基础上得到印证的。组织建立以后要主动发动广大组织成员通过一定的具有民主性质的机制进行组织的各项制度的制定。组织管理者一定要在广泛选举的基础上产生，不能由“上面”直接任命。

社会组织自治能力建设的机制，同样也必须因社会发展的需要不断创新自治运行机制，不断将新的社会元素和组织元素纳入组织的运行机制中。社会组织自治机制同样不能搞“一刀切”，要从实际出发，因地制宜。通过组织与组织之间、区域与区域之间的互动交流，不断地在学习中进行更新和发展。

3. 发展和规范基层党组织对社会组织自治能力引导

农村社会组织发展的重要困境是合法性困境，要突破合法性困境，就必须放宽社会组织的准入机制。放宽社会组织准入机制以后，如何实现对社会组织性质的把握和监督，就是摆在国家面前的一个难题。因为社会转型中最重要的就是保证社会的稳定，尤其对于中国这样以农立国的国家来说，农村社会的稳定更显得十分重要。美国著名的政治学者亨廷顿曾经说过，社会的组织化是社会稳定最有效的方式，但是这种组织化是建立在社会发育完整之后，社会处于一种相对平和的状态之上。我国社会目前处于一种深度转型时期，这种深度转型为各种社会制度和机制的发展和建立提供了机遇。但是，这一时期是一个重建与破坏并存的时期，社会组织的良性发展有利于社会的整合和社会的稳定，发展不好，控制不好，就会出现社会转型危机，影响整个国家的稳定。所以，社会组织发展准入政策放宽以后，必须有一种替代的机制来实现对社会组织的监督。而社会组织要想获得合法性，也必须通过一定的途径和机制获得政府的信任。而农村基层党组织是一个无可挑剔的中介，来实现组织和政府、社会和国家的衔接。一方面，伴随着前期的“政党下乡”，基层党组织深入每个农村，并对农村的整体面貌有着清醒的认识和了解；另一方面，我国的国情和政情，决定了党的组织往往具有很强的政治性，这种政治性在基层社会来说就意味着合法性，只要得到党组织的认可，合法性的获得就顺其自然了。所以，农村社会组织的合法性可以通过基层党组织来进行审核，而国家对农村社会的监督亦可以通过农村党组织来完成。所以，农村社会组织自治能力的建设必须以农村党组织来获得其合法性的来源，必须发展和建立基层党组织在农村社会组织自治能力建设中的制度机制。

但是，党组织的监督不能扩散到农村社会组织的日常运行和管理之中，不能影响组织自治的社会特性。因为党组织的强政治性，往往可能使脆弱的农村社会组织陷入类行政化和官僚化的困境之中，从而使组织的自治性削弱甚至丧失，最终不利于整体工作的开展，因此必须规范农村党组织在监督和引导农村社会组织自治能力建设中的角色定位，建立清晰和明确的党组织的监督边界和机制，保证社会组织自治能力建设的正常化和良性发展。

（三）农村社会组织建设的制度保障机制

制度在社会学中被认为是普遍认可的稳定的规则系统。“正式制度是指人们有意识创造的、正式的、由成文的相关规定构成的规范体系，它们在组织和社会活动中具有明确的合法性，并靠组织的正式结构来实施。”[①]制度在规约人的行为和塑造价值偏好上往往具有很明显的作用。从现有的农村社会发育来讲，农村社会组织建设中制度保障体系的建设是必不可少的。

我国农村社会组织建设的制度保障主要包括三个方面的建设：一是制定和出台农村社会组织管理与发展制度，尽快将农村社会组织建设纳入法制化、规范化和合法化建设的轨道上来，为农村社会组织的发展开辟制度上的空间；二是探索和制定制度和章程，为农村社会组织自治能力建设提供方向和指导；三是积极发展组织救济制度，为农村社会组织自治能力建设提供“后勤”制度保障。

---

① 王思斌：《社会学教程》，北京大学出版社 2003 年版，第 224 页。

1. 制定和出台农村社会组织法律法规体系

农村社会组织有其特殊的环境和成长机制，再加上社会转型、市场转型、人口流动等对农村社会的巨大冲击，在我们这个以农立国的国家，农村社会组织的发展具有特殊的时代意义和历史意义，也决定了我国社会组织整体的发展战略和路径将区别于其他国家和社会在社会组织发展方面的经验和实施路径。在未来的时代里，农村社会转型的成功与否，决定了我国社会的整体面貌和发展程度，而农村社会转型的关键在于农村社会组织的发展。所以，针对我国农村社会目前的实际情况和我国农村社会组织的本身特点，必须制定和出台关于农村社会组织管理和发展的具体制度，而且要区别于其他社会组织的发展战略，具有针对性，并将其作为我国未来社会发展的一个战略。

农村社会组织管理和发展制度，具体可以参照一般社会组织的管理和发展制度来制定，但是要结合我国农村社会的实际情况和运行规律来制定，实现建构社会和现实社会的有机结合。同时，要对农村社会组织发展的战略进行系统的规划和部署，将农村社会组织的发展和农村社会的发展有机结合起来，将农村社会组织的培育同农村自治能力的建设有机结合起来，将农村社会发育、自治能力的建设同我国民主社会的培育和国家民主建构的整体战略构想结合起来。农村社会组织管理和发展制度是农村社会组织自治能力建设的前提和关键，是针对我国农村社会、农民特点而出台的，它是农村社会自治能力建设的整体规划、制度设计和合法性的来源。具体来说，就需要健全社会组织法律法规体系。社会组织作为市场经济发展的必然产物，其发展离不开相关法律法规的支持。社会组织的存在与发展必须与较为宽松的法律和社会环境相适应，与本国的道德伦理观念、文化传统相结合。一个合法的社会组织，必须遵守当地政府的所有适用法规；制定组织的近期发展目标和长远发展规划，必须以国家的法律法规为依据。为此，我国必须健全社会组织法律法规体系，加快社会组织管理立法速度，抓紧制定《中华人民共和国社会组织法》，真正从法律层次规范社会组织的性质、地位、职能、权利和义务、设立条件、审批程序、运行机制等，解决社会组织管理法规层次低的问题；抓紧制定社会组织行为规则，对社会组织违法违纪的惩戒做出规定，使社会组织和服务对象的维权工作真正有法可依，有效解决社会组织管理法规可操作性差的问题；抓紧健全社会组织管理规程，对相互冲突、不合时宜的规章及条款予以修订或废止，解决社会组织管理法规不完善、不系统、相互冲突的问题。为尽早形成完善的法律体系，要重点做好以下四方面的衔接：一是与宪法关于公民结社自由原则相衔接的结社法律；二是与结社法律相衔接的实施细则和单项法规；三是与社会组织立法相衔接的政府规章；四是与政府规章相衔接的社会组织制度。当前，要全面修订出台社会团体、民办非企业单位和基金会三个条例，推动行业协会等单项立法，不断提升社会组织的法律地位和社会地位。同时，还要大力开展社会组织法规的宣传，增强公民和社会组织依法办事的法律意识。建议在全国没有立法的情况下，各省、市、自治区可先行通过《农村地区社会组织管理条例》，对农村社会组织的活动范围、职责、税费优惠等做进一步细化。

2. 积极发展农村社会组织建设的组织救济制度

农村社会组织自治能力的建设过程中不仅会遇到组织本身的问题，还会遇到组织以外的和组织自身无法解决的问题，进而可能出现农村社会组织的自治危机。农村社会组织自治能力的建设是在条件允许的前提下，通过一定的组织制度，实现组织的自我运行，同时发挥组织在自我运行和管理过程中对农村社会自治的整合作用。在组织发展和运行的过程要凸显组织的社会性。但是组织在运行过程中可能会遇到一些诸如发展资源的匮乏、社会与市场的封闭、部分组织成员的非法活动与非法管理等问题，这些问题是通过乡村社会组织自身自治能力是无法解决的。同时，由于乡村社会本身存在的发育不完整和不均衡，也必然会限制农村社会组织自治能力的建设进度，出现自治危机，这也说明了外在建构力量的必要性，以弥补和扭转农村社会发育的缺陷，实现外力之下的社会整合。因此，国家必须在组织的可持续发展和组织的深度发展，以及组织的后期转型中做好接应，应当积极组建农村社会组织自治能力建设的组织救济制度体系，保障农村社会组织的良好发展。

农村社会组织自治能力建设的组织救济制度主要包括以下几个方面：物质救济制度、市场救济制度、技术救济制度和法律救济制度四个方面。物质救济制度，主要是指在组织发展过程出现资金问题、生产资料短缺等问题时，相关职能部门应该积极进行沟通和帮扶，帮助组织渡过发展的瓶颈和艰难期；市场救济制度，主要是相关部门，应该充分利用自身的信息资源和市场资源，为组织的对外发展和联系提供充分的支持；技术救济制度，主要是针对一些专业性的养殖和合作组织在发展过程中面临的技术难题，相关部门在组织的要求下，应积极提供技术上的支持和指导，对于部分大技术难关，相关部门也应该组织相应的专家和科研队伍进行技术上的攻关。当然，其他一些具有社会服务性的组织，在管理和运行中也可能存在一定的技术难题，相关部门应当组织人力进行解决。法律救济制度，主要是指组织在发展过程中遇到各种难以应对的法律困境时，相关部门应当积极与其合作，利用现有资源，在法律框架下进行解决。

（四）农村社会组织建设的物质保障机制

物质基础决定上层建筑，没有足够的物质供应与保障，没有较好的物质基础建构，农村社会组织自治能力建设将最终流于形式，或者又是一场富有激情但是没有成果的农村建设运动。因此，必须做好农村社会组织自治能力建设和物质保障机制建设的工作。

首先是人的因素。在农村社会中成长起来的人，必须摆脱社会化施加给自身的货币压力，才能将更多的精力投入社会组织的生活中，而不是将几乎全部精力投入追寻货币收入的最大化上，以不断弥补社会化造成的货币供应的断裂，因此要不断拓展和创新农民增收渠道，增加农民收入。其次是国家的因素。国家必须在农村社会组织自治能力建设的过程中发展和创新农村社会组织发展的财政支持体系。同时，国家还必须运用自己特殊的功能，通过一定的媒介影响社会公益机构和人士关注某些农村社会组织的发展，为农村社会组织的发展创造机遇和环境，这就构成了农村社会组织自治能力建设的最后一个因素，社会因素。在这三个因素当中，国家往往居于主动的作用，整体功能的发挥，需要国家的实在作为。

1. 不断拓展和创新农民增收渠道，增加农民收入

随着国家对农村、农业和农民的逐渐重视，越来越多的关于农村发展的惠农政策将会出台。很多地区，开展了增加农民收入的渠道和机制的建设，取得了很好的成绩和效果。从整体上说，自从农村税费改革开始以来，尤其是废除农业税以来，国家在增加农民收入方面做了很多富有成效的努力和工作，为农村社会的发展、农民增收创造了很多条件和机遇，使农村社会在整体面貌上发生了翻天覆地的变化。但是，对于有些不是太发达的农村来说，政策执行上确实问题重重，形成了基层民众所反映的“上面有政策，下面无政策”“上面政策好，下面胡乱搞”的现象，因此严重影响了农村社会的发展和农民的增收。农村发展的关键在于国家政策在农村能不能得到真正的实施。所以，如何加强和创新政策的执行力度，逐渐成为国家面临的主要问题。同时，由于传统农业在增收能力和潜力上已经达到了极限，所以国家还应在考虑现有农村资源的基础上，如何对农村资源进行整合拓展和创新农民增收的新渠道。包括：乡镇企业发展、农村经济专业合作、农村金融、特色种养殖业、外出务工、技术技能培训等具有外向型发展的政策应该逐渐成为农民增收的主体部分。

2. 发展和创新政府对农村社会组织发展的财政支持体系

从现有农村社会组织发展状况来看，面临的一个重大困境就是组织发展过程中资金供应的不足，往往使组织无法持续运行和生存。这种资金困境往往表现在以下几个环节：一是组织初建时期，由于资金缺乏，一些应该具有的基本硬件设施无法购买。造成组织后续运行过程中缺少市场发展的竞争力和发展潜力不足，往往会出现发展的停顿等问题。二是组织机遇期，即当组织在发展过程中遇到发展阶段上的机遇时，由于资金的暂时缺乏而错过机遇，影响组织的再造和发展。三是组织的转型时期，即组织发展过程中，需要向更高阶段过渡时，需要大量的资金供应时，组织没有能力提供时，影响组织发展的转型和规模的扩大。四是组织困难期，由于突如其来的灾难和其他方面的原因，导致组织发展困境，需要资金投入而缺少资金来源渠道。任何一个时期，出现组织资金供应的断裂，对于组织的发展来说都是致命的。

因此，政府应针对不同类型的农村社会组织建立相应的资金保障机制，主要包括以下几个方面：第一，通过现有分布于乡村的金融机构，建立农村社会组织发展优惠贷款计划，服务对象为所有具有自治性的农村社会组织，以解决组织发展过程中的资金困境；第二，针对相应规模比较大的经济类社会组织，政府应该采取相应的资金扶持体系，按照组织的规模和影响提供一定比例的资金扶持；第三，针对组织突发性资金困难，政府可考虑建立农村社会组织发展基金，一方面对一些组织因突发性事件而出现的资金困境，政府通过基金会借给组织，组织必须考虑在规定时间内将借款归还。另一方面，对于一些纯公益性和服务性的组织，政府通过基金会，可以为其提供无偿的资金支持，以促进农村公益事业的发展。

3. 利用社会力量，积极建立农村社会组织发展基金

农村社会组织自治能力建设的资金困境，除了通过政府建立

一定的资金保障以外，还可以通过社会来实现对农村社会组织自治能力建设的支持，这部分农村社会组织多是一些纯公益性和服务性的组织，如农村水资源保护协会、农村妇女发展协会、农村环境保护协会、农村老年人协会、农村留守儿童发展协会、农村法律援助协会、普法协会、农村历史资源保护协会等。这些公益性的协会往往能够吸引广大社会公益人士和公益组织的关注和支持。政府应该通过互联网等媒体对散布于广大农村社会的公益性组织进行宣传，通过一定的政策和机制，将公益组织和人士，从城市吸引到农村，从大社会吸引到小社会，从大投资发展小投资，为农村社会组织自治能力建设提供政府和农村社会以外领域对组织发展的支持。政府应该考虑出台一定的鼓励政策，引导社会热心人士和组织进入农村领域，建立各种农村社会组织发展基金会，以充分发挥社会的带动效应。

第七章　构建保障农民权益为导向的农村依法治理机制

“三农”问题，不仅是一个政治问题、经济问题、社会问题，更是一个法律问题。农民，这一占全国绝大多数的群体的合法权益如果不能尽快得以保障，我国的基尼系数将进一步增大，社会贫富差距会越来越大；农业，这一关系国家粮食安全的基础产业，如果没有明确、有力的法律制度支持，对农业的扶助只会停留在短期的口号上；农村，这个日益城市化但长期保持自身原貌的区域，如果不尽早适用法治路径，人治的鞭挞会使城乡之间筑成鸿沟，农村乃至整个社会的和谐稳定将无法得到保证。农村的依法治理是我国法治化最关键的环节之一，是依法治国实现的根本，农民权益的保障也需要通过农村依法治理来实现。

如何深化农村的法治改革与发展，进一步调动、挖掘广大农民的积极性，更有效地发展农村的生产力，从而使得中国广大农民的基本权益得到切实可靠的保障，并让他们能够更多地分享改革开放的发展成果，这一系列问题都直接关系到今后的中国经济社会能否健康、稳定、快速的发展。因此，在科学发展观的指引下，从当下农村的依法治理实践出发，探索和构建以保障农民权益为主要内容的依法治理机制，寻求一条符合中国农村发展实际的法治化道路，建设社会主义和谐社会，则成为摆在我们面前的迫切任务。

一、农村依法治理与农民权益保护

依法治国、建设社会主义法治国家治国方略的确立，标志着我国的法治建设进入了一个新的历史发展阶段。我国社会主义法治理念的确立、一系列法治原则的贯彻，新时期国家法治建设取得重大进展，强有力地推动着农村依法治理的建立和发展。村民自治实践走向成熟，农民与农民组织政治参与作用的提升，使农村依法治理取得了良好绩效。村民自治从萌芽到发展，从农民创造到政府推动，从无法可依到有法律保障，从试行法到正式立法，从局部到全局，从示范到全面开花，从国内影响到国际，逐渐成熟，终于成为国家社会主义民主政治制度的重要构成部分，成为亿万农民参与村庄公共事务管理的制度依托。

（一）农村依法治理成效与困境

我国是一个农业大国，有着广大的农村人口，农村问题长久以来都是关系党和人民事业发展的全局性和根本性问题。新中国成立后，我国的农村依法治理并非一帆风顺，受历史上各种因素的影响，依法治理并没有得到持续、健康、快速的发展，甚至在很长一段时期内停滞不前。如今在社会转型的特殊时期，农村依法治理同样面临着许多难题，这就需要我们从整体和局部着眼，寻找出农村法治建设的障碍性因素及解决对策，为新形势下的社会主义新农村建设提供服务和保障。

1. 农村依法治理的成效

2010 年 10 月 28 日，修订后的《中华人民共和国村民委员会组织法》由十一届全国人大常委会第十七次会议审议通过，针对村民自治在实践中出现的选举问题和日常治理问题，重点在两个方面进行了修订：一是进一步完善村委会选举和罢免程序；二是进一步完善民主议事、民主管理和民主监督。通过进一步完善程序和规则来规范村民自治，扩大农民的政治参与，为农村依法治理提供更为坚实的民主法治基础。此外，《农民专业合作社法》于2007年起在全国开始施行，有效推动了农村社会组织的发展，为农村依法治理增加了力量、拓宽了渠道。

（1）农民参与日趋有序

当前农民参与农村依法治理的制度保障主要有村民自治制度、人民代表大会制度、行政诉讼和行政复议制度、信访制度等。农民通过民主选举、民主决策、民主管理、民主监督以参与村民自治。农民普遍参加基层民主选举，如县乡人大代表的选举和罢免、村民代表的选举和罢免、村民委员会选举、村党支部选举，以及村规民约和发展规划的表决等。农民通过参加村民会议，听取及表决村民委员会的工作报告，通过以信件、电话、正常上访等方式反映问题，通过参加座谈会、民主恳谈会等表达意见和建议，通过采取行政复议、行政诉讼等方式维护自身合法权益等。

随着农村经济的发展，农民在地区、行业、收入、权利等方面产生了不同程度的分化，以及在性别、年龄、教育水平、地区上存在的差异，产生了众多的利益主体。我国农村妇女的参政水平明显低于男性，[①]农民的政治参与行为会随年龄的增长而下降，[②]农民文化教育水平的不同也对其政治参与程度产生重要影响，[③]农民的法治

---

① 杨翠萍：《何种原因在阻碍农村妇女参与选举——村委会选举中妇女参与现状及原因的调查》，《调研世界》，2001年第4期。以村民委员会选举为例，有学者调查后发现：仅有59%的妇女表示参加过村民委员会选举；而各省、市、自治区提交的1999年度村民委员会换届选举工作总结显示，实行直接选举后，各村村民的参选率一般在90%以上，与之相比，妇女59%的参选比例无疑是偏低的。

② 杨立华：《农民受教育程度、家庭经济状况与其政治参与关系》，《发展》，1998年第7期。在18—30岁年龄组和31—55岁年龄组中，有参与行为的受访农民比例分别为32.18%和30.13%，而55岁以上年龄组的此比例仅为18.16%。

③ 杨明：《四县农民政治参与研究》，《社会学研究》，2000年第2期。以1996年的数据为例，受过0—4年正规教育的受访人中的81.12%没有任何参与行为，而受过13年以上正规教育的受访人中只有50%没有任何参与行为。

参与的广度和深度也呈现出差异性。

农民的法治参与实践呈现出工具性参与和目标性参与共存的状态，工具性参与一直居主流地位，但目前农民的法治参与正在开始由工具性参与向目标性参与转变。农村基层干部、集体企业管理人员和私营企业主阶层，参与乡村治理的积极性普遍较高，政治参与的目的和方式多样化，倾向于关注自身各种权利的实现，也更容易实现参与法治的目的和利益需求；而普通农业劳动者、农民工、个体劳动者等阶层的法治参与能力较弱、权利需求表现单一或者模糊，有实现当前经济利益或长远经济利益的愿望，但是很难通过个人努力实现各种权利。还有部分农民关注国家和民族的前途命运，关心政治、社会事务，希望通过自身的参与来遏制、治理官僚主义、政治腐败和社会不公平等现象，实现社会的公平和正义，推动政治文明进程。这种目标性参与不是当前农民参与的主流动机，但是这种带有“天下为公”特征的动机具有先天的合法性与合理性，它的伦理优势无疑极大地超越了手段性参与，目标性参与群体的队伍在农村政治实践中不断壮大。①

（2）社会组织参与日趋深入

近几年来，我国农民组织迅速发展，呈现出组织形式多样化、合作空间扩大化、非正式化等多种趋势，参与农村依法治理的水平也日益提高。农民组织大致上有四类：第一类是农村基层正式组织，主要指村党支部、村委会、村民代表会、村民议事会、村民治安调解委员会、村务监督委员会、村民理财小组等具有行政管理和基层自治双重职能的组织；第二类是农民合作经济组织，主要有合作社组织（如各类专业合作社、社区合作社、股份合作社等）、契约组织（如公司＋农户、公司＋基地＋农户、公司＋合作社＋农户等形式）、中介组织或经纪人组织、市场组织等；第三类是农民维权组织，

---

① 戴昌桥：《农民政治参与的特征、效果及路径选择——以村民自治进程为背景》，《湖南科技大学学报（社会科学版）》，2010 年第 5 期。

主要指以维护农民合法权益为宗旨的各种自发成立的组织，如各种以维权为主要目的的打工者组织等；第四类是社会性民间组织，如老年协会、扶贫协会、红白喜事理事协会、合作医疗组织等，这类组织主要是为了提高农民福利、不以营利为目的的公益性互助组织。其中，以村民委员会为主体的农村基层组织无疑是分布范围最广的，也是农民表达和维护自身利益最主要的组织依托。

健全的法律体系和完备的法治网络是农村社会组织健康发展的重要保障和重要条件。首先，在村民自治中，通过村民选举产生的村委会代表村民行使自治权，保障了村民自治的运行，保障了村民的自治主体地位，而且，村委会作为农村基层自治组织在村民自治中发挥的作用越突出，对乡镇政府干预村民自治的限制作用就越明显，就越能够保障农村的有效治理。其次，村务公开小组、村级理财小组、村务监督理事会等监督组织有效参与农村依法治理的民主监督，主要体现在扩大村务公开的内容范围、内部民主与外部监督相结合、实现村民意见申诉渠道的畅通等方面。最后，农村的社会组织能够较好地聚集农村的社会资本，整合农村的社会资源，且具有较高的灵活多样性，可以通过向农民提供类似公共产品的服务和福利，来实现农民的利益。通过农村社会组织来扩大农民个人利益的实现途径，对政府和市场是一种很好的补充，有的社会组织可以提供政府和市场无法提供的公共服务。

（3）乡镇政府依法行政日趋规范

2003 年，国务院提出实行科学民主决策、坚持依法行政、加强行政监督三项准则，2004 年施行的《行政许可法》也使得广大公务员依法行政的自觉性和能力得到进一步提高。为了适应市场经济的快速发展和群众法律意识的逐渐增强，政务公开制度在各级机关建立起来。2007 年，国务院公布《中华人民共和国政府信息公开条例》，明确规定所有的政府信息，除受法律保护的国家秘密、商业秘密和个人隐私外，一律都要向社会和人民群众公开，十一届全国人大三次会议将预算公开正式确定为政府公开的范围，这有效提高了政府办事的透明度，加快了政府办事效率，增加了群众对政府的信任感。在此基础上，2008 年又增加了推进政务公开、加强廉政建设这两项准则，并相继通过行政许可法、公务员法，继而修改制定政府信息公开条例、行政机关公务员处分条例等，通过建立健全重大事项调查研究和集体决策制度，重大决策专家咨询制度、公示制度、公开征求意见和社情民意反映制度，以及决策跟踪反馈和责任追究制度等，进一步完善科学民主决策程序。

政务公开已成为现代行政机关办事的重要原则，同时也是行政民主与依法行政的前提和基础，尤其在乡镇政府，随着政务公开越来越成为各级政府的常态工作，基层民众也越来越多地参与对乡镇政府的监督，并通过公开栏、公开信、广播、电视、网络等实现自己的知情权，通过县乡人大代表的选举履行自己的选举权，通过选举村委会、一事一议投票决定村内大事（而不是听任乡镇政府的安排）来实现自己的决策权和管理权。另外，随着服务型政府建设步伐的加快，很多地方政府实行县、乡镇、村、组四级服务体系，将农民需要在县、乡镇办理的事项集中在村组进行办理，将公共服务送到农民家门口，既方便了群众，又在送服务下乡的过程中增强了与民众的互动。

2. 农村依法治理的困境

（1）农民参与水平有待进一步提高

第一，农民参与农村依法治理的意识较为薄弱。不少农民受家庭经济条件、文化教育程度、传统政治文化等的影响，对参与村内集体性事务的态度冷漠、参与度不高。有的村民是不知道可以参与村务管理，不知道自己在村民自治过程中有参与决策、管理和监督的权利；有的村民是不愿意参与村务管理，虽然知道自己有知情权、参与权、管理权和监督权，但奉行明哲保身的处世哲学，只要不侵害自身利益，就不闻不问；有的村民是不敢参与村务管理，怕给自己以后在村里办事带来麻烦；还有的村民参与村级管理带有明显的功利性，突出表现在农村政治参与的利益化倾向。参与热情与村经济状况有密切关系，越是富裕的村，村民参与热情越高，越是发展落后的村，村民参与热情越低。[①]村民会议（村民代表会议）普遍存在召集困难的问题。

第二，农民的制度化参与效率还比较低。一是农村基层人大制度存在一些实际问题。农村人大代表本来应该是农民政治参与的合法代言人，但由于乡镇人大代表的结构不合理，存在着党员代表比较多、干部代表比较多、男性代表多，非党员代表少、群众代表少、妇女代表少的情况，同时，农村代表中的官员代表较多、乡镇企业领导代表较多，占人口比例较大的传统农业劳动者和农民工的代表太少，无法有效代表农民的利益。二是村民自治组织的职能没有充分发挥。三是信访制度不能从根本上满足农民政治参与的需要。特别是信访制度在设计和实践中存在的明显冲突，一方面信访者对涉及自身利益的事项多采取信访途径以求更好地解决，另一方面政府出于信访的相关考核制度及工作成本等的考虑，不希望农民把信访作为维护利益的首选途径。这种冲突使得现行的信访制度不能从根本上满足农民政治参与的制度化要求。

第三，农民非制度化参与有扩大趋势。农民的非制度化参与具体表现为以下行为：行贿破坏选举和决策、集体上访、越级上访、公共场所的群体骚乱、宗族势力干扰村民自治以及对乡村基层干部的报复性攻击等。如村委会直选中存在的直接用金钱购买选票、用实物换得选票、以感情拉选票等贿选行为，使民主选举失去原有的公正性；农民的合法权益受到损害，在正常的法治或信访渠道得不到很好地解决，为了维护自己的利益而向较高层次的政府上访，或者由较多村民联合起来集体上访，对农村社会的正常管理秩序会产

① 郭正林：《国外学者视野中的村民选举与中国民主发展：研究述评》，《中国农村观察》，2003 年第 5 期。

生不良影响；[①]农村宗派意识增强，家族势力抬头，宗族势力通过操纵村委会选举来左右村务，对正常的村民自治产生破坏，影响了村民的正常参与。非制度化参与扰乱了农村正常的生产生活秩序，影响村民政治参与心理，给党和国家各项政策在农村的贯彻和实施设置了障碍，使政府在农村基层的政治权威受到质疑，并极大地降低了政府的行政效能。

（2）社会组织处于发展的初级阶段

第一，农村社会组织相关法律还有待健全。截至目前，我国还没有专门的社会组织法，关于社会组织管理的各项政策没有针对社会组织进行专门的、全面的、严谨的规定，对社会组织的设立、性质、地位、作用、职能等不能进行完全的明确及规范，对社会组织的人员编制、医疗保险、职称评定、税收减免等方面缺乏配套的法规政策，如现有的《社会团体登记管理条例》、《民办非企业单位登记管理暂行条例》等法规更侧重于社会组织的登记管理，而缺乏对社会组织发展的过程管理，加上内容笼统，不能适应现阶段社会组织的发展。法规上的不健全，使我国社会组织的成立和发展缺乏制度依据、自律环境和政策支持。

第二，农村社会组织的孕育和发展困难。当前，农村社会组织的整体数量还是比较少，先天活力也不足，经济实力普遍较弱，群众对农村社会组织的认知有限，农村社会组织的孕育和发展后劲不足。一是因为改革开放以来农村正式组织丧失了直接的生产经营权，农村集体经济实力欠缺，无法为农民提供必要的社会化服务，缺乏凝聚农民的物质基础。二是村民委员会是法律认定的农村居民群众性自治组织，而不是行政组织，村民委员会组织从法律上来说不具有传统行政组织所具备的权威，虽然很多时候村民委员会仍然发挥着类似于一级政府的行政职能，但随着村民自治的日渐深入人心，农民对其行政权威的认同度不断下降。农民合作社、农民协会等其

---

① 胡弘弘、赵涛：《农民政治参与的现状考察》，《四川师范大学学报》，2009 年第 2 期。

他社会组织，一方面由于基层干部和群众对其的认知普遍不够，观念转变滞后，存在严重的历史和心理负担，害怕如果政府不支持，社会组织搞不下去的心理普遍存在；另一方面农村教育较为落后，发展环境不优，农村人才往往通过上学、外出打工等途径严重流失，特别缺乏有较强经营能力、具有合作精神的专业经营人才和管理人才，导致目前农村各类经济合作社难以得到较好的发展。三是农村金融体制不健全、农村市场流通体制不合理、行政介入方式不恰当，不利于农村经济合作组织的发展，特别是随着我国市场化程度的不断提高，很多商业银行实施集约化经营，撤销在农村的营业点，一定程度上制约了农村经济合作社的发展。四是培育发展无经济手段、无优惠政策、无扶持资金和项目，培育发展还仅限于引导。对社会组织工作调查研究不够，对社会组织的分类指导服务不够。

第三，对农村社会组织的管理和引导还有待完善。目前对社会组织的管理主要来自三个方面，一是政府管理，二是协会管理，三是社会组织的自身管理。从政府管理部门来看，对社会组织进行业务主管的部门没有充分发挥指导、监督等管理职责，存在任其自生自灭的情况，与被管理的社会组织沟通交流不够、指导服务不够，对社会组织的管理不够规范和完善。从社会组织的自身管理来看，主要是协会管理，目前存在的主要问题是，很多协会不是独立于主管单位，而是挂靠在主管的政府部门或者为其二级单位，不具备对社会组织进行规范管理的力量。社会组织自身因为存在机构不健全、制度不规范等问题，管理上也存在财务不规范、档案不完善等问题，也出现了一些社会组织不遵守国家法律规定，存在不依法进行登记或开展违法违规活动等情况。

（3）乡镇政府依法行政能力还有待提高

第一，乡镇依法行政的法制建设不完善。我国为了保障农村的经济社会发展和农民的合法利益，从中央到地方的各级政府都出台了一系列的法律法规，对农村经济社会的发展起到了很大的作用，这些涉农法律法规中，少量的是由全国人大常委会和国务院制定，大多数是部门规章和地方性法规，不同的部门之间，不同的地方之间，中央和地方之间，缺乏有效的衔接，有的法律法规之间甚至存在冲突和矛盾，阻碍了农村依法行政的顺利开展。不同部门制定法律法规之间缺乏有效的协调和统一，在执行中就难免出现矛盾，有的行政事务尤其是有利可图的行政事务，多个部门都来管理，有的行政事务尤其是利益较少且成本较高的行政事务，各个部门相互推诿，乡镇依法行政难以开展。乡镇政府在实际开展工作中采用的政策依据多于法律依据。乡镇政府开展工作一般是依据上级党委政府制定的政策，主要是依政策行政而不是依法律行政。政策与法律存在冲突的时候，在现有行政系统的考核体系作用下，乡镇政府首先是按照政策来行政，其次才是法律。①

第二，乡镇法定行政权力被弱化，导致依法行政推进困难。根据宪法规定，乡镇政府作为一级完整的基层政府，应该拥有完整的权限、职责，特别是行政权、人事权和财政权。但现实情况是，农村税费改革后，乡镇机构改革以来，乡镇一级政府的行政权、人事权和财政权逐渐流失，对县级及以上政府的依赖性加强，乡镇权力逐渐弱化，同时，乡镇政府承担的责任日益加重，经济发展、农田保护、招商引资、土地管理、社会稳定、环境治理、计划生育、安全生产、护林防火、财政税收、抗灾抢险、公共公益事业建设等责任，乡镇政府都必须承担。乡镇政府面临着责任大、权力小的局面，同时治理能力弱化，依法治理更加难以推进。

第三，乡镇干部依法行政意识不强，与农民群众协商互动不够。乡镇干部群众的法律意识相对薄弱，法律水平相对较低，没有全面掌握和深入理解法律，不利于依法行政工作的开展和实施。有些乡镇干部的法律素质偏低，依法行政、依法办事的水平不高，特别是少数执法人员法律素质较低、执法能力有限，个别干部存在乱执法乱罚款、违反程序乱作为、以权压法以言代法、执法方式粗暴等情

① 魏继华：《农村乡镇依法行政问题探析》，《甘肃政法成人教育学院学报》，2007 年第 6 期。

况，在群众中造成了不好的影响。对涉及农民群众切身利益的一些重大事项的决策，与农民群众协商沟通不够。虽然在农村基本上实现了村内重大事务一事一议，农民能够参与村内事务的决策，但是乡镇政府在决策与农民利益相关的重大事项时，农民很难参与其中，如目前普遍存在的征地、建厂等，农民往往无法参与决策，表达自己的意愿，只能在征地拆迁过程中利益受到损害时，再通过上访等非制度化渠道去争取利益。

第四，对乡镇政府的监督不力。现有的乡镇干部考核体制更关注的是从上而下对乡镇干部的考核，而不是民众对乡镇干部的认可度，虽然现在大多数基层政府做到了政务公开，但是全透明的政务公开毕竟只是少数，很多的乡镇政务公开还局限于年度工作计划、主要领导的分管事项等，农民没有更畅通的渠道可以了解乡镇政务，自然也没有更好的监督手段。对乡镇政府的监督难以追究责任，除非是发生了较为严重的违规违纪事件，责任人才会受到追究，一般的行政过错事件难以真正追究责任。有些乡镇干部出现行政过错事件后，往往通过内部处理，调离岗位、明降暗升、过了风头再起用等方式进行处理，监督作用难以发挥。

（4）落实“四个民主”的机制仍不完善

第一，村委选举制度不完善。一是村“两委”选举的先后顺序问题。在换届选举中，先选村党组织、后选村委会的做法导致经常出现村书记落选村主任、村民选举与党员选举结果分化，进而使村“两委”班子矛盾进一步严重的情况，为了保证“一肩挑”的普遍实现，必须保证村党组织书记能够当选村委会主任，于是“两推一选”和先选村委会、后选村党组织的办法开始实行，这样就较好地保证了“一肩挑”的成功率。但问题在于，为了让选民们选出来的村委会主任能够顺利当选村党组织书记，必然会出现村党组织的选举围绕村委会选举结果来开展的情况。二是村委会的具体选举办法存在争议。目前在实践中主要是“两票制”和“一票直选”。村干部对两者各有褒贬，“一票直选”的办法更能真实体现选民意愿，但存在选举失败的风险，“两票制”的办法花费的时间、物力、人力成本较大，但已运行得非常成熟，是目前的常规选举办法。村干部选举中的竞选现象普遍存在，大多数村干部支持竞选，但对竞选和贿选的界定还不是很清晰，存在把正常的竞选手段等同贿选的认识误区。三是村委会选举存在一定的贿选情况，有的地方贿选情况严重，有些地方的候选人为了当选，花数百万元拉票，还有一些地方选举前请客送礼现象严重，甚至出现“一张票 = 一盒烟”的现象，破坏选举的公平和合法性。①

第二，村级民主决策机制不够健全。村民会议与村民代表会议的界限不明确，存在着村民代表产生方式不规范、村民代表会议与村民会议的界限不明确等问题，不少代表未经严格的选举程序产生，有的代表甚至直接由村干部指定，使村民代表会议缺乏必要的授权来源，村民代表会议讨论决定的事务范畴与村民会议没有明显区分，凸显不出村民会议作为决策机构的地位，制度安排存在缺陷。党员会议（党员代表会议）与村民会议（村民代表会议）的界限模糊。很多村都存在村民会议（村民代表会议）与党员会议在一起开的情况，或许是出于节约时间、降低成本、提高效率的考虑，但是党员会议（党员代表会议）与村民会议（村民代表会议）的议事范畴应该有重要区别，两个会议在一起开既不利于体现村党支部在基层的领导核心作用，也容易使村党支部“越权”干涉村委会的职能。

第三，村级民主管理缺乏财力、人力和制度保障。一是村级财力严重不足，村级公共事业兴办困难。这是村干部眼中目前农村工作中最大的困难，事实上，自农村实施家庭联产承包责任制以来，大多数村庄集体经济逐渐解体消失，成了“空壳村”。但在税费改革之前，村里还可以通过提留获得一些资金用于村庄公共事务。而在

---

① 《人民论坛》，2010 年 12 月（上）第 39 页。山西河津某村村委会选举时，为了赢得选举，竞选人在选前展开了一场“贿选大战”，从一开始的每年发放 60 岁以上老人 100 元，一路攀升到选举后发给每个村民 1800 元。选举后，当选者向村民兑现选前承诺，共计 223.62 万元。当地农民人均年收入不足千元，此次发钱数目之巨，可谓“天价”。

农业税取消之后，彻底断绝了村集体的经济来源，村集体资金的缺乏导致村庄公共事务的经费投入没有来源和保障，这就必然影响村委会的工作成效。村级财力严重不足，农村公共事务难办。村级经费来源主要是财政转移支付、村集体经济收入、国家或省市在村兴建项目代收的管理费（协调费）、依靠对口支援单位或人脉关系资源的"化缘"收入等。由于自然条件、拥有资源、集体经济、征地补偿、关系资源等不同原因，各村的经济情况区别很大，但经济来源渠道多、财力情况很好的村只是少数，大部分村的经费来源主要依靠财政转移支付，仅仅能维持基本运转，村级公共事业兴办非常困难，如俗话所说"穷人更穷，富人更富"，富裕的村在经济发展、基础建设等方面更容易得到上级的支持，穷村则更容易被边缘化。二是村干部待遇普遍偏低，影响工作积极性。超过一半的村干部对目前工资待遇不满意，和村级财政状况密切联系，绝大多数的村干部工资来自财政转移支付，绝大多数村都要求村干部实行值班制，工作任务重，但工资待遇并没有提高，部分县（市、区）采取压缩村干部职数的办法来保证工资待遇，进一步加重村干部的工作负担，影响了村干部的工作积极性。三是农村党组织建设现状堪忧，村干部后继乏人。农村党员年龄老化、学历偏低，年轻党员发展缓慢，存在后继乏人的问题。

第四，真正有效的民主监督机制尚待建立。

首先，村务监督机制不健全，对村"两委"的监督不力。村务公开监督小组、村民理财小组的组成人员的任职资格及选聘任用办法，村务公开监督小组、村民理财小组与村委员会的相互关系，村民理财小组与会计代理中心的关系，彼此之间各自的定位与衔接，目前都没有一个统一的规范，以致各地出现了多元纷呈、百花齐放的做法，显得混乱无序。

其次，村务公开的形式和效果难以一致。实践中的村务公开还有不少问题，主要表现在：公开不及时，不少村庄的村务公开没有按照规定及时更新，有的地方公开的信息甚至是几年前的，这样的村务公开没有起到应有的作用，群众无法通过村务公开及时了解村务，对这种不及时的公开不满意；假公开，有些地方把村务公开的形式做得很到位，但对公开的信息却悄悄做手脚，如只公开财务收支的数据，不公开具体收支项目，只公开农村各项补贴的总数，不公开具体到户的情况等；难监督，很多村的村务公开栏比较简陋，保存时间有限，容易损坏，村民难以在短期内就村务公开的问题向村委会进行反馈和沟通。在村务公开的考核、监督中，上级政府主导作用突出，村民参与热情不高、监督作用不明显，多数县（市、区）纪委、组织部、经管局、司法局及乡镇相关部门会组织专班定期对村务公开情况进行检查，这也是目前村务公开最大的动力来源，大多数村民还停留在"了解"阶段，没有发挥出应有的监督、推动作用。

最后，乡镇政府的监督职能不健全。乡镇对村干部的监督主要包括对村干部的目标责任考核、对村级财务的监督等内容，目标责任考核主要实行打分制，对村级财务的监督主要实行村级财务乡（镇）双代管的方式。村级财务乡（镇）双代管的方式是为了规范农村财务制度，帮助村委会管好、用好农村集体资金，加强乡镇对村级财务的监督管理，防止村干部乱列、乱支，以种种名义和手段侵占集体财产，保护农民群众的根本利益。但是按照《中华人民共和国村民委员会组织法》的规定，村级财务应该由村民进行自我管理，这也是村民自治的应有之义，村级财务乡（镇）代管使本应属于村民参与、"自我管理"的事务变成了政府行为，实际上是镇政府行政权力的向下扩张。乡镇也可以利用村级财务乡（镇）双代管的权力，掌握村级财务的管理权，财权过于集中，易形成腐败的温床。

（二）农民权益保障成效与问题

农村依法治理是依法治国的重要组成体系。在当前社会主义现代化建设的过程中，作为实现农民权益保障的主要途径，以保障农民权益为主要内容的农村依法治理机制的构建有着重大而深远的意义。中国的农村正处在发生急剧变迁之中，对于农民权益的保障是一个循序渐进的过程。现代国家的建构离不开对农民权益的有效维护和合理救济，农民权益这样一个强大的社会群体利益的保障也需要通过农村依法治理机制来实现。目前，构建起以保障农民权益为主要内容的农村依法治理机制是一项巨大繁杂的工程。因此，我们必须联系实际情况因地制宜、因势利导、稳步地进行以保障农民权益为主要内容的农村依法治理机制的建设与发展。

1. 农民权益保障取得的成效

1949 年中华人民共和国成立以来，特别是改革开放以来，针对农民权益的问题从政治、经济、文化、社会等方面都提供了相应的措施和制度保障。例如，在民主政治建设方面，2011 年修订的《中华人民共和国选举法》中规定对我国农村和城市每一名全国人大代表所代表的人口数比例从过去的 4：1 调整为 1：1，取消城乡差别并实现“同票同权”，这一修改直接意味着农村人口在选举以及政治权利的实现上向平等原则迈了一大步，促成宪法规定的平等原则的充分实现。在经济上，城乡二元体制向城乡统筹发展的转变过程中，农村“税制改革”解开了农民的历史“枷锁”，将农民负担降低至最低限度，并为农民带来了相适应的农村治理体制。在文化上，近年来文化部门持续推行了农村文化“杜鹃花工程”、农村电影数字化放映“2131 工程”、民族民间文化保护工程、农家书屋工程等，不断提高农村公共文化服务的水平和质量，保障农民文化权益的实现。[①] 在社会保障上，诸如农村最低生活保障制度的建立和发展，被征地农民社会保障问题逐步得到解决，农村社会养老保险覆盖范围逐步扩大，新型农村合作医疗制度取得重要进展等。农村社会保障机制的建立与发展，在很大程度上促进了我国农村社会保障制度的进一步发展与完善。总体上归纳，农民权益保障取得的成效有如下几个方面：

---

① 丁同民：《加强我国农民文化权益法治保障的思考》，《政工研究动态》，2009 年第 23 期。

第一，以农民权益保障为主要内容的农村依法治理维护了农村政治和社会的稳定，推动了保障农民权益的制度建设。在农村建设过程中，我们不难发现秩序和稳定是社会正常运行和社会成员有序活动的必要条件，尽管对农村的所有事务和农民的所有行为都通过法律的调整与规范还需要很长的道路来铺设和完成，但是通过有法律保障的治理来确保农民的权益实现，使得农民权益得到合理的维护和救济，同时满足了农民的愿望和需求，及时回应了农民的合理诉求。

第二，以农民权益保障为主要内容的农村依法治理保障了农村法治文化的建设和发展，并为农民政治参与制度的畅通创造了条件。在农村依法治理的保障下，农民参与的平台也得以构建和巩固，从而实现了农村彼此之间，农民与政府之间以及农民与城镇公民之间的平等的社会主体地位，真正实现对农民权益的保障。反过来，农民政治参与制度的构建，利于完善各社会主体之间的沟通、互动、合作机制，其主要表现在这样既可以集思广益，调动农民的政治积极性和生活热情，从而为经济发展提供了动力源；同时，又可以促进传统文化与现代国家建构理念的融合，为农民权益的保障和救济寻找到最佳的实现方案。

第三，以农民权益保障为主要内容的农村依法治理维护和促进了农村经济的发展，为农民维护自身权益提供了制度保障和经济支持。农村依法治理是在农业产业化进程加快，农村全面建设小康社会加速，农民自我维权意识增强的大背景下得以推进。①农民只有在经济基础得以保障的情形下，才能有足够的精力和能力关注民主法治的进程。农村的依法治理是建立在全体社会成员平等享有权利和履行义务的基础之上的，顺应民心，同时为农民的物质生活条件和物质财富提供了保障，促进农民发展经济的同时，还维护和保障了他们的合法权益。

---

① 蒲文忠：《扩大公民参与推进农村依法治理》，http://www.zgxcfx.com/Article/8083.html。

2. 农民权益保障存在的问题

就当前的农民权益保障机制而言，我国农村正面对着一个巨大的缺口，即全面而有效的农民权益保障机制的缺失和不足：一是长期存在的城乡二元体制结构导致农民平等权利无法实现。任何一种制度变迁都受历史前提所规制，城乡二元化结构是建国初期特殊的社会历史背景条件下形成的，长期以来这种城乡二元结构导致了两种不同的资源配置结构。法律实践中对待农村与城市间的公民就劳动权和受教育权的规定就存在不同待遇，同时对待农民的社会保障问题也存在不平等的差别对待。二是农村法治运行机制不健全。要实现对农民权益的维护，就必须落实到农村法治运行这一保障机制。由于历史条件的规制，我国农村的治理首先就是从组织建构开始的，而立法也是从农村村民委员会组织法开始，单纯去追求完善组织的领导体制，而遇到农民权益的实质问题却无法可依，甚至有法不依，因而导致农村法治机制无法畅通运行。三是农民自我维权意识和能力不足。一方面，当农民的权益遭受损害时，由于缺乏一种有效而合理的法律保障机制，寻求救济以及获得救济的效率问题成为农民维权路上的一道坎，公正与效率的二律背反是形成这道坎的关键因素，它导致农民无法正常地通过法律渠道实现真正的公正。农民在维权过程中不仅得不到及时的救济，无法弥补当前遭受的损失，甚至还会影响到他们以后的生活。另一方面，农民自身的维权能力和意识相对薄弱，他们作为一个巨大的弱势群体，没有一个合理有效的机制引导，最终导致其合法权益无法得到有效及时的保障。

从“改革”、“开放”到今天的“法治”，农民权益的维护在发展社会主义市场经济的过程中才日益受到重视。从农村包围城市到城市带动乡村发展的战略转移，从计划经济到市场经济，从城乡二元分治到城乡统筹发展，从依政策治国到依法治国等，这一系列重大改革都为农民权益的赋予和保障创造了良好的条件。但是随着社会主义市场经济的发展，个人的自主性和独立利益凸显，这必然带来社会分化，农民作为弱势的市场经济参与主体，其经济地位日益下降，进而导致了农民的社会地位和政治地位降低。因此，这必然带来了在农村的依法治理过程中对农民的权益重视，但是这不必然带来对农民权益的依法维护，甚至农民的一些权益经常受到各方面的非法侵害，突出表现在以下几个方面。

（1）农民政治权利缺失——村民自治权问题

20 世纪 80 年代以来，在改革开放的时代背景下，伴随着家庭联产承包责任制的推行和“政社合一”的人民公社体制的解体，党领导亿万农民群众创造了以民主选举、民主决策、民主管理、民主监督为主要内容的村民自治，成为改革开放以来我国农民的三项伟大创造之一。村民自治是我国农村居民根据现有的法律自主地管理本村事务的基层民主制度，是我国广大农民参与基层社会事务的一种直接民主形式，也是中国社会主义民主的一种重要表现形式。然而在农村依法治理过程中，由于诸多因素的影响，发生了村民自治权受侵害的现象，严重阻碍了村民自治的健康发展。这主要体现在以下两个方面：

第一，关于“乡村关系”和“两委关系”。在村民自治实践中产生了国家行政权和村民自治权冲突而引发的“乡村关系”冲突问题和由党的领导权与村民自治权冲突而引发的“两委关系”对立问题，“乡村关系”和“两委关系”成为 21 世纪以来村民自治中的突出矛盾，至今都没有很好的办法解决。它是农村依法治理过程中的绊脚石，严重影响了村民自治的生长和发育。村委会的自治权力普遍受到干涉和侵犯，使村民自治权走向异化，直接制约了村民自治的良性发展，最终损害的则是农民在依法治理过程中所享有的合法权益。

第二，关于“四个民主”。在民主选举方面，主要出现了违法和侵权的贿选现象。这使得基层选举无法公正地选出德才兼备、群众公认的优秀人才，严重影响农村基层干部队伍建设及基层政权建设。贿选还破坏了村民委员会选举的公正性，破坏了村民自治中的民主选举制度，使村民意志没有得到真正表达，极大地扰乱了农村正常的法律秩序。贿选者当选后，用合法地位谋取非法私利，将为村民服务的意识抛之脑后，从而使村民的自治权也被削弱了。在民主决策方面，村民会议和村民代表大会大多流于形式，很少通过这种直接的参与形式来决定本村的重大事务，村委会干部在决策时起了决定性的作用，从而使决策的民主性和科学性受到削弱。在民主管理方面，法律或政策规定需要公开村务，但现实中总是公开太随意或者假公开，甚至不公开，管理也不够规范。民主监督成为“四个民主”中最薄弱的一个环节，在实践中民主监督机制是应付上级检查的一种摆设，然而作为民主监督主体之一的村民在村民自治中的监督权力过于弱小，又缺乏与之相对应的监督保障机制，使民主监督很难有效落实，最终损害的是农民在村民自治中的合法权益。

（2）农民财产权益缺失——土地问题

进入20世纪90年代，随着我国现代化进程的加快，工业化和城市化的扩张，大量的农用地被占用，农民的土地财产权受到严重侵犯，合法权益得不到法律的保护。

第一，农村土地立法存在缺陷，操作不规范。公共利益是土地征用的核心，但是目前我国法律依然没有对公共利益的范围进行明确的界定，从而使公共利益的定义相当模糊，在实践中经常被人为地扩大化。因此，任何单位和个人都可以打着“公共利益”旗号，征用农民土地，进而也造成了土地征用权力运行的不规范和征地程序的不透明，尤其是在经济利益的驱使下表现得更加明显。同时，由于我国在土地征用过程中听从政府，缺乏有效的监督机制，这就导致在农村的依法治理过程中，出现了无法可依、有法不能依的现象，农民合法的土地权益也就得不到有效的维护。

第二，基层干部涉地权力滥用，因土地导致的干群矛盾突出。在土地征用的实际操作过程中，地方政府和村集体控制着土地，一切完全由开发区管理委员会和村干部决定。[①]农民对征地政策不了

① 朱新山:《中国农民权益保护与乡村组织建构》，上海大学出版社2011年版，第23页。

解，没有召开村民大会或村民代表大会征求群众的意见就将土地征了出去，而且非法征地、过量征地现象严重，村干部在其中收取好处，农民在征地过程中又得不到合理的补偿和合理的安排，造成干群矛盾突出，农民的土地合法权益严重受损。

第三，补偿标准显失公平，补偿价格与价值不符。根据 2011 年 12 月 8 日中国社科院和社科文献出版社联合发布的 2011 年《城乡一体化蓝皮书》，面对"国家修路需占用土地"的假设，57.7% 的受访农民希望征地，但前提是"只要拿到合理补偿就行"。但是在实践过程中，我国城乡地区实行的是不同的土地征用政策，城市的土地征用是以市场为导向，按照市场价格进行交易，能充分体现土地的价值。而农村的土地征用却是按照法律规定的标准，以被征用土地的原用途给予补偿。补偿费用中包括土地补偿费、安置补助费以及地上附着物和青苗补偿费，补偿的范围过于狭窄，并没有真正体现农用地所特有的价值。显然，随着时间的推移，这一标准不足于维持无地农民将来的生活需求。而且，土地随着用途的改变，导致地价的变化，尤其在市场经济条件下，土地的升值空间相当大，显然以土地原有价值为标准的补偿价格与其在市场经济条件下土地的价值严重不符。因此，农民的土地财产权益严重受损。

（3）**农民社会权益缺失——社会保障问题**

社会保障权是宪法赋予公民的一项权利，不论种族、民族、职业、性别和年龄，一律平等享有。农民是占我国绝大多数人口的公民，理应平等地享有社会保障权。长期以来，由于我国特殊的国情，实行的是城乡分割的二元体制，农民长期游离于国家社会保障的边缘地带。农民感受到的是不全面、低层次、低水平的社会福利，农民的社会保障权的缺失造成农民的基本生存问题面临着严重的威胁，从而使农村在依法治理过程中举步维艰。具体来说，农民的社会保障权缺失主要存在以下几个问题：

第一，关于农民的养老保险制度。改革开放以前，我国的养老及其相应的社会保障制度的设计主要是为了解决城市老年人口的问题，而我国农民的养老以家庭养老和自我养老为主，所以农民的养老保险权是虚置的，农民的宪法权利频遭践踏。有关数据表明，我国农村人口老龄化的程度已经达到15.4%，比全国13.26%的平均水平高出2.14个百分点，高于城市的老龄化程度。农村应对人口老龄化的能力明显弱于城市，随着人口老龄化的加速推进，农村地区面临的人口老龄化问题更为严峻。[①]市场经济的发展和经济体制的进一步改革深化，农村人口流动加剧，青壮劳动力大量流入城市，使家庭养老面临不同程度的威胁。然而，目前国家仅有政策的支持，没有制定一部专门的法律予以规定。同时由于各地农村面临的老龄化程度不同、养老制度的缺失以及养老管理问题，农民参与社会养老保险的积极性并不高，客观上将会导致农民丧失社会保险的权利。

第二，关于农村医疗合作制度。新型农村合作医疗制度是现阶段解决我国广大农民医疗保障的一个重要制度。但是，在实践中面临着相当大的困难。首先是逆向选择问题，即在参加农村新型农村合作医疗过程中，老、弱、病、残者都愿意参加，因为他们更容易受益，而大量的青壮年健康者却不愿意参加，认为自己受益的可能性较低。长此以往，必然会造成其基金入不敷出的局面，客观上将会造成农民社会保障权的缺失。其次是缺乏监管，由于缺乏有效的监管，在运行过程中面临着供需双方的道德风险，农民为了获取医疗赔款故意制造医疗事件，而医疗机构又故意抬高药价，共同侵占国家的医疗补偿，违背了农村合作医疗的初衷，最终将会影响其公正、有效、持续的运行。最后就是保障水平低，由于大部分农村经济发展水平低、国家对乡镇卫生院的投入不足、设备老化和缺乏配套的医疗设施，农村的医疗卫生水平不能跟上农民看病需求，从而使农民的医保权得不到基本保障。

第三，关于农村最低生活保障制度。随着城乡差距的拉大，农

---

① 卫敏丽、朱薇:《我国农村人口老龄化程度高于城市达到15.4%》，http://news.xinhuanet.com/society/2011-09/19/c_122056867.htm。

村最低生活保障也面临着严重问题。首先是缺乏立法，由于农村经济发展水平的差异，目前还没有一部切合实际的立法对农民的最低生活保障予以规定，相关的配套政策也由于人力物力财力的限制而缺乏可操作性。其次是标准低，由于广大农村地区所在的政府财力有限，加上农民增收困难、日益贫穷，纳入保障的对象越来越多，再受经济发展水平和物价上涨水平的影响，造成我国农村最低生活保障标准普遍偏低。最后是获取资金的渠道过于单一，当前农村地区的最低生活保障主要源于基层政府，由省级及省级以下财政承担，国家直接财政拨款比较少，社会资金支持力度又不够，从而造成资金困难，严重制约了农村低保制度的贯彻实施。

3. 农民权益保障存在问题的根源

（1）村民自治问题

村民自治制度是中国社会主义民主的一种重要表现形式，但在其发展过程中，受到多方因素的影响，村民自治权并未得到应有的保障。

第一，村民自治权的保障缺失，首当其冲就应归因于我国发育不足的村民自治制度。由于我国目前关于基层民主自治的法律规定仍较为空白，有些规定又太过原则化，操作性太差，导致村民自治的模式无章可循。《村民委员会组织法》相对来说规定得比较具体，但又缺乏相应的法律责任追究作为保障。例如，它没有规定乡镇政府如果侵犯村民的自治权应承担什么责任，村民应当向哪个部门寻求救济和保护。所以在村民自治的发展过程中如果没有一个较为完备的法律保障体系，村民自治就无法可依，再加上一些地方强大的宗族势力的猖獗，视法律为无物，这必将导致农民的村民自治权受到侵害。

第二，从经济问题上来看，由于农村经济基础薄弱，所以村民自治的发展尚缺乏必要的物质基础。目前除了少数沿海地区以外，就全国大多数区域来看，农村经济的发展还较为缓慢和落后，市场经济很不完善，甚至还有某些偏远地区仍处于小农作业的经济形态。

而且由于现在越来越多的农民群众进城务工，导致留守家庭的大多是未成年人和老年人。这样不仅使农村市场经济的发展受到极大的制约，也使得广大的农民老百姓缺乏对村民自治的需求。由此，较为简单的经济关系导致村民与村委会之间无法形成一种紧密的利益关系，村民自然也就不会关心与自己无关的村治问题。

第三，从文化因素来看，儒家人伦文化的荼毒严重阻碍了村民自治的发展。儒家文化崇尚人治，所以它象征着专制，而村民自治崇尚法治，所以它象征着民主。一个人治，一个法治，一个专制，一个民主，这两组截然对立的概念却不可思议地同存于当今的乡土社会之中。但要知道，君主专制文化在我国有着几千年的历史，而就我国的农村区域来说，民主法治观念才刚刚起步。另一方面，儒家文化崇尚礼治，法治只是一种辅助手段，这就导致尽管有法可依，村民自治在运行当中，村委会和村民依旧固守着古代和近代社会所遗留下来的封建礼俗习惯，依旧因循着他们祖辈代代相传下来的“古训”。由此我们可以理解为什么我们有市场经济，有村民自治，却一直都无法营造出一个良好的法治环境。也许根源就在这里：千年传承下来的专制文化氛围才是横亘在法治化道路上最大的一道坎。

（2）农村土地问题

中国作为一个农业大国和世界上最大的农民国家，农村土地之于农民和国家均利害攸关。随着社会的变迁，“三农”领域中的农村土地征收补偿问题逐渐成为当代中国社会的热点问题，并引起了国家和社会的高度重视。我们就以农村土地征收补偿为例，对其发展过程中出现的问题进行分析。

第一，从文化因素来看，儒家人伦文化在乡土社会所产生的根深蒂固的影响造成农民民主意识淡薄，法律观念缺失，表现在征地过程中就是许多农民搞不清应该如何运用法律武器来捍卫自己的正当权益，缺乏救济渠道。而受官本位思想的影响，一些地方的领导干部缺乏尊重公民财产权的意识，不把人民的利益放在第一位，甚至抱着牺牲农民利益来发展本地经济的政绩观，导致征地过程中不按政策和法律规定对农民进行补偿，损害了农民的财产权益。

第二，基础薄弱的法治环境也是造成征地补偿出现问题的重要因素。例如从立法上来看，迄今为止我国仍没有一部具体完整的《土地征收法》来规范土地征收各方主体的权利和义务，其规范仅以《土地管理法》中的相关法规为主，但它对土地征收的目的、程序、补偿和征地纠纷的解决并没有作具体的规范，导致征地主体无章可循，随意性很大。这种不确定性，使农民集体和个人始终处于被动和弱势的地位，征地中引发的责任无人承担，进而造成征地补偿不合理现象的频频发生。

第三，城乡二元结构的体制是导致城乡征地补偿不平等的罪魁祸首。我国作为典型的城乡二元化国家，农村和城市在许多制度上都存在着巨大差异。表现在土地征收制度上，就是城乡实行不同的土地征收程序。城市土地征收的补偿以市场交易价格为导向，而农村则按法律规定的标准即土地的原用途来补偿，所以农村土地的出让价格往往远低于城市土地的价格。正是这种不合理的城乡二元征地程序，导致国家和政府往往是农村土地征收的利润享有者，农民却得不到合理的回报，成为制度下的牺牲品。

（3）农民社会保障问题

社会保障权是被国际法所承认的公民应该享有的一项基本权利。我国宪法明确赋予公民享有社会保障的权利。农民是我国公民的主体部分，当然享有宪法所赋予的这项权利。但由于各种因素和障碍，当前农民的社会保障仍不尽理想。

第一，从经济因素上看，农民收入水平直接决定着农民缴纳社会保障费的能力，从而影响着农村社会保障有效需求的实现和供给水平的高低。农民收入水平越高，则缴纳社会保障费的能力越强，所能享有的社会保障水平越高。[①]而目前在我国，尽管大部分农民

① 张秀生、马晓鸣：《农村社会保障与农民收入增长的互作用分析》，《武汉大学学报（哲学社会科学版）》，2009 年第 2 期。

都能了解到参加社会保障的好处，但苦于家庭经济收入水平较低，参加社会保障的能力十分不足。尤其是依旧仅靠种地来维持生计的农户，现金收入十分有限，除去日常的生产、生活等开销，基本就没有多余的钱参加社会保障。所以，农民低水平的经济收入是制约农民参加社会保障的重要原因。

第二，我国城乡二元结构的存在直接制约着农民社会保障制度的发展。长期以来，受二元户籍制度的影响，我国的社会保障制度设计呈现出典型的“城乡二元”结构。农民是我国公民的主体部分，可是在带有歧视的二元结构体制下，他们在相当长的时期内没能融入国家的社会保障体系之中，而仅仅是依赖于家庭和土地。但随着农村的耕地面积逐年减少，农村的家庭结构也在发生着变化，这一建立在传统的家庭和土地保障之上的农村保障体系已难以满足农民的基本需要。2011 年 7 月 1 日，《中华人民共和国社会保险法》正式实行，使我国的社会保障制度大大向前迈了一步，但事实上，把农民作为特定主体制定的法规却屈指可数，只有农村社会养老保险制度这一个方面，所以我国的农民社会保障事业发展还很滞后。近年来一些省份相继取消了城乡分割的二元户籍制度，采用一元的户籍管理模式，但只是刚刚起步，并未在全国普及开来，所以这种二元格局并没有被真正消除。由此，农村社会保障体系的发展与完善依旧任重而道远。[①]

（三）农民权益保护的法制建构

当代中国保障农民权益有多种路径和方法，但就目前来看，以

---

① 中共十八届三中全会通过的《中共中央关于全面深化改革若干重大问题的决定》明确提出：“推进农业转移人口市民化，逐步把符合条件的农业转移人口转为城镇居民。创新人口管理，加快户籍制度改革，全面放开建制镇和小城市落户限制，有序放开中等城市落户限制，合理确定大城市落户条件，严格控制特大城市人口规模。稳步推进城镇基本公共服务常住人口全覆盖，把进城落户农民完全纳入城镇住房和社会保障体系，在农村参加的养老保险和医疗保险规范接入城镇社保体系。”新华网，2013 年 11 月 15 日。

往方法在实际运作中效果并不理想。建国初期，经过土地改革和社会主义改造让土地回到了农民的手中，但之后的人民公社化运动和“大跃进”运动又严重损害了农民的积极性，“文化大革命”期间更是全社会都无保障可言，直到七十年代末，党的工作重心转移到社会主义经济建设，家庭联产承包责任制重燃了农民的积极性。改革开放至今，农民的生存空间和权益保障都在不断得到改善，但远没有跟上现代化的脚步。将农村依法治理机制引入农民权益保障体系，这是法治国家的应有之义，用国家的法治机器来保障广大农民的权益，用国家的强制来做农民权益的后盾才会有保障的意义。农村依法治理机制应该以社会主义法治理念为指导思想，以农民权益保障为主要内容，进行多维的机制建构。

第一，构建农民权益保障和农村依法治理机制应以社会主义法治理念为指导思想。社会主义法治理念的基本要求是健全完善立法、坚持依法行政、严格公正司法、加强制约监督和自觉诚信守法等。构建农村依法治理机制正是对第一个基本要求的践行。

首先，农村依法治理机制应该坚持科学立法，必须贯彻落实科学发展观，以发展的与时俱进的眼光纵观全局；立足我国国情，特别是扎根于我国农村的现状，从村情出发；遵循客观规律，一切机制的建立健全都应该符合客观规律及其发展；科学合理地规定权利和义务、权力与责任，没有无权利的义务也没有无义务的权利，用权利去制约权力，用责任去丈量权力。

其次，农村依法治理机制应该坚持民主立法，既要体现立法的内容民主，又要体现立法的程序民主，必须贯彻立法为民的思想为始终，增强立法主体自身的民主性，扩大公众参与立法，鼓励合理的观点和思想。

再次，农村依法治理机制应该坚持法制统一，从立法层面来说包括三层含义：一是任何法律法规不得与宪法相抵触，二是下位法不得与上位法相抵触，三是同一位阶的法相互之间不能抵触。农村依法治理机制所依据的法不得与宪法相抵触，不得与其上位法相抵触，也不得与其同一位阶的法相抵触，保证地方立法与中央立法的统一和地方立法之间的统一，并且加强立法解释和立法监督。

最后，农村依法治理机制应该坚持体系完备，必须完善中国特色社会主义法律体系，在现有的基础上继续制定和完善各部门法，加强法律法规的修改完善及配套法规的制定工作，并且依照已制定的法律来建构农村依法治理机制。

第二，构建农民权益保障和农村依法治理机制，应建立以如何建构维护农民权益为主要内容的专门的法律法规制度。在依法治国，建立社会主义法治国家的进程中，通过法律的力量，巩固农村既有的改革成果，推进农村改革的进一步深化，真正建立起保障和促进农村改革、发展与稳定的法律机制，这是我们必须面对和解决的重大法律课题。[①] 自改革开放以来中国农村的依法治理建设取得的效果还是显著的，但是我们仍需不断地加强机制自身的建设和构建。农村依法治理机制应该以《宪法》的规定为依据，以农业和农村的基本法为重要基础，以有关农村依法治理的单行法、特别法、行政法规、部门规章、地方性法规和地方政府规章为补充的静态结构体系，并且在经过一段合理的时间根据实时变化和情况作出调整和修改，例如美国的经验就是大概每五年修改一次有关农业的基本法。如此，农村依法治理机制又是一个动态的法律结构体系。

首先，建立农业经济发展法律制度。从农业经济的固有属性和我国国情来看，在充分吸收和借鉴其他国家如美国、日本的成功经验的基础上，建立农业经济发展的法律制度，包括加强农业和农村经济宏观调控方面的规范、调整农业生产经营关系保障农业生产安全方面的规范、农业生产经营主体方面的规范、规范农产品流通秩序方面的规范、强化农业资源和环境保护方面的规范、发展农业科技教育方面的规范和保护农民权益方面的规范。[②] 其中以对农业和

---

① 李昌麒：《中国农村法治发展研究》，人民出版社 2006 年版，第 23 页。

② 王存学、骆友生：《中国农村经济法律基本问题》，法律出版社 1998 年版，第 62 页。

农村经济的国家宏观调控法律规范为首要，积极对中国农业和农村经济进行市场化改革来应对 WTO 的《农业协定》，只有将市场机制的自我调节功能和政府的宏观调控功能相结合，才能使农业和农村经济健康发展。

其次，建立农村社会生活发展法律制度。所谓农村社会生活发展法律制度是指在农业经济发展的基础之上，农村农民的政治生活、社会生活能得到全面发展，以生活资料更加丰富、居住环境进一步改善、教育水平和医疗健康水平进一步提高、生活得更加有尊严为目标而形成的法律制度体系。而增加农民的收入一直是党和国家十分关注的问题，形象地说是做蛋糕与分蛋糕的问题。如何建立公平的收入分配制度，并严格依照此制度进行合理的分配，最重要的就是提高农民的自身法律能力来确立农民主体地位。在这个过程中实现两个目标，一是保障农民的现有收入，二是更进一步减轻农民的负担。然而农民贫困问题却是一直困扰中国广大农村的一个重要问题，不仅是因为其自身的复杂性，还有来自外部的各种不确定因素都能影响脆弱的农民贫困问题。对此，制度化和法律化才是长久之策。目前主要靠道德和政策导向式的运动，由于没有法律这样强有力的后备支撑，总会暴露出一些问题。其中最主要的问题就是对于资金的管理和监督，所以要将依法治理机制引入农村，就此问题进行专门的立法。在高速发展的现代化进程中，城乡差距和地区差距都日益扩大。因此，在科学发展观的五个统筹中，统筹城乡发展是放在第一位的，反映到依法治理机制的构建上，统筹城乡发展和区域发展就是国家与社会的一体整合，通过国家整合实现城市与乡村、各区域的相对均衡发展，需要包括市场准入、财政、税收、金融、价格、社会分配与保障等在内的相关法律制度的协调配合、共同作用。

第三，构建农民权益保障和农村依法治理机制应建立一个与法律法规制度相匹配的动态运行机制。为保障农民权益和依法治理农村构建起一个法律规范静态体系，必须同时构建一个动态体系来辅助静态体系更好地共同维护和实现农村依法治理。二者只有相辅相成、相互促进才能形成一个健康、有序、稳定、有效的农村依法治理机制系统，也才能真正实现农村依法治理的预期价值和最终目标。坚持国家法治统一的基本原则，遵循法治的系统化运作规律和要求，农村法治的运行机制也将是一个由科学立法、严格执法、公正司法、自觉守法和有效法律监督等诸多环节相互衔接、相互支持构成的动态体制系统。①

首先，增强农民的法律意识，特别是以权益保障为主要内容的社会主义新农村法治观。农民对自身权益的保障和农村依法治理机制应有普遍的认同感，进而才能推进保障机制在农民以及农村中的影响程度。如何使农民能够普遍认同这个机制就需要政府的宣传教育和农民的广泛参与。政治和法律相伴而行，发展社会主义民主，同时也要加强社会主义法治。“法律下乡”需要大规模的全面启动，一是要摒弃之前对于农村依法治理机制的错误思想，树立正确的农村依法治理思想观。农村依法治理是在依法治国的背景之下，根据依法治国方针提出来的，农村依法治理在广大的基层农村有可实施的基础，它的实质内容是依照国家《宪法》和法律的规定，通过各种途径和形式管理村级事务，从而推进农村社会的法治化和规范化。二是要确认和保障广大农民的平等主体资格和所应享有的权益。必须采取有效措施，通过相关法律法规的制定，修补好农民对于法律和国家的不信任，恢复广大农民的平等地位和参与国家事务的资格，努力提高农村依法治理的农民认同感。三是要提高法律在处理村民矛盾纠纷和保障村民利益诉求中的地位。必须培育农民内心的法律信仰，建设内生机制，并结合国家和政府在农村依法治理构建方面发挥的积极作用和有效推动。

其次，巩固农村依法治理机制构建的政治保障，完善基层民主制度和村民自治制度。加强农村依法治理机制构建必须有基层民主政治制度作基础，具体而言就是村民自治制度，即涉及村民自身重大利益的事项都由广大村民进行民主协商、集体决定、依法办理。党组织作

① 李昌麒：《中国农村法治发展研究》，人民出版社 2006 年版，第 40 页。

为先进分子组成的组织，在村民自治中发挥着重要的政治整合功能，党组织可以引导村民自治的健康发展，同时又可以促进党组织对村民自治的领导作用。基层民主是社会主义民主的基础性工程，村民自治是农村依法治理机制的最有效方式，这是“政权下乡”扎根于民意之中的表现。着眼于实践层面，基层民主制度和村民自治制度的构建需要有立法权限的地方机关严格地按照宪法法律的授权，结合当地实际乡情村情，作出进一步合理的规定。从维护层面来说，两个制度的有效运转需要有行政执法权的地方机关严格按照规定办事，做到放权于民，就必须相信他们而不是处处防范，但是自由也必须有一个限度，如何把握好这个度正是政府所应重视的问题。

最后，创造农村依法治理机制构建的有利条件，不断完善依法治理机制的系统。一是在立法层面，要加强建立国家对农业有效的支持体系、保障体系、调控体系和服务体系，主要包括农业经营体制、农村土地承包制度、农民合作经济组织、农产品流通体制、农村经济管理体制等方面的改革立法。[①] 通过整合各个机制为一个联合的整体，不仅推动各个机制可以发挥良好作用，而且使得整体效果更优。二是由于行政是动态的农村依法治理机制，所以，应建立高素质的执法班子，完善符合农村实际情况的执法体制，加大执法检查和执法监督的力度。良好的机制也需要严格的执行，否则只能是权利书的形式而不能使农民真正享受到权利和保障。三是加强公正司法，为广大农民提供及时有效的司法救济途径，维护好社会主体权益的最后一道防线，才能维护好我国司法的尊严，并使法律能够真正得到农民的信任和拥护。

二、村民有序参与的法律保障机制

在推动农村依法治理过程中，村民参与是农村依法治理过程中

① 孟庆瑜：《农村法治的运行机制探讨》，《国家行政学院学报》，2006 年第 1 期。

不可或缺的一个重要组成部分。人民依法直接行使民主权利，管理基层公共事务和公益事业，实行自我管理、自我服务、自我教育、自我监督，是人民当家做主最有效、最广泛的途径，必须作为发展社会主义民主政治的基础性工程来重点推进，扩大基层民主是社会主义民主政治建设的重要内容。

我国是一个有十三亿人口的大国，社会管理层次较多，人民生产生活的中心在基层，基层公共事业的发展和基层公共事务的管理涉及人民群众的切身利益。发展基层民主法治，保障人民合法权利，促进社会和谐，调动一切积极因素为改革开放和社会主义现代化建设服务意义重大。作为基层民主的重要组成部分，农村依法治理在很大程度上依靠农民自主管理以及基层政府与农民的合作。应该从理论上对农民的政治参与进行正确的引导，从制度上对农民政治参与进行行为规范，探寻出一条符合中国国情的农民参与乡村事务、农村社会组织参与农村依法治理的道路。2008 年中共十七届三中全会为适应农村发展的新变化和亿万农民的共同心愿，制定了《中共中央关于推进农村改革发展若干重大问题的决定》，这是新形势下推进农村改革发展的行动纲领。

（一）村民依法参与的总体状况

第一，村民参与维护和增进了其自身利益。在现代社会中，公民的政治参与动机一方面在于追求经济利益；另一方面是努力争取、实现和维护人的自身权利，寻求社会认同和价值实现。在农村依法治理过程中，村民参与治理过程，也同样体现出这一点。

近年来，由于农村改革的深入推进，原有利益格局被打破，完善的农民利益保障机制尚未建立，这就导致乡村社会利益冲突增多，农民合法利益受到侵犯的事件时有发生，在制度化参与不能有效发挥作用的情况下，寻求非制度化方式参与乡村治理过程、寻求利益满足就成为了一些农民的不二选择。而拓宽农民参与农村依法治理的制度化渠道，尽可能扩大村民在农村依法治理中的参与作用，不仅可以强化农民在农村依法治理工作中的主体地位，提高其参与治理工作的积极性和主动性，而且有助于维护农民合法权益，减少乡村社会利益冲突，稳定乡村社会治理秩序，进而实现乡村社会的良性发展。

第二，村民参与培养了其民主意识、公民意识，为农村依法治理工作提供了主体要素。改革开放推动了乡村社会的结构转型和利益重组，出于自身经济利益的考量，广大农民不断积极尝试参与乡村治理活动。在这一过程中，广大农民个体意识觉醒和权利意识强化，并最终实现了从“臣民”向“公民”的转变。外部社会环境的改善和农村治理制度的完善也使得广大农民获得了参与农村治理的渠道和机会，在实际参与过程中，农民的民主追求得到尊重。更为重要的是，通过参与实际治理活动，农民对农村依法治理工作的程序和环节有了更为深刻的认识，获得了一些政治参与的基本技能，参与治理的能力得到提高。

第三，村民参与提高了农村依法治理的层次水平。近年的农村治理实践表明，农民对农村依法治理的参与已经不再局限于村民自治、与基层政府博弈等层面上，而不断通过越级上访、求助媒体等方式来影响上层治理决策的行为逐渐增多。即便在村民自治领域，村民也不再满足于民主选举这一环节，而是开始要求全程参与民主决策、民主管理和民主监督。当前各地出现的各种村委监督组织就是其例。另外，农民利用行政诉讼手段来维护自身权益早已不是什么新闻。从这些可以看出，村民不断参与农村依法治理过程，实际上就是农村依法治理工作方式拓展和层次提高的过程。

第四，村民参与促进了治理决策更加民主化、科学化。村民通过参与治理过程，进行利益表达，提出自己对政策的期待，上层决策者也从村民的参与过程中得知社会底层的利益诉求，在考虑到村民的利益需要的前提下进行政策选择。经过这种能动的过程而制定的治理政策相当程度上能减轻治理政策执行中的阻力因素，农民自然能够执行体现自己利益要求的治理政策，从而实现治理政策执行到村民自觉行动的转化，同时也有利于提高农村依法治理的运行效率。

此外，村民参与强化了对基层政府行为的监督和约束，提高基层干部进行依法治理的政治素质和业务素质，同时能够有效地减少基层政府在依法治理过程中权力寻租的机会，使农村治理工作走上制度化、规范化的道路。

（二）村民参与治理的法治障碍

1. 物质生产水平

马克思主义经典作家认为，经济决定政治，所以作为政治建设组成部分的农村依法治理，自然决定于作为经济基础的物质生产水平。农村物质生产水平状况对农民参与农村依法治理工作的制约作用是根本的和显而易见的。

在农村经济体制上，家庭联产承包责任制支配下的村民在生产上缺乏合作和必要的共同利益，因此很难形成组织化的参与，也很难吸引农民参与自治体管理。在此基础上形成的集体经济的匮乏导致乡村治理可以支配的资源很少，这也从客观上造成村庄政治生活的形式化，降低了村民参与乡村治理的积极性。在农村经济发展的区域性上，我国农村经济发展呈现出极大的地域差距，这就导致了在不同地域村民参与依法治理工作也同样呈现了不平衡性。相比较而言，在经济发达地区，农村的经济结构和社会结构变化较大，农民民主意识觉醒较早，对民主权利要求较强，参与治理积极性和能力较高，因此参与治理的实效较好。与此相反，在经济落后地区，由于农民的温饱问题都尚未彻底解决，也就谈不上顾及和参与政治生活了。在城乡经济发展差别上，农村经济发展明显落后于城市，农民人均纯收入很低，而这种差距还在逐步加大。这使得村民对政治资讯的获取能力较弱，参与乡村治理的频度和自觉性也不强。

2. 民主政治发展程度

在现代民主国家中，公民所进行的政治参与，不是随意的和分散的，而是需要有一整套与之相匹配的健全的制度来保障。从改革开放以来，随着经济市场化和政治民主化进程的推进，人们的经济主体意识和政治参与意识普遍增强，经过多年实践，政治参与也取得了一定成效。然而农村地区的民主政治发展依然缓慢，农民参与农村依法治理的制度化水平滞后，制度化参与渠道显得不够开放和有效，不能为村民参与提供机制保障，这主要表现在：

基层人大制度不健全。乡镇人大作为基层国家权力机关，代表人民行使对本辖区内政治经济社会的统治和管理权力，是农民参与农村依法治理过程的制度化渠道。但是现有的乡镇权力配置结构，使得乡镇人大处于弱势地位，对乡镇政府的监督和控制明显乏力，一定程度上缺乏对乡镇治理的主导权。再加上农民松散的组织化程度，在乡镇人大代表选举过程中，很难找到能够既代表自己利益又具备高素质参政能力的政治代言人，这就使得这一机制在帮助农民参与农村依法治理工作的作用很难发挥出来，最终导致了乡镇人大既不能广泛吸纳村民对农村依法治理的意见建议，也不能保证农民在农村依法治理中的基本政治权利的行使，更不能使基层政府的治理决策体现农民诉求，还不能使基层政府的治理行为受到有效监督。由此可见，乡镇人大制度的不健全明显不利于农民参与农村依法治理工作。

作为农民参政议政最重要载体的村民自治在实践中也存在着诸多问题。以村民自治为核心的农村基层民主政治建设经过几十年的实践，有效推动了传统乡村治理结构的转型升级，农民群众也由此获得了制度化参与自治体治理的制度化渠道。但是在实际运行中，农民利用村民自治渠道参与农村依法治理过程的效果却不甚理想。这主要表现村委会选举与现行的其他制度之间存在碰撞和摩擦。实践中出现了这样一种现象，即选举制度贯彻越严格，选举争议量就会更大幅度的增加，由此引发的群众上访、干群冲突、群体性事件就会更多，这显然与农民有序参与治理的初衷背道而驰；村民自治重选举而轻监督，未能为农民提供有效的制度助其参与自治体内部事务的决策、管理以及对自治体治理行为的监督和制约，这就导致了农民参与治理的效果大打折扣；局部地区选举过于频繁，很大程度上导致了村民参与村庄政治的兴趣衰减。

现行的信访制度未能从根本上满足村民参与农村依法治理的制度化要求。对于信访部门来说，其工作性质是被动的，只有农民信访或反映问题时，他们才有处理问题的依据，而如果缺乏发现问题的主动性，以及缺乏工作流程中的独立性，当农民反映的是有关行政部门的问题时，就往往又被批转下来，使农民反映的问题久拖不决。再者农民信访表达意愿也层层受阻，信访本身是宪法赋予公民的权利，也是公民对政府工作进行监督的特殊方式，可是在某些部门或官员眼中，只要工作做到不上访就是自己的政绩，上访就是无理取闹，是给政府或自己脸上抹黑，有损自己的形象，甚至将上访者称为“刁民”、“暴民”，并想方设法地给上访者设阻，迫使其安于现状。

诉讼式参与农村依法治理也是困难重重。虽然面对不当或非法的行政行为，《行政复议法》和《行政诉讼法》等法律为公民对抗提供了法律依据，但是实践中，农民通过法律表达意愿的成本太高，对法律的生疏以及进入司法诉讼程序费用的高昂，使农民即使在利益受损时也大多望而却步。加之信息不对称、时间、精力等多方面原因所限，农民很难通过行政复议和行政诉讼这一制度化渠道来保护自身利益。

3. 社会文化环境

“当我们提到一个社会的政治文化时，我们所知的是在其过程的认知、情感和评价中被内化了的政治制度。”[①]这种被“内化”的政治制度在某种程度上比外在的法律制度更有力地左右着公民政治参与的态度和行为。

由于传统封建文化的沉淀和人治社会的发展惯性，中国农民在

---

① ［美］阿尔蒙德等：《公民文化——五国的政治态度和民主》，浙江人民出版社 1989 年版，第 15 页。

政治心理上缺乏主体意识，崇尚与世无争，当自身利益受损时，不是通过制度化渠道积极寻求解决，而是渴望得到“清官”做主。这种保守的政治文化对农民政治行为的影响远远大于参与型政治文化的影响。这就导致了广大村民在农村治理过程中，要么是一种普遍的政治冷漠，要么就是一种极端的非制度化参与。

但是，我们也应承认，改革开放的不断深入引发了人们思想观念上的变革。市场经济体制的确立催生了公民个体意识，竞争、平等、自由、法制、权利等观念的广泛传播，使得民众开始了对合法利益的主动追求并继而产生了政治参与的渴望和要求。现代民主要求在民主政治的框架内实现，且要求村民理性化、制度化参与。

4. 村民自身素质

村民受教育程度直接影响着其参与治理行为的选择。“拥有关于当前问题的知识和技能”是驱使村民参与农村治理活动的必备动机之一。[①]受教育程度的高低直接影响着村民参与农村治理的程度。农村中一些具有一定文化知识的村民，如退伍军人、民办教师、个体私营业主等由于其文化知识水平较高，受传统政治文化的影响较少，其对现代民主政治有一定了解，因此其对农村治理工作的人员安排和治理工作的程序机制等宏观问题关注度较高。而农村中的文盲半文盲群体，容易受传统政治思想影响，缺乏现代民主意识，其对农村治理的关注更多集中在治理工作为其带来的直接效益上。由此可见，村民受教育程度直接影响其参与农村治理行为的选择，影响其对治理工作的关注层级和角度。

村民法治意识制约着村民参与能力的提升。即使到目前为止，依然有为数不少的农民对有关制度体系内政治参与的法律、法规和参与程序缺乏足够的了解和把握，对自己基本的政治权利缺乏必要的认知，对政治参与的目的、责任尚缺乏正确的看法。从政治实践

---

① ［美］罗伯特·A. 达尔：《现代政治分析》，上海译文出版社1987年版，第138页。

看，农民不知如何享有和运用其权利，有时也不能做出正确的政治选择和价值判断。因而，也就不会形成履行义务的自觉，结果必然导致较为普遍存在的不负责任、法制观念淡漠和实际义务感缺失。

村民组织化程度的高低也是制约村民参与农村依法治理的因素。改革开放以后，农民摆脱了对集体的人身依附关系，与此同时，在充满竞争的市场经济大潮中，他们也失去了传统体制的保护屏障。由于缺乏强有力的维护农民利益的政治组织，使农民成为国家经济建设和改革成本的主要承担者和最大的利益受损者，这也直接影响着农民利益表达的规范化和理性化。

不容置疑，农民作为一个数量庞大的阶层，缺乏专门的组织，政治生活缺乏组织化，与其他利益群体相比，农民却由于一定程度的缺乏利益表达渠道，致使其在利益受损时，也难以采取程序化和理性化的方式，要么显示出整体参政的消极性，要么采取制度外或非理性化的方式来表达自己的利益诉求和意愿。

（三）村民有序参与的法制保障

根据以上分析，我们可以看出制约村民参与农村依法治理工作的因素主要包括物质生产水平、民主政治发展程度、社会文化环境以及村民自身因素等。因此，试图扩大和拓展村民参与依法治理的广泛性、层次性和实效性，则必须从以下几个方面入手：

第一，促进农村经济发展，这是物质基础。一个国家的政治参与水平与其经济发展水平息息相关。实践证明，农村经济发展与农民参与农村治理之间存在正相关关系。首先，农村经济的发展能够提高农民的生活水平和受教育程度，为广大村民提供在社会地位较高的职业中就业的机会，自然会增强村民参与农村治理的意识和能力，也就是造就了更多的参与性公民。其次，农村经济的发展必然导致农村社会利益关系的不断变化，使原有利益格局被打破，在这一过程中利益受损的农民必然会采取参与行动来维护、实现自身利益，借以按照自己的意识来构筑符合自己需要的农村治理模式。再次，当前村民参与农村依法治理工作具有手段性特征，也就是说，农民参与农村治理工作其本质目的和最终目标，还在于在参与过程中实现自身的经济利益。最后，农村经济的发展是农民参与农村治理工作的条件之一。只有当农民的基本生活需要得到满足后，其才会花费时间、精力去勾画农村治理蓝图，参与农村治理过程。为此，我们必须采取各种措施大力发展农村经济，为村民参与农村依法治理工作提供扎实的物质基础。这就需要我们从以下两方面着手加以解决：

一方面，继续推动农业发展和农民增收。改革开放后，农村经济获得了长足的发展，但是这不能改变当代农村发展依然滞后于城市且农村经济发展存在严重的区域失衡的实际。针对部分地区农业依旧落后、农村依旧贫困的现实情况，各级政府应该继续把“三农”问题的解决放在经济工作的突出位置，通过增加农业资金对科技人才的投入提高农业现代化水平、推进农村经济市场化进程、提高农产品的商品化程度、优化农村产业结构、提高农产品市场竞争力等手段，促进农业发展和农民增收，为村民参与农村治理提供坚实的物质基础。

另一方面，注重农村产业协调、城乡统筹发展和农民利益保障。目前，我国农村经济社会在不断发展中还普遍存在着产业结构不合理、经济社会发展滞后于城市、农民工等特殊农民群体利益保障不当等问题，这些问题的解决需要进一步深化农村经济体制改革。这就需要国家在推动农村治理过程中，引导农村第二、三产业发展，推进农村产业结构的调整升级和优化配置，借以推动农村原有利益格局的进一步分化、重组，实现农民利益格局的多元化，为其参与农村依法治理提供动力；国家还应积极打破原有的城乡二元结构，推动城乡一体化进程，推动教育、医疗、社会保障等方面的社会资源向农村倾斜，促进城乡统筹发展，提高农民参与农村治理的能力和机会；要完善农村依法治理立法工作，切实贯彻乡村治理规则、加大治理执法监督，特别注重对农民工、失地农民等特殊群体的利益保护，尽可能降低因非制度化参与治理工作而导致的农村失序可能。

第二，完善现有的村民参与制度，这是制度基础。由于农村民主政治发展相对缓慢，现有的制度化参与渠道也显保守并缺乏实效，农民制度化参与农村依法治理的水平明显较低，这就给农民参与治理工作造成了某些不便。村民参与农村治理的主要目的是通过参与行为来维护和扩大利益，一旦其利益受到侵犯，如果现有的制度化渠道不能为其提供利益表达的机会，寻求非制度化的解决渠道就会成为其必然选择，这必然导致村庄政治的无序，最终损害的是党和政府的治理权威和治理实效。因此，只有建立健全村民参与农村依法治理的制度化渠道，满足农民参与治理的愿望和需求，才能避免因制度化参与渠道不畅而出现的农民非制度化参与。为此，需要在以下三个方面开展工作：

一是要健全基层人大制度，引导农民通过乡镇人大表达意愿，行使对本区域内部事务的治理权利。应该健全乡镇人大代表选举制度，增加竞选环节，增进村民对候选人的了解，使那些真正能够代表村民利益又具备较高参政素质的候选人成为农民利益代言人；优化乡镇权力配置结构，实行乡党委书记兼任乡人大主席，提高乡镇人大在乡镇权力体系的地位，加强对乡镇政府治理行为的监督和制约；加强乡镇人大代表同乡镇政府、村民的联系，乡镇人大代表要及时将村民分散的治理意见建议加以汇总梳理后向乡镇治理机关准确传达，并在制度范围内与治理机关研究制定治理政策，最终参与治理政策的落实、治理工作的监督和效果反馈。

二是要健全信访制度，引导农民通过信访渠道表达利益诉求。目前应该改变现实信访工作中存在的缺乏主动性问题，积极转变信访部门的工作机制，变群众“上访”为主动“下访”，应该积极主动地收集农村治理舆情并加以整理、研究，形成农村治理的意见建议；应该增强信访部门的独立性和约束力，使其不再单纯充当信访材料的“二传手”，使其能够直接参与到治理工作中出现的信访问题的解决；建立信访部门与治理部门的信息反馈机制和工作联动机制，形成独立的信访治理评价体系，对治理工作中村民、治理部门的表现予以客观评价。

三是要理顺农村治理权责关系，充分发挥乡镇政府和村自治体在引导村民参与农村依法治理活动中的作用。要对乡镇政府和村民自治体在农村依法治理工作中的权力、责任、义务进行科学合理的界定，对于需要乡镇政府指导的事项，村民自治体必须接受；对于治理过程中需要乡镇政府提供支持和帮助的事项，乡镇政府必须予以保障；对于乡镇治理工作需要村自治体予以协助的，后者不能以自治权予以对抗。所有这些事项需要在实践中细化、明确，避免在治理过程中出现不必要的争议，影响治理效果。

第三，塑造参与型政治文化，这是文化环境。推进农村依法治理工作的村民参与，不仅要有健全的参与规则和参与机制，还要营造积极开放的参与氛围和良好的社会环境。由于几千年封建政治专制和小农经济的长期存在，传统政治文化中“重义务轻权利”的臣民意识等观念在我国广大农村市场广阔，主体意识缺乏成为中国农民的普遍特质，这直接导致了其政治参与意识的匮乏。改革开放后，市场经济的发展催发了自由、平等、权利等意识，广大农民参与村庄政治生活的意识有所觉醒，但是在塑造符合现代民主政治发展需要的参与型政治文化上，仍有许多工作需要做。

要通过教育引导农民增强责任意识、公民意识和参与村庄政治生活和农村依法治理活动的责任感、使命感，提高其通过制度化渠道参与农村治理的积极性；要加强舆论引导工作，开动宣传机器，对积极参与农村依法治理工作的先进事迹和良好范例进行大张旗鼓的宣传表彰，在全社会形成重视参与治理工作的良好氛围，为村民参与农村依法治理提供社会文化环境。

第四，增强农民自身素质，这是主体要素。“文盲是站在政治之外的”，[①]政治参与主体的素质直接影响到政治参与的程度和水平。现实中，我国农民相对较低的受教育程度，尤其是较低的法制文化素

---

① 《列宁选集》(第4卷)，人民出版社1995年版，第590页。

质，导致农民缺乏必要的政治认知和政治参与能力，使其难以掌握通过制度化渠道参与农村治理的手段。因此需要在教育、法制宣传等方面予以加强，以提高农民素质，培养良好的农村治理主体要素。

要加大农村教育投资力度，提高村民的教育文化水平。农民受教育程度与其对农村治理工作本身以及对参与治理的必要性的认知水平有着直接关系。实践已经证明，农民接受教育的程度越高，其参与农村治理的积极性也会相应越高。当然，在参与治理过程中，受教育程度较高的农民也越能倾向于保证理性有序，并越能提出符合自身需要而又切合实际的治理建议。因此，需要提高农民的文化素质，消除因教育程度低而导致的影响农民参与农村依法治理的障碍，从而促使农民能够高水平地参与农村治理。

除此之外，还要加强对宪法以及村委会组织法等有关我国农村民主政治制度的宣传，提高农民法治素养，使农民熟悉参与农村治理的程序、规则和内容，使其具备制度化参与村庄治理的能力。

第五，提高村民组织化程度，这是组织基础。公民有组织地参与政治是现代社会发展的方向。提高农民的组织化程度，不但有助于维护农民合法权益，还可以有效地对农民进行民主知识和参政技能等方面的教育，减少农民对家族等非正规势力的依赖，提高村民参与农村依法治理的组织化程度。

国家在政策层面，要扫除阻碍农村组织发展的制度障碍，放宽农民组织的准入条件，为农民组织发展提供更加宽松的法制环境。要允许农民发挥自己的创新精神，自愿结合组成满足自己需要的各种协会、组织等。至于组织形式，各地可以根据情况自主探索选择，如合作社、农民协会等，凡是有利于增强农民组织化程度的形式都可以采用；对现实中已经存在的农民组织，有关部门应该加以规范引导，使其符合现代组织运转规则，符合当代农村法治发展需要，最终实现合法化、规范化，并得到国家法律保障；对缺乏管理经验和运转经费的农民组织，县乡政府要通过贷款、税收、财政补贴等手段加以鼓励、支持，帮助其成长壮大；要积极引导农民组织在农村依法治理过程中发挥积极作用，使其成为农村依法治理过程中村民利益的代言人、治理工作的参与者、利益协调的当事人，借以改变单个村民在治理过程中的弱势地位。

第六，充分认识大众传媒的舆论引导功能，这是舆论氛围。大众传播媒介具有信息承载量大、传播速度快、受众普及率高的优势，其许多功能在帮助村民参与农村依法治理过程中可以很好地发挥作用。首先，它具有传递信息和传播文化知识的功能，尤其是传播媒介的政治倾向和政治价值的判断标准，对大众政治观念与态度的形成产生深刻的影响。其次，它通过传播来激发和提高人们参与治理的政治兴趣，并以此为村民进行治理问题的讨论提供了场所和手段。再次，大众传播媒介还具有重要的监督功能。村民可以通过大众传媒反映自己对农村治理工作的意见和建议，揭露和抨击治理过程中出现的不良现象，有助于优化农村政治和社会环境，推进农村社会风气的好转。最后，大众传播媒介的使用，可以使村民对村庄政治活动的知情权、参与权和监督权等宪法权利转化为现实权利，同时增强治理工作的公开性、透明性和时效性。可以说，大众传媒的存在，不仅为村民参与治理工作提供及时便利的信息，同时也为村民发表治理意见，参与治理决策提供了一个便捷的渠道。

在我国，拓展公民政治参与的重点在农村，扩大公民政治参与的难点也在农村，农民的政治参与状况对中国民主政治的发展无疑起着举足轻重的作用。在推进村民参与农村依法治理，应给广大农民提供更多的利用大众传媒的机会，鼓励和引导他们利用大众传播媒介合理、有序地参与农村治理工作，并理性地表达自己的愿望和要求。比如，在一些农村经济许可的地方，村委会可以主动建立图书馆、报刊亭等，让农民更多地了解各种信息，增强农民群众的信息素养，开展对农民制度化政治参与的启蒙与培训。通过充分发挥大众媒介的各项功能，不仅可以对农民进行正确引导，促使他们的政治心理得以健康发展，还可以增强他们对政府治理的政治认同感和政治归属感。当然，应该看见，大众媒体所起到的只能是导向作用，要实现村民有序参与农村治理，还必须在制度建设、政策引导等方面加大力度和做足工夫，通过建立民主参政的自由空间和完善政治参与的多种渠道，从而保障村民参与农村依法治理的有效实现。

三、乡村良性互动的法律保障机制

在中国农村基层，乡镇人民政府的公共性和农民的主体性，决定了乡镇人民政府行政必须是广义的公共行政，政府与农民、农民组织的行政合作应该成为乡镇人民政府施政的基本方式和农民、农民组织依法行使公民权利的基本途径。2008 年 5 月 12 日，国务院颁发了《关于加强市县政府依法行政的决定》，这一决定对实现农村依法治理中的乡村互动以及推动基层政府与社会组织的行政合作极具指导意义。在农村，基层政府处于国家行政体系的最末端，直接影响到农民的生产生活。而农民较差的文化水平、生产生活状况和政治行为能力决定了农民行政参与的影响力在国家金字塔型的行政体系中随行政体系层级的提高而递减。因而，在推动基层政府和农民及其组织的互动协作过程中实现农村官民和谐理应成为我们的价值追求。

（一）乡村互动的价值及其障碍

当前，开展农村依法治理中的乡村互动，把行政合作作为乡镇人民政府与农民和谐关系的价值追求，不懈推进，具有重大的时代价值。这些主要体现在：

第一，农村基层行政合作与互动有利于增强农民主体性。农村基层行政合作实际上就意味着农民对基层政府行政管理工作的政治参与。一方面，农民的政治参与为其与基层政府之间的行政合作提供了前提和基础。没有农民的政治参与过程，行政合作只能是基层政府的“一厢情愿”。另一方面，行政合作有助于推动农民的政治参与积极性的发挥和参与渠道的拓展。因此可以说，农村基层行政合作就是乡镇人民政府与农民之间的良性互动过程，它尊重了农民的主体地位，也为农民主体作用的发挥提供了制度化途径。按照合作程序的标准，我们可以将农村基层行政合作分为两种类别，即间接合作和直接合作。前者主要是指农民对基层政府行政过程的政治参与，它一般通过乡镇人大代表的媒介作用间接实现；后者主要是基层政府在决策、执行和监督等环节中引入农民政治参与因素，在互动合作中实现行政目标。两者虽然在运作方式和功能原理上有很大不同，但是在农民主体性上却有着共同的体现。

首先，农民通过基层人大选举参与基层政府行政过程的间接合作很大程度上体现了农民的主体性。在一定条件下，政治参与的状况直接反映公民在特定政治生活中的地位和作用，体现着特定政治关系的内在本质，构成民主制度的基石。因而，“健全民主的标志之一就是不断改进形式，为促进更广泛更充分的参与创造出新的手段”。[①]代议制民主条件下，政治参与是公民彰显主体性的一种普遍的政治实践。从一定意义上说，政治参与体现了公民主体之间的合作。社会主义制度确立以来，农民行使国家权力的机关是全国人民代表大会和地方各级人民代表大会。农民借助人民代表大会的制度安排，以委托授权人民代表的方式实现对国家的间接管理，蕴涵乡镇人民政府与农民的间接合作。乡镇人民代表大会是乡镇人民的权力机关，实行民主集中制原则和议行合一原则，蕴涵乡镇人民群众（农民）—人民代表大会—人民政府的互动合作机制。这样的制度设计有利于农民意愿的表达、集中、整合和贯彻执行。因而，乡镇人民代表大会成为人民群众（农民）行使管理国家和社会事务民主权利的法定场所。

其次，基层政府在决策、执行和监督等环节中引入农民政治参与因素，在互动合作中实现行政目标的直接合作方式彰显了农民的主体性。新世纪新阶段，我国正处于社会变革的关键期、深刻期。

---

① 科恩：《论民主》，聂崇信、朱秀贤译，商务印书馆2005年版，第41页。

这一社会变革，使人民行政参与积极性不断提高。在农村基层，随着家庭联产承包责任制的导入和市场经济体制的运行，农民经济实力显著增强。经济发展催生了农民的政治参与热情，也引起农民参与模式的变迁。当前，由于农村政治参与的渠道狭窄、参与制度不健全以及农民政治文化水平不高等因素的作用，农民非制度化的、无序的政治参与显著增加，既影响和制约农民主体地位的巩固和主体作用的发挥，也对农村的社会政治稳定构成威胁。所以，必须进一步深化政治体制改革，强化农民的权利本位和当家做主的实践感，从各个层次、各个领域扩大农民有序政治参与，保障农民真正作为国家的主人，运用属于自己的公共权力和各项公民权利去实现和维护自己的利益。

第二，农村基层行政合作有利于增强乡镇人民政府的行政效能。政府要在行政合作中发挥积极的作用，必须锻造作为合作参与方的主体性要件。为此，首先应当加强政府自身建设，从而使政府从自在、自发阶段逐步发展到自为、自觉阶段。[①]其中，政府效能是政府自身建设的关键。政府效能是反映政府行政能力和行政效率、效益的综合指标。行政能力是工具性指标，行政效率、效益是价值性指标。因而，政府效能是工具与价值的统一体。政府效能状况必须从工具和价值两个方面综合考察。政府效能是一个社会历史范畴。政府效能的大小、强弱取决于各种历史合力的综合作用。一般地说，政府效能的影响因素包括内部因素和外部因素。内部因素主要包括政府权力、政府职能、政府制度、政府结构和公务员素质。外部因素主要包括国家与社会的关系、政府与公民的关系、政治合法性、政治制度，等等。

从行政合作的角度考察各种因素对于政府效能的意义，首先要确认政府与公民的关系是影响政府效能的关键性外部因素。这是一个不以人们的主观意志为转移的客观事实。政府与公民的对抗和冲

---

① 乔耀章：《政府建设导论》，《江苏行政学院学报》，2007年第6期，总第36期。

突，将直接制约政府效能的提高，而政府与公民的合作则将直接促进政府效能的提高。所以，推动政府与公民的合作是提高政府效能的重要路径。应该看到，行政合作有利于提高乡镇人民政府的行政能力。从政府核心能力的构成来看，政府必须具有合法化能力、社会动员能力和社会控制能力。每一种能力大小都与社会成员的支持和配合密切相关。政府合法化意味着政府必须得到社会成员广泛的心理认同。社会动员和社会控制不可能完全依靠政府暴力来实现，同样需要社会的参与和支持。国家能力与社会是紧密关联的。尽管国家与政府并非完全一致，但是，政府能力与社会的关联同样非常紧密，政府能力体现在政府的不同层次与社会相应层次的互动合作之中。

乡镇人民政府与农村社会的联系最紧密。在不同层级的政府体系之中，农民对乡镇人民政府的体认最深切、最直接。相对而言，乡镇人民政府对农村社会的渗透最深入，对农民的影响也最直接。农民是乡镇人民政府最广泛、最深厚的群众基础。乡镇人民政府与农民的合作对于提高乡镇人民政府能力具有更直接的现实意义。

政府行政效率是行政产出与行政投入的比率，是评估政府效能的数量指标。乡镇人民政府与农民的行政合作可以降低行政投入，扩大行政产出，实现行政产出与投入比率的最大化。在行政合作中，农民享有充分的知情权，对乡镇人民政府的行政行为给予充分的理解和支持，可以大大降低乡镇人民政府与农民不必要的博弈成本或交易费用，从而带来行政成本的节约。同时，农民享有充分的知情权，能够充分了解乡镇人民政府的政务，享有充分的监督权，能够对乡镇人民政府和公务员的行政行为进行严格的监督，使政府公共行政权力在阳光下运行，降低了乡镇人民政府和公务员设租、寻租的概率，这同样降低了行政成本，扩大行政产出与投入的比率。此外，农民直接参与乡镇人民政府的行政运行，或者直接为乡镇人民政府提供公共产品，或者与乡镇人民政府共同提供公共产品，都将极大降低行政成本，扩大行政产出与行政投入比率。

政府行政效益是政府行政产出对于公民的实际效用，体现为政府行政产出对公民公共需求的满足程度。它是评估政府效能的质量指标。乡镇人民政府与农民的行政合作同样有助于提高乡镇人民政府行政效益。因为，在基层政府与农民的行政合作中，农民直接参与乡行政决策，有效地保证了基层政府决策的公共性，而农民参与行政监督权的过程，有助于保障行政执行的有效性，这样就可以避免出现那种只追求长远利益而忽视眼前利益的短视行政行为，也可以避免为追求政绩而忽视成本的盲目行政行为，从而在根本上保证政府的行政效益。

第三，基层政府推动行政合作有助于在乡村社会构建良性和谐的官民关系。人与人之间的和谐关系是社会主体之间的良好关系，具体包括个体与个体、个体与组织、组织与组织之间的和谐关系。在农村基层，促进乡镇人民政府与农民的关系和谐是农村社会和谐不可或缺的重要方面。促进乡镇人民政府与农民的关系和谐是一个涵盖经济建设、政治建设、文化建设、社会建设和党的建设等方面的系统工程。

从政治建设的角度来看，乡镇人民政府与农民的行政合作对于乡镇人民政府与农民关系和谐具有十分重要的意义。乡镇人民政府与农民的关系实质上是行政权力与公民权利的关系。行政权力与公民权利本质上是一致的。公民权利是目的，行政权力是手段，行政权力的行使以实现公民权利为界。乡镇人民政府与农民的合作意味着政府行政权力与公民权利的调适和一致。主要表现在以下三方面：一是乡镇人民政府行政权力公共性行使，实现、维护和发展了农民的公民权利。二是农民行使公民权利，参与乡镇公共事务的管理，降低公共行政成本，提高行政效能。三是农民参与行政过程，与行政机关通力合作，共同实现公民的权利。这是公民主体客体化、目的手段化的新现象，体现为行政权力与公民权利的相互交融、相互促进的和谐状态。

政府行政权力与公民权利存在相互冲突、相互对抗的关系。政府公共行政权力的非公共使用，导致公共权力的异化。当前，乡镇人民政府及其公务员也存在自利的思想倾向和实际行动。这是政府公共行政权力的非公共使用的结果，也是公共行政权力异化的具体表现。乡镇人民政府公共权力异化，违背了农民的意志，危害了农民的利益，造成了行政权力与公民权利的对抗和冲突。另一方面，农民公民权利是法制规约下的权利形态。农民离开法制的规约，盲目、无序地行使自己的公民权利，造成公民权利的滥用，危害农民的公共利益，造成行政权力与公民权利的张力。推动乡镇人民政府与农民的行政合作，有助于发挥农民的主体作用，以公民权利对抗行政权力，保障乡镇人民政府行政权力的公共性使用，彰显公共性本质。乡镇人民政府运用行政权力对抗农民公民权利的滥用，确保农民根本利益和长远利益的实现。从而实现乡镇人民政府公共权力与农民公民权利的调适和一致，而这又促进了乡镇人民政府与农民相互信任，和谐行政关系。

乡镇人民政府是农村基层行政管理机关，是离农民最近、行政层级最低的政权组织。乡镇人民政府与农民之间的矛盾和冲突不可避免。因为，任何社会都不可能没有矛盾，人类社会总是在矛盾运动中发展进步的。构建社会主义和谐社会是一个不断化解社会矛盾的持续过程。所以，乡镇人民政府必须积极主动地正视乡村社会中出现的各种矛盾冲突并采取积极手段加以化解，建设一个获得农民广泛支持、高度信任的政府，以此推动乡村社会和谐社会关系的构建。所以，乡镇人民政府必须把与农民的行政合作，作为增进政府与农民互信、推动两者关系和谐的基本路径。

（二）乡镇依法行政的机制构建

如前所述，开展农村依法治理中的乡村互动，把行政合作作为乡镇人民政府与农民和谐关系的价值追求，不懈推进，具有重大的时代价值。但是不可忽视的是，农村依法治理中的乡村互动也存在一些障碍，其中最大的问题就是基层政府对权力的滥用。基层政府在日常乡村社会行政管理过程中，由于人员素质、制度缺乏、监督不力等因素的影响，滥权、越权的行政行为时有发生。这些不当或违法行政行为的发生严重损害了党和政府在基层民众心目中的形象和权威，损害了基层民众的切身利益，甚至在有些地方还诱发了群体性事件，酿成了当前一定范围内存在的基层治理危机。

而要对乡镇政府这种滥权行为加以规制，最为重要的就是提升基层政府在依法行政过程中的能力和水平，使得基层政府的人员素质得以提高、制度规范得以健全、监督约束得以强化，使得基层政府的行政活动能够按照公开、公正、公平的原则合法合理地加以推进。但是基层政府这种滥权行为的背后，却有着复杂的背景因素的困扰，这主要体现在以下几个方面：

第一，基层行政机构调整和管理机制改革一定程度上导致了乡镇政府权力的虚化、弱化。随着基层乡镇政府机构改革的推进，一些具有收费权、处罚权的“实权”部门纷纷实行垂直管理，而对于一些没有收费和处罚职能的“弱势”部门却被上级政府抛给了乡镇，这就造成了这样一个局面，弱势部门权力小责任大，乡镇政府必须负责；强势部门权力大责任小，乡镇政府无法“分一杯羹”。这在很大程度上在弱化基层政府管理职能的同时，降低了基层政府工作的积极性。

第二，农村工作的复杂性增加了乡镇政府依法行政工作的挑战性。税费改革的推进缓解了多年以来基层官民之间的冲突关系，对乡村社会稳定起到了一定作用。但是受制于传统发展思维的制约，农村在公共卫生服务体系建设、社会保障体系建设、农村基础教育建设等方面都有很多的欠账，而现行基层政府行政权力结构上却缺乏相关的配置。

第三，当前乡镇财政存在的现实困难导致了基层政府依法行政工作开展缺乏必要的经济支撑。分税制改革在一定程度上导致乡镇财政空虚，历史遗留债务还有待消化，部分职能部门经费短缺等问题都导致了基层财政困难。而基层财政困难直接导致了基层政府对农业农村投入乏力，农民增收困难，影响了基层政府在农民中的形象，也增加了基层政府超越行政权限、利用权力“寻租”的冲动。

因此，从以上问题就可以看出，要想实现乡镇依法行政能力的提升，必须从改变基层权力配置、改善乡镇财政状况、提高基层政府依法行政的积极性和自觉性的角度出发加以解决。但是依法行政在本质上要求基层政府在实施行政行为时能够保有对宪法法律的价值性遵循，而不是把法律作为一种工具性要素加以利用。与此同时，还要关注到当前农村的现实政治生态，将法治精神与传统伦理相结合，推动依法行政能力水平的提高。

推进基层政府依法行政工作，除了要在基层政府自身寻找解决办法外，还应该在加强基层干部依法行政能力建设上寻求突破，具体说来，主要包括以下几个方面：

首先，要提高基层干部依法行政的水平和能力。要严格按照公务员法的要求，采取公开透明的方式，把那些具有真才实学能力和干事创业激情的人纳入乡镇干部体系之中。要对在职公务员进行专业性法律知识的培训，建立起以组织人事部门为主导的干部培训体系和与之相关的培训制度，使基层干部的依法行政能力得到切实的增强。

其次，要完善基层干部监督考核制度。要切实履行相关部门对基层干部监督考核的职责，对乡村干部依法行政的情况总结汇总，并进行定期或不定期的检查监督。要建立基层政府依法行政定期汇报制度，各乡镇政府和所属部门要将依法行政情况定期向上级人民政府、上级职能部门、监察部门如实报告，汇报的情况可以作为对干部考核任用的一个重要标准。

再次，要改革基层干部任用制度。现有的干部任用体制普遍存在的问题就是对上负责，而非对下负责。这就导致了在实践中，乡镇干部重视的是长官意志而非百姓意志。这与党中央提出的“权为民所用、情为民所系、利为民所谋”的执政观念格格不入。这就需要我们改革基层干部的任用制度，真正做到百姓意愿在政府行为中得到体现，百姓利益在行政行为中得到维护、保障和发展。

最后，要改进乡镇干部依法行政的外在环境。一方面要铲除腐败现象，提高政府权威。要继续加大查处贪污腐败的力度，对官僚主义的衙门作风予以坚决杜绝，切实维护党和政府在人民心目中的形象。另一方面，要提高基层群众的法律水平、民主意识。要加大农村教育投资力度，提高村民的教育文化水平。农民受教育程度与其对乡镇依法治理工作本身以及对参与治理的必要性的认知水平有着直接关系。实践已经证明，农村受教育程度越高，其参与依法行政过程的积极性越高，参与治理过程越能够保证理性有序，参与过程中越能提出符合自身需要而又切合实际的治理建议。因此，需要提高农民的文化素质，消除因教育程度低而导致的影响农民参与基层依法行政的障碍，从而促使农民能够进行高水平的参与基层政府依法行政过程。除此之外，还要加强对宪法以及村委会组织法等有关我国农村民主政治制度的宣传，提高农民法治素养，使农民熟悉参与农村治理的程序、规则和内容，使其具备制度化参与依法行政的能力。

（三）乡村良性互动的法治路径

行政民主是农村基层民主的重要内容，也是农村基层政治发展的基本方向。行政民主的要义在于政府与公民基于公共利益的实现而开展良性的合作互动。政府与公民行政合作的深入开展是农村基层行政民主化的内在要求和重要标志。当前，必须实施乡镇依法行政与农民依法自治的联动，把推动行政合作作为农村基层行政民主化的重要载体。推动农村基层民主化进程中行政合作的升华，必须着力清除农村基层行政合作的制约因素，推动乡镇人民政府与农民组织以及农民相互依赖着进行的转型。

推进农村的基层行政合作升华，首先必须改革乡镇人民政府、规范政府行政权。具体地说，要通过加强行政合法性建设，塑造值得信赖的人民政府；通过简政放权、转变职能，塑造善于合作的人民政府。这体现在：

第一，加强行政合法性建设，塑造值得信赖的乡镇人民政府。农村基层行政合作以乡镇人民政府与农民的互信为基础。信任与合作的辩证互动关系既提出了塑造值得信赖的人民政府的必要性，也提出了实际操作的可能性。塑造值得信赖的人民政府，要求乡镇人民政府从行政合法性的高度认识农民信任的极端重要性。任何一个政治系统的存在都必须具备一定的合法性基础，乡镇人民政府也不例外。行政合法性是公民对政府目的、行为和实效等方面的良好心理体验，它是政府得以存在的社会基础，事关政府的荣辱兴衰，甚或生死存亡。一般地说，合法性越强，政府越稳固。反之，合法性越弱，政府越不稳固。任何一个政府都必须自觉审视自身，加强合法性建设，避免合法性危机。行政合法性强，意味着公民对政府信任的程度高。反之，则意味着公民对政府的不信任或信任程度差。一般地说，信任与行政合法性、行政合作是正相关关系。乡镇人民政府加强行政合法性建设，取信于民，是行政合作的前提和基础。塑造值得信赖的人民政府，要求乡镇人民政府牢固树立公共行政的精神，并以其指导公共行政实践。

第二，简政放权、转变职能，塑造善于合作的乡镇人民政府。农村基层行政合作意味着乡镇人民政府与农民关系的变革，它要求"政府不仅要放权，更应该在职能转变中重新思考与社会关系架构中的角色定位，并最终形成政府与社会众多参与主体的共治结构"。[①] 从逻辑上讲，乡镇人民政府下放权力、转变职能，能够为发展基层民主、强化农村社会组织自治功能提供广阔的制度空间。而从各个层次、各个领域扩大农民有序参与，又能够为农民与政府合作治理提供实践动力。进入新世纪以来，党和国家对推动公民与政府合作治理的态度已经渐趋明朗，就是要围绕基层政府行政行为与基层群

---

① 沈荣华、赵利、胡岚：《合作共治：我国城市社区建设的路径》，《社会科学》，2008 年第 10 期。

众自治实现有效衔接和良性互动的目标要求，推动乡镇人民政府进一步简政放权、转变职能，塑造善于与农民合作共治的人民政府。这需要做到：

首先，简政放权、转变职能，实现政府行政管理与农民自治的有效衔接。乡镇人民政府要在农村新型经济合作组织和村民自治组织健康发展的基础上，把不该由政府管理、农村新型经济合作组织和村民自治组织能够承接的事项转移出来，由这些农民组织承担，并赋予相应的管理权限，实现政府行政管理与农民自治有效衔接。这就要求乡镇人民政府，“严禁干预基层群众自治组织自治范围内的事情，不得要求群众自治组织承担依法应当由政府及其部门履行的职责”。[①]

其次，转变职能、简政放权，使基层政府的管理和农民的自治有效结合起来。乡镇人民政府未来职能的核心是提供优质公共服务，而乡镇人民政府为农民提供公共服务最根本的维度之一就是培育农民自组织、推动农民自治活动的有效开展。因为，尽管农民走向自治是一个自然历史过程，但是，在走向现代社会自治的过程中，政府是最初的推动力，政府需要在培育社会自治精神、创设社会自治体制方面发挥作用。所以，培育农村新型经济合作组织、村民自治组织等农村基层社会组织，拓展农村自治领域，扩大农民自治能力，是乡镇人民政府的基本服务职能，也是塑造善于合作的乡镇人民政府的基础工程。农民自治不仅意味着乡镇人民政府职能的转变，而且意味着政府理念、政府体制等方面的转变。正如张康之所说，“社会自治的问题牵涉到整个社会的变革，它需要政府在行政文化、行政观念、行政体制以及政府职能等各个方面实现变革。而这些变革又会向政府改革提出要求”。[②]乡镇政府推动农民自治组织的成长和农民自治活动的开展是乡镇人民政府发挥依法治理作用的重要表现，

---

① 参见《人民日报》2008年6月19日，第7版。

② 张康之：《论新型社会治理模式中的社会自治》，《南京社会科学》，2003年第9期。

也是政府行政管理与农民自治良性互动的重要表现。

最后，推进政务公开，为行政合作创造必要条件。政务公开是行政合作的前提和基础。乡镇人民政府要主动适应信息技术快速更新、传播渠道日趋多元、媒体格局深刻变化的新形势和新挑战，及时、权威、有效地发布政务信息，推进政务公开。在公开的内容上，必须按照 2007 年 4 月国务院颁发的《中华人民共和国政府信息公开条例》规定，凡涉及公民、法人或者其他组织切身利益的；需要社会公众广泛知晓或者参与的；反映本行政机关机构设置、职能、办事程序等情况的；其他依照法律、法规和国家有关规定应当主动公开的均主动向农民公开。

第三，凝聚行政合作精神动力，建构具有行政合作文化的乡镇人民政府。农村基层行政合作是乡镇人民政府与农民、农民组织的良性互动。合作主体之间的良性互动离不开以共享价值为核心的精神动力的强有力支持。推动农村基层行政合作，必须建构一种与行政合作事业背景密切关联的行政合作文化，凝聚行政合作的精神动力。

行政合作文化是一种政治文化。行政合作本质上是政府和公民、公民组织共同参与的公共行政行为，没有政府参与的合作不是行政合作。从广义的角度来看，行政合作是政治行为。因而，行政合作文化属于政治文化的子系统，或者说是政治文化的一种亚文化。如果说，“政治文化是一个民族在特定时期流行的一套政治态度、信仰和感情”，① 那么，行政合作文化就是行政合作主体在特定时期流行的一套关于行政合作的态度、信仰和感情。从政治合法性的角度来看，行政合作文化蕴涵行政合作主体对政治共同体如国家、不同层级的行政机关的政治认同。在农村基层，意味着农民和农民组织对国家和不同层级行政机关特别是乡镇行政机关的认同。从过程文化的角度来看，行政合作文化意味着农民和农民组织对于自己在政治

① 加布里埃尔·阿尔蒙德、宾厄姆·鲍威尔著：《比较政治学——体系、过程和政策》，曹沛霖、郑世平等译，东方出版社 2007 年版，第 26 页。

过程中的影响力持积极的看法，并形成了鼓励自己利用各种参与机会的态度。行政合作文化也意味着合作主体对其他政治活动者的信任。包括对其他参与方以及行政机关的信任。在农村基层的行政合作模式中，农民和农民组织的相互信任以及农民、农民组织与乡镇人民政府的相互信任为二者通力合作奠定了坚实的文化基础。

行政合作文化是行政生态文化。行政合作文化是行政生态中的行为主体在行政合作实践中孕育形成的、以合作治理为核心的共享价值观念。行政合作文化影响行政合作参与方的思维方式。行政合作参与方在行政合作文化的熏陶下，将潜移默化地形成趋社会性或者说趋合作性的思维方式，接受共同的价值观念和行为准则。行政合作文化影响行政合作主体的行为方式。行政合作文化借助共同的价值观念和行为准则等非正式准则体系规范行政合作主体的行为方式，激发行政参与方借助通力合作方式而非“单边主义”方式完成行政任务、实现行政目标。行政合作文化促进行政合作主体实现有机团结而非机械团结，增强行政合作主体之间的相互依赖性和行政合作的可持续性。

行政合作文化更是和谐文化。学者哈格里夫斯认为，教师文化有四种形态，“个人的文化，教师彼此隔离，教师间的互动焦点在教材、学科、个别活动上，而非课程目标或教师教学问题上；巴尔干式的文化，教师的工作彼此分立，有时会因为权力与资源而相互竞争，教师对特殊团体有高度忠诚度与认同感；自然的合作文化，这种文化建立在教师之间的开放、互信和支持基础上；人为的合作文化，教师被要求围绕行政人员的意图与兴趣进行‘合作’。以此，哈格里夫斯提出了教师合作文化。概括而言，教师合作文化是教师们在日常生活中自然而然地生成的一种相互开放、信赖、支援性的同事关系”。[①]同样，行政合作文化也是基于行政合作实践、反映行政合作主体之间和谐关系的和谐文化。如果说，和谐文化是全体人民

---

① 马玉宾、熊梅：《教师合作文化的内涵、现状与重建》，《上海教育科研》，2008年第1期。

团结进步的重要精神支撑，那么，行政合作文化正是政府与公民团结合作的重要精神力量。它既能增强政府对公民的吸引力和凝聚力，也能激发政府对公民的服务热情。

合作实践既是行政合作文化产生、丰富和发展的过程，也是行政合作文化向合作主体传播、被主体接受的过程。行政机关作为行政合作的另一参与方，在行政合作实践中，将对公民主体地位和作用有更为深切的体认，对自身的角色和职能有更为深切的体认，从而消除政府本位，树立服务理念，强化合作意识。树立实践典型，发挥典型示范作用也是行政合作文化社会化的有效途径。早在新中国农业合作化时期，中共中央《关于发展农业生产合作社的决议》就明确要求，“各级领导机关必须切实掌握当时当地的客观实际情况，既不要犯主观主义的错误，又不要犯命令主义的错误，而要善于掌握各地区的互助合作运动中所存在的和新发展的各级形式的不同典型，把点和面相结合，把创造和推广相结合，把普及和提高相结合。如果不去正确地按照可能的条件建立典型、研究典型，而盲目冒进，只是贪多、贪大、贪高，这是错误的；反之，如果把典型孤立起来，不去进行推广，这也是错误的”。[①]农民合作的实践有利于合作文化的社会化过程，行政合作的实践同样有利于行政合作文化的社会化过程。

合作是人类社会的普遍现象，构成人类文明的基础。乡镇人民政府与农民、农民组织的行政合作反映政府公共行政权力与农民公民权利关系的和谐。既有利于政府行政目标的达成，也有利于农民主体价值的实现。加强乡镇依法行政与农民依法自治联动，推动农村基层行政合作顺应了实现科学发展、构建和谐社会的时代要求，也符合“社会把国家政权重新收回”的历史发展趋势。[②]因而，农村

① 中共中央文献研究室：《建国以来重要文献选编》（第四册），中央文献出版社 1993 年版，第 680—681 页。

② 王沪宁、林尚立、孙关宏：《政治的逻辑——马克思主义政治学原理》，上海人民出版社 2004 年版，第 487 页。

基层行政合作，乡镇依法行政与农民依法自治联动是农村基层治理新模式，也是农村基层走向繁荣的治理之道。

加强乡镇依法行政与农民依法自治联动，推动农村基层行政合作是一项系统工程。需要推动乡镇人民政府与农民、农民组织相互依赖着进行的现代转型。这是农村基层行政合作主体双重民主化的客观过程。同时，需要行政合作文化的现代建构及其社会化，从而凝聚农村基层行政合作的精神动力。因而，农村基层行政合作的演进是一个长期渐进的自然历史过程，将呈现出波浪式前进、螺旋式上升的发展趋势。宏观地看，农村基层行政合作将由政府本位主义支配下的行政合作向农民本位主义支配下的行政合作演进，由农民、农民组织消极被动参与下的行政合作向积极主动参与下的行政合作演进。这是农村基层行政合作演进的一般“路线图”。

四、农村依法治理的综合保障机制

依法治理农村刻不容缓，我国应“在维护国家法治统一的前提下，充分运用法律手段管理农村的各项事务，以保障农村经济的持续发展和广大农民的正当利益，进而为农村的改革、发展和稳定提供强有力法律保障”。[①]依法治理农村是我国社会主义法治建设的一个重要子系统。然而，农村依法治理绝不是一朝一夕之事，它需要制度、人、财、物等各个要素的保障，需要在机制上进行创新以应对农村新形势下新的特点、新的挑战。

（一）完善依法治理的制度保障

制度缺位是我国农村依法治理过程中最突出的法律问题。我国应针对“三农”的弱质性，建设社会主义新农村的法制，给“三农”以特权，即农业发展的特殊政策、农村建设的特殊战略、农民保护

① 李昌麒主编：《中国农村法治发展研究》，人民出版社 2006 年版，第 23 页。

的特权。[①]探求农民、农业、农村的主要保障制度是制度研究的重心。

1. 健全保障农民权益的保障制度

农民不仅在全社会处于弱势地位，还处于全部弱势群体的最底层。我国至今还没有一部完备的成文法典系统维护农民权益，相关立法散见在各个法律规章、政策文件中。因此，首先应制定《农民权益保护法》综合保护农民在政治、经济、文化、社会等各方面的权益。其次，针对当前农民最基本权益严重受到威胁和损害的状况，我国必须完善农民生存权、劳动权、财产权和政治权等方面的保障机制。

第一，关于农民生存权的保障制度。要满足农民衣食住行等最基本的生存需求，需制定《扶贫法》，明确贫困农民的条件与资格、贫困农民人员范围、扶贫的主要方法和程序、扶贫的项目和内容、扶贫中的法律责任等；而对于完善农民的社会保障制度，可在《农村社会保障基本法》外对农民的住房、养老、医疗、生育、失业等问题制定单行法律法规，并依赖《农村社会保障基金法》保障农民的社会保障基金专款专用；对农民以及农民子女的教育问题也不能仅停留在政策上，应出台《农村义务教育法》、《农村职业教育法》、《农村教育促进法》等确保农民最基本的受教育权。

第二，关于农民劳动权的保障制度。随着中国城市化进程的推进，“农民工”成了我国城市中的一类特殊群体。尽管我国《劳动法》甚至《劳动合同法》等制度在一定程度上保障了农民工部分权益，但大部分劳动权依然落空。对此，我国应适用城乡无歧视的就业保障机制，即无论是城镇户口还是农民身份都应享有平等的就业权和就业选择权；加大力度完善《劳动合同法》中农民工劳动合同条款，以及与农民工密切相关的非全日制工条款和派遣工条款；尽早颁布

① 刘文忠、刘文军：《中国农业立法体系研究——社会主义新农村建设的一种法治视角》，《河北法学》，2007 年第 3 期。

《农民工权益保护法》，对农民工的劳动报酬权、休息休假权、经济补偿权、岗位培训权、职业教育权等加以保障，对特别行业和工种的劳动条件直接进行硬性规定，防止拖欠农民工工资、农民工职业病、工伤事故等状况的发生。

第三，关于农民财产权的保障制度。由于我国大部分农民的财产主要集中在耕地、林地等农地上，因此确保“耕者有其田”，实现“农地创新机制”是保护农民财产权的重心。首先应在《物权法》等立法中确认农民耕地等农地的财产权归属和归属程序，延长权属期限，大胆运用国有土地和集体土地的所有权能；其次，制定并完善《土地管理法》、《耕地保护法》、《森林保护法》、《草原保护法》等法律中的农地保护制度，在中央一级统一农地占有补偿制度、耕地总量保全制度、基本农田保护制度；①在此基础上鼓励农地转让多元化，在确保土地公有制的原则下借鉴外国农地流转经验，探索新的农地转让机制，从而实现土地利用的最大化和最优化。②

第四，关于农民政治权益的保障制度。新农村的法制建设，不仅要重视农民经济权益的保障，其政治权益的维护也不能忽略。在农村市场经济发展的进程中，政治权益的维护终究是为经济权益的保障而服务。我国应修改《宪法》、《村民委员会组织法》等法律，确保农民与其他普通公民一样享有同等的选举权和被选举权，不因户籍而受到歧视；完善农民的选民登记制度，尤其是维护异地农民的选民地位；健全符合农村特点的从下而上的民主选举、民主决策、民主管理以及民主监督机制；确立非经农民或农民代表表决决策无

---

① 在目前的土地补偿及收益分配中，一般是农民只得5%—10%，村一级得15%—20%，政府得60%—70%。应将分配格局改为：政府拿大头、失地农民拿中头、集体拿小头，即政府占60%—70%，农民占25%—30%，村级组织占5%—10%。参见李莹：《当前失地农民利益受损的原因及对策分析》，《地方财政研究》，2006年第8期。

② 中共十八届三中全会通过的《中共中央关于全面深化改革若干重大问题的决定》明确提出：“在符合规划和用途管制前提下，允许农村集体经营性建设用地出让、租赁、入股，实行与国有土地同等入市、同权同价。缩小征地范围，规范征地程序，完善对被征地农民合理、规范、多元保障机制。”新华网，2013年11月15日。

效的确认机制；构建保障农民集体权益的公益诉讼制度等。

2. 完善促进农业发展的保障制度

农业的发展离不开制度对农业的各个产业、农产品生产和流通、农业安全保障、农业生产与发展环境、农业技术推广等的保障。我国当前农业领域的立法呈现法律效力层次低、法律法规杂乱不统一、专门性法律缺失等问题。因此，首先应完善《农业法》，充实《农业法》基本法律的内容，学习美国《农业法》的法律措施，规避WTO法中农业投资和贸易壁垒，确保我国农业、农产品在世界农业经济中的地位。其次，发挥农业各个环节保障制度和机制的功能。

第一，制定和完善农业各产业的促进法。可分别对种植业、林业、畜牧业和渔业等各个产业推行“法律”层次的促进法制，允许民间法在统一范畴内发挥作用。借鉴欧盟成员国对棉花、橄榄油和烟草三个产业的扶持法案，对我国棉花、水稻、油菜等支柱性产业加强法制的保障，对已经形成规模的区域性种植业如长江流域的油菜、黄淮海地区的花生、新疆的棉花、山东的蔬菜等推出创新性机制；完善《种子法》，加强行政机关对种子生产许可证、种子经营许可证、种子质量合格证等许可证的管理；完善以《森林法》为中心的林业法制，尽早推出《林业法》、《植树法》、《采伐法》、《水利法》、《防沙治沙法》等专门法律；完善并认真执行《畜牧法》、《渔业法》，规范畜禽养殖业、渔业生产经营活动，创新机制促进区域性特色的畜牧业、渔业产业化发展。

第二，制定和完善农产品生产流通的促进法。我国可将农产品生产关系和流通关系纳入法律调整对象。一方面，国家在允许民间法促进农产品生产时，应严格保障农产品质量，在《食品安全法》外出台《农产品质量安全法》，规范农产品原产地标准制度、市场准入制度、农产品认证机制、农产品质量安全监督机制等；另一方面，制定《农产品流通法》或《农产品市场交易法》，对农产品批发、购销、运输、进出口、储备等流通环节给予机制保障，适时出台《农产品价格法》，由国家宏观调控农产品尤其是紧缺产品的价格，保证农产品的市场供应。

第三，制定和完善农业安全保障制度。农业基于天灾人祸都有不少风险，为减少农民、消费者的负担，至少可从以下三个角度来确保农业的安全。一是学习日本《农业灾害补偿法》立法经验，制定农业灾害补偿法或救助法，明确规定农业灾害的种类、危害程度、受补偿的条件、补偿的范围等条款，也可像台湾地区农业灾害法制一样，对常受灾或受灾危害大的特定产业进行专门法律救助。二是借鉴美国《农作物保险法》法例，尽早出台《农业保险法》，用法律形式明确农业保险的政策性属性、政府的管理职能和具体的支持方式、经营主体应享受的具体优惠政策，明确农业保险经营主体的性质、经营原则、组织形式、承保范围、保险费率、农业再保险办法等。[①] 三是防范人为的风险，国家在保障农产品的质量安全外，还应通过肥料法、饲料法、动物药品管理法、农药管理法、植物检疫法、动物防疫法、植物新品种保护法等保障农资的质量。

第四，加强农业生产与发展环境等方面的法律保障。为了农业得以可持续发展，我国应自下而上推行《循环农业促进法》，对农业废弃物的综合利用、循环农业的管理体制、清洁生产的操作规范、循环农业的标准认证与科技研发、资源配置与能源利用技术、循环农业模式、循环农业技术推广和服务体系、循环农业发展鼓励政策和激励机制等做出相应具体的、可操作性强的规定。[②] 为了合理开发利用农业资源，加强农业环境保护，除完善现有水法、水土保持法、草原法等自然资源法外，还应健全农业环境保护法、生态农业法、野生动植物保护法、地下水使用管理法等。此外，需认真执行并逐步修改《农业机械化促进法》、《农业技术推广法》，改善农业技术条件。

① 常兴华：《我国农业保险需要国家政策扶持》，《中央财经大学学报》，2007 年第 5 期。

② 石萍：《我国循环农业发展的法律对策》，《农村经济》，2007 年第 10 期。

3. 构建适合我国农村法治发展的制度

农村不同于城市，有自身发展的特点和规律，存在嵌于农村社会的法律文化，这要求必须对农村现存有缺陷的制度与机制进行改革甚至重构，做到有法可依，有法必依，执法必严，违法必究。

第一，完善农村的市场经济经营制度。随着农村市场经济的发展，农村家庭联产承包责任制愈加灵活化，因此需要有相应的具体制度，在“国家法”中对制度的原则性内容做出规定；在各村乡的“民间法”中探索创新型的经营机制，尊重农村市场主体的意思自治，允许农村对不违背国家强制法的承包合同进行规范。家庭联产承包经营的公有制经济机制终究有限，因此，还需借鉴国际上农业专业合作经济组织法的立法经验，摸索适合中国农村特点的组织化形式和程度，促使农村非公有制经济组织形式在法律框架下有序发展，弥补公有制经济体制之不足，并行解决农村市场经济中生产、加工、销售、分配的机制问题。同时，农村市场经济的发展需要推行吸引劳动力的法律机制。经过2009年经济危机的洗礼，我国外贸导向型经济受挫，不少劳动密集型产业裁员或倒闭，导致大量农民工回农村，造成劳动力大量转移。如何有效在农村安置这些农民工，发挥劳动力的作用，吸引有技术、有才能的农民工回家乡创业等问题不能仅靠临时性的政策来规定，更需要法律做后台。而农村劳动力流转法、农村户籍制度、农村人才引进法等法律就可将有效性、稳定性导入这些综合性问题的对策中。

第二，完善支持农村公共事业发展的制度。农村的公益事业集中在教育、科技、卫生、文化、交通等方面，公益事业的发展并不是仅靠财力支持就足够的，还需有必要的法制保障。在教育方面，除了设置维护农民及其子女的教育权条款外，在宏观方面应重视农村教育机制的改革，一方面为农村集体经济组织和个人创办学校等教育机构提供法律基础，另一方面，制定农村教师法，在平等对待农村和城镇教师的基础上，加强学校和教师的责任义务。在科技方面，加强农村科技的投入机制、人才培养和引进机制，研制产、学、研一条龙的农村科技培养机制。卫生方面，推进农村卫生服务体系建设，严格农村卫生医务人员的资格条件，重典而治违反医疗制度的行为，并加以完善卫生宣传教育机制。在文化方面，重点树立农村法律文化，宣传婚姻继承法文化、物权法文化、合同法文化、广告法文化、侵权法文化等与农村生活事务紧密联系的法律文化，从而快速提高农村干部和农民的法律意识。在交通方面，创设符合农村交通地理环境的交通冲突协调机制，防范农村交通纠纷。为了规范农村城市化加快的步伐，有必要在农村推行小城镇建设促进法，使农村小城镇规划、土地所有权转移和使用、资金投资、教育、就业、居住、社会保障等问题有法可依。

第三，落实和完善农村多方面的利益协调制度。在农村，由于农民利益表达动机被遏制，利益保障的法律成本高昂，农村各主体法律素质不高等导致农村利益主体间的冲突突出，而现有的矛盾协调方法包括执法手段和司法救济渠道却非常有限。为了实现农民利益之间的正向博弈，至少要落实和完善以下几个主要协调措施：一是健全农村信息征集机制，即凡是反映农村社会各种状况的真实信息都能及时、持续加以收集，在此基础上做好农村的信访工作，完善信访程序。二是维护好经济发展和社会生态间的和谐机制，落实农村环保法，规范对农村任何企业、任何产业的污染防治执法和生态保护执法，凡执法人员、法官有徇私舞弊、贪污受贿等行为的均应依法加以严惩，确保执法为民、执法为公、司法独立、司法公正。

（二）加强依法治理的组织保障

组织是农村依法治理的生命力。农村依法治理所依靠的组织力量除了来自国家各级权力机关外，还来自农村自治组织和农村基础党组织。农村自治组织不仅包括村委会，还囊括农村立法、执法、司法、法律监督等各方面村民可行使民主决策、民主管理、民主监督等自治权力的组织。

1. 农村基层党组织

中国共产党是中国的领导力量和核心，党通过各级党委直至农村党支部实现着对国家的领导，具体到农村依法治理，首要是坚持和完善基层党组织的领导核心作用，这里的基层党组织主要指乡镇党委和村党支部。

一是要准确定位基层党组织在农村依法治理中的领导职能。按照党章和《中华人民共和国村民委员会组织法》的规定，村党支部对村委会实行政治性、方向性领导。2010 年 10 月 28 日修订后的《中华人民共和国村民委员会组织法》第 4 条规定："中国共产党在农村的基层组织，按照中国共产党章程进行工作，发挥领导核心作用，领导和支持村民委员会行使职权；依照宪法和法律，支持和保障村民开展自治活动、直接行使民主权利。"基层党组织在农村治理中的定位应该是大政方针的领导和政治方向的把握，村委会才是农村治理的主体组织，基层党组织对农村治理的领导作用要通过村委会对农村事务的自治来体现，这是发挥基层党组织对农村治理的促进和民主制度保障作用必须遵循的原则。

二是要通过发扬基层党内民主来促进农村依法治理。中国共产党坚持党内民主原则，并有着一套完善的制度来支撑和保障，村党支部在对村委会的领导过程中同样要遵循党内民主。首先，党支部应以党内民主来带动村民自治民主的发展。党内民主制度确保了村党支部对村委会的民主领导和监督，有效防止了村委会权力个人化等现象的出现，村党支部通过对村委会的民主领导和监督实现了对农村的依法治理，实际上就是党内民主制度作用的发挥，在这一过程中实现了对农村治理民主的促进。其次，村党支部遵循党内民主原则，实行"集体领导，民主集中，个别酝酿，会议决定"，这种充分发扬民主的议事规则避免了将矛盾上交给乡镇政府，解决了村民利益难以协调的问题，促进了农村依法治理的顺利展开。最后，基层党内民主有效保障了党员的民主权利，并将对党员个人民主权利重视的原则转化为对村民个人权益重视的要求，促进了农民权利意识、表达意识、参与意识的增强，对农村依法治理中民主保障发挥重要促进作用。

三是坚持党的领导，就应不断对党的领导方式进行改革、创新，协调党组织与其他各组织之间的关系。党组织要将“为人民服务”贯彻在农村各个民主决策、民主管理、民主监督的过程中，以保证农民的知情权、表达权、监督权为核心，在选举程序、人事任免、会议决议、公开程序等具体问题上实现农民参政议政的政治愿望。

四是农村党员干部应积极参与各个自治组织的竞选程序，通过直接民主选举，参与到村代表会、村委会、司法组织等组织中，使立法机关、执法机关、司法机关的人员在党性上与党组织一致，将党的路线、方针、政策融合在村民自治过程中，让党组织紧密联系村实务，增强党在村民们心中的信任度。对于村级重大事项的决议，村党支部和全体党员都有参与权，避免村委会“一言堂”，从而引导村民会议或村民代表大会进行广泛、真实的民主决策。特别是，要注重充分发挥农村基层党组织的领导核心作用、村民代表会议和村委会的自治作用，实现党的领导机制、“两委”协调机制、党内基层民主机制和村民自治机制的有机融合。[①]

2. 村民会议组织

根据《村委会组织法》，各村的重大事务必须由包括全体村民的村民大会经过直接民主程序表决通过，在村民大会闭会期间，如果因为村民的人口流动、人口数量、人口区域分布上难以实现直接民主，可以通过村民大会的常设机关——村民代表会议表决通过。确立村民大会或村民代表会议在农村基层的决策地位，有利于其协调村委会、村党支部等组织之间的关系，回归直接民主的最核心，让村委会、村党支部等组织权力始终受村民大会或村民代表会议的制

① 《“四议两公开”：农村基层组织建设的新探索》，《求是》，2010 年第 1 期。

约，促使各项组织机制更加规范、更加透明、更加公正。也只有加强村民大会和村民代表会议的民主决策和民主监督作用，才能真正调和村委会、村党支部间的矛盾，让村民自己当家做主。

明确村民大会和村民代表会议的职权职责，按照村民议事的习惯、程序、地域等，将村民代表会议的职责继续细化到各个小的单元组织，每个组织对村民大会和村民代表会议负责，受全体村民监督，自行决定村民代表的任免条件、任免程序、代表的职责范围、免责情形、代表行使代表权的程序、代表的后果、代表的法律责任等，待时机成熟时，全国可自下而上地制定统一的《村民大会组织法》、《村民代表会议组织法》，独立于《村委会组织法》。无论是村民大会还是村民代表会议，都必须在制度上保证其地位和权力，保证尊重每个村民自己独立的意志、独立的话语权。村民代表会议的代表应普遍化，避免“精英化”，代表的资格条件应经全体村民共同拟定或共同表决，避免代表选任的不公而导致各项村规民约、决策失去实质正义。

为了保证村民大会和村民代表大会民主决策的科学性，避免“民主的暴力”导致决策的跟风性、盲目性，可考虑建立智囊团性质的咨询机构，吸纳农村的精英力量，为村民大会和村民代表会议献计献策。探索建立村发展理事会参谋机构，向村民委员会负责，通过开展调查研究，收集村民意见，提出村经济发展计划，论证项目建设建议；同时，村民委员会提出的村经济社会发展的重大项目，村发展理事会应该首先对此开展论证，达成一致后再交由村民代表会议或村民会议决策。应该说，类似于这样的设计，符合现代决策学的基本要求。[①]

3. 村民委员会组织

与乡立法机关对应的执法机关是乡政府，与村民会议相对的执

① 刘绍春：《完善制度机制设计 扎实推进农村基层民主政治建设》，《经济与社会发展》，2006年第11期。

行组织是村民委员会。村民委员会不是国家机关，是农村最基层的执“法”组织，是村民实现民主自治的重要机构。我国1998年修订的《村民委员会组织法》对村民委员会的职责、职权等进行了规定。时隔11年，农村的政治经济社会形势都有很大的变化，2009年《村民委员会组织法》修改，完善了选举制度、村官罢免制度、村民代表会议制度等，但村务公开制度、村级事务契约化管理制以及从组织法的角度对村委会与乡镇人民政府、与村民会议和村民代表会议、与党支部等组织间关系协调等问题还需进一步在《村民委员会组织法》中研究。

在选举制度上，保证适格村民的选举权和被选举权，村民与任何其他公民在选举上的地位完全平等，不因户籍、贫富、文化水平而受到歧视。选举的具体办法、具体程序以及经费等重大问题必须经村民会议或村民代表会议同意方可进行，整个选举都受全体村民或村民委托的村民会议和村民代表会议的监督。对候选人的资格安置具体条件或标准，禁止候选人在选举程序外进行非法性“拉选票”活动，一经发现要进行严厉处罚；候选人选举成功后若实施类似于国家机关人员的职务犯罪行为，比照职务犯罪类型惩处。

吸收农村基层已有的案例经验，完善村务公开制度，保证村民们在享有知情权和质询权的基础上实现选择权、监督权、经营权等。村务公开制度至少应明确哪些村务公开，实行村务公开的义务主体是谁，向谁公开，如何公开，不公开会承担哪些责任等法律问题。村务公开应遵循法定性、透明性和公正性等原则。所谓法定性，要求村务公开的具体内容和程序必须在《村民委员会组织法》或其他法律中规定，不可因村民委员会干部的变化而变化，不可朝令夕改，村务公开条款若要改变必须经村民会议或村民代表会议的同意。所谓透明性，要求与农民切身利益密切相关的任何政治事务、经济事务包括农村财政、村干部的待遇等应及时地、在村民们方便知晓的地点公开。村务公开的公正性强调公开程序的公正，任何村民都有权对已公开或未公开事务进行质询，有关村民自身的私益事务和公益事务，村委会不能隐瞒、捏造、虚报信息。

与村务公开配套实行，更能实现农民参政议政、当家做主愿望的是，村级事务契约化管理制度。山东潍坊市坊子区在基层党组织的领导下，实行村级事务的契约化管理，即通过契约的形式把农民生产生活中的各种权利和义务具体化，把村际各类事务以及各方的权利义务、违约责任固定下来，特别是在契约订立过程中坚持民主决策、民主议事、民主协商，使各项决策充分体现群众意愿，为村级民主化、法制化管理提供了一个双向制约、平等互利、民主协商的平台，不仅能够保证农民群众的知情权、参与权和监督权，而且也最大限度地满足农民群众参政议政、当家做主的意愿。①

村委会干部是与农民直接有关联的执法人员，村干部的执法水平、执法态度、执法素质直接影响了村执法组织的执法效果，以及其在村民们心目中的地位和示范作用。因此，村执法组织的完善重点在于提高村干部的素质尤其是法律素质。应加强乡村干部为农民服务的法律意识，去掉“官本位”、“精英”等思想；将农村多发的突发性事件的处理效果作为乡村干部考评机制的一个硬指标；要求执法者们依法行政、依法执政、依法办事，凡是违法犯罪尤其是知法犯法的行为应重典治之。

4. *农村基层司法组织*

在农村，没有法院，司法职能主要由人民法庭和司法所来共同履行。人民法庭是基层人民法院的派出机构，作为基层人民法院的组成部分，人民法庭所作出的判决和裁定也就相当于基层人民法院的判决和裁定。司法所是县区司法局的派出机构，严格意义上其性质是行政机构，但因其在农村常作为村民们寻求调解的重要组织，实际发挥着重要的定纷止争的“司法”功能。

---

① 滕锡尧、张义刚：《村级事务契约化管理是建设社会主义新农村的有益探索》，《理论前沿》，2007年第2期。

当城市化的司法规则日益成熟深入民心之时，现代司法组织的运作并不能与农村的“熟人社会”领域相融合，人民法庭和司法所的解决方式与乡村的本土文化常存有冲突。乡村实体性权利常常无法通过现代证据规则予以证明，证据规则及其预设的程序正义在乡村之中难以实现预期的效用，律师等法律服务资源的有限性以及高昂的律师费也挡住了大多数村民寻求职业性外力救助的道路。①

既然农村的立法、执法都有自己的特色，农村司法也不必局限于城市化的司法模式——以法院等国家权力机关为核心展开法律活动，可实施“国家司法”和“民间司法”等多元化司法方法。“国家司法”由国家专门设立的司法机关操办，所依据的规则以国家制定法为主，作为一种重要的国家职能而存在；“民间司法”则包括民间调解等形式，其解决纠纷的行为并非专门的国家机构所做，所依据的规则也以民间习惯法为主。②

除进一步完善实施巡回法庭、临时法庭的措施，探索以民间调解为核心的民间司法更是寻求农村司法自治的可靠途径。民间调解的组织力量包括人民调解委员会、法律服务所、律师事务所、农村仲裁机构等。当前农村的人民调解委员会主要以村委会为单位，各村实际上可在村委会之外自治设立专门解决村民矛盾纠纷的群众性组织。农村的法律服务所正处于与司法所划清界限、向农村社区非营利性法律服务组织转型的改革趋势中，修订《律师法》是保障农村基层法律服务所及其法律服务工作者的存续获得合法性的必要措施。③灵活减低农村律师事务所和农村律师的执业条件、执业成本，降低村民的诉讼成本，可增加律师事务所在农村法律服务中的比例，

---

① 温晋峰、王楠：《泥土上的经纬：以 M 镇的法治调查为分析视角》，吉林大学出版社 2008 年版，第 238—239 页。

② 喻中：《乡村司法的图景——一个驻村干部的办案方式述论》，[美] 黄宗智：《中国乡村研究》，社会科学文献出版社 2006 年版，第 53—54 页。

③ 陈荣卓：《“草根”法律服务组织：属性变迁与进路选择——乡镇法律服务所改革研究》，西北大学出版社 2008 年版，第 207—208 页。

快速提升农民们的权利意识和权利救济意识。此外，我国还应借鉴山东、辽宁、江苏等省市农村承包合同纠纷仲裁机构、土地纠纷仲裁组织的实践经验，从仲裁机构的设置、人员的任免、机构的义务、责任、机构运作的程序等方面建设农村仲裁组织机制，为农村的司法力量注入活力。

5. 农村民主监督组织

农村民主性、自治性远远高于城市，因此更应重视民主监督的作用。农村的监督，不仅有党内外的监督，更重要的是社会监督、群众监督；不仅包括农村各事务公开后的事后监督，还包括事前和事中监督；不仅囊括执法监督、司法监督，对“村规民约”等还可进行立法监督。而我国农村监督力量非常薄弱，基本没有专门的监督组织，即使有的乡村有，监督的程序、内容、方法和责任等也不够清楚。我国监督组织应作为重要组成部分纳入农村法治的链条中。

监督组织的设置并非要全国农村适用“一刀切”样式，也可结合各村组织的力量进行配置，在立法机关、司法机关下设置专门的监督组，充分发挥社会监督组织的作用。对机关下设的监督组需制定严格的工作制度和工作程序，对监督人员的选任资格加以规定，细化监督人员的监督职责、工资待遇、回避制度等，要求监督人员直接对全村村民负责并受村民监督。村民们可以自行组织 NGO 即农村非政府性的服务性、公益性、互助性组织。通过组织的力量保障农民监督权的实现，为农民伸张利益争取话语权，促使农民主动而积极地参与到农村公共行政和公共管理中，减少农民个体力量的弱势性，发挥农民群众对各个组织的监督作用。

（三）夯实依法治理的物质保障

依法治理农村离不开坚实的物质保障，仅靠字面上的法律和口头上的政策对新农村的建设毫无意义。谁来保障农村物质的供给和管理、提供哪些物质、如何提供等是健全我国农村物质保障机制必须解决的问题。

1. 物质保障的提供者：政府、村集体和市场主体

尽管近几年国家和社会都加大了对农民、农业、农村的物质投入，让农村率先实行 9 年制义务教育，实现农业税费改革，增加了对农村土地、养老、医疗、住房等方面的经费投入，但政府对公共产品和公共服务的供给仍然不足，远远低于城镇投入的水平；财政负担不公平，地方政府（县和乡）担负着应当由中央和省级政府负担的支出责任，包括 70% 的预算内教育支出和 55%—60% 的医疗支出；政府间财政转移支付缺少公开、公平和监管。

因此，农村物质保障的实现必须依靠法治的途径，以立法的形式确定物质保障水平，健全公共财政保障机制，以执法和司法的形式确保物质保障机制的实现，保障农村的长期投入效力。一方面，明确划清政府间物质投入的责任形式和责任范围，对农村公共产品和公共服务领域的保障比例进行合理分配，尽可能减轻村级自治组织的财政负担，合理平衡东中西部地区农村的投入力度，实现工业反哺农业、城市反哺农村；另一方面，加大政府物质保障的监管力度，防止某些个人为了一己私利挪用、侵占、损毁、浪费支农的物质，重典惩治那些违反法定职责破坏农村物质保障制度的行为。

即使政府没有办法提供更多的财政保障，但政府也并不是没有什么作为的义务。相反，政府可以在准入待遇、财政补贴、税收优惠、信贷措施、金融项目等方面给农村基层社会组织、农村市场主体等非政府力量提供政策支持或法律倾斜，促使它们为农村提供更能满足需求的物质保障。关键是要尊重农村自主建设的能力，促进农村自治组织能自行加大物质保障。申端锋对湖北荆门高阳镇新贺村粮食补贴的调查表明，税费改革后，粮食补贴政策应做出进一步的改革，由直接补到农户改为补到村庄，即由村庄集中统一使用这笔资

金，采用民主的方式，决定资金的用途，这也是新农村建设的应有之义。[①]对农村的市场经济主体，无论小到农户个人还是大到农村龙头企业，政府和集体组织应给予他们物质和精神多方面的鼓励，充分发动他们对公共物品和公共服务的投入热情和管理热心，同时从法律上确认他们在给农村提供物质保障时基于市场化操作所获得的合法合理收益，实现农村多赢面发展。

2. 物质保障的类型：资金保障和非资金保障

给予农村的物质保障根据物质的形式可以分为资金和非资金形式。资金保障是物质保障的主要形式，包括来自中央政府、地方政府的财政补贴、资金划拨、资金奖励、救助资金、福利资金、社保基金以及来自政府之外的援助资金、捐赠资金、奖励资金、专项基金等。非资金保障是资金保障的有力补充，不可或缺，包括土地保障、基础设施保障、公共产品和公共服务保障、技术保障等。

除了资金来源保障制度不完善外，资金管理制度的虚无也是我国资金保障机制中的又一重大问题。资金的有限性与农村资金需求的无限性构成一组难解的矛盾，要缓解这一矛盾必须处理好资金预算、资金使用、资金整合等各环节中的问题。

无论何种来源的资金，都必须做好预算工作，将有限的资金预先考虑到本村“三农”中最需要的地方，全面考虑“三农”常态运作的资金量，适当预留遇灾遇险等突发状态时的资金量。资金预算属于村重大事项，应该向全村公开收集意见，并在村民会议或村民代表会议上表决后生效。根据预算合理使用资金，使用时避免重复使用，凡与预算不同的资金使用用途都必须经过决策机构或相关主管部门的同意，凡是违法或错误使用资金，都应依法追究相关主体的法律责任，不可姑息。资金的使用需要整合的技巧，各农村地区

① 申端锋：《取消农业税后的农村公共物品供给机制——以资金筹集为主要分析对象》，《地方财政研究》，2008 年第 8 期。

可根据本村的实际情况将不同名目的资金适当整合、集中使用，但必须经有关机关同意，并要严格禁止“农转非”。凡资金未使用于“三农”方面的，要加大惩处的力度，严重的还应追究刑事责任。

提供非资金的保障，可弥补资金短缺的瓶颈，有时甚至可发挥资金所没有的优势，如土地保障。土地在任何一个国家都是有限的，我国人均可利用、可再生的土地更有限。土地保障，对于国家、集体和农民个人都有非同小可的意义。健全土地保障机制，关键是处理好国家、集体、农民个人三者之间的利益关系。一方面国家应给予集体土地保障，尽可能地缩小征地范围，能不征地尽量不征地，从而保障农村集体所有制土地的面积和使用率。即使必须征用土地，也应直接授权农村村委会或村民会议为代表的集体组织去开发利用，让集体享受土地的增值效益。另一方面，国家应给予农民个人土地保障，尽可能保留农民的土地使用权，尊重并保障农民土地使用权的流转形式，对为了公共利益必须征用的土地给予合理合法的经济补偿甚至就业补偿，使农民不是仅仅获得短期可用的资金而是获得可以继续生存的条件。

农村基础设施保障不可缺少。农田水利大量基础设施是农业、农村得以常态运行的基本物质条件。我国政府每年在农村基础设施上面的投入比例不少，但还不能满足农村的需求，与发达国家的农业基础设施的投入相差更远。在调整中央和地方预算内投资结构以增加对农业基础设施投入的同时，可考虑将政府征用土地的收益、土地出让金、粮食补贴等用于基础设施的建设，同时在借用社会资本增加基础设施投入时给予社会资本税收优惠、财政补贴等支持。

技术保障对于“三农”来说都非常重要。农业的发展离不开科技的进步，龙头型产业更需创新技术的支撑，农民不懂技术、不及时接受技术培训永远都走不上创富的道路。技术的保障除了需要加大资金的保障外，还需要实施技术教育、技术培训、技术试验、技术推广以及技术人才等各方面的保障措施。重视技术保障，农村的发展常常会达到事半功倍的效果。

3. 物质保障的原则：公开、公正、节约

无论哪种来源、哪种形式的物质保障都必须遵循公开、公正、节约的原则制度。财政公开原则要求公务财政、公共资产和财务，集体资产和财务、社会保障基金、各种国家性补贴、捐赠和资助、税费、农地补偿等收支公开，将各项收支列出清单，逐项对外公布，让广大村民们能知道财政的收支和结余，质询财政的流向及其合理合法性，监督国家财政税费政策和制度的实施。当前农村救灾救济款物发放、新型农村合作医疗、种粮直接补贴等热点问题，应作为农村财政公开制度研究的重点。

财政公正要求各项财政措施的制定和落实都必须做到公正。如土地征用补偿及分配、“四荒地”发包、养老补贴等问题，应保证不论接受物质保障的对象是干部还是普通群众，受保障的标准和水平都一样，不能因村干部或其亲朋好友基于优势地位就得到更多的物质保障。农村物质保障的专业性和技术性要求农村尽快发展审计业、会计业、律师业，推动财务委托代理制度在农村的广泛实施。

节约原则要求在物质的供给、保存、运输、计算等各个环节都要尽可能减少经济成本，将更多的物质发放到位，真正实现物质保障的经济目的。

4. 物质保障的方式：直接保障和间接保障

上述很多物质保障采取的都是直接保障形式。直接保障简单地说就是“给予”或者“减免”，即哪里需要某种物质，国家就直接补贴、拨付、“给予”这种物质；哪里负担重了，就实行负担的减免。农村的发展离不开资金、土地、基础设施、公共服务等的直接给予或税收等负担的直接减免，但社会各界与其给“三农”“输血”，不如提供其“造血”功能，通过间接的物质保障方式包括发展农村保险、农村金融、农村担保、农村信托等来促进农业、农村的发展。

农村保险是通过支付一定数额的保险费用实现农业、农村的投资安全和物质安全，让农民不再因各险种内的天灾人祸而忧虑。相对于物质的直接保障来说，农村保险是物质的第二层次保障。然而现实生活中农业保险的实践非常少。对于农村保险的方式、保险标的、保险费用、保险利益以及农村保险与其他类型保险相区别的特殊规则都需在实践的探讨上逐步规范，最优化发挥农村保险的保障功能。

农村金融问题已成为农村经济发展的瓶颈问题。农业和农村各个产业的长效发展离不开资金链条的顺畅，农民创业创富都需要金融支持。而当前五大国有银行的重心并未在农村，它们不愿意在偏远清苦的农村设置网点，也不愿意给农民所需的化肥钱、种子钱提供几百元、几千元的小额贷款。农民既无财力也无信用，不符合国有银行的贷款担保条件，依然得不到贷款。这种恶性循环的融资环境就把农村的金融问题提到了农村金融法治理的范畴。农村金融问题的解决必须首先加大金融机构的改革。可参考一些地区的试点做法，吸收乡村间的资金力量，推行农民集资式的农村银行的运作。改革农村信用社，通过保证资本金的来源来确保农村信用社的民有民营性质。对农村的贷款担保、信托、民间贷款方式、民间融资渠道都需进行创新性的改革，在加强金融风险防范的基础上创造灵活变通的金融机制。如可设置专项的小额贷款担保基金，一旦适合条件的农民在自主创业的时候发生贷款难问题，就可启动这种基金，既能帮助农民攻克创业初期的最难关，也能为金融贷款的正常运转减少风险。

下　篇

农村民主管理的发展战略

我国农村基层民主政治建设，是党领导广大农民群众在经济、政治、文化和社会生活领域直接行使民主权利的制度建设和实践活动，是我国社会主义民主政治建设的重要组成部分。中共十七届三中全会通过的《关于推进农村改革发展若干重大问题的决定》，将“村民自治制度更加完善，农民民主权利得到切实保障”作为新时期农村改革发展基本目标任务之一，提出“健全农村民主管理制度”的重大要求。中共十七大以来，我国农村基层群众自治制度地位得到重大提升，农村基层民主日益扩大，内容体系不断拓展，实现形式不断丰富，实践创新明显推进，工作机制逐步健全，保障条件显著改善，农村基层民主政治建设取得长足进步，农村民主管理实践取得令人瞩目的成就。但同时也凸显出一系列新的情况和不适应性问题，主要表现为民主制度建设相对滞后与群众不断扩大的参与需要不适应、传统的治理体制与人民参与治理的民主进程不适应，以及群众民主素质和能力相对较低与参与热情日益高涨不适应等。因此，当前我国农村民主管理已经进入重在制度建设的新阶段，把成熟的改革措施制度化，探索建立新制度，以制度建设和实践创新推动农村民主发展不断深化成为时代要求。为此，中共十八大把“人民民主不断扩大”作为全面建成小康社会和全面深化改革开放的一项重要目标，明确提出要健全基层党组织领导的充满活力的基层群众自治机制，以扩大有序参与、推进信息公开、加强议事协商、强化权力监督为重点，拓宽范围和途径，丰富内容和形式，保障人民享有更多更切实的民主权利。在此基础上，中共十八届三中全会审议通过的《中共中央关于全面深化改革若干重大问题的决定》进一步提出，畅通民主渠道，健全基层选举、议事、公开、述职、问责等机制，开展形式多样的基层民主协商，推进基层协商制度化，建立健全居民、村民监督机制，促进群众在城乡社区治理、基层公共事务和公益事业中依法自我管理、自我服务、自我教育、自我监督。《决定》还明确将“完善和发展中国特色社会主义制度，推进国家治理体系和治理能力现代化”作为全面深化改革的总目标，这也是我党在公报中第一次提出推进国家治理体系和治理能力现代化。由此，正视和看待当前农村民主管理过程中出现的“成长的烦恼”和“发展的困境”，进一步鼓励和推动基层群众自治制度建设的政策创新，完善和构建社会的自治管理与国家的社会管理相互贯通、相互赋权的基层治理机制，推进和实现基层群众自治和民主管理的科学发展，建立和形成以基层群众自治为基础的国家基层社会管理战略，则不仅是今后推进国家治理体系和治理能力现代化的重要组成部分，更是我国社会主义民主政治建设和基层社会管理的一项长期性、基础性工程。

第八章　农村民主管理的新进展和新成就

中共十七大报告首次将“基层群众自治制度”纳入中国特色基本政治制度范畴，并把发展基层民主“作为发展社会主义民主政治的基础性工程重点推进”。中共十七届三中全会通过的《中共中央关于推进农村改革发展若干重大问题的决定》，将农村民主管理制度作为农村体制改革的关键环节之一，并着重从乡镇治理机制、村民自治机制、农村依法治理机制和农村社会组织机制方面对农村民主管理制度建设进行了全面、系统的阐述。

一、法律体系初步形成

一是制定和完善基层民主管理法律法规体系，推动基层民主法治建设，是农村民主管理的基本要求和根本保障。2010 年 10 月 28 日，十一届全国人大常委会第十七次会议审议通过了新修订的《村委会组织法》，进一步规范了村民委员会成员的选举和罢免程序，完善了选民登记的相关规定；进一步规范了民主议事制度，完善了村民代表会议的组成和议事程序，增加了村民小组会议制度；进一步规范了民主管理和民主监督制度，完善了村务监督、离任审计等制度。此外，新法还对加强基层党组织对村民自治的领导、村民委员会职责、村委会开展工作和办理村公益事业的经费保障等作了完善。各部门、各地区也纷纷加大工作推进力度，制定出台了一系列推进基层群众自治的政策措施和法律法规。根据新修订的村组法，全国各省（区、市）制定出台了《村委会组织法》实施办法和村委会选举办法。

二是中央有关部门发布了一系列文件，指导村民委员会选举、村务公开和民主管理“难点村”治理等工作，有力地保障了农村民主管理实践。2008 年 6 月，中组部、民政部联合印发《关于认真做好村党组织和村民委员会换届选举工作的通知》（组通字［2008］33 号）；2009 年 2 月，中央纪委、中组部等 12 部委联合印发《关于开展村务公开和民主管理“难点村”治理工作的若干意见》（民发［2009］20 号）；2009 年 5 月，中办国办印发了《关于加强和改进村民委员会选举工作的意见》（中办发［2009］20 号）；2010 年 7 月，民政部印发《关于切实加强村民委员会选举工作的指导意见》（民发［2010］109 号）。这些为推进农村民主管理奠定了坚实的法律法规保障和政策依据，有力地促进了农村民主管理工作。

三是中共中央、国务院、全国人大连续出台文件，进一步扩大农村社区建设的覆盖面，为农村民主管理赋予崭新的时代内涵。2008 年 1 月，中共中央、国务院下发《关于切实加强农业基础建设进一步促进农业发展农民增收的若干意见》（中发［2008］1 号），要求增强社会自治功能，创新农村社区管理和服务模式，把农村社区建设成为管理有序、服务完善、文明祥和的社会生活共同体。2010 年 1 月，《中共中央国务院关于加大统筹城乡发展力度　进一步夯实农业农村发展基础的若干意见》（中发［2010］1 号）指出，要进一步完善符合国情的农村基层治理机制，开展农村社区建设创建活动，加强服务设施建设，培育发展社区服务性、公益性、互助性社会组织。2011 年 3 月，第十一届全国人大第四次会议通过的《国民经济和社会发展第十二个五年规划》第三十八章强化城乡社区自治和服务功能指出，要积极推进农村社区建设，健全新型社区管理和服务体制，把社区建设成为管理有序、服务完善、文明祥和的社会生活共同体。各地从实际出发，因地制宜推进农村社区建设实验工作，在实践中逐步探索形成了以社区党组织为核心，社区自治组织为骨干，社区社会组织和驻区单位协同，社区居民广泛参与的新型农村社区管理体制。

二、组织体系日益健全

一是完善乡镇治理机制和深化农村综合改革是农村民主管理的重要助推器。当前，乡镇机构改革全面推开，县乡财政管理体制改革不断深化，村级公益事业建设新机制初步建立，清理化解农村义务教育等公益性乡村债务工作取得重要进展，村级组织运转经费保障机制逐步完善。农村综合改革极大地解放和发展了农村社会生产力，有力促进了农村基层民主政治建设，开启了统筹城乡发展的新纪元。另外，在“乡政村治”格局下，行使自治权的村民自治组织与行使行政管理权的乡镇政府如何实现有效衔接和良性互动，成为农村民主管理的重要影响因素。随着城乡一体化建设进程的加快，江苏太仓积极探索政府行政管理与基层群众自治有效衔接和良性互动的运行机制，实现扁平化、网格化管理，有效地改变了乡镇职能错位、村民自治行政化的倾向，推动基层群众自治向纵深发展。

二是村级组织是农村民主管理的核心组织平台。目前我国农村基层建有党组织 60 多万个，村民委员会 59.5 万个，村民小组 479.1 万个。村委会大都设立了村务监督、人民调解、治安保卫、公共卫生等下属委员会。85% 的村建立了村民会议或者村民代表会议制度，92% 以上的村建立了村民理财小组、村务公开监督小组等组织。近年来，浙江武义创设的“村务监督委员会”、山东五莲建立的“村级民主管理监督委员会”，为破解“半拉子民主”提供了更有效的组织机制。

三是探索建立健全党委领导、政府负责、社会协同、公众参与的社会管理格局，健全基层社会的组织管理体制。有的地方通过政府购买服务、设立项目资金、开展项目补贴等方式，引导社会组织、企事业单位和居民参与社区管理和服务活动，增强了社区服务的活力和社会组织的服务能力。近年来，农村基层还出现了一些新型的服务性、公益性、互助性社会组织、专业合作组织和科技服务站等，全国依法登记的专业合作社已达28.9万个。2007年，上海成立第一个公益组织孵化器，采用“政府政策支持、社会力量兴办、专业团队管理、政府和公众监督、公益组织受益”的孵化模式，已成功孵化出一批优秀的公益组织样板。社区志愿者组织发展迅速，志愿者注册人数达2 900多万人，这些社会组织和社区志愿者成为推动农村民主管理的重要力量。

四是加强政府公共服务和社区自我服务，推进新型农村社区服务体系建设。基层政府和村委会独自提供社区服务的传统格局有所改变，企事业单位、驻区单位、社区民间组织、社区居民共同参与社区服务的局面正在形成。社区服务方式、方法得到改进，方便快捷的生活服务圈开始出现，“阳光超市”、“慈善超市”等新型服务方式的作用日趋显现，“一站式”服务不断推广，信息技术逐步应用于社区服务领域。重庆把村级公共服务中心建设纳入民心工程，建立了村级公共服务中心建设联席会议制度，采取市级补助、区县配套的方式，多方筹集资金，把村级公共服务中心建成村级政治、经济、文化中心。

三、制度机制不断创新

一是民主选举的参与范围不断扩大，实施方式多样化，选举后的村庄民主活动也走向常态。目前，我国有6亿成年农民参与村民自治，村级党组织“两推一选”或“公推直选”大力推行，22.9%的村实行了“公推直选”，76.3%的村实行了“两推一选”。村委会直接选举已基本实现制度化、规范化、程序化。经常性民主活动普遍开展，全国35%的村每年召开村民会议，57%的村每年召开1次以上村民代表会议，98%的村庄制定了村民自治章程。

二是民主决策程序逐渐规范，决策方式的创新性模式不断涌现并形成示范效应。村“两委”联席会议制度逐步建立，各种行之有效的实践形式不断涌现，河北推行“一制三化”（即支部工作规范化、村民自治法制化、民主监督程序化，完善村党支部领导的村民自治机制）、辽宁凌源牛营子乡实施党员干部和群众共同参与的“村务议事制”、湖北房县实行村级事务“一会两票”（党员和村民代表参加民主议事会，党员投建议票，村民代表投决策票）民主管理机制、内蒙古阿鲁科尔沁探索以村务管理公开透明、责权明确、执行有据、运作规范为导向的“农村村务契约化管理”，福建光泽探索“户代表会议”制度等成效显著并得到推广。涉及村民利益的重大事项，基本上都能通过民主决策程序由广大村民讨论决定。

三是民主监督步入常态化、规范化，并与民主决策实现了有机对接。村务公开制度普遍推行，全国 95% 的村实现了村务公开，村务公开规范达标的村占 60%，全国 94% 以上的县制订了村务公开目录，98% 的村建立了村务公开栏，定期、及时公布村庄事务。全国每年约有 170 万名村干部进行了述职述廉，23 万余名村干部进行了经济责任审计，村民评议村干部近 209 万人次。同时，民主监督与民主决策的有机对接和联动推进为各地的不少创新性做法所检验。譬如，湖北沙洋推行“谈、问、议、管、办、督、评”“七字诀”工作法、山东五莲创新“1+4”农村民主管理监督模式（即建立村级民主管理监督委员会，配套推行农村财务双代管、勤廉双述、村务公开、公章管理四项制度）、河南邓州实践“4+2”工作法（即村党支部提议、村“两委”会商议、党员大会审议、村民代表大会或村民会议决议“四议”和决议事项公开、决议结果公开“两公开”）。

四是有效利用网络、媒体、数字化等新型平台，拓宽民主管理渠道，创新民主管理方式。广东湛江“村务 e 路通”信息公开平台运用信息化手段，有效解决了村务公开的一系列难题，提高了村务公开的全面性和透明性，消除了干群之间的隔阂；山西等地广泛推广阳光农廉网建设，逐步引入现代化、信息化手段，增强了农村民主管理工作的真实性、时效性和透明度；四川洪雅各级党组织创建网上党支部、注册党员博客，开展网上支部活动，推进基层党组织工作信息化。另外，全国大多数省（直辖市、自治区）建立了或正在探索建立农村社区服务管理信息系统，为村民提供网上服务。

四、内容体系逐渐丰富

一是农村民主管理的范围不断扩大。在当前的村庄民主选举实践中，不仅户籍在本村并且在本村居住的村民可以参加本村的选举，户籍在本村，不在本村居住，本人表示参加选举的村民以及户籍不在本村，在本村居住一年以上，本人申请参加选举，并且经村民会议或者村民代表会议同意，也可参加选举。同时，村庄社区服务的对象也不再局限于本村村民，已逐步扩展到包括外来村民的全体社区居民，从而让外来务工人员等享受和村民一样的服务。北京顺义马坡镇庙卷村以推进村庄社区化管理为突破口，基本实现了农民和市民同待遇、流动人口和本村居民同服务。

二是农村民主管理的内容不断拓展。从传统注重“民主选举”向“民主选举、民主决策、民主管理和民主监督”四大民主齐头并进；从办理村庄公共事务和公益事业、调解民间纠纷、协助维护社会治安，扩大到发展公共事业和各种合作经济、协助基层人民政府完成公共服务事项等；从社会救助延伸到就业服务、卫生和计划生育、社区治安、文化教育和体育、便民利民等领域。湖南平江以健全村务公开目录为基础，不断丰富村务公开民主管理的内容，保障村民知情权；陕西大力推广“平利模式”加强基层农技服务，将农业科技服务延伸到田间地头；北京、贵州、山东等地积极打造便民社区服务圈，为群众提供面对面直接服务。

三是农村民主管理的形式不断丰富。近年来，许多地方因地制宜、创造性地制定制度规章，不断推进村务公开民主管理工作走向深入。安徽芜湖开展了村民“点餐式”等村务公开活动，让村民自己点题要求公开的内容；湖北襄阳樊城区在村级财务监管上实行“三签两审”制，严格支出事项报销手续；广东佛山三水区制定三级联动工作方案，让村民对镇级政务、村务公开和组务公开实施监督；陕西眉县制定乡镇政府指导村委会工作规则，规范政府行政行为，让政府接受村民监督。税费改革后，凡属村集体生产设施、公益事业建设资金等涉及农民切身利益的事，全部实行“一事一议”，由村民民主讨论决定。“一事一议”成为村民筹资举办公益事业的基本方式，也是村民参与村务管理的基本形式和途径。不仅如此，自 2006 年中共十六届六中全会提出推进农村社区建设之后，农村社区建设在实践中不断发展。在《关于开展“农村社区建设实验全覆盖”创建活动的通知》（民发［2009］27 号）的指导下，到 2011 年底，全国有 60 多个县市区实现了农村社区建设全覆盖。农村社区不仅成为村民自治的重要载体和有效形式，也成为农村社会管理和服务的重要平台。

四是农村民主管理的功能不断扩展。以公共服务体系建设为突破口的农村社区建设，为分散的村民提供了共同的议题、交往的机会和合作的空间，有助于重建乡村社会和社区的利益关联，增强人们的社区意识和社区认同；以参与式管理为核心的农村社区民主生活，吸引农民更多地关心、参与乡村公益事业建设，自主管理发展本村的公共事务，从而增强了村民的公民意识，强化了公共责任。在村庄民主管理和公共治理过程中，农民群众不断学习协商与决策的知识和技巧，加深对民主、协商、权力、责任和义务的理解，培养参与、合作、规范、信用和民主意识，促进社区认同和社区信任以及新型农村社会生活共同体的构建。

五、保障条件显著改善

一是基层干部队伍逐渐呈现出高学历、年轻化、专业化、社会化等新特点。基层干部队伍是基层群众自治的具体组织者、实践者和推动者。截至 2011 年，全国共有村委会成员 233.3 万人。党员在村委会成员中的比例、“一肩挑”的比例和“两委”成员交叉任职的比例提高。目前，村委会成员中的党员比例为 69.4%，村委会主任的党员比例达到 79.01%。村委会班子成员平均年龄 43.8 岁，具有高中文化程度的村委会成员达到 52.5%，具有大专以上文化程度的达到 9.63%，女性村委会成员占 21.53%。为应对日益繁重的工作任务，许多地方还面向社会公开招聘了一大批具备专业知识的人才进入村干部队伍，一大批大学生“村官”加入村干部行列。已有 3.5 万名大学生“村官”当选村“两委”成员，其中还有一部分当选为村委会主任，基本达到了一村一大学生“村官”。2008 年 2 月底，全国共有 28 个省市区启动大学生“村官”计划，其中 17 个省市区启动了村村有大学生“村官”计划。2010 年全国选聘 3.6 万名大学生村官。这些年来，一批农村致富能手、退伍军人、外出务工返乡农民、回乡大中专毕业生等农村优秀人才当选为村“两委”成员，成为村民自治的领导者和骨干。不仅如此，村民群众性参与和志愿服务迅速发展。据不完全统计，全国已有社区服务专职工作人员 30 多万人，兼职工作人员 50 多万人，社区服务志愿者 1 600 多万人，已初步形成由专、兼职工作人员和社区志愿者共同组成的社区服务队伍。

二是农村民主管理的设施条件不断改善。自 2006 年开始，中央着力解决近 10 万个村的村级组织活动场所问题，各地新建和改建了一大批社区服务中心、文化图书室、卫生室、警务室，为农村民主管理和社区自治提供基本的工作条件。至 2010 年，全国已建村卫生室 64.8 万个，村文化室 24.7 万个；2009 年 9 月，全国已建成农村警务室 11.3 万个，每个警务室负责 5 个左右的行政村，驻村民警 11.5 万名。截至 2010 年，全国城乡社区服务中心 12 720 个，社区服务站 44 237 个，其他社区服务设施 95 984 个，社区服务设施覆盖率达到 22.4%。

三是各级政府对农村民主管理的财政投入力度也不断加大。为不使财政补助出现只能维持村级组织低水平运转的情况，2009 年国务院农村综合改革工作小组会同有关部门制定了《关于完善村级组织运转经费保障机制促进村级组织建设的意见》，要求把村级组织运转财政补贴纳入县级基本财力保障范围。到2010年，全国已有山东、宁夏等12个省份下发了具体贯彻实施意见，其他地方也在抓紧时间贯彻落实。另外，不少地方先后为村级主职干部建立了养老保险和医疗保险，极大地稳定了农村民主管理队伍和力量。

六、基础地位日趋巩固

一是农村民主管理为全面落实中央强农惠农政策发挥基础性作用。十七大以来，党中央国务院把改善农村民生作为调整国民收入分配格局的重要内容，加大对农业和农村投入的力度，不断健全强农惠农政策体系，推动资源要素向农村配置。这些政策涉及与村民的生产生活密切相关的农业生产、农产品流通、农民生活消费、基础设施建设、产业结构调整、劳动力转移、教育、医疗卫生、农民生活保障、社会保险等诸多方面。强农惠农政策能否以及在多大程度上实现其初始目标并惠及其目标群体，都有赖于农村民主管理在强农惠农政策贯彻落实过程中的作用发挥状况。民主管理能力的高低直接决定着各项惠农政策能否得到不折不扣的落实。当前，在贯彻落实惠农政策过程中，各地不断努力增强民主管理、依法办事的本领，推进农村社会管理体制创新，扩大农村基层民主，为有效落实中央强农惠农政策奠定了坚实的基础。上海闵行出台强化村级财务收支预决算管理，重庆永川出台规范强农惠农资金公示工作的有关规定，进一步以制度规范政府行为，促进政府行政管理和村民自治有效衔接和良性互动。

二是农村民主管理为深化农村改革提供重要制度保障。近年来中央推动的集体林权制度改革，是继农村“大包干”之后，农村经营体制的又一次大变革，农村生产关系的又一次大调整，农村生产要素的又一次大活化，农村社会生产力的又一次大解放。全国确权集体林地 26 亿亩，占集体林地总面积的 95%；发证面积 22.65 亿亩，占确权林地总面积的 87%，发放林权证 9 785 万本，8 379 万农户拿到林权证。此次林改共涉及我国农村 70% 人口，约 5.6 亿农民，取得了重大进展和显著成效。农民群体评价道："林改是继计划生育以来，共产党在农村做的第二件实实在在的工作，不走过场。"集体林权制度改革之所以比较成功，关键在于各级党委政府和基层组织充分发挥了基层群众自治组织的作用，激活了村民代表会议制度机制，做实了群众自治的制度和民主程序，严格实行"六步工作法"（征求意见、议事决策、项目分解、公开承诺、组织实施、考评奖惩），规范村级公共决策民主程序，创造了"两走两不走"（走群众路线、走民间调解路线，不走行政诉讼、不走司法程序），"三必访、一实地"（"三必访"，老干部必访，人大代表、政协委员必访，老党员必访；"一实地"，即上山实地调查）等群众自治形式，有效保障了林改进程的顺利开展。相关主管部门领导总结林改经验时提出，正是充分激活了基层群众自治制度，发挥基层民主的作用，化解了改革中不可避免的矛盾和纠纷，并将长期形成的历史遗留问题顺利解决，有力推动了改革的深入。

三是农村民主管理为加强和创新社会管理体制聚积了强大持久的内在动力。中共十七大和十七届五中全会强调，要健全党委领导、政府负责、社会协同、公众参与的社会管理格局，健全基层管理和服务体系。要求各级党委提高引领社会、组织社会、管理社会、服务社会的能力，各级政府强化社会管理职能，工青妇等群众组织、基层群众性自治组织、社会组织、企事业单位积极参与社会管理，形成与党委、政府互联互补互动的社会管理网络。近年来，各地围绕中央统一部署，抓住社会管理重点、难点、热点问题，积极推进社会管理创新，建立健全以社区党组织为核心、以社区自治组织为主体、社区居民广泛参与的新型农村社区管理体系，努力把农村社区打造成政府社会管理的平台、居民日常生活的依托、社会和谐稳定的基础。比如，浙江舟山回应农村社会发展新需求，推行"网格化管理、组团式服务”，建构了以“协同服务”为主要特征的农村基层社会管理新模式；安徽舒城将各级党组织和3万名党员根据各自岗位职责的承诺“晒”到网上，接受群众监督；河南新郑坚持事前防范、事中疏导、事后处理“三位一体”，充分发挥基层人民调解的作用，做好矛盾纠纷排查化解工作；内蒙古鄂尔多斯为防止政府部门乱作为和不作为，建立决策、审批“红、黄、绿”三级管理体系，将群众欢迎不欢迎、满意不满意作为重要的评估标准，避免因决策不当诱发社会风险或引发群体性事件。

第九章　农村民主管理的新情况和新问题

十七大以来，我国农村基层群众自治和民主管理虽然取得了令人瞩目的成就，农村民主选举、民主决策、民主管理以及民主监督全面推进、日渐完善，但与我国经济社会发展的要求仍然有相当大的差距，与农民群众发展民主的愿望仍然有相当大的距离，农村民主管理体制机制尚待进一步健全。特别是，随着我国农村经济社会改革的进一步深化，农村民主管理实践中已经出现并面临着一些新的挑战和问题。

一、城市化进程加快，民主管理出现真空

近五年来，我国城市化每年保持在 1 个百分点左右的增长速度。2011 年我国的城镇人口比重已经达到 51.27%，首次超过农村人口。这标志着中国数千年来以农村人口为主的城乡人口结构发生逆转，可以说是中国现代化进程中的一件大事。但同时必须看到，快速的城市化进程，给农村民主管理制度提出了许多新的挑战。一方面，快速的城市化导致农村人口大规模向城镇和非农产业转移，而且呈现“家庭化”、“迁移化”的新趋势，越来越多的农村流动人口由以前的个人外出转变为现在的举家外出、由以前的在城乡之间“钟摆式”双向流动转变为在城市定居的单向式流动，属于所谓的“空挂户”，农村人户分离的情况更加突出。这使得村民自治中业已存在的“没

人选”、“选人难”、“无人理事”、“无事可理”、“官主决策”、“无人监督”、“无力监督”等问题更加严重。与此同时，农村流动人口的自治权利也难以实现。据统计，2011年全国农民工总数达2.53亿人，其中，外出农民工1.59亿人。但是，城市社区基本公共服务还没有完全覆盖到农民工群体，农民工的政治、经济、文化权益还不能得到有效保障，社会生活也缺乏必要理解和尊重。他们中的大多数虽然户籍在农村，但长期在城市就业，在社区生活，却很少能参与到社区决策，享受同等公共服务和社会管理，基层群众自治和民主参与受限。因此，如何建立城乡一体与区域互动的基层群众自治体系，则是当前农村民主管理制度发展过程中的一项新课题。另一方面，大量农村土地被征用，相当一部分行政村大部分或整体被拆迁。这些被拆迁的行政村虽然建制仍然存在，但有些村无固定办公场所，有些村无村民或村民数量极少，形成了实质上的“城郊村”、“空壳村”，在民主管理方面不可避免地出现了一些问题。主要表现为：一是村务公开和民主管理工作弱化。被整体征地拆迁的村在相关手续尚未完成、村建制仍然存在的情况下，其运行机制还是按原来的村“两委”体制进行。随着村民的迁出，村级事务逐步减少，村务公开和民主管理事项也越来越少，有些事项的决策和处理程序不得不简化。同时，因为村办公室均属拆迁用地范围，有的村靠租房解决办公用房，有的村认为建制即将撤销，就没有再找固定办公用房，造成村务公开、党务公开等阵地不够规范和完善。二是群众对村“两委”的监督力度减弱。被整体征地拆迁后，村民转为居民，货币安置的居民大多分散居住，客观上阻碍了群众对村“两委”工作情况的监督。同时，因为村级事务的减少，群众与村“两委”联系接触的机会也减少，容易从思想上忽视对村“两委”的监督。三是土地征用、房屋拆迁、环境保护等问题突出，由此造成的利益纠纷和矛盾易引发信访。现行法律法规对征地拆迁后村（组、社）的集体资产和债权、债务如何处理，没有明确规定。而群众对剩余集体资产的处置都比较关注。同时，各村都留有一部分集体资产作为工作经费在使用，导致部分群众对村级资产的管理使用存有一定的疑虑。近年来，部分地区“城郊村”、“空壳村”发生的一系列农民群体性上访事件都反映了这一问题。

二、工业化发展迅猛，管理体系难以整合

近年以来，随着国际大部分制造业向中国不断转移，以及地方政府兴办工业园招商引资政策的推行，农村土地需求越来越大，并大量征用农村集体土地。一方面，工业化所带来的农村经济和社会结构的深刻变化，使得农民的“非农化”程度较高。截至 2011 年的统计数据表明，从当前在业人口的职业分布来看，目前职业人群中非农就业者的比例已高出农业劳动者。农业户籍的在业人口中，纯粹务农者的比例已经下降到 39%，有近 1/3 的农业户籍者已不再从事农业劳动，已转换为非农就业人口。特别是经济发达农村地区的土地家庭承包模式已近消失，以土地经营为主的农村股份合作制社区经济组织则逐步推广，经营土地成了发展集体经济的重要途径，农村集体的存量土地（及其厂房、商铺）出租租金成了农村社区集体的主要收入来源。比如，目前广东省整个珠三角农村利用“土地资本化”模式以集体土地推进工业化，通过农村工业化逐步迈向城市化，大量的农业人口已转移到非农就业上来，农业占地区生产总值比例已越来越低。另一方面，传统农村民主管理体系的封闭性阻滞了外来人员的制度化参与，影响到农村民主选举和民主治理的实效。我国的村民委员会是在政社分开中建立起来的，绝大多数村民委员会同时承担着村社区集体经济组织的功能，而农村集体经济组织、村民委员会以及乡村社会整个的组织与管理体制实际上是建立在集体土地所有基础上，具有强烈的封闭色彩。在此，集体土地产权及由此形成的村民户籍也成为村民及村民自治的权力边界。基于土地的集体所有及承包关系，农民归属于一定的“集体”，享有相应的权力。村委会组织及党支部组织也是在这种集体范围内组建起来

的。集体的土地边界及产权边界也是村民、村庄及村组织的边界。然而，随着工业化及农村市场经济的迅速发展，农地流转不断增多，大量“外来人员”因经营土地、就业、退休返乡等原因到村庄生活与居住，也有不少人远赴他乡承包经营，而一个村庄的居民也不再是世代聚居的“本村村民”，这种人口的流动及土地的流转造成地权关系变化及人口的杂居，使乡村日益开放，传统封闭的村落和集体组织日趋瓦解。特别是，外来人员在村庄基础设施建设、计划生育、社会治安等方面履行与本村村民同等的义务，他们要求参与到村庄公共管理中的愿望越发强烈，也希望获得选民资格甚至当选为村委会成员。对此，如何处理原居民与移居民的权利关系？怎样实现外来人口与本村村民的融合相处？对外来人口参与本村村委会选举是否有资格上的限定？外来人员是否有权参与居地村庄的自治事务？如何才能保障这些外来人员的经济、社会及政治权益？一直是纷争不断、未能解决的问题。虽然新的村民委员会组织法允许外来人员经村民代表会议同意可以参加居住地村委会选举，但从实际调查来看，由于在现行体制下，外来人员参加选举影响到本村村民的集体土地、财产和福利，难以获得认可。外来人员事实上仍难以有效参与居住地的村社民主管理事务，他们在失去了原有的社会联系后，在当地又未能建立起新的社会联系，形成了游离在社区生活之外的没有归属感的庞大人群，处于农村社会管理和社会支持的“盲点”，对农村社会秩序构成了挑战，严重影响农村社会的和谐与稳定。

三、信息化程度提高，干群能力凸显不足

经过“十一五”时期的建设，我国农业农村信息化从基础设施到信息资源、信息服务、信息技术应用都取得了一定的成就，“县有信息服务机构、乡有信息站、村有信息点”的格局基本形成。其中，推行农村管理信息化，为农民群众参与农村民主管理创造了条件，提供了技术支持，成为促进村务公开和民主管理的有效举措。

据统计，2010 年我国已全面实现了“村村通电话、乡乡能上网”的“十一五”农村通信发展规划目标。截至 2010 年 12 月，农村网民规模已达 1.25 亿，农村手机上网用户 8 826 万人。但在目前，农村信息化建设在推进民主管理方面还受到诸多因素的限制和影响。一是农民信息素质偏低，还不能充分利用现有的信息工具。目前，我国农民的文化水平还不是很高，我国 92% 的文盲、半文盲在农村。在农村 4.8 亿的劳动力中，小学文化以下的占 40%，初中文化的占 48%，高中文化的占 12%，受过职业技术培训的农民不足 5%，受过技能培训的仅仅为 1%，文化水平的制约使得农民的信息素质相应偏下。虽然广大农民参与民主管理的愿望强烈，但是获得信息的主要渠道还是依靠传统的社交方式，通过面对面口头交流来获取信息，对如何利用计算机网络、电视广播节目、报刊获取信息，并不掌握其方法和要领，多渠道、多方式、多方法、多途径综合获取信息的能力较低，而且，缺少基本的信息鉴别能力，使农村信息化并未发挥出应有的作用。二是现有信息设施利用不充分，未能发挥农村信息化成果对民主管理的推进作用。就农村的主要信息设备来看，比较普及的主要是电话、广播、电视、宣传栏、墙报等设施。但目前这些信息设备的利用还不到位，造成资源的浪费。比如各行政村都设有村务公开栏，但现在大多数村务公开栏中公开的项目很不规范，内容不全面，数字不具体，有时只是公布几张统计报表，对农民真正关心的热点，如宅基地审批、土地承包、招待费开支等问题，却没有公开。而且很多行政村对重大工程建设、大笔财务开支，都没有做到在实施前向群众公布，而往往是事后公布。这些情况造成信息化设施虽然具备，但信息传递的效果并不理想，以至于有些地方的信息化设施成为村干部搞形式主义，以应付上级领导检查的工具，大大削弱了农村信息化应有的效果和作用，加大了村民参与民主管理和监督村务的难度。三是农村基层政府不能迅速适应信息化的发展，传统的社会控制面临前所未有的挑战。特别是网络媒体所固有的传播、放大功能，要求农村基层政府要更加审慎地开展农村基层群众自治工作。以村委会换届选举为例，在互联网上用百度搜索“村两委换届”，搜索结果达到 90 多万条；搜索“村委会换届”，搜索结果达到 240 多万条。农村基层行政管理如何适应信息化的发展，发挥信息化对于促进参与、扩大民主的作用，化解其不利影响，是一个值得重视的大课题。特别是，一旦某些不利的负面消息出现，比如近些年一些地方村“两委”换届中的负面新闻，往往都是先从互联网上传播散开的，通常基层政府对此所做的反应是“一捂、二按、三打压”，信息公布不及时、不公开，“犹抱琵琶半遮面”，使得政府自身形象很快被妖魔化，导致广大农民群众对基层政府的不信任，农村基层政府的公信力受到质疑、合法性受到削弱，危害农村现有的治理秩序。

四、社区化服务推进，物质保障有待加强

中共十七大报告明确提出“把城乡社区建设成为管理有序、服务完善、文明祥和的社会生活共同体”。这几年，各地循序渐进开展农村社区建设，到 2011 年底，全国已有 60 多个县市区实现了农村社区建设全覆盖。农村社区不仅成为农村社会管理和服务的重要平台，成为农民群众自治的重要载体和有效形式，同时也存在一些影响和制约农村民主管理健康发展的因素和障碍。首先，村级组织运转经费保障水平总体较低，村级组织运转普遍困难。农村税费改革后，乡村财政收支矛盾和债务危机迅速暴露出来，村级组织也陷入了普遍的财政困境之中。绝大多数村委会都负债累累。虽然中央和地方政府锁定了村级债务，并通过转移支付的方式以保障村级组织的运转。但是，村级债务依然存在，仍没有化解；同时财政转移支付政策性强，数量不多，且不稳定。由于村级组织财政困难、债务沉重，不仅难以为村民提供公共服务，也难以保证乡村干部的稳定，严重影响到村民自治组织的正常运转。有调查表明，一些地区由于支付不起村民参加村里选举、村民代表会议以及村民民主理财

工作人员的误工补贴，导致村庄选举难以按法定程序进行，村民代表会议难以召开，村民民主理财也流于形式。“村级组织缺钱导致基层民主名存实亡。”其次，农村“一事一议”难以开展，村级公益事业建设陷入困境。税费改革启动后，农村在村内小型水利、村组公路等公益事业建设方面一度陷入筹资筹劳难的困境。加之村组合并，规模日益扩大，农民自主性、流动性及分散性又显著增强，一些村民忙于自己的工作也不愿参与会议，乡村干部普遍反映“一事一议”存在“召集难、议事难、决策难和执行难”的困境。虽然，近年来农村“一事一议”财政奖补政策的实施，使许多农民生产生活中迫切需要解决的困难得到解决。但这项工作目前仍处在试点探索阶段，各项措施还需总结完善，且仅靠财政奖补政策筹资筹劳数额毕竟有限，财政安排的奖补资金与农民的需要也还存在一定差距。实践中，不仅这些筹资筹劳事项难以决定，即使决定，因缺乏有效的监督和管理手段，也难以有效执行。同时，即使按要求实施，有限的经费也难以满足村务管理、公益事业以及公共建设的需要。最后，农村社区建设资金投入不足，社区基础设施仍然薄弱。农村社区建设作为一项系统性工程，日常办公设施、文体设施、配套生活、配套服务等基础设施建设均需要大量的资金投入。但目前我国农村社区建设专项资金投入与实际需求相比存在很大差距。一是政府投入不足，国家对农村社区经费的投入没有明确的标准和渠道，大部分地区仅靠民政的福彩公益金投入，远远不能满足大规模建设的需要，相当多数社区还无固定办公场所、无必需办公设备、无必要活动经费；二是集体经济薄弱的村社，因为可用投入不足而无法建设，即使建设好了，也存在后续资金和经营管理费用的缺口，导致日常服务和管理工作难以有效开展，严重影响社区干部工作积极性，公共服务还很难延伸到农村社区；三是社会投入不足，由于缺乏有效的政策引导和经济鼓励，多数地方只有政府部门单渠道的财政资源投入，资金短缺的瓶颈制约非常突出，企业参与、社会组织投入、个人赞助等社会力量参与严重不足，资金投入未能实现多元化，农村社区普遍存在经费不足、干部待遇偏低、基础设施较差的现象。

五、行政化管理加重，体制机制错位失调

现阶段，农村基层治理很大程度上是从基层政府的行政管理和农村社区的民主管理两个向度展开，但实践中政府行政管理与农村民主管理没有完全实现有机的衔接与互动。具体来讲：一是乡政村治之间仍然存在非此即彼的博弈偏向或互不相干的独立倾向。一方面，乡镇政府和干部由于受传统体制的影响，习惯于沿用传统的、行政命令式的管理方式和工作方法管理农民自治组织，导致其“附属行政化”及其干部“官僚化”。比如一些地方实行村干部补贴由乡镇决定发放、推行村干部公职化管理、采取“村财乡管”等各种做法，侵蚀了村民自治的空间，使得农民自治组织往往成了乡镇职能部门的“腿”和“脚”，行政化色彩较浓，农村民主管理难以切实开展。另一方面，由于乡镇政府的行政管理能力限制，难以对村委会有效管理，导致乡镇政府对村委会的放任自流乃至绝对独立的局面，部分村委会呈现“过度自治化”，甚至演变为村干部自治，搞“土围子”和独立王国。现实表现为：村民自治超出法律规定的范围，村委会擅自作出不属于自治范围的决定，或随意增加村民的非法定义务，违法限制村民的自由权利，或无正当理由，消极对待乡镇政府布置的国家各项任务。二是基层政府忽视农民的主体地位，习惯用行政命令包办代替，以政府的主导作用取代农民的主体作用。特别是自新农村建设以来，国家对“三农”的投入越来越大。这种行政推动的新农村建设、新农村发展，尽管可以在一定时期内极大地动员、调动各种行政资源投入农村建设和发展中去。但实践中，经常出现一些地方政府对新农村建设大包大揽的情形。主要表现为：不注重调动农民的积极性，不注重教育和引导农民，甚至不尊重农民的需求，代替农民决策，按照硬性的统一标准，搞所谓的新农村建设达

标竞赛或创建评比，要求“用城市规划的理念搞新农村建设规划”。这种新农村建设和发展模式往往由于缺乏农民群众的主动参与，造成农民多数持观望态度，或被群众误认为是“政绩工程”，最终形成“上动下不动”、“政府一头热、群众一头冷”的尴尬局面。三是农村公共服务的供给大多实行自上而下供给的体制，各级政府部门作为公共服务的最终决策主体，带有很强的行政性、指令性、主观性、统一性。在开展农村社区建设过程中，虽然各地都非常注重对社区公共基础设施建设及农村社区服务的投入，但总体上来看，大部分地区农村休闲娱乐设施仍然短缺，大型水利设施常年失修，村干部办公条件简陋，教育办学力量不够，与建设社会主义新农村关于乡风文明的基本要求相距甚远。但有的地方领导仍只把注意力放在改善大的基础设施工作上，而忽略面向社区群众开展的诸如道路、桥梁、水利等关系村民日常生产生活的公共基础设施的提供，导致广大农民急需的各种公共服务不能得到有效供给，公共服务均等化难以实现。这种自上而下的指令性供给模式使社区居民缺乏有效的需求表达机制，农村社区居民被动接受上级提供的公共服务，导致供需错位。这些困境从根本上都是同政府行政管理机制与农村民主管理机制之间的错位与失调密切相关。因此，随着新农村建设和农村社区建设全面铺开以及惠农和民生政策的深入推进，农村基层管理体制和治理模式也亟须进行相应的变革。

六、法制化建设滞后，制度建设亟须优化

首先，在整体设计上，新修订的《村民委员会组织法》于 2010 年 10 月经全国人大常委会审议通过，虽然亮点纷呈，但也存在些许不足和缺憾。一是在新的发展形势下，面对农村劳动力大规模流动，如何保障外来人员在流入地和流出地的民主选举权利；如何克服村委会封闭性，保证外来人口均等享有基本公共服务；面对乡村留守妇女和老人日益增多的现状，是否要鼓励老人和妇女进村委会等，

这些问题都尚待研究，有待规范。二是在城乡一体化进程中，如何解决农村进城务工人员融入城市社区，村改居过程中如何做到产权明晰以及征地拆迁、居民生活保障等问题，也迫切需要明确的法律指导。三是伴随国家支农、惠农、强农资金流入农村，大批项目在农村展开，村委会选举的竞争性越发增强，但现行立法依然没有对“拉票贿选”等不正当竞争问题作出刚性约束，其表现有对“拉票贿选”行为尚无明确规范的界定、对“拉票贿选”行为监督的相关规定存在一定缺失、对“拉票贿选”行为处理也缺乏科学的整体设计。

其次，在具体执行层面，实践中还存在着农村民主机制不完善的地方，原则性内容没有具体的可操作性规定配套，在一定程度上影响了农村民主制度优越性的发挥。一是民主选举中村委会候选人提名、候选人宣传、差额选举等机制尚不完善。比如有的村民选举委员会成员、村委会候选人不是由村民依法推选和直接选举产生，而是由乡镇党委、政府指定；有的乡镇党委和政府不是依法让村民罢免村委会干部，而是直接用行政命令撤换；还有的地方以“停职”、“诫勉”、“离岗教育”等名目，变相用行政手段撤换村委会干部。二是民主参与中村民代表遴选、村务信息公开、村民会议议事规则、村民权利救济等机制匮乏，相关网络参与过程中的法规体系尚不完善，相关的监管和引导机制建设滞后。三是民主管理中村民诉求输入机制、村委会权力制约机制、村务管理绩效评估机制、村务信息发布机制等有待进一步优化。四是民主监督中在村民代表监督权利保障、监督信息公开等方面还存在问题，特别是，党内监督、法律监督、村民监督等机制的衔接和互动尚须深入的探索等。更重要的是，不同民主机制之间的有效整合与衔接还需要不断地探索与创新，比如县乡人大代表选举、村民自治选举以及农村党内民主选举之间的衔接，农村党内监督、基层人大监督、政府监督与农民群众监督之间的互动，以及农民民意表达机制、政府信息公开机制、政府民主决策机制、政党宏观指导机制之间的整合等。

最后，在责任追究方面，在农村民主选举和民主管理等过程中，违法和侵权事件时有发生，执法部门未能及时发现并依法采取有效处理。具体表现在：一是违反国家土地承包政策，随意调整、收回农户承包地，强迫农户流转承包地。二是征地补偿标准低，征地补偿费不能足额到位或被拖欠，被征地农民得不到合理安置。三是农村财务管理不规范，村干部乱支乱花、侵占集体资产问题时有发生。四是随意加重农民负担，乱收费、乱罚款、集资摊派等问题在一些地方还比较突出。五是村民议事机构作用发挥不充分，村务公开流于形式，拉选票、贿选问题严重，并日益呈现出一些新的特点：从偷偷摸摸的隐蔽行为，转为明目张胆的公开行为；从本人出面拉票贿选，转为幕后指挥，操纵他人拉票贿选；从非提名的候选人拉票贿选，扩展到组织提名的候选人也拉票贿选；从请吃喝、送礼品，扩展到打感情牌、送现金、搞"期权"交易多管齐下；从党员干部拉票贿选，扩展到私营企业主也参与拉票贿选；等等。

第十章　农村民主管理的新思路和新对策

在新的历史时期，如何进一步深化基层群众自治制度，完善民主管理制度，充分发挥亿万人民群众参与基层社会事务管理的主动性和积极性，是事关我国经济发展、社会建设和政治稳定的重大问题。特别是经过三十多年的改革，我国农村以及整个国家经济社会及人们的思想观念已经发生了深刻的变革，基层群众自治和民主管理已经面临全然不同的经济社会环境和条件，要求我们适应新的形势，以新的思路破解实践中的难题，进一步推进城乡基层群众自治和民主管理的发展。我们认为，基层群众自治和民主管理下一步深化发展需要在以下六个方面有所突破。

一、扩大有序民主，健全三级联动的农村民主管理制度

中共十七大报告首次将基层群众自治制度与人民代表大会制度、中国共产党领导的多党合作和政治协商制度以及民族区域自治制度并列作为我国的基本政治制度。下一步积极有序扩大民主建设，应该深入研究、积极探索在城乡基层社会建立基层群众自治制度与人民代表大会制度、人民政协制度建设之间的衔接和配套的体制机制，将基层社会不断扩大的民主参与愿望和诉求与国家不同层次的民主制度建设和完善结合起来，将社会民主建设与国家民主建设有效联结起来，充分发挥基层群众自治制度在发展社会主义民主政治的大

局中的基础性作用。为此，要有序推进基层政府民主改革步伐，保障县（区）乡人民代表大会制度和人民政协制度真正发挥作用，增强县乡领导干部选拔的公开性、竞争性，逐步建立以农民群众为主导的自下而上的问责监督方式。加快推进基层政务决策公开化、民主化，凡涉及农民利益的重大决策，应开展以人大制度和政协制度为依托的协商讨论，保障人大制度和政协制度切实发挥作用。积极推进基层党内民主建设，规范相关组织制度和程序，以党内民主带动基层民主、社会民主的发展，形成市（区）、县、乡三级民主联动发展的局面。

二、强化公共服务，完善多元参与的农村基层治理体制

强化公共服务职能，推进权力阳光运行，构造运行高效、制度规范、权责明确、服务重心下沉的城乡基层治理体系，为基层群众自治发展提供强有力的政治保障。一是进一步理顺基层政府与自治组织的关系。积极探索政府行政管理和基层群众自治的有效衔接和良性互动，进一步明确基层政府及其派驻机构与城乡基层自治组织的事权划分及其相互关系。强化政府在基层社会管理和公共服务职能，探索政府扶持、市场运行的基层公共服务供给机制，为发展基层群众自治创造宽松的环境和条件。建议建立村（居）干事制度，使得城乡基层的行政性事务主要由政府雇员形式即村（居）干事负责，群众自治组织则将其主要精力放在组织群众开展自治事务上，从而解决长期困扰基层群众自治发展的行政化难题。二是逐步完善基层群众自治治理结构，建立健全以党组织为核心，自治组织为主体，社会各方面广泛参与的新型管理服务体系，全面推广扁平化、网格化服务管理，改善城乡社区信息基础设施，构建综合性信息平台，实现各项管理服务的全天候、全方位和全覆盖。大力培育发展各类经济合作组织、社会服务类组织、文化娱乐组织和志愿者组织，提高群众的组织化程度。创新农村流动人口社会管理体制，将流动

人群纳入有效管理，保障他们共享基本的公共服务。三是深入开展城乡社区管理和服务体制改革创新试点。充分发挥多元主体共同参与社区治理的作用，统筹整合人口、就业、社保、民政、卫生、文化、治安等社会管理职能和服务资源，提高服务的供给效率和综合效益，推动农业科技服务、医疗卫生、社会保障、社会治安、文化体育、信息服务等基本公共服务向基层社会全覆盖，推动社区基本公共服务均等化、社区志愿互助服务制度化和社区便民利民服务多样化，把各项服务管理措施落实到城乡社区、基层单位和每家每户，强化直接的面对面的公共服务体系建设。

三、推进城乡一体，构建融合统一的基层群众自治体系

随着我国农村社会经济的发展及改革的深入尤其是城乡一体化的加快，我国的农村基层城乡基层群众自治制度必须随之变革。要统筹发展城乡基层群众自治和社区建设，推动城乡社区在发展民主自治、加强管理服务上实现良性互动、共同进步。要加快推进城乡基层组织、管理和服务体制的改革，构建与开放、流动和城乡一体化相适应的基层治理体系；进一步改革和完善基层群众自治机制，加快推进农村社区建设，扩大基层群众自治范围，完善民主管理制度，把城乡社区建设成为管理有序、服务完善、文明祥和的社会生活共同体；进一步推进基层便民服务，创新村民自治服务的形式，有条件的地方要依托城乡社区综合服务设施设立便民服务中心，将劳动就业、社会保险、社会救助、社会福利、计划生育、农用地审批、新型农村合作医疗及涉农补贴等纳入其中公开规范办理；在城乡社区（村）设立便民代办点，将便民服务向城乡社区（村）延伸；不断创新村务公开和民主管理的制度，切实保障村民的知情权、决策权、参与权和监督权；充分利用现代科学技术，不断创新村（居）务公开的有效形式和手段。当前，《居民委员会组织法》修订工作正在进行，要抓住此次契机，考虑制定新的城乡一体的《城乡社区自

治法》，促进城乡基层自治民主制度的一体化。进一步加大村民自治的财政投入，建构村民自治的财政分摊机制，保障村民组织稳定的财政来源，推动农村基层组织体制从村民自治过渡到社区自治。我国基层群众自治民主的范围将进一步扩大，内容将进一步丰富，我国基层群众自治也将走上一个新水平，进入一个新阶段。

四、加大财政支持，加快多元投入的农村社区建设机制

为弥补长期以来农村发展方面的“欠账”，特别是在农村基础设施、服务设施和公共服务方面投入的不足，需要大量的资金投入，尤其在农村社区建设初期，对社区基础设施建设的资金投入占相当大比重。一是积极推动在中央财政预算中设立农村社区综合性服务设施建设的经费，从实验情况来看，新建一个农村社区综合服务中心及配套资金至少需要约 30 万元投入，宜采取中央和地方统筹解决资金来源，尤其对中西部省份农村社区建设加大投入比例。二是建立健全农村社区建设资金投入的长效机制。根据财权与事权一致的原则，按照农村社区建设的财政需求及其特点，合理划分各级政府的建设责任及财政支出比重，将农村社区建设纳入公共财政保障范围，构建农村社区建设财政投入保障机制。三是加大资源整合力度。按照各地制定的农村社区建设规划，有序整合部门资金，实行捆绑使用，提高资金利用整体效益。四是鼓励企事业单位、社会团体、个人和外资以多种形式捐赠或兴办社区公益事业，逐步建立多元化投入机制。同时，严格贯彻落实国务院印发的《社区服务体系建设规划（2011—2015 年）》，进一步加强农村基础设施建设，推进农村社区综合性公共服务设施建设，不断拓展社区服务的功能和领域，提升社区服务水平，促进基本公共服务向农村延伸。不断调整和优化社区服务功能和服务项目，提升服务品质，努力扩充居民参与的载体和空间。积极探索整合资源的有效途径，加大整合服务资源的力度，推动人、财、物等直接下沉到社区，优化公共服务资源

在农村社区的配置，不断提高各种资源的利用效益。推进社区信息化建设，建构社区管理系统面向社会公众服务的绿色通道，实现政府公共服务与社区需求的有效衔接，通过强化服务功能，增强农村社区的吸引力。进一步深化村务公开民主管理工作，健全村党组织领导下的充满活力的村民自治机制。充分发挥农村“两委”班子成员和社区党员的带头作用，完善社区工作者待遇和考核机制，切实加强农村社区工作者队伍建设。充分尊重人民群众的首创精神，把农村社区建设列入村级“一事一议”范围，增强群众的参与积极性。

五、激发社会活力，建构同心多圆的农村民主管理生态

要按照方便组建、强化监管的原则，取消“双重管理”，实行登记和主管一体化，形成“登记管理机关统一登记、有关部门各司其职管理”的依法监管体系，避免大量农村社会组织游离于体制之外，对其实现跟踪培育和监管。完善农村社会组织内部治理结构，通过村民会议或者村民代表会议集体讨论和决定农村社会组织重大事项，实现组织自身的民主管理。成立联合性、枢纽型农村社会组织，将其建设成为会员服务中心、信息发布中心、服务受理中心、规范评估中心和党建指导中心，通过影响、领导、凝聚各类社会组织构建“同心多圆”的组织管理体系。加强农村社会组织行为规范建设，重点对公益资金使用由事后查处、被动应对转向事前规范和主动引导，同时对具有一定影响力的农村社会组织建立起县、乡、村三级预警机制，引导和促进农村社会组织加强自律、健康有序发展。同时，探索创新财政投入方式，通过购买公共服务、开发公益岗位和提供公益项目等多种形式调动和激发农村社会组织参与乡村事业的积极性和社会责任感。加强引导农村社会组织依据法律、法规和政策独立履行法人职责，根据组织章程和农民需求自主开展活动，积极参与或提供农民需求最迫切、反映最强烈、利益最直接的乡村公益事业或公共服务。激活农村社会自组织的活力与功能，有序发展农村

民事调解、文化娱乐、红白喜事理事会等社区性社会组织。拓展农村社会组织参政议政的新渠道，尊重和保障农村社会组织参与社会管理的主体地位，增加和扩大在党代表、人大代表、政协委员中农村社会组织代表的比例和数量，探索建立农村重大事项征询社会组织意见制度。结合统筹城乡发展目标，促进城乡社会组织之间相互交融、互助共建，推动城市社会组织优质资源向农村流动，逐步形成城乡社会组织共同发展、共同繁荣的工作格局。下一步要依托新农村建设和城乡社区建设，引导和培育城乡居民群众的公共生活，组织群众在民主、自由和志愿的基础上发展经济合作组织、文化联谊组织等，引导城乡居民群众依法有序表达利益诉求，参与社区政治生活，从而构造基层民主健康发展的微观社区基础。引导农户参与和组织一些以互惠互助、发展经济为目的的经济合作组织，提高农民的组织程度，更好地适应社会化生产和参与市场流通的需要。积极挖掘传统民间组织资源，引导城乡居民群众自发成立各种志愿性社会文化组织，如各类文体协会、联谊会、艺术团体、老年协会等。指派专人定期与爱好者联系，帮助办理各种登记，帮助制定活动规划、规章制度，协助解决活动场地和部分经费，并将这些组织的活动统一纳入基层组织整体活动之中，加强各组织之间的沟通，形成合力。

六、加强顶层设计，形成科学有效的基层社会治理战略

要加强宏观指导，统筹协调农村民主管理制度与其他方面基层民主制度的同步建设，推动城乡基层群众自治体系的一体化建设，将村民自治和居民自治统一为社区居民自治。要把做好基层群众自治工作作为政府履行基层社会管理和公共服务职能的重要组成部分，建立长期、稳定、有效的政府投入保障机制和各级财政分摊机制。要充实和加强基层群众自治建设指导部门的工作力量，不断提高其依法办事的能力和服务群众的水平。要鼓励和推动基层群众自治制

度建设的政策创新，构建社会的自治管理与国家的社会管理相互贯通、相互赋权的基层治理机制，着眼于建立以基层群众自治为基础的国家基层社会管理战略。为此，一是鼓励和支持一些地方开展农村民主管理制度创新和实践创新，围绕创新基层社会管理服务体系、强化基层群众自治和服务功能等问题进行积极探索实验，不断丰富农村民主管理建设的实践形式。二是积极开展城乡社区结对帮扶活动，整合城乡服务资源，将城市社区便民服务和农村社区惠民服务有机结合，探索建立城乡互助服务新机制。三是积极培育各类农村社会组织，创新提升村民自治能力的社区管理模式，增强农村居民的组织化和自我服务能力，充分发挥农民群众自我管理、自我服务、自我教育、自我监督的作用。建立共驻共建机制，探索驻区单位参与社区服务的有效途径，增强村民及外来人员对农村社区的归属感和认同感。充分发挥大学生村官、村干部的带动能力，采用倾斜性制度安排，引导和鼓励农村优秀人才、高校毕业生到农村就业创业。要大力发展民间调解、仲裁机构等农村社会组织，整合社会各方力量、探索以群众自治的方式解决土地承包、拆迁安置、环境保护、医患纠纷等热点、难点问题，构建农村社会矛盾化解的公共参与新格局。引导学校、企业、社区、部门、行业普遍建立志愿者服务队，成立志愿者协会。特别是充分利用信息化手段将广大青年农民志愿者组织起来，更好地发挥农村社会组织在维护社会稳定、发展现代农业等方面的积极作用。四是抓好典型，以点带面逐步推进农村民主管理，及时总结推广各地完善村(居)管理和服务体制的可行思路，做到典型引路，以点带面，促进整体推进。同时，注重典型的多样性和科学性，树立不同层次、不同类型和各具特色的典型。

鸣　谢

本书为本人主持的国家社会科学基金重大项目“健全农村民主管理制度对策研究”（08&ZD028）的最终成果。在项目设计和申报过程中，得到了华中师范大学徐勇教授和石挺处长的悉心指导和鼎力帮助；在项目评审过程中，得到了中国社会科学院王家福教授、北京大学王浦劬教授、国务院发展研究中心赵树凯研究员和浙江大学黄祖辉教授的中肯建议和全力支持；在项目调查研究和论文著作写作过程中，有课题组同仁——陈荣卓、梁东兴、祁中山、胡宗山、黄辉祥、陈永蓉、袁方成、刘义强、赖晨野、张丽琴、周珍、邓维立、唐建平、张国祥、杜鹃、刘宁等的积极参与和密切合作；在整个项目进行过程中，国家社会科学规划办公室、中共湖北省委宣传部、湖北省民政厅、华中师范大学科研部及社会科学管理处、国家民政部基层政权和社区建设司詹成付司长、汤晋苏副司长、黄观鸿处长等单位和个人，给予了多种多样的支持和帮助。此外，本书的出版得到了华中师范大学中央高校基本科研业务费项目“中国地方治理现代化及国际比较研究”（项目编号：CCNU14Z02008）的资助。在此，我一并表示衷心的感谢！

唐　鸣

2015 年 1 月 22 日